Management und Controlling
der
Neuproduktentstehung

Dissertation

zur Erlangung des wirtschaftswissenschaftlichen Doktorgrades des Fachbereichs Wirtschaftswissenschaften der Universität Göttingen

vorgelegt von

Ralph Werner Sawalsky
aus Braunschweig
Braunschweig, Mai 1995

Erstgutachter:...............................Prof. Dr. Dr. h.c. J. Bloech
Zweitgutachter:.................................Prof. Dr. H. K. Weber
Tag der mündlichen Prüfung:...............................26.06.1995

Ralph Sawalsky

Management und Controlling der Neuproduktentstehung

Gestaltungsansatz, Ziele und Maßnahmen

Springer Fachmedien Wiesbaden GmbH

Die Deutsche Bibliothek — CIP-Einheitsaufnahme

Sawalsky, Ralph:
Management und Controlling der Neuproduktentstehung :
Gestaltungsansatz, Ziele und Massnahmen / Ralph Sawalsky.
(DUV: Wirtschaftswissenschaft)
Zugl.: Göttingen, Univ., Diss., 1989
ISBN 978-3-8244-0261-8   ISBN 978-3-663-12229-6 (eBook)
DOI 10.1007/978-3-663-12229-6

© Springer Fachmedien Wiesbaden 1995
Ursprünglich erschienen bei Deutscher Universitäts-Verlag GmbH, Wiesbaden 1995

Lektorat: Monika Mülhausen

Gedruckt auf chlorarm gebleichtem und säurefreiem Papier

ISBN 978-3-8244-0261-8

Geleitwort

Neue Produkte entstehen aus vielen Anlässen und durch viele Einflußnahmen, und zwar immer durch menschliche Gestaltungsprozesse. In zahlreichen Branchen fühlen sich die Unternehmungen ständig unter dem Druck der Entwicklung neuer Produkte, um ihre Marktposition zu halten oder auszubauen; in anderen Bereichen folgen die Unternehmungen eigenen Anreizen zur Suche nach neuen Produkten. In fast allen Fällen ist die Neuproduktentstehung ein komplexer Vorgang, der eine systematische Untersuchung und Darstellung rechtfertigt, um der Unternehmensleitung eine Richtschnur zu zielorientiertem Vorgehen bei der Neuproduktentstehung zu geben.

Im vorliegenden Buch werden Management und Controlling der Neuproduktentstehung vorgestellt und aus ganzheitlicher Sicht erörtert. Es geht dabei nicht um die technische Sicht, sondern um wirtschaftlich orientierte Planungs- und Entscheidungsvorbereitungen.

Das Management von Neuproduktentstehungen ist vernetzt mit dem Innovations-, dem Technologie- sowie dem Forschungs- und Entwicklungsmanagement. Die Neuproduktfindung und -realisierung kann deswegen nicht getrennt davon erfolgen. Zu konzipieren sind jedoch die speziellen Aktivitäten, die zur Entstehung neuer Produkte führen, wobei die Zusammenhänge der strategischen und der operativen Bereiche sowohl bei den Planungs- als auch bei den Controllingaktivitäten beachtet werden sollten.

Diskutiert werden auch die Einrichtung spezifischer Planungs- und Kontrollsysteme für neue Produkte zur Steuerung der Phasen der Neuproduktentstehung und ihre Einordnung in das Gesamtsystem der Unternehmung.

Von den in diesem Zusammenhang zu schaffenden Erfolgspotentialen geht das Buch besonders auf die marktorientierte Produktkonzeption, die kundenorientierte Qualität, das innovationsorientierte Management und die wettbewerbsorientierte Prozeßkonzeption ein.

Den über Neuproduktentstehungen Lehrenden und den Praktikern, welche über die Entstehung neuer Produkte in ihren Unternehmungen zu entscheiden haben, wird diese Schrift zahlreiche Anregungen und Hilfen anbieten.

Dr. Jürgen Bloech

Vorwort

Das Hervorbringen von neuen marktgerechten Industrieprodukten stellt eine entscheidende Einflußgröße zur Erlangung von Wettbewerbsvorteilen dar. Durch das Entstehen von neuen Produkten werden Erfolgspotentiale geschaffen bzw. gehalten und die Kostenstruktur der Industrieunternehmen auf relativ lange Zeit determiniert. Aufgrund tendenziell sinkender Produktlebenszyklen, der Bindung von erheblichen finanziellen Mitteln und personellen Ressourcen, den hohen Mißerfolgsraten, den wachsenden Anforderungen an die Produktqualität und -kosten, einer zunehmend komplexer werdenden dynamischen Unternehmensumwelt sowie stark differenzierter arbeitsteilig organisierter Unternehmensstrukturen gewinnen das Management und das Controlling der Neuproduktentstehung erheblich an Bedeutung.

Ziel dieser Arbeit ist es, eine Konzeption für das Management und das Controlling der Neuproduktentstehung zu entwickeln, die dazu beiträgt, neue Produkte effektiv und effizient hervorzubringen. Im Mittelpunkt der Betrachtung stehen technologieintensive Industrieunternehmen, wie die der Automobil-, Elektro- und Maschinenbauindustrie, mit einer planungs- und kontrolldeterminierten Unternehmensführung sowie primär verrichtungsorientierter Aufbauorganisation, die technische Produkte in Großserienfertigung herstellen und vertreiben.

Für die Erstellung dieser Arbeit gilt es vielen Personen meinen Dank auszusprechen. Besonders zu danken habe ich

Herrn Prof. Dr. Dr. h.c. Jürgen Bloech für die freundliche Unterstützung sowie Betreuung der Arbeit und Herrn Prof. Dr. Helmut Kurt Weber für die Übernahme des Zweitgutachtens,

Herrn Dr. Uwe Götze für die offene Diskussionsbereitschaft und die unermüdliche Manuskriptdurchsicht sowie Herrn Dr. Ulrich Sommer für das Korrekturlesen,

Herrn Lothar Sander, Herrn Wolfgang Brühl, Herrn Peter Henze, Herrn Klaus-Peter von Helmolt und Frau Sabine Ehlers für die Freiräume und das mir entgegengebrachte Verständnis während meiner beruflichen Tätigkeit bei Volkswagen,

meiner lieben Frau Martina sowie meiner Familie, insbesondere meinen Eltern, und meinen Freunden, die mich bedingungslos unterstützt haben.

Ralph Sawalsky

Inhaltsverzeichnis

Abbildungsverzeichnis

Tabellenverzeichnis

Abkürzungsverzeichnis

Zeitschriftenabkürzungen:

CM:	Controller Magazin
DB:	Der Betrieb
DBW:	Die Betriebswirtschaft
EJM:	European Journal of Marketing
HBR:	Harvard Business Review
JfB:	Journal für Betriebswirtschaft
JoB:	Journal of Business
JoGS:	Journal of General Systems
JoITE:	Journal of Institutional and Theoretical Economics
JoM:	Journal of Marketing
JoMP:	Journal of Mathematical Psychologie
JoMS:	Journal of Management Studies
JoPIM:	Journal of Product Innovation Management
LRP:	Long Range Planning
MS:	Management Science
RM:	Research Management
SMR:	Sloan Management Review
WiSt:	Wirtschaftswissenschaftliches Studium
WISU:	Wirtschaftsstudium
ZfB:	Zeitschrift für Betriebswirtschaft
ZfbF:	Zeitschrift für betriebswirtschaftliche Forschung
ZfO:	Zeitschrift für Organisation
ZP:	Zeitschrift für Planung

Abkürzungen bei der Modell- und Verfahrensdarstellung:

Unmittelbar neuproduktbezogene Ziele:

k_{h1}	Gehaltskosten
k_{h2}	Fremdleistungskosten
k_{h3}	Kalk. Abschreibungen
k_{h4}	Kalk. Zinsen
k_{h5}	Kalk. Wagniskosten
k_{h6}	Fertigungslohnkosten
k_{h7}	Materialkosten
t_{h1}	Produktentstehungszeiten
t_{h2}	Fertigungszeiten

Neuproduktunabhängige Ziele:

m_{IV_b1}	Aufbau einer Produktforschung
m_{IV_b2}	Schaffung von produktspezifischem Know How
m_{IV_b3}	Aufbau von Kundenberatungsstellen
m_{V_b1}	Aufbau eines kundenorientierten Qualitätsbewußtseins
m_{V_b2}	Vollständige Erfassung aller relevanten Kundenbedürfnisse
m_{V_b3}	Einführung der Fehler-Möglichkeits- und Einflußanalyse
m_{VI_b1}	Aufbau einer projektorientierten Matrixorganisation
m_{VI_b2}	Bildung von Teams für die funktionsübergreifende Zusammenarbeit bei der Projektdurchführung
m_{VI_b3}	Einführung des Reverse Engineering
m_{VI_b4}	Einführung von Just-in-Time in der Entwicklung
m_{VII_b1}	Ausbau von Vorentwicklungen
m_{VII_b2}	Aufbau eines Versorgungssystems
m_{VII_b3}	Programmierung und Implementierung von CIM
m_{VII_b4}	Langfristige Integration von Zulieferern

weitere Abkürzungen:

a.d.V.:	Anmerkung des Verfassers
Abb.:	Abbildung
Aufl.:	Auflage
Bd.:	Band
bzw.:	beziehungsweise
ca.:	circa
d.h.:	das heißt
DM:	Deutsche Mark
e.a.:	et.al. (und andere)
Ed.(s):	edition, editor(s)
EDV:	Elektronische Datenverarbeitung
etc.:	et cetera
evtl.:	eventuell
f.:	folgende (Seite)
ff.:	folgende (Seiten)
FuE:	(industrielle) Forschung und Entwicklung
GE:	Geldeinheit(en)
ggf.:	gegebenenfalls
H:	Heft
Hrsg.:	Herausgeber
i.d.R.:	in der Regel
i.e.S.:	im engeren Sinn
i.w.S.:	im weiteren Sinn
Jg.:	Jahrgang
Mio.:	Million
No.:	Number
Nr.:	Nummer
o.g.:	oben genannt(e)
o.V.:	ohne Verfasser
S.:	Seite
SGE:	Strategische Geschäftseinheit
SGF:	Strategisches Geschäftsfeld
sog.:	sogenannt(e)
Sp.:	Spalte
SV:	Stifterverband
u.ä.:	und ähnliche(s)
u.a.:	und andere, unter anderem
u.U.:	unter Umständen
usw.:	und so weiter
vgl.:	vergleiche
Vol.:	Volume
vs:	versus
z.B.:	zum Beispiel

1. Problemstellung, Ziel und Aufbau der Arbeit

Viele Industrieunternehmen stehen in einem intensiven Wettbewerb auf nationalen und internationalen Märkten. In einer solchen Situation stellt das Hervorbringen von neuen marktgerechten Produkten einen entscheidenden Faktor zur Erlangung von Wettbewerbsvorteilen dar. Mit dem Entstehen von neuen Produkten werden die Kostenstruktur und die Erfolgspotentiale eines Industrieunternehmens auf relativ lange Zeit determiniert. Angesichts tendenziell sinkender Produktlebenszyklen, der Bindung von beträchtlichen finanziellen Mitteln und personellen Ressourcen, den hohen Mißerfolgsraten, den wachsenden Anforderungen an Produktqualität und -kosten, einer zunehmend komplexer werdenden dynamischen Unternehmensumwelt sowie stark differenzierter arbeitsteilig organisierter Unternehmensstrukturen gewinnen das Management und das Controlling der Neuproduktentstehung immer mehr an Bedeutung.

Die Problematik neue Industrieprodukte erfolgreich hervorzubringen ist Gegenstand unterschiedlicher Forschungsgebiete.[1] In der betriebswirtschaftlichen Literatur wird die Entstehung neuer Produkte vor allem unter den Begriffen "Forschungs- und Entwicklungsmanagement", "Technologiemanagement" und "Innovationsmanagement" diskutiert. Dabei beschränken sich die diesbezüglichen Veröffentlichungen zumeist auf spezielle Teilaspekte, so daß ein Gesamtkonzept für eine effektive und effiziente Gestaltung der industriellen Neuproduktentstehung weitgehend fehlt. Damit besteht ein der Bedeutung dieser Problematik entgegenstehendes Defizit. Die vorliegende Arbeit soll einen Beitrag leisten, dieses Defizit abzubauen.

Ziel dieser Arbeit ist es, eine Konzeption für das Management und das Controlling der Neuproduktentstehung zu entwickeln, die dazu beiträgt, neue Produkte effektiv und effizient hervorzubringen.

Im Mittelpunkt der Betrachtung stehen technologieintensive Industrieunternehmen, wie die der Automobil-, Elektro- und Maschinenbauindustrie, mit einer planungs- und kontrolldeterminierten Unternehmensführung[2] sowie primär verrichtungsorientierter Aufbauorganisation, die technische Produkte in Großserienfertigung herstellen und vertreiben.

Bevor eine Management- und Controlling-Konzeption für die industrielle Neuproduktentstehung erarbeitet werden kann, ist es zunächst erforderlich, den Bereich der Neuproduktentstehung zu analysieren und abzugrenzen. In Kapitel 2 werden dementsprechend die Bedeutung von neuen Produkten für den Unternehmenserfolg, die Risiken bei der Entstehung von neuen Produkten, die dabei auftretenden Mißerfolge und deren Ursachen sowie die Entwicklungstendenzen in diesem

---

1   Beispielhaft seien Ingenieurs- und Sozialwissenschaften sowie die lerntheoretischen
    Ansätze der Psychologie genannt. Vgl. dazu z.B. Bleicher,F.: (Forschung) S.18ff.
2   Zur planungs- und kontrolldeterminierten Unternehmensführung vgl. Weber,J.: (Grund-
    lagen) S.32f.

Bereich erörtert. Vor diesem Hintergrund wird der dieser Arbeit zugrundeliegende Objektbereich abgegrenzt und anhand eines Fallbeispiels aus der Automobilindustrie illustriert. Als Grundlage für das Management- und Controlling-Konzept erfolgt eine Diskussion der Effektivität und Effizienz als Zielkriterien für eine erfolgreiche Neuproduktentstehung.

Das Management und Controlling der Neuproduktentstehung als Teilbereich des Managementsystems der Unternehmung ist Gegenstand des 3. Kapitels. In diesem wird zunächst das Managementsystem der Unternehmung allgemein beschrieben. Dies erscheint erforderlich, da die Konzeption des Managements und des Controllings der Neuproduktentstehung ein theoretischen Bezugsrahmen benötigt. Im Anschluß daran erfolgt die Diskussion eines Konzeptes zum Management der Neuproduktentstehung. Die Planung und Kontrolle der Neuproduktentstehung bildet dabei den Untersuchungsschwerpunkt. In diesem Zusammenhang wird insbesondere der Frage nach den Inhalten sowohl einer strategischen als auch einer operativen Planung und Kontrolle der Neuproduktentstehung nachgegangen. Die Erörterung einer Konzeption des Controllings der Neuproduktentstehung bildet den Abschluß dieses Kapitels.

Während im 3. Kapitel die Management- und Controllingkonzeption der Neuproduktentstehung im Mittelpunkt steht, werden im 4. Kapitel zielabhängige Gestaltungsempfehlungen behandelt. Es geht darum, Ziele zu formulieren, die für den Aufbau und Erhalt einer effektiven und effizienten Neuproduktentstehung konkrete Gestaltungshinweise liefern. Dazu werden zum einen Ziele angesprochen, die auf der normativen Managementebene verfolgt werden können, und zum anderen Zielsetzungen der strategischen Managementebene erörtert. Darauf aufbauend wird ein Zielsystem der Neuproduktentstehung formuliert. Des weiteren wird ein Verfahren sowohl für die Bewertung verschiedener Alternativen in bezug auf das Zielsystem als auch für die laufende Kontrolle der Zielerreichung entwickelt. Ein besonderes Problem stellt dabei die Berücksichtigung von unterschiedlichen Zieldimensionen, d.h. von quantitativen und qualitativen Zielausprägungen dar. Zur Lösung dieser Problemstellung läßt sich die Fuzzy-Set-Theorie nutzen, die hier im Zusammenhang mit der Nutzwertanalyse angewendet wird. Die Vorgehensweise dieser Verfahrenskombination wird abschließend an zwei Beispielrechnungen verdeutlicht.

2. Bedeutung und Abgrenzung der Neuproduktentstehung

2.1. Zur Bedeutung von neuen industriellen Produkten und deren Entstehung

2.1.1. Der Begriff "Neuprodukt"

Der Definition des Neuproduktbegriffs kommt bei einer Untersuchung der Neuproduktentstehung eine besondere praktische und theoretische Bedeutung zu. Um den Neuproduktbegriff zu definieren, bedarf es zunächst einer Klärung des Produktbegriffs und des Neuheitsbegriffs.

Zum *Produktbegriff* existieren in der Literatur verschiedene Auffassungen.[1] Diese unterscheiden sich vor allem dadurch, daß sie Produkte entweder in einem engeren Sinn nur als technische Gebilde verstehen oder in einem weiteren Sinn als Bündel von Eigenschaften der am Markt angebotenen Unternehmensgesamtleistung betrachten und damit nicht nur objektiv meßbare Eigenschaften, sondern auch subjektive Kundenwahrnehmungen in die Produktdefinition mit einbeziehen. In der vorliegenden Arbeit soll von der letztgenannten Sichtweise ausgegangen werden. Gemäß dieser läßt sich ein Produkt verstehen "als eine im Hinblick auf eine erwartete Bedürfnisbefriedigung beim bekannten oder unbekannten Verwender von einem Anbieter gebündelte Menge von Eigenschaften, die zum Gegenstand eines Tauschs werden soll, um mit der im Tausch erlangten Gegenleistung zur Erfüllung der Anbieterziele beizutragen."[2]

Der *Neuheitsbegriff* ist stets relativ. Bei der Klassifikation "neu" läßt sich grundsätzlich zwischen einem subjektiven und einem objektiven Neuheitsbegriff differenzieren.[3] Subjektive Neuheit besagt, daß ein Objekt (z.B. Produkt oder Verfahren) von einem Individuum oder einer Institution als neu angesehen wird, unabhängig davon, ob dieses Objekt bereits eingesetzt wurde. Dagegen liegt eine objektive Neuheit bei erstmaliger Nutzung vor.[4]

Zur Abgrenzung von Neuprodukten wird häufig nach Marktneuheiten, Betriebsneuheiten, Produktvariationen und Produktdifferenzierungen unterschieden.[5] Während Neuprodukte als *Marktneuheiten* den Gesamtmarkt betreffen, beziehen sie sich als *Betriebsneuheiten* auf das herstellende Unternehmen. Aus der Relativität des Neuheitsbegriffs folgt, daß nicht immer zweifelsfrei zwischen neuen und

---

1   Vgl. z.B. Kotler,P.: (Marketing-Management) S.20ff.; Crawford,C.M.: (Neuprodukt-management) S.377; Brockhoff,K.: (Produktpolitik) S.9f.; Böcker,F./Dichtl,E.: (Marketing) S.139

2   Brockhoff,K.: (Produktpolitik) S.9f. (im Original hervorgehoben)

3   Vgl. Marr,R.: (Innovation) Sp.948; Schmitt-Grohé,J.: (Produktinnovation) S.26

4   Vgl. Klingebiel,N.: (Prozeßinnovationen) S.29; der Neuheitsbegriff ist eng verknüpft mit dem Begriff der "Innovation"; vgl. dazu Abschnitt 2.2.2.

5   Vgl. z.B. Brockhoff,K.: (Wettbewerbssfähigkeit) S. 55; Meffert, H.: (Marketing) S.364ff.; Tebbe, K.: (Organisation) S.12ff.

lediglich veränderten Produkten unterschieden werden kann.[6] *Produktvariationen* sind Veränderungen von Produkten, die im Markt bereits eingeführt wurden.[7] Aus Herstellersicht unterscheiden sie sich kaum von bisherigen Produkten; dem Kunden offerieren sie jedoch durch eine Zusatzleistung etwas Neuartiges. Ähnlich ist die Situation bei der *Produktdifferenzierung.* Hierbei werden vom Hersteller zusätzlich zu dem im Markt schon befindlichen Erzeugnis noch abgewandelte Produkte eingeführt, mit dem Ziel, durch horizontal (Abgrenzung gegenüber Konkurrenzprodukten), vertikal (Abgrenzung für verschiedene Preisklassen) und temporal (Anpassung an modische Veränderungen) differenzierte Produkte, die Heterogenität der Kundenbedürfnisse besser abzudecken[8] und aus Kundensicht eine Position der Einzigartigkeit einzunehmen.[9] Die Produktdifferenzierung kann dabei auch eine Abwandlung eines Produktes in Richtung Betriebsneuheit bedeuten.

Mit diesen Abgrenzungen ist eine Klassifizierung von Neuprodukten möglich, jedoch liegt damit noch keine eindeutige Definition des Begriffes "Neuprodukt" vor. GÜMBEL führt hierzu an, daß es weniger von einer "vermeintlich griffigen Definition" abhängt, was als Neuprodukt zu bezeichnen ist, als von der "Operationalisierung der Dimensionen eines Produktes sowie seiner Beziehungen zur Unternehmens- und sonstigen Umwelt."[10] Es erscheint allerdings grundsätzlich problematisch, eine allseits anerkannte objektive Operationalisierung der Dimensionen eines Produktes vorzunehmen. Auch ein typologisches Raster, wie z.B. von SCHENCK und HOLZMÜLLER vorgeschlagen wird, das Neuprodukte in Abhängigkeit eines perzipierten Neuheitsgrades auf der Kundenseite und eines subjektiv empfundenen Intensitätsgrades von führungs- und fertigungstechnischen Änderungen auf der Herstellerseite strukturiert, beinhaltet erhebliche Ermessensspielräume.[11]

Für die in dieser Arbeit zu behandelnde Problemstellung dürfte es daher vertretbar sein, den Begriff *"Neuprodukt"* für *technische Industrieprodukte* zu verwenden, *deren Markteinführung auf kontinuierlichen unternehmensinternen Produktentstehungsprozessen beruht, und die auf der Herstellerseite eine Betriebsneuheit mit einem hohen produktseitigen Neuheitsgrad darstellen.*

Die Zweckmäßigkeit dieser Begriffsabgrenzung soll wie folgt begründet werden:

6 So läßt sich z.B. die Frage, ob das Volkswagenprodukt Golf A3 als Nachfolger des Vorgängermodells Golf A2 als Neuprodukt einzustufen ist nicht eindeutig und erst recht nicht interindividuell verbindlich beantworten. Vgl. hierzu auch Böcker,F./Dichtl,E.: (Produktpolitik) S.105
7 Vgl. Brockhoff,K.: (Produktpolitik) S.227ff.
8 Vgl. Nieschlag,R./Dichtl,E./Hörschgen,H.: (Marketing) S.203f.; Brockhoff,K.: (Produktpolitik) S.238
9 Vgl. Zäpfel,G.: (Strategisches) S.88
10 Gümbel,R.: (Produkte) S.53
11 Vgl. Schenck,F./Holzmüller,H.: (Innovation) S.226; Rüth,D.: (Planungssysteme) S.158f.

(a) Die Definition beschränkt den Produktbegriff auf Industrieprodukte. Industrieprodukte sind Sachleistungen[12], die das Ergebnis der industriellen Güterfertigung darstellen und weitgehend mechanisiert, maschinell bzw. automatisiert hergestellt werden.[13] *Technische Industrieprodukte* zeichnen sich durch eine steigende Komplexität[14] aus, die einhergeht mit zunehmender Funktions- und Variantenvielfalt, höheren Umweltschutz- und Sicherheitsanforderungen[15] sowie der Befriedigung von hohen Qualitätsansprüchen. Chemische Industrieprodukte werden somit nicht betrachtet.[16]

(b) Die Begriffsabgrenzung ermöglicht sowohl eine ergebnisorientierte als auch eine prozeßorientierte Betrachtung von neuen Industrieprodukten. Bei der ergebnisorientierten Betrachtung wird die erste wirtschaftliche Nutzbarmachung des neuen Produktes[17] analysiert.[18] Diese erfolgt durch die *Markteinführung*, über die sich dann auch die Frage nach dem ökonomischen Erfolg eines neuen Produktes beantworten läßt. Die Anforderungen an die Diffusion des neuen Produktes werden explizit nicht berücksichtigt.

(c) Ferner sind Neuprodukte das Ergebnis von *unternehmensinternen Produktenstehungsprozessen.* Diese Prozesse sind Gegenstand der prozeßorientierten Betrachtung. In der vorliegenden Untersuchung sollen die Prozesse einer kontinuierlichen Neuproduktentstehung mit anschließender Serienfertigung[19] im Mittelpunkt stehen, da in diesem Fall der formale Produktentstehungsprozeß oftmals besser geordnet ist, als bei einer erstmaligen und einmaligen Neuproduktentstehung.[20] Zudem lassen sich Erfahrungen aus Vorgängerprodukten nutzen.

---

12 Sachleistungen oder Sachgüter unterteilt GUTENBERG in Rohstoffe und Fabrikate. Rohstoffe werden durch Urproduktion gewonnen; Fabrikate entstehen aufgrund von Form- und Substanzänderungen. Vgl. Gutenberg,E.: (Grundlagen) S.1. Der Begriff Sachleistung wird in dieser Arbeit auf Fabrikate eingeschränkt.

13 Vgl. Fandel,G./Fischer,G./Prasiswa,A./Reese,J.: (Industriebetriebslehre) S.28

14 Zum Komplexitätsbegriff vgl. Abschnitt 2.2.4.

15 Höhere Sicherheitsanforderungen drücken sich z.B. durch die Einführung des Produkthaftungsgesetzes aus.

16 Zur Abgrenzung von chemischen Industrieprodukten vgl. z.B. die Angaben bei Klingebiel,N.: (Prozeßinnovationen); Weber,H.K.: (Industriebetriebslehre) S.99

17 Wenn im folgenden von Produkten gesprochen wird, sind - wenn nicht gesondert darauf hingewiesen wird - Industrieprodukte gemeint.

18 Vgl. Corsten,H.: (Überlegungen) S.3

19 Zum Inhalt der Serienfertigung vgl. Kern,W.: (Produktionswirtschaft) S.86f.; Bloech,J./ Lücke,W.: (Fertigungswirtschaft) S.71; Bloech,J./Lücke,W.: (Produktionswirtschaft) S.10f.; Blohm,H./Beer,T./Seidenberg,U./Silber,H.: (Produktionswirtschaft) S.209; Hahn,D.: (Prozeßwirtschaft) S.113; Hoitsch,H.-J.: (Produktionswirtschaft) S.58

20 Ähnlich Hauschildt,J.: (Innovationsmanagement) S.333

(d) Die *Betriebsneuheit* besagt, daß sich die Abgrenzung des Neuheitsbegriffes an dem Wissensstand orientiert, der im Unternehmen vorherrscht.[21] Es wird infolgedessen ein subjektiver Neuheitsbegriff zugrundegelegt, denn auch, "wenn bestimmte Produkte und Verfahren in einem Markt bereits bekannt sind, müssen die Probleme von Entwicklung, Finanzierung, Markteintritt und ggf. organisatorischen Veränderungen gemanagt werden."[22]

(e) Durch die Forderung nach einem *hohen produktseitigen Neuheitsgrad* fallen Produktvariationen genausowenig, wie die geringfügige Abwandlung von Produkten im Rahmen der Produktdifferenzierung unter diesen Neuproduktbegriff.[23] Der Neuproduktbegriff soll hier allerdings nicht so weitreichend verstanden werden, daß er auch Produkte mit umfaßt, die völlig losgelöst vom bisher angebotenen Produktprogramm sind.

Unter dem Vorbehalt, daß der oben definierte Neuproduktbegriff nicht allgemeinverbindlich ist, soll im folgenden Abschnitt auf die Bedeutung von neuen Produkten für den Unternehmenserfolg eingegangen werden.

---

21 Vgl. hierzu auch Corsten,H.: (Überlegungen) S.3
22 Trommsdorff,V./Schneider,P.: (Grundzüge) S.3; damit beinhaltet der Neuproduktbegriff auch Imitationen, vgl. hierzu Abschnitt 2.2.2.
23 Zur detaillierteren Darstellung des Neuheitsgrades vgl. Abschnitt 2.2.4.

2.1.2. Neuprodukte und Unternehmenserfolg

Für nach dem erwerbswirtschaftlichen Prinzip[1] arbeitende Industrieunternehmen ergibt sich die Bedeutung von selbst hervorgebrachten neuen Produkten vor allem aus deren Einfluß auf den Unternehmenserfolg. Über den Begriff "Unternehmenserfolg" bzw. "Erfolg" herrscht in der Literatur keine Einigkeit.[2] Einen Überblick über verschiedene Erfolgsdimensionen anhand welcher die Erfolgsauswirkungen von Neuprodukten beurteilt werden können, zeigt die *Abbildung 2.1.2./1.* Die Gesamtwirkung eines Neuproduktes über alle Erfolgsdimensionen beschreibt einen Gesamtnutzen, der auch als "overall-success" bezeichnet werden kann.[3]

Die *ökonomische Erfolgsdimension* wird gemäß der *Abbildung 2.1.2./1* weiter untergliedert in direkte und indirekte Erfolgseffekte. Die direkten Erfolgseffekte eines Neuproduktes ergeben sich aus dessen Beitrag zur Erreichung von Gewinn-, Umsatz-, Deckungsbeitrags-, Kosten- oder Rentabilitätszielen. Indirekte ökonomische Effekte lassen sich in bezug auf den Wettbewerb erzielen, indem Wettbewerbsvorteile[4] durch das neue Produkt gehalten bzw. aufgebaut werden,[5] und etwaige Marktanteilsgewinne sowohl den Ausbau einer marktbeherrschenden Stellung ermöglichen als auch zu Umsatzeinbußen bei den Wettbewerbern führen können.

Derartige ökonomische Effekte begründen aber noch keine generelle Forderung nach dem Schaffen neuer Produkte, da sie auch mit dem aktuellen Produktprogramm erreichbar erscheinen. Außerdem wirkt das Hervorbringen eines neuen Produktes, bedingt durch den im allgemeinen hohen Kapitalbedarf,[6] den kurzfristigen Gewinn- und Kostenzielen entgegen. Es kann jedoch davon ausgegangen werden, daß die Neuproduktentstehung der *langfristigen* Sicherung des ökonomi-

---

1   Das "erwerbswirtschaftliche Prinzip" bestimmt maßgeblich die Handlungsweise von Unternehmen in einer marktwirtschaftlich-kapitalistischen Wirtschaftsordnung und besagt, daß die Unternehmen mit ihren Handlungen nach einem möglichst hohen Gewinn streben. Es stellt nach GUTENBERG einen systembezogenen Tatbestand der Wirtschafts- und Gesellschaftsordnung dar. Vgl. Gutenberg,E.: (Grundlagen) S.464ff.; in dieser Arbeit steht die Bezeichnung Unternehmen grundsätzlich für erwerbswirtschaftliche Unternehmen, die auf einen langfristigen Fortbestand ausgerichtet sind (going-concern-Grundsatz).

2   Vgl. hierzu Bloech,J/Götze,U./Sierke,B.R.A.: (Rechnungswesen) S.10; Sierke,B.R.A.: (Investitions-Controlling) S.44ff.

3   Vgl. hierzu und zu den folgenden Ausführungen Hauschildt,J.: (Innovationsmanagement) S.325

4   Ein "Wettbewerbsvorteil" stellt eine überlegene Leistung eines Unternehmens im Verhältnis zum Wettbewerb dar. Vgl. Zäpfel,G.: (Strategisches) S.10

5   Ein wesentliches Instrument stellen in diesem Zusammenhang Patente und gewerbliche Schutzrechte dar. Vgl. Hauschildt,J.: (Innovationsmanagement) S.325; Walter,G.H.: (Patentschriften) S.17

6   Vgl. hierzu Abschnitt 2.2.3.1.

schen Unternehmenserfolges dient und ein Unternehmenswachstum[7] unterstützt.[8]
Diesbezüglich kann weiter unterstellt werden, daß das Entstehen von

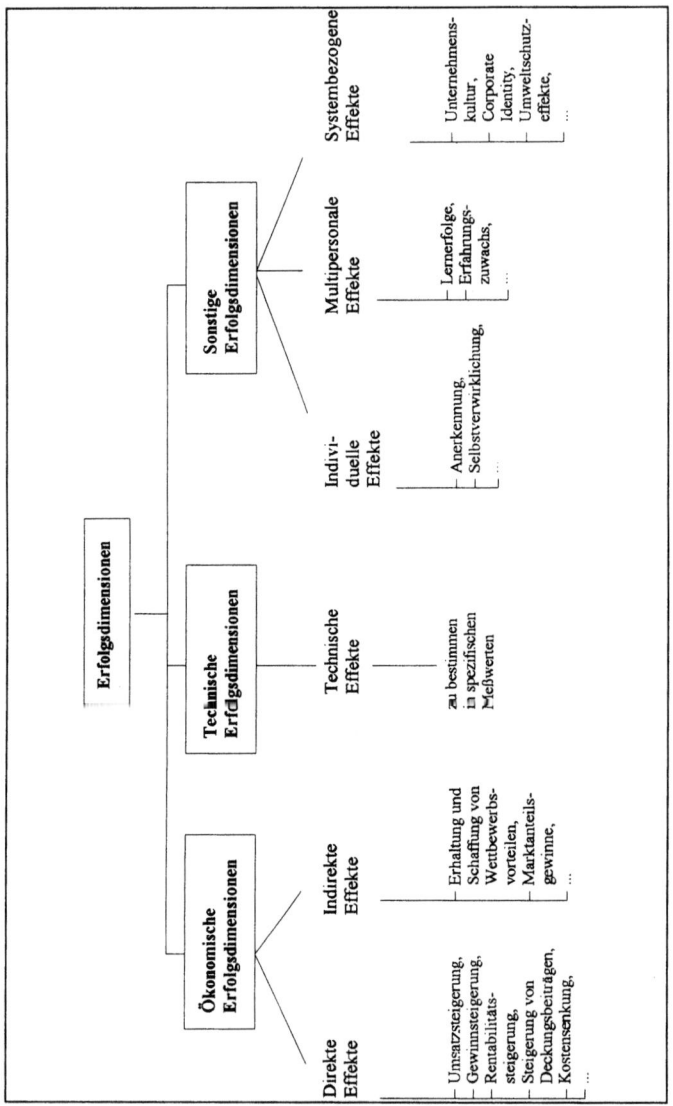

Abb. 2.1.2./1: *Erfolgsdimensionen*[9]

---

7   Unter "Unternehmenswachstum" läßt sich gemeinhin eine qualitative und quantitative Erweiterung des Unternehmensbestandes im Zeitablauf verstehen. Vgl. dazu Strebel,H.: (Bedeutung) S.72

8   Ähnlich Tebbe,K.: (Organisation) S.2

neuen Produkten auch dann noch gefördert wird, wenn ein hiermit erwartetes finanzielles Ergebnis nicht in der vorgesehen Zeit erzielt werden kann. Dazu reicht es aus, daß Anzeichen existieren, die einen späteren finanziellen Erfolg begründet erscheinen lassen.[10] Anzeichen für berechtigte spätere finanzielle Erfolgserwartungen können aus nicht-finanziellen Erfolgsbeurteilungen abgeleitet werden. Hierzu zählen insbesondere technische Erfolgskriterien.[11]

Die *technischen Erfolgsdimensionen* charakterisieren jedes Neuprodukt durch spezifische technische Meßwerte, beispielsweise in der Ausprägung von Geschwindigkeit-, Verbrauchs- oder Größenangaben. Da das Hervorbringen von neuen Produkten i.d.R. nicht dem Selbstzweck dient, ist die Erreichung von technischen Erfolgseffekten ein notwendiger, wenn auch nicht ausreichender Indikator für einen wirtschaftlichen Erfolg.[12]

Unter den *sonstigen Erfolgsdimensionen* als dritte hier betrachtete Erfolgskomponente sind individuelle, multipersonale und systembezogene Effekte unterschieden worden. Eine individuelle Erfolgswirkung liegt vor, falls mit dem Entstehen des Neuproduktes eine besondere persönliche Anerkennung verbunden ist oder eine Selbstverwirklichung erreicht wird. Neben solchen individuellen Effekten stehen multipersonale Effekte, zu denen Lernerfolge, Erfahrungszuwachs und Teamerfahrungen des gesamten Unternehmens gezählt werden. Als Beispiel hierfür seien die Erfahrungskurveneffekte[13] und Lernkurveneffekten im Fertigungsbereich genannt.[14] Aus der Neuproduktentstehung ergeben sich noch weitere Effekte, die unter dem Begriff "systembezogene Effekte"[15] zusammengefaßt worden sind. Es handelt sich dabei um Erfolgseffekte, die sich aus dem Beitrag der Neuproduktentstehung zur Unternehmenskultur[16], Corporate Identity[17] oder Senkung von Umweltbelastungen ergeben.

Im folgenden soll auf die ökonomischen Erfolgseffekte der Neuprodukte näher eingegangen werden. Diese ergeben sich nicht nur aus den neu geschaffenen

---

9   Quelle: in modifizierter Form entnommen von Hauschildt,J.: (Innovationsmanagement)
    S.323; Hauschildt,J.: (Messung) S.467
10 Vgl. Hauschildt,J.: (Innovationsmanagement) S.316
11 Diese Annahme wird auch durch die Ergebnisse einer Untersuchung von PERILLIEUX
    unterstützt. Vgl. Perillieux,R.: (Zeitfaktor) S.200
12 Vgl. hierzu auch Abschnitt 2.1.3.
13 Das Konzept der Erfahrungskurve wurde von der Boston Consulting Group Mitte der
    sechziger Jahre zur Entwicklung von Geschäftsfeldstrategien entwickelt. Es besagt, daß
    die Stückkosten um ca. 20-30% mit jeder Verdoppelung der kumulierten Produk-
    tionsmenge (=Erfahrung) sinken. Vgl. Henderson,B.D.: (Erfahrungskurve) S.19;
    Zäpfel,G.: (Strategisches) S.60ff.
14 Zum Lernverhalten in komplexen Entscheidungsprozessen mit hohem Innovationsgrad
    vgl. Grün,O.: (Lernverhalten) S.268ff.
15 Zum Systembegriff vgl. Abschnitt 3.1.2.
16 Zur Unternehmenskultur vgl. Abschnitt 3.1.5.
17 Zum Inhalt von "Corporate Identity" vgl. z.B. Birkigt,K./Stadtler,M./Funck,H.J.:
    (Corporate-Identity)

Endprodukten - dem, "*was*" man neu hervorgebracht hat -, sondern auch aus den Produktentstehungsprozessen - dem, "*wie*" man die neuen Produkte hervorgebracht hat.[18]

Die Messung des ökonomischen Erfolges von neu hervorgebrachten Produkten ist mit erheblichen sachlichen und zeitlichen Schwierigkeiten verbunden. Sachlich besteht die Schwierigkeit darin, daß sich die ökonomische Effekte i.d.R. nicht isoliert einem Neuprodukt zurechnen lassen. Es sind die substitutiven und komplementären Beziehungen zu dem bisherigen Produktprogramm zu berücksichtigen. Ferner wird der ökonomische Erfolg eines neuen Produktes durch Grundlagenforschung[19] und Veränderungen im Unternehmen (z.B. durch Rationalisierungen[20] in der Materiallagerverwaltung) beeinflußt, die sich nicht eindeutig dem Neuprodukt zuweisen lassen. Darüber hinaus wirken auch staatliche Subventionen[21] und das Image des Unternehmens auf den Neuprodukterfolg ein. Zeitlich ergeben sich die Schwierigkeiten insbesondere aus der Unsicherheit im Hinblick auf die Produktlebensdauer und damit auf die zeitliche Zurechnung der im Zusammenhang mit dem Neuprodukt stehenden Investitionen.[22]

Trotz dieser Meßprobleme wird vielfach zur Quantifizierung der ökonomischen Effekte von Neuprodukten auf Umsatz-, Gewinn- und Absatzkennzahlen zurückgegriffen, die eine Erfolgsbeurteilung aus der Sicht des Marktes ermöglichen sollen. Das an solchen Kennzahlen gemessene Ausmaß der Bedeutung von Neuprodukten ist in den einzelnen Wirtschaftsbereichen unterschiedlich.[23] So wurde in einer Erhebung des STIFTERVERBANDES[24] festgestellt, daß in der Bundesrepublik Deutschland im Jahr 1977 etwa 45% des Umsatzes von Produkten erzielt wurden, die nicht älter als 9 Jahre und etwa 32% von Produkten, die nicht älter als 5 Jahre alt waren.[25] An erster Stelle von allen hierbei betrachteten Wirtschaftsbereichen stand die Automobilindustrie, mit einem Umsatzanteil von rund 72%, der durch Produkte erzielt wurde, die nicht älter als 5 Jahre waren.[26] Nach einigen neueren Veröffentlichungen nimmt der durchschnittliche Erfolgsanteil

---

18 Vgl. auch Seeser,G.: (Technologien) S.1; Tebbe,K.: (Organisation) S.7

19 Zur Grundlagenforschung vgl. Abschnitt 2.2.1.

20 Unter dem Begriff "Rationalisierung" werden alle betrieblichen Maßnahmen zusammengefaßt, die eine Anpassung bereits vorhandener betrieblicher Strukturen und Prozesse an inner- und außerbetrieblicher Veränderungen umfassen, um dadurch mittelfristig die Wirtschaftlichkeit in allen Funktionsbereichen des Unternehmens zu verbessern bzw. zu erhalten. Vgl. Pfeiffer,W./Randolph,R.: (Rationalisierung)

21 Zum Einfluß der staatlichen Technologiepolitik auf industrielle Innovationen mittels Subventionen vgl. Meyer-Krahmer,F.: (Einfluß) S.42ff.

22 Vgl. Hauschildt,J.: (Innovationsmanagement) S.324

23 Vgl. dazu z.B. den Branchenüberblick bei Zäpfel,G.: (Taktisches) S.22

24 Kurzschreibweise für STIFTERVERBAND für die Deutsche Wissenschaft

25 Vgl. Echterhoff-Severitt,H./Bordemann,H.-G./Marquardt,R./Wudtke,J.: (Forschung) S.27. Ähnliche Untersuchungen über amerikanische, kanadische und britische Industrieunternehmen zeigen, daß durchschnittlich ca. 15-35% des Umsatzes auf Produkte entfielen, die nicht länger als 5 Jahre angeboten werden. Vgl. Cooper,R.G.: (Performance); Hopkins,D.S.: (Product); Johne,F.A.: (Experienced)

26 Vgl. Echterhoff-Severitt,H./Bordemann,H.-G./Marquardt,R./Wudtke,J.: (Forschung) S.27

dieser (neuen) Produkte am Umsatz und am Gewinn deutlich gegenüber den 70ger Jahren zu.[27]

Als eine Maßgröße für die am Markt sichtbare Innovationstätigkeit des gesamten Unternehmens kann die *Produktinnovationsrate* angesehen werden.[28] Sie ist der Quotient aus dem Periodenumsatz der innerhalb der letzten 5 Jahren neu hergestellten Produkte und dem Umsatz der Betrachtungsperiode.[29] Beispielsweise stieg die Produktinnovationsrate der SIEMENS AG von 1970 bis 1983 von 38% auf 54%.[30]

Die Problematik, die sich ergibt, wenn ein Unternehmen keine neuen Produkte entwickelt und in den Markt einführt, also lediglich am bisherigen Produktionsprogramm festhält, läßt sich mittels des Konzeptes der "strategischen Lücke" (Gap-Analyse, strategische Lückenplanung, Planungslücke, Ziellückenanalyse) veranschaulichen.[31] Mit diesem in *Abbildung 2.1.2./2* dargestellten Konzept werden die langfristig angestrebten Unternehmensziele (Ziellinie), die zumeist als Planumsatz bzw. Plangewinn beschrieben werden, der prognostizierten Umsatz- bzw. Gewinnentwicklung (erwartete Entwicklungslinie) gegenübergestellt, wie sie sich ohne Veränderung der bisherigen Aktivitäten wahrscheinlich einstellen wird.[32]

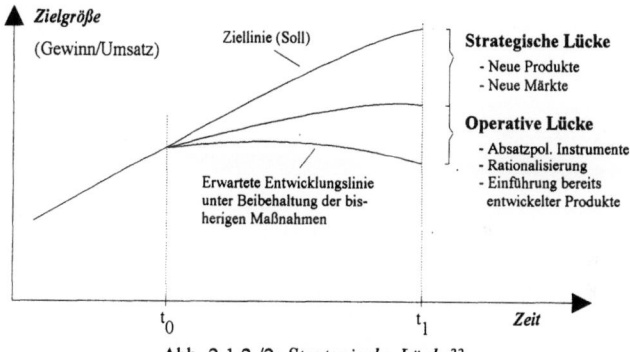

Abb. 2.1.2./2: *Strategische Lücke*[33]

27 Vgl. Tebbe,K.: (Organisation) S.1 sowie die dort zitierte Literatur.
28 Vgl. Brockhoff,K.: (Produktinnovationsrate) 451ff.
29 Vgl. Brockhoff,K.: (Produktinnovationsrate) S.451f.
30 Vgl. Beckurts,K.H.: (Forschungs- und Entwicklungsmanagement) S.16f.; Brockhoff,K.: (Lagebericht) S.433f.; Engelke,P.: (Forschung) S.2f.
31 Bezüglich des Aussagewertes dieses Konzeptes gelten einige Einschränkungen. Es ist auf Wachstum ausgerichtet, Stabilisierungs- und Rückzugsstrategien werden nicht berücksichtigt. Ebensowenig werden Konkurrenzsituationen, Unternehmensstärken und -schwächen, Marktchancen und -risiken sowie finanzielle Ressourcen betrachtet. Vgl. Roventa,P./Mauthe,K.D.: (Versionen) S.191; Meffert,H.: (Marketing) S.93
32 Zur Prognose der "erwarteten Entwicklungslinie" vgl. Hopfenbeck,W.: (Managementlehre) S.608
33 Zu unterschiedlichen Darstellungsformen der "strategischen Lücke" vgl. beispielsweise Hopfenbeck,W.: (Managementlehre) S.609; Hammer,R.M.: (Unternehmungsplanung) S.52; Götzen,G./Kirsch,W.: (Problemfelder) S.174; Bramsemann,R.: (Controlling) S.247

Die im Zeitraum von t_0 bis t_1 voneinander abweichenden Entwicklungen zwischen der Ziellinie und der erwarteten Entwicklungslinie bilden die Ziellücke, die in eine operative und strategische Lücke unterteilt werden kann.[34] Die operative Lücke läßt sich durch operative Maßnahmen auf Basis von gegenwärtig verfügbaren Produkt- und Marktkombinationen schließen. Hierzu zählen unter anderem verkaufsfördernde Maßnahmen durch absatzpolitische Instrumentarien und Rationalisierungsmaßnahmen.[35] Soll hingegen die strategische Lücke geschlossen werden, sind *neue Produkte und/oder neue Märkte* notwendig.[36]

Weitere Motive für das Hervorbringen neuer Produkte ergeben sich aus den Veränderungen der Unternehmensumwelt, beispielsweise durch rechtliche Änderungen, neue technische Erkenntnisse, Bedrohungen von Substitutprodukten oder neuen Konkurrenten.[37] Darüber hinaus suggeriert ein relativ junges Produktspektrum nicht nur, daß die Produkte dem Stand der Technik entsprechen, sondern hebt auch die Anpassungsfähigkeit und Flexibilität des Unternehmens hervor.[38]

---

34 Vgl. Kreikebaum,H.: (Unternehmensplanung) S.42ff.
35 Vgl. Hopfenbeck,W.: (Managementlehre) S.609; Meffert,H.: (Marketing) S.91
36 Vgl. Kreikebaum,H.: (Unternehmensplanung) S.43f.; Rodenstock,R.: (Diversifikationsplanung) Sp.299
37 Vgl. dazu Abschnitt 4.3.6.
38 Zum Rückgang des durchschnittlichen Produktalters bei SIEMENS vgl. v.Braun,C.-F.: (Beschleunigungsfalle) S.53; Schmelzer,H.J.: (Steigerung) S.30

2.1.3. Risiken, Mißerfolge und deren Ursachen

Den Motiven und Chancen der Entstehung und Vermarktung von neuen Produkten auf der einen Seite stehen gravierende Risiken auf der anderen Seite gegenüber. Unter *Risiko* soll an dieser Stelle die Gefahr verstanden werden, daß sich entweder die neuen Produkte technisch nicht realisieren lassen (technisches Risiko) oder daß technisch erfolgreich hervorgebrachte Produkte nicht zu dem erwarteten ökonomischen Erfolg führen (ökonomisches bzw. wirtschaftliches Risiko).[1]

Das *technische Risiko* wird in hohem Maße von dem Neuheits- und Komplexitätsgrad des neu hervorzubringenden Produktes beeinflußt. Es resultiert aus der Gefahr, daß sowohl die neuproduktimmanenten technischen Probleme nicht erfolgreich - im Sinne von erwarteten spezifischen technischen Meßgrößen - gelöst werden können, als auch, daß die Überleitung der neu entwickelten Produkte in den laufenden Fertigungsprozeß (fertigungstechnische Umsetzungsprobleme) mißlingt.[2] Grundsätzlich kann davon ausgegangen werden, daß das technische Risiko bei zunehmendem Konkretisierungsgrad mit Fortschreiten im Produktentstehungsprozeß abnimmt und bei Aufnahme der Fertigung kaum mehr vorhanden ist; außer es kommt bei rascher Diffusion zu technischen Problemen mit der Aufnahme von Großserien- oder Massenfertigung.[3] Im engen Zusammenhang mit dem technischen Risiko steht das *Serendipitätsrisiko*. Im Gegensatz zum technischen Risiko, das sich auf die Gefahr eines völligen Scheiterns der Produktentstehung aufgrund technischer Probleme beschränkt, bezieht sich das Serendipitätsrisiko auf die Gefahr, daß zwar ein verwertbares neues Produkt entsteht, aber ein anderes als das ursprünglich Angedachte.[4]

Das *ökonomische Risiko* besteht in der Gefahr, daß technisch erfolgreich hervorgebrachten Produkten der erwartete ökonomische Unternehmenserfolg verwehrt bleibt. Dieses Risiko bringt zum Ausdruck, daß nicht eindeutig angegeben werden kann, ob das angebotene neue Produkt auch im erwarteten Umfang nachgefragt wird.[5] Dies kann beispielsweise daran liegen, daß Kundenbedürfnisse zu wenig berücksichtigt sind. Weitere ökonomische Risiken entstehen aus der tendenziellen Verkürzung von Produktentstehungs- sowie Produktlebenszyklen - auf diese Entwicklungstendenzen wird im folgenden Abschnitt noch eingegangen - und dem

---

1   Vgl. Stockbauer,H.: (F&E Controlling) S.74f.; Schmelzer,H.J.: (Organisation) S.7; Hesse,U.: (Technologie-Controlling) S.90; Hallbauer,A.: (Ansätze) S.61. In der betriebswirtschaftlichen Literatur wird der Risikobegriff nicht einheitlich verwendet. Es kann zwischen einem "formalen Risikobegriff", der auf KNIGHT zurückgeführt wird und eine auf Wahrscheinlichkeiten beruhende Form der Unsicherheit darstellt (siehe Abschnitt 3.2.2.1.), und einem "materiellen Risikobegriff" unterschieden werden. Letzterer, der dieser Stelle zugrundeliegt, ist an dem allgemeinen Sprachgebrauch angelehnt und drückt sich als generelle Verlustgefahr aus. Vgl. Knight,F.H.: (Risk) S.199ff.; Eckert,D.: (Risikostrukturen) S.34ff.

2   Vgl. Hennigs,R.: (Entwicklung) S.177; Stockbauer,H.: (F&E Controlling) S.74; Hesse,U.: (Technologie-Controlling) S.91; Hallbauer,A.: (Ansätze) S.61

3   Vgl. Stockbauer,H.: (F&E Controlling) S.74ff. sowie die dort angegebene Literatur.

4   Vgl. Hesse,U.: (Technologie-Controlling) S.90

5   Vgl. hierzu auch Pümpin,C.: (Erfolgspositionen) S.62

oft zu beobachtenden Zusammenhang, daß eine zeitliche Verlängerung eines Projektes gleichzeitig mit höheren Kosten verbunden ist.[6]

Die Risiken eines Mißerfolges werden verstärkt durch *Widerstände*, die die technische sowie wirtschaftliche Entstehung und eine Vermarktung von neuen Produkten hemmen. Es sollen hier innerbetriebliche, marktspezifische, behördliche und antagonistische Widerstände unterschieden werden.[7]

Innerbetrieblich sind es die Widerstände von Personen (Vorgesetze und Untergebene). Sie werden erkennbar durch Ressourcen-, Rollen- und/oder Machtkonflikte.[8] Verstärkt wird diese Form des Widerstandes durch eine stark differenzierte und hierarchisierte Organisationsstruktur aufgrund des speziellen Zuschnitts von Kompetenz, Macht und Verantwortung.[9]

Die *marktspezifischen* Widerstände lassen sich trennen in Widerstände auf der Beschaffungsseite und Widerstände auf dem Absatzmarkt. Widerstände auf der Beschaffungsseite sind zu befürchten, wenn die Herstellung des neuen Produktes radikale Veränderungen der Anforderungen an die Vorleistungen von Lieferanten beinhaltet. Die Folge können Preis-, Mengen-, Termin-, Qualitäts- und Kooperationskonflikte sein.[10] Die absatzmarktspezifischen Widerstände ergeben sich vornehmlich aus Vorbehalten der Kunden (z.B. in bezug auf die Handhabung des Produktes) und deren Zurückhaltung gegenüber dem neuen Produkt (z.B. im Hinblick auf zukünftige Weiterentwicklungen).

Insofern für die Neuproduktentstehung behördliche Genehmigungen erforderlich oder geltende Gesetze bzw. Verordnungen betroffen sind, ist mit *behördlichem Widerstand* zu rechnen, der i.d.R nur durch eine sorgfältige Vorbereitung und großer Beharrlichkeit überwunden werden kann.[11] Eine weitere Form ist der *antagonistische* Widerstand, der von HAUSCHILDT als "Widerstand einer nicht institutionalisierten Umwelt"[12] bezeichnet wird. Es handelt sich dabei um Antagonisten, deren Argumentation, Intensität und Dauer des Widerstandes kaum kalkulierbar ist.

Welche Bedeutung der Neuproduktentstehung in der Wirtschaftspraxis beigemessen wird, soll durch die FuE-Aufwendungen[13] verdeutlicht werden.[14] In den

---

6   Vgl. Gerpott,T.J./Wittkemper,G.: (Verkürzung) S.119f.

7   Vgl. hierzu und zu den nachfolgenden Ausführungen Hauschildt,J.: (Innovationsmanagement) S.90f.; in der Literatur lassen sich inhaltlich und begrifflich unterschiedliche Differenzierungen von Widerständen finden. Z.B. unterscheidet STAUDT zwischen technisch bedingten, personell bedingten, sozial bedingten und regelungsbedingten Innovationswiderständen. Vgl. Staudt,E.: (Innovationsbarrieren) S.355ff.

8   Vgl. Hauschildt,J.: (Innovationsmanagement) S.90

9   Auf Bereichsfehden und Machtkämpfe zwischen Funktionsbereichen eines Unternehmens weist SOMMERLATTE hin. Vgl. Sommerlatte,T.: (Qualität) S.17

10   Vgl. Hauschildt,J.: (Innovationsmanagement) S.91

11   Vgl. Hauschildt,J.: (Innovationsmanagement) S.91

12   Hauschildt,J.: (Innovationsmanagement) S.91 (im Original hervorgehoben)

13   Die Abkürzung "FuE" steht für (industrielle) Forschung und Entwicklung.

Vereinigten Staaten werden in einigen Branchen zwischen 5-10% des Umsatzes für die technische Forschung aufgebracht,[15] für die Bundesrepublik Deutschland sind die Gesamtaufwendungen für die FuE in der *Abbildung 2.1.3./1* dargestellt. Hieraus ist zu ersehen, daß bei einer Zunahme der FuE-Aufwendungen die Wachstumsraten insgesamt geringer werden.

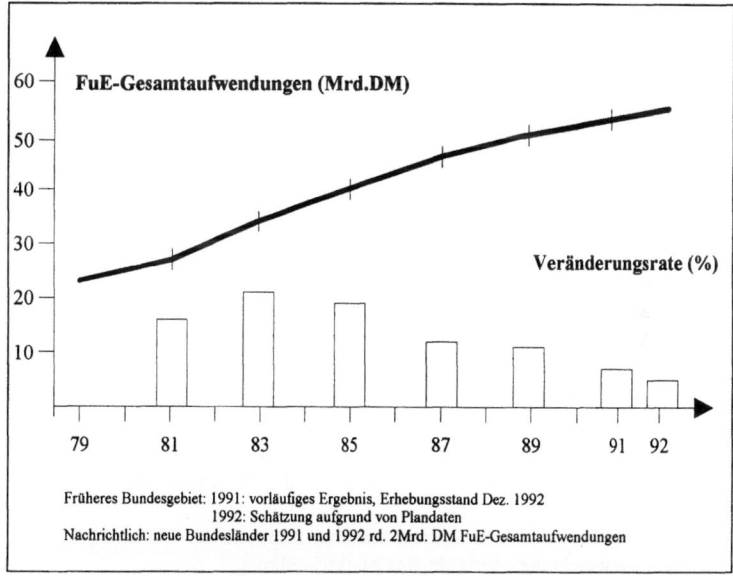

Abb.2.1.3./1: *FuE-Gesamtaufwendungen in der Bundesrepublik Deutschland*[16]

Die hohen FuE-Aufwendungen allein beinhalten jedoch keine Garantie für einen ökonomischen Erfolg.[17] Aus einer Analyse von LANGE über die Aufwandsverteilung für Produktentwicklungen zeigt sich, daß annähernd die Hälfte der FuE-Aufwendungen auf Produkte entfallen dürfte, die sich spätestens im Markt als Mißerfolg erweisen.[18]

Mißerfolge können schwerwiegende Folgen für die Unternehmensentwicklung haben, da fehlinvestierte Mittel und nicht realisierte Erfolgspotentiale[19] in letzter

14   Es sei angemerkt, daß für eine umfassende quantitative Darstellung der Neuproduktaufwendungen nicht nur die FuE-Aufwendungen sondern auch die Aufwendungen für z.B. Patent- und Schutzrechte, Fertigungs- und Absatzvorbereitung sowie Prozeßinnovationen abzugrenzen und ggf. einzubeziehen sind.

15   Vgl. Crawford,C.M.: (Neuproduktmanagement) S.20

16   Quelle: SV-Wirtschaftsstatistik

17   Vgl. auch Schmelzer,H.J.: (Organisation) S.5 sowie die dort zitierte Literatur.

18   Vgl. Lange,E.C.: (Abbruchentscheidung) S.9f.

19   Zum Begriff "Erfolgspotential" vgl. Abschnitt 3.2.4.1.

Konsequenz zu einer Unternehmensaufgabe führen können.[20] Angaben über Mißerfolge in Form einer "Mißerfolgsrate" oder "Floprate" sind in verschieden empirischen Untersuchungen zur Innovationsforschung enthalten; jedoch wird dabei mit unterschiedlichen Erfolgs- bzw. Mißerfolgsbegriffen gearbeitet.[21] Dementsprechend unterschiedlich sind auch die Aussagen. In einer zusammenfassenden Darstellung von CRAWFORD über Mißerfolgsraten von neuen Produkten, basierend auf 7 zwischen 1980 und 1986 durchgeführten Untersuchungen, bewegen sich daher die Angaben von 24 bis 98%.[22]

Die Frage, welche Ursachen für den Mißerfolg von neuen Produkten verantwortlich sind, bildet den Gegenstand vieler Untersuchungen.[23] Aus ihnen zeigt sich, daß es eine Vielzahl von möglichen Faktoren für den Mißerfolg von neuen Produkten gibt, die häufig nicht isoliert auftreten, sondern miteinander in Verbindung stehen. Problematisch für einen unmittelbaren Vergleich der Ergebnisse der Untersuchungen ist, daß sie sich vor allem im Hinblick auf die Begriffsdefinition,[24] Untersuchungsziele, -objekte, -branchen und -methoden voneinander unterscheiden. Trotz dieser Abweichungen geht aus den Untersuchungsergebnissen hervor, daß Mißerfolge vielfach auf *Managementfehler* zurückzuführen sind. Es handelt sich dabei im wesentlichen um

- mangelnde Berücksichtigung von Kundenbedürfnissen,
- falscher Einsatz von Marketinginstrumenten,
- ungenügende Analyse und Prognose der Marktgegebenheiten,
- mangelhafte Organisation, Planung, Kontrolle der Produktentwicklung, -fertigung und Markteinführung,
- unvollkommene Informationsnachfrage der Entscheidungsträger,[25]
- mangelndes Entwicklungs- und Marketing Know-How,
- Verzicht auf Synergieeffekte,
- Abstimmungsprobleme zwischen Marketing- sowie Forschungs- und Entwicklungsstrategie.[26]

Neben diesen aus Managementfehlern resultierenden Mißerfolgsfaktoren weisen die Untersuchungsergebnisse noch auf eine weitere Kategorie hin, die hier als

---

20   Vgl. auch Stockbauer,H.: (F&E Controlling) S.88ff.
21   Vgl. Hauschildt,J.: (Messung) S.451ff.
22   Vgl. Crawford,C.M.: (Neuproduktmanagement) S.24
23   Beispielhaft seien hierzu die Untersuchungen von Calantone,R./Cooper,R.G.: (Product) S.48ff.; Cooper,R.G.: (Dimensions) S.93ff.; Rothwell,R./Freemann,C./Horlsey,A./ Jervis,V.T.P./Robertson,A.B./Townsend,J.: (SAPPHO) S.258ff.; Strebel,H.: (Innovation) S.543ff. genannt.
24   Vgl. zu unterschiedlichen Erfolgs- bzw. Mißerfolgsbegriffen Hauschildt,J.: (Messung) S. 451ff.
25   Vgl. hierzu insbesondere die Untersuchungen von Witte,E.: (Informationsverhalten) S.234ff.
26   Vgl. auch die Analysen von Stockbauer,H.: (F&E Controlling) S.80ff.; Perillieux,R.: (Zeitfaktor) S.90ff.; Brockhoff,K.: (Stärken) S.95

innovationsimmante Mißerfolgsfaktoren bezeichnet werden soll. Hierunter fallen alle Faktoren, die nicht durch die Unternehmensführung beeinflußbar sind und sich aus dem Betreten von "Neuland" bei der Entwicklung und Fertigung von neuen Produkten ergeben.[27] Dazu zählen beispielsweise unvorhersehbare fertigungstechnische Schwierigkeiten.[28] Während die innovationsimmanenten Ursachen kaum beherrschbar sind, lassen sich Managementfehler vermeiden. Ein entscheidender Beitrag in diese Richtung wird vom *Controlling* erwartet.[29]

2.1.4. Entwicklungstendenzen

In jüngster Zeit ist die Tendenz zu einer technikbedingten kontinuierlichen Verkürzung von Produktlebenszyklen zu beobachten.[30] In vielen Märkten ersetzen Produkte mit moderner Technologie[31] immer schneller Produkte, die auf konventionelle Technologien beruhen.[32] Mit anderen Worten, die Zeitdauer zwischen Markteinführung eines neuen Produktes und seiner technischen Überalterung wird im Durchschnitt kürzer.[33] Diese Entwicklung zwingt die Unternehmen neue Produkte in immer kürzeren Zeitabständen hervorzubringen.[34] Dabei sind aus Unternehmenssicht neben Zeitdauer- auch Zeitpunktbetrachtungen, vor allem die der

---

27　STOCKBAUER bezeichnet diese Kategorie als "f&e-immanente Risikofaktoren". Vgl. Stockbauer,H.: (F&E Controlling) S.87

28　Vgl. auch Cooper,R.G.: (Products) S.315ff.

29　Zum "Controlling" vgl. Abschnitt 3.3.

30　Zu sich verkürzenden Produktlebenszyklen in der Unterhaltungselektronik (SONI, AIWA, TOSHIBA) vgl. Sommerlatte,T./Mollenhauer,M.: (Qualität) S.31; siehe auch den Überblick bei Gerpott,T.J./Wittkemper,G.: (Verkürzung) S.122

31　Die Begriffe "Technologie" und "Technik" werden in Abhängigkeit vom Untersuchungszweck oft unterschiedlich definiert. Vgl. dazu z.B. Corsten,H.: (Technologietransfer) S.5f.; Pfeiffer,W./Metze,G.: (Technologische Analyse) Sp.2002; Steffens,F.: (Technologie) Sp.3853. Es sei darauf hingewiesen, daß in bezug auf Auswirkung und Bedeutung von Technologien im Markt zwischen Basis-, Schlüssel- und Schrittmachertechnologien unterschieden wird. "Schrittmachertechnologien" sind für eine Branche neu und ermöglichen Auswirkungen auf die Wettbewerbsstruktur sowie überdurchschnittliche Erfolge. Dies ist vor allem dann gegeben, wenn Schrittmachertechnologien zu künftigen Schlüsseltechnologien werden. Durch "Schlüsseltechnologien" werden überdurchschnittliche Umsätze in der Branche erzielt. Sie stellen einen wettbewerbsentscheidenden Faktor dar. Schlüsseltechnologien werden zu "Basistechnologien", wenn die Technologie weitgehend von allen Wettbewerbern beherrscht wird und daher keine Wettbewerbsvorteile mehr zu erzielen sind. vgl. Sommerlatte,T./Deschamps,J.-P.:(Technologien) S.53ff.; Zäpfel,G.: (Strategisches) S.249

32　Untersuchungen des IFO-Institutes für Wirtschaftsforschung belegen diese Innovationsdynamik für die deutsche Industrie. Während Anfang der 80er Jahre nur ca. 65% der Industrieunternehmen bedeutende Innovationen realisierten, waren es schon 1989 über 80%. Vgl. o.V.: (Innovationsforschung) S.14ff.

33　Vgl. v.Braun,C.-F.: (Beschleunigungsfalle) S.52

34　Ein Beispiel ist der Personal Computer Markt, auf dem etwa alle 2 Jahre eine Verdoppelung der Produktleistung bei annähernd gleichen Preisen festzustellen ist. Dabei besteht die Gefahr, daß die wirtschaftlich optimale Entstehungszeit abnimmt. Vgl. Gerpott,T.J./Wittkemper,G.: (Verkürzung) S.119

Markteinführung, von großem Interesse, da der ökonomische Unternehmenserfolg hierdurch in hohem Maße beeinflußt wird.[35] Diese Entwicklung der schnellen Produktsubstitution verspricht einerseits neue Umsatzmöglichkeiten und Wettbewerbsvorteile, führt aber andererseits zu einem intensiveren Wettbewerb.[36] Auf eine weitere Entwicklung weist *Abbildung 2.1.4./1* hin.

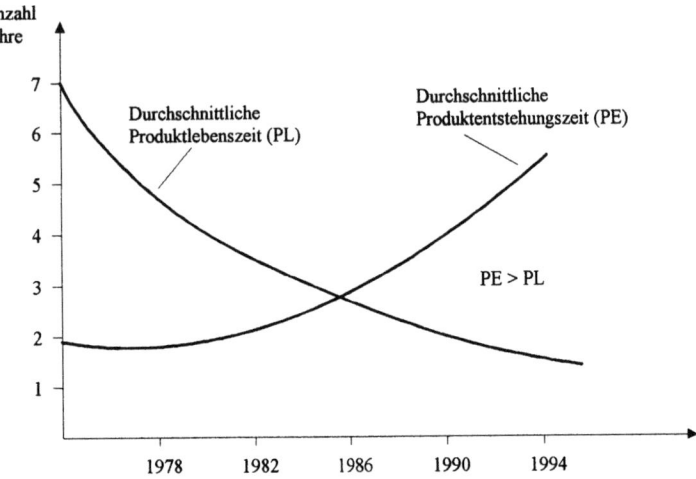

Abb.2.1.4./1: *Zusammenhang zwischen Produktentstehungs- und Produktlebensdauer*[37]

Derartige Zusammenhänge lassen sich beispielsweise in der Elektroindustrie erkennen.[38] Die betroffenen Unternehmen stehen dabei vor folgendem Dilemma: Auf der einen Seite bewirken technologische Entwicklungen und immer komplexere Produkte ein Ansteigen der Entstehungskosten und -zeiten. Auf der anderen Seite

---

35   Vgl.   Reichwald,R.:   (Entwicklungszeiten)   S.11ff.;   die   Bedeutung   des Markteinführungszeitpunktes basiert auf der Annahme, daß von ihm ein Einfluß auf die Produktpreise, die Absatzmenge bzw. den Marktanteil, das Produkt- und Unternehmensimage sowie die gesammelten Markterfahrungen ausgeht. Vgl. Gerpott,T.J./Wittkemper,G.: (Verkürzung) S.120

36   Vgl. v.Braun,C.-F.: (Beschleunigungsfalle) S.56 sowie die dort zitierte Literatur. Die Effekte schneller Produktentstehungen sind nicht unumstritten; es erfordert zumindest eine Abwägung zwischen der schnellen Reaktion auf neue Trends oder Veränderungen der Rahmenbedingungen (z.B. durch Gesetzesänderungen) und der damit verbundenen Folgen (z.B. Senkung des Wiederverkaufswertes von alten Produkten, imageschädigende Modellpolitik). Vgl. dazu Reichwald,R.: (Entwicklungszeiten) S.10f.; zu weiteren Grenzen und Gefahren bei sich verkürzenden Produktlebenszyklen vgl. v.Braun,C.-F.: (Beschleunigungsfalle) S.57ff.; v.Braun,C.-F.: (Praxis) S.267ff.

37   Quelle: Engelke,P.: (Forschung) S.10; Seeser,G.: (Technologien) S.14

38   Vgl. Perillieux,R.: (Timing) S.26

verbleibt für die Amortisation dieser Entstehungskosten über die Markterlöse immer weniger Zeit.[39]

Kürzere Entstehungszeiten ermöglichen es einem Unternehmen seine neuen Produkte früher auf den Markt zu bringen als seine Konkurrenten.[40] Der Erstanbieter eines neuen Produkts befindet sich bis zum Markteintritt eines Konkurrenten in einer monopolistischen Stellung, die es ihm erlaubt Pioniergewinne zu erwirtschaften.[41,42] Um bei immer kürzer werdenden Produktlebenszyklen die Innovationserfolge voll auszuschöpfen wird häufig die Pionier- bzw. Führerstrategie (im Sinne von "first-to-market") als generelles Erfolgskonzept für Produktinnovationen vorgeschlagen.[43]

Die Praxis zeigt aber auch, daß in vielen Fällen Folger (im Sinne von "second-to-market") weitaus höhere Erfolge erzielen als die ursprünglichen Erstanbieter.[44] Dies ist vor allem dann der Fall, wenn Folger bzw. Imitatoren an den Erfahrungen der Pionierunternehmen partizipieren können, ohne selbst die entsprechenden Risiken und Kosten tragen zu müssen,[45] und sie sich stärker als diese am Markt orientieren.[46]

Fazit ist, daß sowohl eine Führerstrategie als auch eine Folgerstrategie zum Innovationserfolg führen kann. Beide Strategietypen sind jedoch durch unterschiedliche Chancen und Risiken gekennzeichnet, die bei ihrer Wahl zu berücksichtigen sind. In der *Abbildung 2.1.4./2* sind beispielhaft die Chancen und Risiken der jeweiligen Strategie dargestellt.

---

39 Grundsätzlich sollte deshalb die Produktentstehungszeit kürzer sein als die Produktlebensdauer. Vgl. Gerybadze,A.: (Strategisches Management) S.43; Schmelzer,H.J.: (Organisation) S.6

40 Die Schwierigkeit dabei besteht jedoch darin, den richtigen Zeitpunkt zu treffen. DRUCKER hebt dies in seinem Konzept des "Strategischen Fensters" hervor. Der "Einstieg ist nur während eines kurzen Zeitraumes möglich, nur so lange das 'Fenster' offensteht." Drucker,P.F.: (Innovations-Management) S.186

41 Es sei darauf hingewiesen, daß das Erwirtschaften von Pioniergewinnen unter anderem von der verfolgten Marktstrategie beeinflußt wird. Dabei ist vor allem zwischen der Skimming- und der Penetrationsstrategie zu differenzieren. Vgl. zu diesen beiden Strategieformen z.B. Meffert,H.: (Marketing) S.334ff.

42 Einen Überblick über den Einfluß des Markteintrittzeitpunktes auf Pioniergewinne zeigt z.B. Simon,H.: (Zeit) S.84ff.

43 Vgl. dazu die Literaturangaben in Perillieux,R.: (Timing) S.26

44 So blieb beispielsweise dem Urvater der Personalcomputer dem "Star" bzw. "Alto" der Firma Xerox der ökonomische Erfolg verwehrt, weil der Markt auf eine arbeitsplatznahe Comuterapplikation nicht vorbereitet war. Vgl. Reichwald,R.: (Entwicklungszeiten) S.9f., aber auch Schmelzer,H.J.: (Steigerung) S.32; zu weiteren Beispielen vgl. den Überblick bei Perillieux,R.: (Timing) S.29f.

45 Vgl. Perillieux,R.: (Zeitfaktor) S.126

46 Vgl. Zahn,E.: (Technologiemanagement) S.37

	CHANCEN		RISIKEN
	kurzfristig	langfristig	
Führerstrategie	• Vorteile aus technologischer Monopolstellung	• Erfahrungskurvenvorsprung, • Imagevorteile, • Abnehmerbeziehungen, • Etablieren von Industriestandards	• Hohe Kosten und hoher Zeitaufwand für F&E, • Hohe Marktöffungskosten, • Imagenachteile bei nicht ausgereiften Innovationen, • Führerinnovation setzt sich nicht als Industriestandard durch
Folgerstrategie	Partizipation an der Erfahrung des Führers, in Form von • Technologieimitation, • Technologiemodifikation	Wettbewerbsvorteile durch strategische Maßnahmen, wie • Produktpolitik, • Preispolitik, • Distribution, • Werbung	• Kürzere Marktphase der Produktinnovation, • Eintrittsbarrieren, • Abnehmerpräferenz für die Führerinnovation

Abb. 2.1.4./2: *Chancen und Risiken von Führer- und Folgerstrategien*[47]

Um die Bedeutung des Zeitfaktors bei der Produktentstehung zu verdeutlichen erscheint es zweckmäßig, zwei Dimensionen von Führer- und Folgerstrategien zu unterscheiden:[48]

- Dimension des Markteintrittes und
- Dimension der Forschung und Entwicklung.[49]

In beiden Dimensionen können die Unternehmen unterschiedliche Positionen einnehmen, um ihre Ziele zu erreichen. Wie *Abbildung 2.1.4./3* zeigt, ergeben sich aus der Kombination dieser beiden Dimensionen vier mögliche Strategievarianten.

---

47 Quelle: in modifizierter Form entnommen von Perillieux,R.: (Zeitfaktor) S.124; vgl. auch Perillieux,R.: (Timing) S.34
48 Vgl. Perillieux,R.: (Timing) S.35ff.
49 Zur Einordnung von Forschung und Entwicklung in den Prozeß der Neuproduktentstehung vgl. Abschnitt 2.2.1.

FORSCHUNG u. ENTWICKLUNG

		Führer	Folger
MARKT-EINTRITT	Führer	Genereller Innovationsführer	Markteintritts-führer
	Folger	Entstehungsprozeß-führer	Genereller Innovationsfolger

Abb.2.1.4./3: *Führer-/Folger-Strategievarianten*

Eine Analyse von PERILLIEUX über Innovationen in der Maschinenbauindustrie hat ergeben, daß zumeist die Führer in Forschung und Entwicklung erwartungsgemäß auch als erste mit der Produktionnovation in den Markt eintreten, während die Forschungs- und Entwicklungsfolger auch beim Markteintritt häufig die Position des (führen oder späten) Folgers einnehmen.[50] Ferner ist der Zusammenhang zwischen der verfolgten Strategievariante und dem Innovationserfolg untersucht worden. Den Untersuchungsergebnissen zufolge, sind die Führer in Forschung und Entwicklung deutlich erfolgreicher als die Forschungs- und Entwicklungsfolger, unabhängig davon, welche Strategie beim Markteintritt verfolgt wird. Den höchsten Erfolgsbeitrag verzeichneten allerdings diejenigen Unternehmen, die die Strategie des Entstehungsprozeßführers angewendet haben. "Diese Unternehmen nutzen die in der F&E-Phase gewonnene Zeit häufig, um ein vollkommen ausgereiftes Produkt auf den Markt zu bringen, oder um Wettberber die Marktöffnungskosten tragen zu lassen."[51] Ein prinzipieller Vorteil des Entstehungsprozeßführers gegenüber seinen Wettbewerbern ist, daß er die strategische Option besitzt, je nach Situation entweder früh oder spät in den Markt einzutreten.[52,53]

Die besondere Bedeutung des Zeitfaktors bei der Produktentstehung zeigt sich auch darin, daß eine Überschreitung der Entstehungszeit von 6 Monaten bei Produkten mit fünfjährigem Lebenszyklus[54] zu einer Ergebniseinbuße von ca. 25-

---

50   Vgl. Perillieux,R.: (Zeitfaktor) S.202ff.

51   Perillieux,R.. (Timing) S.36

52   Vgl. Perillieux,R.: (Timing) S.36

53   Neben diesen allgemeinen Erfolgsaussichten, sind bei der Wahl einer Führer- oder Folgerstrategie unternehmensspezifische Situationsdeterminaten zu berücksichtigen. Dazu zählen vor allem die unternehmenspolitische Grundhaltung und die Risikoneigung des Unternehmens, das Synergiepotential der Produktinnovation (z.B. Beziehungen zum bestehenden Produktprogramm oder vorhandenen Anlagen), das Marktvolumen und dessen Wachstum, der Innovationsgrad und die Komplexität des neuen Produktes sowie die Beherrschung der eingesetzten Technologie. Vgl. Remmerbach,K.-U.: (Markteintrittsentscheidungen) S.111ff.; Schmelzer,H.J.: (Organisation) S.48; Perillieux,R.: (Zeitfaktor) S.217ff.; Perillieux,R.: (Timing) S.38ff.

54   Bei dreijährigem Produktlebenszyklus verliert das Unternehmen bei gleicher Zeitverzögerung sogar 50% des Ergebnispotentials. Vgl. Gerpott,T.J./Wittkemper,G.: (Verkürzung) S.121; Schmelzer,H.J.: (Steigerung) S.30

35% führt,[55] während eine Erhöhung der Entstehungsaufwendungen um 50% lediglich eine Ergebniseinbuße von 5-10% bewirkt.[56] Zeitziele sollten deshalb grundsätzlich gleichrangig neben den Kosten- und Qualitätszielen verfolgt werden.[57] "Throughput time reduction is an objective that cuts across many factory fiefdoms - equipment, layout, quality, materials handling, production planing, inventory control, and cost accounting - but without the potential for conflict accompanying many other departmental and factory performance measures."[58]

In diesem Zusammenhang erscheint ein Vergleich der Innovationszeiten und Innovationskosten von hochindustrialisierten Wirtschaftsregionen, insbesondere der Triade USA, Europa und Japan, interessant, da parallel zur Steigerung der Innovationsdynamik eine zunehmende Globalisierung der Märkte zu beobachten ist.[59] ALBACH e.a. haben in einer Studie von 1989 die Innovationszeiten und -kosten der Bundesrepublik Deutschland, Vereinigten Staaten von Amerika und Japan gegenübergestellt.[60] In der *Tabelle 2.1.4./1* ist das Verhältnis deutscher zu amerikanischen und japanischen Innovationszeiten und -kosten wiedergegeben.[61] Ein Vergleich der durchschnittlichen Innovationszeiten zeigt, daß die Innovationszeiten deutscher Unternehmen annähernd gleich denen der amerikanischen Unternehmen sind. Die der japanischen Unternehmen sind jedoch bemerkenswert kürzer. Eine ähnliche Situation liegt auch bei dem Vergleich der Innovationskosten vor.[62]

---

55   Vgl. Milberg,J./Geyer,W.: (CIM-Management) S.V; Gerpott,T.J./Wittkemper,G.: (Verkürzung) S.121; Bogaschewsky,R.: (Lean Production) S.277 sowie die dort angegebene Literatur

56   Vgl. Milberg,J./Geyer,W.: (CIM-Management) S.V; Wildemann,H.: (Just-In-Time) S.1251; Schmelzer,H.J.: (Steigerung) S.29f.

57   Es sei noch darauf hingewiesen, daß langlebige Produkte sich im allgemeinen weniger Zeitsensibel als kurzlebige erweisen, so daß bei langlebigen Produkten die Entwicklungskosten im Vordergrund stehen sollten. Vgl. Schmelzer,H.J.: (Steigerung) S.30 u.32

58   Schmenner,R.W.: (Merit) S.16

59   Zur Globalisierung der Märkte vgl. Perillieux,R./Wittkemper,G.: (Ziele) S.15

60   Diese Studie ist an eine Untersuchung von MANSFIELD angelehnt, in der die Innovationsprozesse der USA und Japan untersucht wurden. Vgl. Albach,H./ de Pay, D./Rojas,R./ Albruschat,J.:(Quellen) S.309 ff.; Mansfield,E.:(Speed) S.1157ff.

61   Eine weitere empirische Studie zur Bedeutung von Innovationen im Vergleich Nordamerika, Europa und Japan ist von ARTHUR D. LITTLE durchgeführt worden. Vgl. Gerybadze,A.: (Strategisches Management) S.32ff.

62   "Innovationskosten" umfassen hier Forschungs- und Entwicklungskosten, Produktionskosten, Marktforschungskosten und Markteinführungskosten. Vgl. Albach,H./ de Pay, D./Rojas,R./ Albruschat,J.:(Quellen) S.316

Branche	Innovationszeiten		Innovationskosten	
	Deutschland Japan	Deutschland USA	Deutschland Japan	Deutschland USA
Automobilindustrie	1,12*	1,01	1,07	1,04
Büromaschinen	0,94	1,02	1,34**	1,16**
Chemie	1,26**	1,06	1,19**	0,99
Elektrotechnik	1,21**	1,13**	1,17**	1,05
Maschinen	1,13**	0,91**	1,08**	0,95
Metall	1,13*	0,94	0,99	1,07
Sonstige	1,00	1,04	1,1*	1,00
Alle Unternehmen	1,14**	1,01	1,12**	1,01

Alle Werte sind Mittelwerte (MW)

* Mit einer Irrtumswahrscheinlichkeit von 5% ist MW signifikant verschieden von 1.

** Mit einer Irrtumswahrscheinlichkeit von 1% ist MW signifikant verschieden von 1.

Tabelle 2.1.4./1: *Länderspezifischer Vergleich von Innovationszeiten und Innovationskosten*[63]

Diese Entwicklungen zusammen mit den in den vorangegangenen Abschnitten diskutierten Chancen, Motiven, Risiken und Mißerfolgen lassen erkennen, daß immer höhere und neue Anforderungen an die Unternehmensführung in bezug auf das Hervorbringen neuer Produkten gestellt werden. Eine geeignete Management- und Controllingkonzeption zur Neuproduktentstehung kann dazu beitragen diesen Anforderungen gerecht zu werden. Die Entwicklung eines Konzeptes zum Management und Controlling der Neuproduktentstehung erfordert jedoch ein genaueres Verständnis der Aktivitäten, Prozesse und Phasen der Neuproduktentstehung. Dazu wird im folgenden Abschnitt der Objektbereich[64] der Neuproduktentstehung herausgearbeitet und abgegrenzt.

63   Quelle: Albach,H./de Pay,D./Rojas,R./Albruschat,J.:(Quellen) S.314
64   Der "Objektbereich" gibt den Untersuchungsgegenstand an, auf den sich die Gestaltungsaussagen beziehen.

2.2. Neuproduktentstehung als Objektbereich

2.2.1. Positionierung der Neuproduktentstehung in der Unternehmung

Neue Produkte stellen das Ergebnis einer Vielzahl von unterschiedlichen Tätigkeiten im Unternehmen dar. Um diese teils sehr heterogenen Tätigkeiten zu strukturieren und in die betriebliche Leistungserstellung einzuordnen, wird in diesem Abschnitt ihre Stellung im Rahmen der betrieblichen Wertkette herausgearbeitet.

Das Modell der *Wertkette* (value chain) ist ein von PORTER entwickeltes Instrument, mit dem die Unternehmenstätigkeiten in Form einer Kette von wertsteigernden Aktivitäten dargestellt werden.[1] Als "Wert" bezeichnet PORTER denjenigen Betrag, den die Kunden für die ihnen angebotene unternehmerische Leistung zu zahlen bereit sind (=Verkaufspreis).[2] Der Gewinn für das Unternehmen läßt sich folglich durch Abzug der durch die Wertaktivitäten verursachten Kosten von dem "Wert" der Leistung(en) ermitteln. In Anlehnung an die Darstellungsform von PORTER, enthält die folgende *Abbildung 2.2.1./1* eine Wertkette, in der wichtige Funktionen des Unternehmens im Hinblick auf die Neuproduktentstehung gezeigt sind.

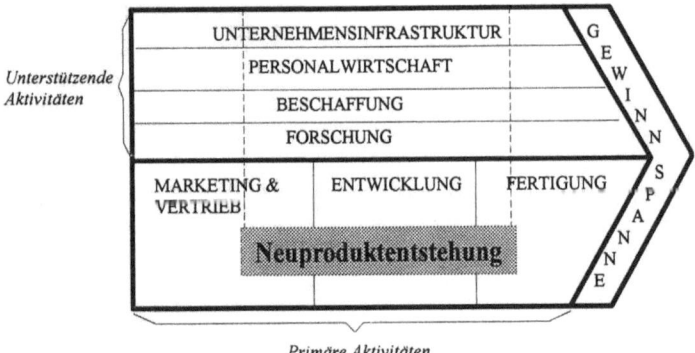

Abb. 2.2.1./1: *Wertkette*[3]

---

1   Vgl. Porter,M.E.: (Wettbewerbsvorteile) S.63ff.; Kreikebaum,H.: (Unternehmens-planung) S.93f.; Meffert,H.: (Wertkette) S.261ff.; Welge,M.K./Al-Laham,A.: (Planung) S.221ff.

2   Es sei darauf hingewiesen, daß der von PORTER verwendete Begriff "Wert" grundsätzlich nicht mit dem Begriff "Wertschöpfung" gleichzusetzen ist. Wertschöpfung ist i.d.R. definiert als Gesamtleistung (Umsatz) einer Periode abzüglich Vorleistungen. Vgl. Meffert,H.: (Wertkette) S.261; zum Wertschöpfungsbegriff vgl. z.B. Hahn,D.: (Charakterisierung) S.151f.; o.V.: (Leistungsprozeß) S.2f.; Böcker,F./Dichtl,E.: (Marketing) S.169

3   Quelle: in modifizierter Form entnommen von Porter,M.E.: (Wettbewerbsvorteile) S.62. Die hier gezeigte Differenzierung unterscheidet sich gegenüber der Darstellung von PORTER vor allem durch die Trennung von Forschungs- und Entwicklungsaktivitäten einerseits und deren Zuordnung zu unterschiedlichen Aktivitätenkategorien andererseits.

Danach ist die Neuproduktentstehung in die Grundfunktionen Marketing &
Vertrieb, Entwicklung und Fertigung eingebunden. Diese Grundfunktionen zählen
hier zu den *primären Aktivitäten* eines Industrieunternehmens. Begleitet werden
die primären Aktivitäten durch eine Reihe von *unterstützenden Aktivitäten*, die in
die Bereiche Unternehmensinfrastruktur, Personalwirtschaft, Beschaffung und
Forschung unterteilt sind.[4,5] Die gestrichelten Linien weisen darauf hin, daß die
unterstützenden Aktivitäten nicht nur mit den primären Aktivitäten, sondern auch
mit der Neuprouktentstehung direkt zusammenhängen können.

Nach dieser ersten groben Einordnung der Neuproduktentstehung werden im
weiteren deren Beziehungen zu den

- Marketing- und Vertriebsaktivitäten,
- Entwicklungsaktivitäten und
- Fertigungsaktivitäten

erörtert. Die *Marketing- und Vertriebsaktivitäten*[6] werden hier nur in dem Maße
der Neuproduktentstehung zugeordnet, in dem sie zur Bereitstellung von
Informationen über den Markt und die Kundenanforderungen dienen. Bei einer
marktorientierten Neuproduktentstehung, die in dieser Arbeit im Vordergrund
steht, ist das zu schaffende neue Produkt nicht nur an die Kundenbedürfnisse,
sondern auch an die am Markt herrschenden Wettbewerbsverhältnisse anzupassen.
So beeinflussen die Informationen aus den Marketing- und Vertriebsaktivitäten in
maßgeblicher Weise die Ziele und weiteren Aktivitäten der
Neuproduktentstehung.[7]

---

4   Zu den Inhalten der Unternehmensinfrastruktur, Personalwirtschaft und Beschaffung vgl.
Porter,M.E.: (Wettbewerbsvorteile) S.67ff.; zum Forschungsbegriff siehe die
nachstehenden Ausführungen bezüglich der Abgrenzung von Forschung und
Entwicklung.

5   Es ist darauf hinzuweisen, daß die Aktivitäten der Wertkette *nicht* identisch sind mit in-
stitutionalisierten Funktionsabteilungen. Beispielsweise ist mit "Beschaffung" nicht die
Beschaffungsabteilung oder der Beschaffungsbereich gemeint, sondern die beschaffungs-
bezogenen Unternehmenstätigkeiten, unabhängig davon, ob diese z.B. in der
Personalabteilung (Beschaffung von Personal) oder der Beschaffungsabteilung ablaufen.
Vgl. auch Meffert,H.: (Wertkette) S.262f. So beschränken sich auch die Aussagen zur
Neuproduktentstehung in dieser Arbeit ausschließlich auf die damit verbundenen
Aktivitäten und nicht auf gleichnamige Fachabteilungen oder -bereiche.

6   Das Begriffspaar "Marketing und Vertrieb" ist von PORTER übernommen worden. Vgl.
Porter,M.E.: (Wettbewerbsvorteile) S.67. Während unter dem Begriff "Vertrieb"
weitgehend übereinstimmend die physische Distribution der erstellten Güter verstanden
wird [vgl. z.B. Meffert,H.: (Marketing) S.422f.; Wöhe,G.: (Einführung) S.532] ist der
Marketingbegriff in der betriebswirtschaftlichen Diskussion umstritten. Zu
unterschiedlichen Marketing-Konzeptionen und deren Kritik vgl. beispielsweise
Hopfenbeck,W. (Managementlehre) S.53ff.; Wöhe,G.: (Einführung) S.532ff.

7   Nach den Angaben von SCHMELZER werden 60-80% aller Innovationen vom Markt
her angestoßen. Vgl. Schmelzer,H.J.: (Organisation) S.26 sowie die dort angegebene
Literatur. Im Gegensatz dazu kommen ALBACH e.a. zu dem Ergebnis, daß in deutschen
Unternehmen die meisten Innovationsanstöße in den Forschungs- und

Die *Entwicklungsaktivitäten*[8] zur Neuproduktentstehung[9] dienen der Auswertung und Anwendung von Forschungsergebnissen sowie der Sammlung von vor allem technischen und ökonomischen Erfahrungen, um neue wirtschaftlich verwertbare Produkte und Produktionsverfahren hervorzubringen.[10] Demgegenüber sind die Forschungsaktivitäten auf die Gewinnung neuer wissenschaftlicher Erkenntnisse ausgerichtet und überwiegend losgelöst von konkreten Problemstellungen sowie Anwendungen.[11] Dies ist auch der Grund dafür, daß sie in der oben vorgenommenen Aufteilung als unterstützende Aktivitäten betrachtet werden und von den an konkreten Produktzielen orientierten betrieblichen Entwicklungsaktivitäten getrennt wurden.[12]. Die Forschungsaktivitäten können den Anstoß zur Entwicklung von neuen Produkten liefern.[13] Es handelt sich dann in erster Linie um technologieinduzierte Neuproduktentwicklungen (technology push). Im Gegensatz dazu wurden in den 70er Jahren vorwiegend die marktinduzierten Neuproduktentwicklungen (market bzw. demand pull) diskutiert.[14] Eine erfolgreiche Neuproduktentstehung beruht jedoch zumeist auf der Zusammenführung von technology push und market pull.[15] So gilt es, die Kundenbedürfnisse zu erfüllen und die technologieinduzierten Chancen zu nutzen.

Entwicklungsabteilungen ihren Ursprung haben. Vgl. Albach,H./de Pay,D./Rojas,R./ Albruschat,J.: (Quellen) S.311

8   Bislang existiert keine allgemeingültige Definition des Begriffes "Entwicklung". Einerseits konzentrieren sich die Abgrenzungsbemühungen auf die Trennung zwischen "Forschung" und "Entwicklung". Vgl. z.B. Brockhoff,K.: (Forschung) S.35ff.; Engelke,P.: (Forschung) S.16ff, Stockbauer,H.: (F&E Controlling) S.33ff, Schätzle,G.: (Forschung). Andererseits beziehen sie sich auf die Abgrenzung zwischen "Entwicklung" und "Konstruktion". Vgl. z.B. Heyde,W./Laudel,G./Pleschak,F./ Sabisch,H.: (Innovationen) S.34ff.; Schmelzer,H.J.: (Organisation) S.13 sowie die dort zitierte Literatur. Nach der hier vertretenen Auffassung ist die Konstruktion Bestandteil der Entwicklung. Vgl. hierzu Abschnitt 2.2.3.

9   Die Entwicklungsaktivitäten werden in der Literatur außer in Neuentwicklungen in Weiter-, Anpassungs-, Variantenentwicklung sowie Erprobung unterteilt. Zu den einzelnen Entwicklungsarten vgl. beispielsweise Krystek,U.: (FuE) S.283; Kern,W.: (Produktionswirtschaft) S.104; Schmelzer,H.J.: (Organisation) S.18

10   Vgl. Kern,W.: (Produktionswirtschaft) S.104; Schmelzer,H.J.: (Organisation) S.11

11   Die Forschungsaktivitäten werden in der Literatur häufig weiter unterteilt in die Grundlagenforschung (basic research) und die Zweckforschung bzw. angewandte Forschung (applied research). Vgl. hierzu Brockhoff,K.: (Forschung) S.37ff.; Stockbauer,H.: (F&E Controlling) S.33ff.; Krystek,U.: (FuE) S.282f.; Engelke,P.: (Forschung) S.17ff. Pfeiffer,W./Staudt,E.: (Forschung) Sp.1521ff.; Schweitzer,M.: (Fertigungswirt-schaft) S.614ff

12   Vgl. auch Seeser,G.: (Technologien) S.46f. Es sei darauf hingewiesen, daß in der Praxis nur selten zwischen Forschungs- und Entwicklungsaktivitäten unterschieden wird; vielmehr wird ohne zu differenzieren von "Forschung und Entwicklung" gesprochen. Vgl. Stockbauer,H.: (F&E Controlling) S.36 sowie die dort angegebene Literatur.

13   Bei einer Vielzahl von erfolgreichen industriellen Entwicklungen ist allerdings vollständig auf Vorleistungen der Forschung verzichtet worden. Vgl. Siegwart,H.: (Produktentwicklung) S.17

14   Vgl. beispielsweise die Untersuchungen von Gerstenfeld,A.: (Study)S.116ff; Utterback,J.M.: (Process) S.124ff

15   Vgl. Hauschildt,J.: (Innovationsmanagement) S.7; Schmelzer,H.J.: (Organisation) S.28f.; Perillieux,R.: (Zeitfaktor) S.102f.; Milling,P.: (Diffusionstheorie) S.50

Die *Fertigungsaktivitäten*[1] sind nur insofern als Aktivitäten der Neuproduktent-stehung zu betrachten, als sie zur Umsetzung des Neuproduktkonzeptes in die betriebliche Serien- bzw. Massenfertigung beitragen. Dies betrifft insbesondere die Aktivitäten der Fertigungsvorbereitung und des Serienanlaufes, bis das angedachte Produktionsvolumen realisiert ist.[2] Mit dem Erreichen dieses Produktionsvolumens stellen sich Routineprozesse ein, die durch eine hohe Strukturiertheit und Wiederholhäufigkeit gekennzeichnet sind[3] und nicht mehr zur Neuproduktentste-hung zählen.

2.2.2. Neuproduktentstehung als spezifischer Innovationsprozeß

In der Literatur wird die Entstehung von neuen Produkten üblicherweise im Rahmen von *Innovationen* diskutiert,[4] die entweder als Prozeß oder als Prozeß-ergebnis betrachtet werden. Der Innovationsbegriff wird dabei nicht einheitlich definiert.[5] Innovationen können allgemein als Ideen, Objekte oder Verfahren verstanden werden, die von einem Individuum oder einer anderen Einheit als neu wahrgenommen werden.[6] Somit sind auch alle unternehmensindividuellen Neuhei-ten Innovationen.[7] Als eine der Innovation vorgelagerte Phase wird häufig die Invention gesehen.[8] *Inventionen* sind neue - zumeist technische - Erfindungen bzw. Problemlösungspotentiale. Unter einer Innovation wird dann die *wirtschaftliche Anwendung* einer Invention im oder durch das Unternehmen verstanden.[9] In einer

---

1   Unter dem Begriff "Fertigung" wird im allgemeinen die Be- und Verarbeitung von Einsatzgütern (z.B. Materialien oder Zwischenprodukten) in Form eines technischen Leistungserstellungsprozesses in Industrieunternehmen verstanden. Synonym zu dem Begriff "Fertigung" werden auch die Begriffe "industrielle Produktion", "industrielle Erzeugung", "Fabrikation" sowie "Herstellung" gebraucht. Vgl. Bloech,J./Lücke,W.: (Produktionswirtschaft) S.2; Kern,W.: (Produktionswirtschaft) S.3; Zäpfel,G.: (Produktionswirtschaft) S.21ff.

2   Zu den beiden Teilbereichen "Fertigungsanlauf" und "Serienfertigung" siehe auch die Ausführungen in Abschnitt 2.2.3.1.

3   Vgl. Schmelzer,H.J.: (Organisation) S.13

4   In die wirtschaftswissenschaftliche Diskussion hat SCHUMPETER den Innovationsbegriff eingeführt, indem er die Entscheidung über und die Durchsetzung von Innovationen als das charakteristische Merkmal der Unternehmenstätigkeit herausstellt. Vgl. Schumpeter,J.A.: (Theorie) S.117

5   TINNESAND hat für den Begriff "Innovation" 108 verschiedene Definitionen ermittelt. Vgl. Tinnesand,B.: (General Theory)

6   Vgl. Rogers,E.M.: (Innovations) S.11

7   Zur Verwendung dieses unternehmensindividuellen bzw. subjektiven Innovationsbegriffs vgl. Trommsdorff,V./Reeb,M./Riedel,F.: (Produktinnovationsmanagement) S.566; Zäpfel,G.: (Strategisches) S.118

8   Teilweise werden die Begriffe "Innovation" und "Invention" auch synonym verwendet. Vgl. dazu Kaplaner,K.: (Produktinnovationen) S.6.

9   Vgl. Haß,H.-J.: (Fortschritts) S.16; Pfeiffer,W.: (Innovationsmanagement) S.422; Little,A.D.: (Innovation) S.15; Uhlmann,L.: (Innovationsprozeß) S.41f.

weiten Fassung umfaßt der Innovationsbegriff auch die *Imitation*,[10,11] da eine Imitation sich bei dem Imitator als Betriebsneuheit auswirkt.

Die Literatur enthält eine Reihe unterschiedlicher Klassifikationen von Innovationen.[12] Eine Gruppe von Klassifikationen bezieht sich dabei auf den Neuheitsgrad (Innovationsgrad) der Innovation. So differenziert beispielsweise MENSCH im wesentlichen zwischen Basisinnovationen und Verbesserungsinnovationen.[13] *Basisinnovationen* sind im historischen Zeitverlauf auftretende Richtungsänderungen von der bisherigen Praxis; sie leiten ein "Neues Zeitalter" ein. Demgegenüber sind *Verbesserungsinnovationen* Weiterentwicklungen etablierter Basisinnovationen.[14] Um das Spektrum der Neuheitsgrade innerhalb dieser Bandbreite zu erfassen, bildet er insgesamt sechs Innovationstypen. Es sind dies Basisinnovationen, radikale Neuerungen, sehr bedeutsame Verbesserungsinnovationen, bedeutsame Verbesserungsinnovationen, Verbesserungsinnovationen und einfache Verbesserungen.[15] Insbesondere zwischen den Verbesserungsinnovationstypen sind die Übergänge fließend, so daß eine eindeutige Grenzziehung der einzelnen Begriffe nicht immer möglich ist.[16] Aus diesem Grund und bedingt durch die Verwendung eines unternehmenssubjektiven Innovationsbegriffs in dieser Arbeit[17] unterbleibt hier eine Einordnung der Neuproduktentstehung in ein neuheitsgradbezogenes Innovationsraster. Zur Charakterisierung der Neuproduktentstehung aufgrund des Neuheitsgrades wird auf Abschnitt 2.2.4. verwiesen.

Eine Gruppe weiterer wichtiger Klassifizierungen geht von den Sachdimensionen (gemäß der Frage: "Was ist neu?") der Innovation aus.[18] Entsprechend werden als Innovationsarten häufig Produkt-, Prozeß-, Struktur- und Sozialinnovationen unterschieden.[19] *Produktinnovationen* sind neue oder veränderte Produkte, die in

---

10   Umgangssprachlich wird unter einer "Imitation" eine Nachahmung verstanden. Vgl. Wahrig,G.: (Fremdwörterlexikon) S.297

11   Vgl. dazu Arbeitskreis Hax der Schmalenbachgesellschaft: (Forschung und Entwicklung) S.554

12   In diesem Zusammenhang verweist BROCKHOFF auf Untersuchungsergebnisse von UHLMANN, der letztlich elf Innovationstypen herausgearbeitet hat, wobei aber die zur Typisierung verwendeten Merkmale eine Unterscheidung von etwa 70,8 Millionen Fällen ermöglicht. Vgl. Brockhoff,K.: (Wettbewerbsfähigkeit) S.55

13   Vgl. Mensch,G.: (Basisinnovationen) S.292f.; Mensch,G.:(Patt) S.57

14   Vgl. Mensch,G.: (Patt) S.56f.; Mensch,G.: (Basisinnovationen) S.292f.; Kaplaner,K.: (Produktinnovationen) S.9f.

15   Vgl. Mensch,G.: (Patt) S.37; eine verkürzte Betrachtungsweise dieses Innovationsrasters bildet die Klassifizierung in nur zwei Innovationsklassen: Radikalinnovationen und Inkrementalinnovationen. Vgl. hierzu Trommsdorff,V./Schneider,P.: (Grundzüge) S.4f.; Trommsdorff,V./Reeb,M./Riedel,F.: (Produktinnovationsmanagement) S.567

16   Vgl. auch Brose,P.: (Planung) S.28; Perillieux,R.: (Zeitfaktor) S.15

17   Vgl. Abschnitt 2.1.1.

18   Außer nach Sachdimensionen lassen sich Innovationen nach Subjektdimensionen: "neu für wen?" - Hersteller oder Kunde, Intensitätsdimensionen: "wie sehr neu?" und Zeitdimensionen: "wie lange neu?" unterteilen. Vgl. Gümbel,R.: (Produkte) S.53; Schmitt-Grohé,J.: (Produktinnovation) S.26f.; Offermann,A.: (Projekt-Controlling) S.39f.; Meffert,H.: (Marketing) S.364f.; Zäpfel,G.: (Strategisches) S.117f.

19   Vgl. Offermann,A.: (Projekt-Controlling) S.39; Kaplaner,K.: (Produktinnovationen) S. 8f.; Thom,N.: (Innovationsmanagement) S.6; Thom,N.: (Grundlagen) S.32ff.

dieser Form vom Hersteller erstmals am Markt angeboten werden.[20] *Prozeß- bzw. Verfahrensinnovationen* umfassen Verbesserungen im Leistungserstellungsprozeß[21]. Sie wirken sich sowohl auf arbeitstechnische Bedingungen als auch auf die Zeiten und Kosten der Leistungserstellung sowie auf die Produktqualität aus. *Strukturinnovationen* betreffen die Unternehmens- sowie Führungsorganisation und verändern sowohl die Aufgabenzuordnung als auch das Aufgabengefüge.[22] *Sozialinnovationen* sind Neuerungen im Humanbereich des Unternehmens und sollen die Leistungsfähigkeit und Motivation der Mitarbeiter steigern.[23] Zwischen diesen Innovationsarten können vielfältige Beziehungen bestehen.

In einigen Veröffentlichungen wird bei der Analyse der diesen Innovationen zugrundeliegenden *Innovationsprozessen*[24] nicht zwischen den vier Innovationsarten differenziert.[25] Es wird dabei die Auffassung vertreten, daß die Aussagen zum Innovationsprozeß unabhängig von der Innovationsart Gültigkeit haben, da die Innovationsprozesse durch die gleichen charakteristischen Merkmale gekennzeichnet sind.[26] Zudem wird angeführt, daß diese Innovationsarten zumeist nicht autark voneinander sind; so lösen beispielsweise Produktinnovationen häufig auch Prozeß- und Sozialinnovationen aus.[27] Je nach Untersuchungszweck wird dann zwischen einem Zweiphasenschema (Ideengenerierung und Ideenrealisierung)[28] oder einem Dreiphasenschema (Ideengenerierung, Ideendurchsetzung und Ideenrealisierung)[29] unterschieden.

Der Auffassung einer undifferenzierten Betrachtung der Innovationsprozesse kann hier aus folgenden Gründen *nicht* gefolgt werden.[30]

---

20 Ähnlich Tebbe,K.: (Organisation) S.7; Thom,N.: (Grundlagen) S.32
21 Unter dem "Leistungserstellungsprozeß" oder "Leistungsprozeß" wird die Beschaffung und Kombination von Produktionsfaktoren zur Erzeugung und zum Absatz von Gütern verstanden, die zur Befriedigung von Bedürfnissen geeignet sind. Vgl. o.V.: (Leistungsprozeß) S.1
22 Vgl. Kaplaner,K.: (Produktinnovationen) S.9; Schnedlitz,P.: (Produktinnovationen) S.24
23 Vgl. Thom,N.: (Innovationsmanagement) S.6; Thom,N.: (Grundlagen) S.37f. die Begriffe Sozial- und Strukturinnovation werden von einigen Autoren nicht getrennt. So versteht beispielsweise ALBACH unter einer Sozialinnovation auch die Veränderung der Organisationsstruktur des Unternehmens. Vgl. Albach,H.: (Innovationsstrategien) S.1341f.
24 Uneinheitlichkeit liegt auch in bezug auf die Definition des Begriffs "Innovationsprozeß" vor. Vgl. hierzu Thom,N.: (Grundlagen) S.45ff.; Brockhoff,K.: (Forschung) S.28ff.
25 Vgl. beispielsweise die zitierte Literatur bei Tebbe,K.: (Organisation) S.7
26 Vgl. auch Tebbe,K.: (Organisation) S.7ff.; zu den charakteristischen Merkmalen von Innovationen zählen vor allem der Neuheitsgrad, die Komplexität sowie der Unsicherheits-, Strukturiertheits- und Variablitätsgrad. Vgl. Abschnitt 2.2.4.
27 Vgl. Offermann,A.: (Projekt-Controlling) S.39.
28 Vgl. beispielsweise Gebert,D.: (Innovation) S.283
29 Vgl. Thom,N.: (Grundlagen) S.53; Trommsdorff,V./Schneider,P.: (Grundzüge) S.8
30 Vgl. auch Tebbe,K.: (Organisation) S.8f.

- Die *Intensität von innerbetrieblichen Widerständen*[31] dürfte erheblich von der Art der Innovation abhängen. Während bei Produktinnovationen tendenziell geringe innerbetriebliche Widerstände zu erwarten sind, dürften sie bei Struktur-, Sozial- und Prozeßinnovationen wesentlich höher sein, da diese zu starken Veränderungen des Sozialgefüges, Kompetenz- und Verantwortungsbereiches führen können.

- Die *Maßnahmen und Instrumente zur Durchsetzung* der Innovationen dürften bei den Innovationsarten unterschiedlich sein. So bedarf es bei Sozial- und Strukturinnovationen vor allem genereller Regelungen, bei Produktinnovationen hingegen eher fertigungstechnischer Änderungen und Anweisungen.

- Es kann davon ausgegangen werden, daß die *Relevanz einzelner Phasen* des Innovationsprozesses in Abhängigkeit von der Innovationsart unterschiedlich ist. Dies zeigt sich durch die Aufstellung unterschiedlicher Phasenschemata für die verschiedenen Innovationsarten.[32]

- Im übrigen kann nicht grundsätzlich unterstellt werden, daß sich die *Arten der Innovationen in jedem Fall gegenseitig beeinflussen*. So können beispielsweise Produktinnovationen ohne Personalveränderungen, bei gleicher Organisationsstruktur und mit bereits vorhandenen Anlagen durchgeführt werden.

Zusammenfassend läßt sich festhalten, daß Neuprodukte im Sinne dieser Arbeit[33] unternehmensindividuelle Produktinnovationen mit hohem Neuheitsgrad sind. Sie stellen das Ergebnis von spezifischen Produktinnovationsprozessen dar. Zur Erhöhung der Transparenz und Nachvollziehbarkeit von Produktinnovationsprozessen empfiehlt es sich, eine über die oben erwähnte Zwei- bzw. Dreiphasengliederung hinausgehende Aufteilung vorzunehmen. Die Darstellung von einzelnen Aktivitäten und Phasen dient unter anderem auch dazu, Einflußfaktoren zu identifizieren, die in bestimmten Phasen besonders wichtig sind. Daraus lassen sich Anhaltspunkte für die Gestaltung der Neuproduktentstehung gewinnen. Zudem erlaubt eine detailliertere Analyse der Produktinnovationsprozesse eine genauere Abgrenzung des dieser Arbeit zugrundeliegenden Objektbereiches.

---

31 Zu den innerbetrieblichen Widerständen bei Innovationen Vgl. Abschnitt 2.1.3.
32 Vgl. Greiner,L.E./Barnes,L.B.: (Entwicklungsprozesse) S.180ff.; Tebbe,K.: (Organisation) S.9
33 Vgl. Abschnitt 2.1.1.

2.2.3. Der Objektbereich als phasenstrukturierter Entscheidungsprozeß

2.2.3.1. Darstellung und Abgrenzung des Objektbereiches

Für die prozessuale Betrachtung des Entstehens von neuen Industrieprodukten werden in der Literatur verschiedene Schemata vorgeschlagen, die sich durch die Anzahl und Abgrenzung einzelner Phasen unterscheiden.[34] Ausgangspunkt ist dabei häufig der Produktzyklus (Produktlebenszyklus), der grundsätzlich in einen Produktentstehungszyklus und einen Marktzyklus unterteilt werden kann.[35] Für die Diskussion der Neuproduktentstehung soll auf den Marktzyklus nicht weiter eingegangen werden.[36] Einen idealisierten Produktentstehungszyklus, mit vorrangig sukzessiv angeordneten Phasen enthält die *Abbildung 2.2.3.1./1*.[37] Obwohl eine exakte Abgrenzung der einzelnen Phasen aufgrund von Interdependenzen und der hohen Komplexität der in den Phasen ablaufenden Prozesse in der Praxis nicht möglich ist,[38] soll diese Darstellung einer ersten Strukturierung der komplexen Vorgänge bei der Neuproduktentstehung dienen. Die Phasenbezeichnungen bilden die globalen Umschreibungen der jeweiligen Phasenaufgaben.

In der Praxis und in der Literatur lassen sich unterschiedliche Ausprägungen der Phasen des Produktentstehungszyklusses finden, die auf die Notwendigkeit von unternehmensindividuellen Produktentstehungsprozessen hinweisen.[39] Nach der hier gewählten Darstellung umfaßt der *Produktentstehungszyklus* die Produktfindung und die Produktrealisation mit den jeweiligen Einzelphasen. Jede dieser Phasen beginnt mit einem Auftrag und endet mit der Freigabe oder einem Abbruch bzw. Neubeginn.[40] Die Einhaltung der Ablauffolge dieser Phasen bildet in der Praxis eher die Ausnahme, vielmehr sind repetitives Durchlaufen oder Auslassen einzelner Phasen, Rückkopplungen und ein interaktives Vorgehen anzutreffen.[41]

---

34   PETERSEN verweist in diesem Zusammenhang auf 49 Varianten der Phasengliederung. Vgl. Petersen,K.: (Verlauf) S.374ff.

35   Vgl. Kreikebaum,H.: (Unternehmensplanung) S.73; Götze,U./Rudolph,F.: (Instrumente) S.28f.

36   In der Literatur wird der Marktzyklus vor allem als 4-Phasen-Schema (Markteinführung, Wachstums-, Sättigungsphase, Rückgangsphase) oder als 5-Phasen-Schema (Markteinführung, Wachstums, Reifephase, Sättigungsphase, Rückgangsphase) diskutiert. Vgl. Kreikebaum,H.: (Unternehmensplanung) S.72; Götze,U./Rudolph,F.: (Instrumente) S.28; Schweitzer,M.: (Fertigungswirtschaft) S.593f.; Meffert,H.: (Marketing) S.369ff.; Hopfenbeck,W.: (Managementlehre) S.551ff.

37   Im Unterschied zu dieser phasenkonzeptionellen Unterteilung wird von MÜLLER MERBACH ein Komponentenansatz vorgestellt, der eine völlige Parallelität aller im Prozeß durchzuführenden Aktivitäten zuläßt. Vgl. Corsten,H.: (Überlegungen) S.4f.

38   Vgl. zur Widerlegung der generellen Gültigkeit von Phasentheoremen die Untersuchungen von Witte,E.: (Phasen-Theorem) S.625ff.; siehe auch Hauschildt,J.: (Innovationsmanagement) S.286ff.; Reichwald,R.: (Entwicklungszeiten) S.14f.

39   Vgl. Allesch,J./Klasmann,G.: (Produktinnovationsmanagement) S.7

40   Vgl. Hinterhuber,H.H.: (Innovationsdynamik) S.219; Schelker,T.: (Methodik) S.8; Zäpfel,G.: (Taktisches) S.23

41   Vgl. Allesch,J./Klasmann,G.: (Produktinnovationsmanagement) S.11

Der Anstoß für eine Produktentstehung hat aus den strategischen Überlegungen des Unternehmens heraus zu erfolgen.[42] Die strategische Einbindung der Produktentstehung wird sowohl in der deskriptiv orientierten als auch in der präskriptiven Literatur hervorgehoben.[43] Aus den strategischen Vorgaben ergibt sich der Rahmen für eine gezielte Produktfindung.

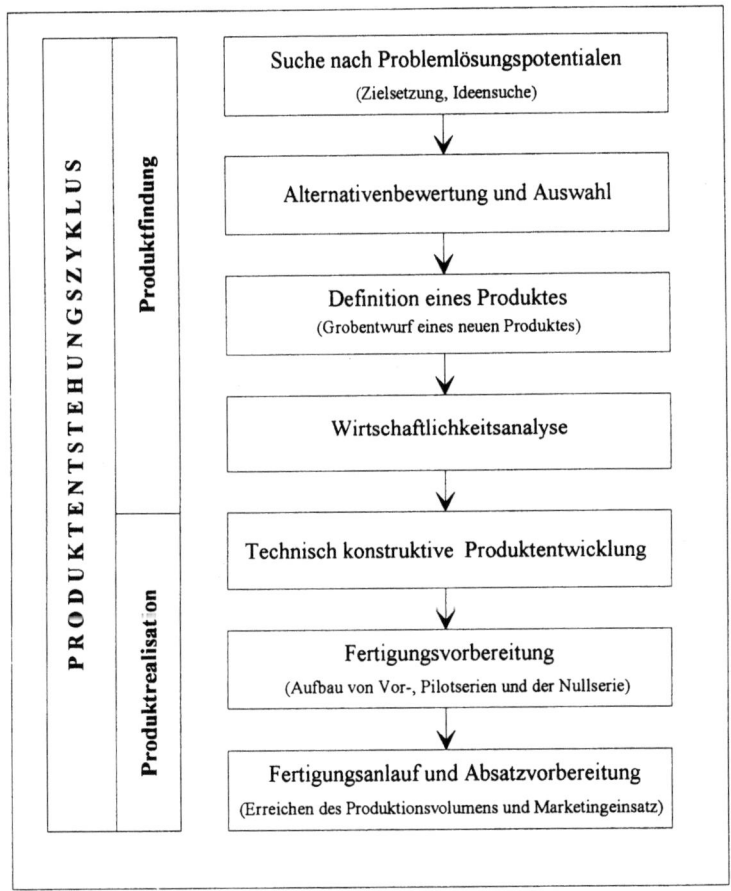

Abb.2.2.3.1./1.: *Produktentstehungszyklus*[44]

---

42   Zur strategischen Einbindung der Neuproduktentstehung vgl. die Abschnitte 3.2.3. und 3.2.4.1.
43   Vgl. dazu Trommsdorff,V./Schneider,P.: (Grundzüge) S.5
44   Zu ähnlichen Darstellungen vgl. Hopfenbeck,W.: (Managementlehre) S.552; Schmitt-Grohè,J.: (Produktinnovation) S.52ff.; Hahn,D.: (Unternehmungsführung) S.43

Die *Produktfindung* besteht aus der Suche nach Problemlösungspotentialen, der Alternativenbewertung und -auswahl, der Produktdefinition sowie einer Wirtschaftlichkeitsanalyse.

Die Phase der *Suche nach Problemlösungspotentialen*[45] beinhaltet die Zielsetzungen zu einem konkreten neuen Produkt und die Ideensuche. Unter Berücksichtigung der strategischen Zielsetzungen und Maßnahmen sind die ökonomischen, technischen, sozialen und ökologischen Ziele des neuen Produktes festzulegen und in einem neuproduktspezifischen Zielkatalog zu dokumentieren. Der Zielkatalog sollte qualitative und quantitative Angaben über den durch das Neuprodukt angestrebten Zustand enthalten.[46]

Zur Zielerreichung dient die Suche und Sammlung von unternehmensexternen und unternehmensinternen Ideen. Unternehmensexterne Ideen lassen sich aus einer Marktanalyse generieren, die zum Beispiel eine Bedarfsanalyse der Kunden, eine Konkurrenzanalyse sowie eine Analyse der Zulieferer umfaßt. Unternehmensinterne Ideen resultieren zumeist aus den Funktionsbereichen FuE, Marketing und über ein Vorschlagswesen aus dem Produktionsbereich.[47] Zur Ideensuche als solche finden sowohl logisch-systematisierte Verfahren,[48] wie beispielsweise Fragenkataloge, Bionik, Funktionsanalysen und morphologische Verfahren, als auch intuitive Verfahren Anwendung, wie Brainstorming, Brainwriting und Synektik.[49] Zum Antizipieren möglicher technischer Entwicklungen dienen technologische Vorhersageverfahren.[50] Das Abschätzen der qualitativen und quantitativen Folgen bzw. Wirkungen neuer Techniken erfolgt dagegen über sogenannte Technologiefolgeabschätzungen oder Technologiewirkungsanalysen.[51] Da nur ein relativ geringer Teil der Neuproduktkonzepte zur Markteinführung gelangt, besteht ein hoher Bedarf an Ideen.[52]

Das Ziel der *Bewertung und Selektion* ist die erste vorläufige Auslese von alternativen Produktideen bzw. -konzepten. Bewertung und Selektion sollten nach möglichst objektiven markt-, kosten-, produkttechnologie- und fertigungstechnologiebezogenen Kriterien erfolgen.[53,54] Die Bewertung und Auswahl ist nicht als

---

45 Andere Bezeichnungen für diese Phase sind Projektanstoßphase, Projektvorfeldphase oder Produktstudie. Vgl. Schelker,T.: (Methodik) S.9; Hesse,U.: (Technologie-Controlling) S.252; Beckurts,K.H.: (Forschungs- und Entwicklungsmanagement) S.36.

46 Zum Inhalt eines Zielkataloges vgl. auch Abschnitt 2.2.3.2.

47 Vgl. Trommsdorff,V./Schneider,P.: (Grundzüge) S.9; Albach,H./de Pay,D./Rojas,R./Albruschat,J.: (Quelle) S.311

48 Diese Verfahren werden auch "diskursive Verfahren" genannt. Vgl. Meffert,H.: (Marketing) S.379 ff.

49 Zur detaillierteren Darstellung dieser Verfahren vgl. z.B. Zielke,W.: (Arbeitstechniken); Geschka,H.: (Kreativitätstechniken) S.147ff; Schlicksupp,H.: (Ideenfindung)

50 Vgl. dazu z.B. Schröder,H.-H.: (Vorhersagen) Sp.1821ff.; Zahn,E.: (Assessment) S.798ff.; Schade,D.: (Technologiefolgenabschätzung)

51 Vgl. Kern,W.: (Produktionswirtschaft) S.103

52 Vgl. dazu auch Booz/Allen/Hamilton: (Management) S.8

53 Vgl. Kreilkamp,E.: (Entwicklung)

ein einmaliger Vorgang zu verstehen, sondern als Aktivität, die während des gesamten folgenden Produktentstehungs- und auch Marktzyklusses durchzuführen ist.[55] Hierzu können Checklisten, Bewertungslisten und Nutzwertanalysen[56] angewendet werden, mit denen der Grad der Zielerfüllung durch die vorliegenden Ideen abgeschätzt wird. Die Bewertung und Selektion der Ideen erfolgt dabei oftmals in einem gestuften Prozeß (Grob-, Fein- und Detailbewertung), in welchem die Ideen von Stufe zu Stufe ausgewählt werden.[57] Es muß versucht werden weniger erfolgreiche Konzepte möglichst frühzeitig auszusondern, da mit fortschreitendem Prozeß die Produktentstehungskosten stark ansteigen.[58] Allerdings sollten die derzeitig als nicht erfolgreich eingestuften Ideen nicht verloren gehen. Vielmehr sind diese Ideen zu archivieren, um die Möglichkeit zu schaffen, daß zu einem späteren Zeitpunkt auf eine solche Idee wieder zurückgegriffen werden kann.[59]

In der Phase der *Produktdefinition* wird das Produktdesign sowie alle Anforderungen und Merkmale des Produktes im einzelnen festgelegt, die für eine technisch-konstruktive Lösung des neuen Produktes maßgeblich sein sollen.[60] Die Anforderungen und Merkmale, welche ein neues Produkt erfüllen soll, werden zumeist in einem arbeitsteiligen Prozeß erarbeitet, bei dem die notwendigen Informationen aus den oben erwähnten Markt- und Technologieanalysen, den Ergebnissen vorgelagerter Forschungsprojekte und Forschungskooperationen sowie aus der Kenntnis der unternehmensinternen Potentialen gewonnen werden.[61] Das Ergebnis stellt eine eindeutige Produktspezifikation dar. Diese Produktspezifikation wird in der Praxis zusammen mit den Aufgabenzuordnungen und den Vorgaben über Zeiten, Investitionen und Kosten in einem *Pflichten-* oder *Lastenheft*[62] dokumentiert.[63]

---

54   STREBEL fordert für eine rationale Bewertung und Entscheidung die vollständige und eindeutige Beschreibung aller zielrelevanten Folgen der Produktideen, die exakte und verständliche Formulierbarkeit, Skalierfähigkeit und leichte Meßbarkeit sowie die Unabhängigkeit gegenüber anderen Kriterien. Vgl. Strebel,H.: (Forschungsplanung) S.54 ff; Engelke,P.: (Forschung) S.167

55   Vgl. Pfeiffer,W./Bischof,P.: (Unternehmensplanung) S.639; Zäpfel.G.: (Taktisches) S.34

56   Zur Nutzwertanalyse vgl. auch Abschnitt 4.5.

57   Vgl. z.B. VDI Bewertungssystem für neue Produkte in: Zäpfel.G.: (Taktisches) S.34 f.. In der letzten Selektionsstufe, die in der Regel nur noch wenige Produktideen umfaßt, sollte die Produktidee durch unterschiedliche 1:1 Modelle, Styling-Varianten und Derivate konkretisiert sein.

58   Vgl. dazu den Kurvenverlauf in Abbildung 2.2.3.1./2.

59   Vgl. Trommsdorff,V./Schneider,P.: (Grundzüge) S.10

60   Vgl. Zäpfel.G.: (Taktisches) S.32f.

61   Vgl. Heyde,W./Laudel,G./Pleschak,F./Sabisch,H.: (Innovationen) S.94; Zäpfel.G.: (Taktisches) S.33

62   Beispiele für den Inhalt von Pflichten- bzw. Lastenhefte finden sich z.B. bei Kuba,R.: (Pflichtenheft) S.65; Stockbauer,H.: (F&E Controlling) S.245ff.; Seghezzi,H.D.: (Qualitätssicherung) S.343ff.

63   Vgl. Brockhoff,K.: (Forschung) S.189; Brockhoff,K.: (Produktpolitik) S.146ff.; Zäpfel.G.: (Taktisches) S.32 ff.

Diese Produktdefinitionen werden dann eingehender *Wirtschaftlichkeitsanalysen* unterzogen. Dazu dienen unter anderem Verfahren der Investitionsrechnung,[64] der Lebenszykluskostenrechnung,[65] der Break-Even-Analyse[66] und Simulationen[67]. Erfüllt eine Produktdefinition die vom Unternehmen geforderten Ansprüche, so erfolgt die Freigabe bzw. Genehmigung. Das genehmigte Lastenheft bildet die Grundlage für die Produktrealisation.

Die *Produktrealisation* umfaßt die Phasen technisch-konstruktive Produktentwicklung, Fertigungsvorbereitung, Absatzvorbereitung und Fertigungsanlauf (vgl. Abbildung 2.2.3.1./1.).

Ziel und Aufgabenstellung der *technisch-konstruktiven Produktentwicklung* geht aus dem genehmigten Lastenheft[68] hervor. Die Erfüllung dieser Vorgaben ist trotz der Spezifikation des neuen Produktes im allgemeinen über mehrere Lösungswege möglich, die sich vor allem durch unterschiedliche technische Lösungen (Produkt- und Prozeßtechniken), den Kapitaleinsatz, die Fertigungstiefe und den Potential- einsatz unterscheiden.[69] Die Auswahl der "günstigsten" Lösungsvariante läßt sich mit Hilfe von Feasibility-Studien treffen.[70] Dazu sollten die Feasibility-Studien nicht nur technische Lösungen und Möglichkeiten der Veränderungen der Ferti- gungstiefe oder des Potentialeinsatzes berücksichtigen, sondern auch die Verträg- lichkeit gegenüber anderen Produktvorhaben[71]. Der Abschluß der technisch- konstruktiven Produktentwicklung erfolgt, indem Prototypen angefertigt, Produkttests durchgeführt und Detailkonstruktionen[72] erstellt werden, die letztlich unter Beifügung von Stücklisten[73] das neue Produkt verbindlich festlegen.[74] Diese

64 Zu den Verfahren der Investitionsrechnung vgl. z.B. Blohm,H./Lüder,K.: (Investition); Götze,U./Bloech,J.: (Investitionsrechnung); Lücke,W.: (Investitionslexikon)
65 Zur Lebenszykluskostenrechnung vgl. z.B. Pfohl,H.-C./Wübbenhorst,K.L. (Lebens- zykluskosten); Fröhling,O./Spilker,D.: (Life)
66 Zur Break-Even Analyse vgl. z.B. Coenenberg,A.G.: (Kostenrechnung) S.253ff.; zur Break-Even-Time Analyse vgl. Gaiser,B.: (Bewältigung) S.133ff.; Horváth,P.: (Schnitt- stellenüberwindung) S.20 sowie die dort angegebene Literatur.
67 Unter "Simulation"wird im allgemeinen das zielgerichtete Experimentieren an Modellen verstanden. Vgl. Gabler Wirtschaftslexikon S.1246; Mertens,P.: (Simulation)
68 Teilweise wird zwischen Lastenheftstufen differenziert. Dies resultiert aus der schrittwei- sen Konkretisierung des Produktes.
69 Vgl. Heyde,W./Laudel,G./Pleschak,F./Sabisch,H.: (Innovationen) S.94f.
70 Vgl. Heyde,W./Laudel,G./Pleschak,F./Sabisch,H.: (Innovationen) S.97
71 Bei mehreren Produktvorhaben sollte nicht nur auf eine inhaltliche Betrachtung abgestellt werden, sondern auch auf eine mögliche gemeinsame Belegung von knappen Kapazitäten. Vgl. hierzu auch Brockhoff,K./Urban,C.: (Beeinflussung) S.7
72 In Abhängigkeit von der jeweiligen Konstruktionsaufgabe kann generell zwischen Neu- und Anpassungskonstruktion unterschieden werden. Vgl. zu diesen Konstruktionsarten Kern,W.: (Produktionswirtschaft) S.105; Heyde,W./Laudel,G./Pleschak,F./Sabisch,H.: (Innovationen) S.36f.
73 Die "Stückliste" enthält die Mengen aller Baugruppen, (eigengefertigte wie auch fremdbezogene) Teile und Werkstoffe für die Herstellung einer Erzeugniseinheit. Inhaltlich lassen sich die Formen von Stücklisten nach der Art des Aufbaus (Strukturlose Stücklisten: Aufzählungs-, Mengenübersichtsstückliste; Strukturierte Stücklisten: Struktur-, Baukasten-, Baukastenstrukturstückliste; Variantenstücklisten: Endform- und Gleichteil-, Grund- und Plus/Minus-, Komplex-, Typenstückliste), und nach der Art der

Festlegungen bilden die Grundlage für die Herstellung der Teile, Baugruppen und Fertigprodukte und stellen damit die Basis für die Fertigungsvorbereitung dar.[75]

Durch diese Vorgaben, für deren Erarbeitung circa 10% der Herstellkosten anzusetzen sind, werden etwa 75% der Herstellkosten[76] und die Komplexität des Fertigungsprozesses vorbestimmt, so daß einerseits deutlich wird, welche Schlüsselfunktion der technisch-konstruktiven Produktgestaltung im Rahmen der Neuproduktentstehung zukommt und andererseits, welcher verhältnismäßig geringe Spielraum der Fertigungsvorbereitung für die Festlegung der Herstellkosten noch verbleibt. Nach Abschluß der technisch-konstruktiven Produktentwicklung sollten dieVorgaben für die Fertigungsvorbereitung nur aufgrund besonderer Umstände (z.B. Sicherheitserwägungen, Erprobungs- und Testergebnissen) geändert werden, da Änderungen - abhängig vom Stand der Fertiungsvorbereitungen - erhebliche Änderungskosten verursachen.[77]

Die *Fertigungsvorbereitung* dient der Transformation der detaillierten Produktlösung in eine serienreife Fertigung. Zu den Aufgaben der Fertigungsvorbereitung zählen z.B das Fällen von Entscheidungen über Eigenfertigung oder Fremdbezug, die Festlegung der Fertigungsprozesse unter Berücksichtigung der Fertigungsstandorte, die Auswahl der Fertigungstechnologie,[78] die Bereitstellung von Materialien (Roh-, Hilfs-, Betriebsstoffe) und Fertigungseinrichtungen sowie das Einarbeiten von Personal für die Fertigung.[79] Den Abschluß der Fertigungsvorbereitung bilden Null-, Pilot- bzw. Vorserien. Im Hinblick auf die sich anschließende Phase der Serienfertigung ist bei diesen Serien vor Fertigungsanlauf in besonderem Maße auf die Einhaltung der Produktqualität, die Sicherstellung des Fertigungsablaufes einschließlich des Materialflusses, die Fertigungszeiten und -kosten sowie die Auslastung der Fertigungskapazitäten zu achten. Ist die Fertigungsvorbereitung erfolgreich abgeschlossen, erfolgt die Freigabe zur Fertigung.

Die Phase der *Absatzvorbereitung und des Fertigungsanlaufes* dient der Vorbereitung zur Markteinführung durch Marketingmaßnahmen und der Aufnahme der

---

Verwendung (Konstruktions-, Fertigungs-, Bedarfsermittlungs-, Montage- und Ersatzstückliste) unterscheiden. Vgl. Hackstein,R.: (Produktionsplanung) S.136; Hackstein,R.: (Einführung) S.78ff.

74   Auch dieses Ergebnis wird in der Praxis teilweise als Lasten- oder Pflichtenheft bezeichnet. Siehe z.B. Lastenheft II in Abbildung 2.2.3.2./1

75   Vgl. Schelker,T.: (Methodik) S.9;

76   Vgl.Bogaschewsky,R.: (Lean Production) S.277; Eversheim,W.: (Fertigung) S.5; Eversheim,W.: (Konstruktion) S.5

77   Nach Untersuchungen von BOOZ ALLEN & HAMILTON in verschiedenen deutschen Unternehmen, sind im Durchschnitt etwa vier von fünf technischen Änderungen vermeidbar. Vgl. Gerpott,T.J./Wittkemper,G.: (Verkürzung) S.136

78   Durch die Wahl der Fertigungstechnologie und der Gestaltung des Fertigungsprozesses werden annähernd 10-15% der Herstellkosten festgelegt. Vgl. Eversheim,W.: (Fertigung) S.5

79   Zur detaillierten Aufgabenbeschreibung der Fertigungsvorbereitung vgl. Eversheim,W.: (Arbeitsvorbereitung); Bösherz,F.: (Arbeitsvorbereitung); Troßmann,E.: (Aufgaben) S.245ff.; Schweitzer,M.: (Fertigungswirtschaft) S.637ff.

Serienfertigung des neuen Produktes. Die Aufnahme der Serienfertigung geschieht durch den Fertigungsanlauf des neuen Produktes. Ein besonderes Problem ist dabei das Erreichen des geplanten Produktionsvolumens.

Alle Aktivitäten für das Hervorbringen neuer Produkte beanspruchen Zeit und Ressourcen (Potentiale). Der Resourceneinsatz kann in Abhängigkeit vom sachlichen und zeitlichen Inhalt des Untersuchungsgegenstandes entweder als zahlungsstromorientierte Größen (Ein- und Auszahlungen oder Einnahmen und Ausgaben) der Investitionsrechnung oder als kalkulatorische Größen der Leistungs- und Kostenrechnung abgebildet werden. Im Hinblick auf eine kostenorientierte Betrachtung, die sich auf einen bewerteten, leistungsbezogenen Faktorverbrauch der Neuproduktentstehung bezieht, erscheint eine Unterteilung in Kostenverursachung und Kostenfestlegung der einzelnen Produktentstehungsphasen sinnvoll. Diese Unterteilung läßt, wie *Abbildung 2.2.3.1./2* exemplarisch verdeutlicht, den Einfluß der frühen Phasen der Produktentstehung in bezug auf die Gesamtkosten des neuen Produktes erkennen, obwohl in diesen Phasen die Kostenverursachung relativ gering ist.

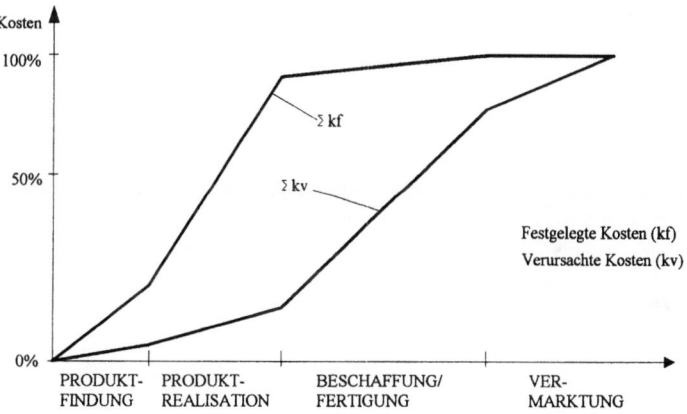

Abb. 2.2.3.1./2: *Kostenverursachung und Kostenfestlegung*[80]

Vor diesem Hintergrund und der in den Abschnitten 2.1.3. und 2.1.4. geführten Diskussion zeigt sich, welche besondere Bedeutung den Phasen der Produktfindung und -realisation für eine erfolgreiche Neuproduktentstehung zukommt. Aus diesem Grund sollen im weiteren diese beiden Phasen als *Objektbereich* der Neuproduktentstehung gewählt werden. Da der Marktzyklus in dieser Arbeit nicht mit in die Betrachtungen einbezogen werden soll, braucht im folgenden auch nicht weiter auf die Absatzvorbereitungen eingegangen werden. Damit konzentrieren sich die Überlegungen zur Gestaltung der Entstehung von neuen Produkten auf die

---

80   Quelle: in modifizierter Form entnommen von <u>Brankamp,K.</u>: (Planung)S.168

Teilphasen der Produktfindung und der Produktrealisation. Um zu veranschaulichen, wie sich dieser Objektbereich in der Praxis zeigt, erscheint es angebracht ein Fallbeispiel heranzuziehen.

2.2.3.2. Ein Fallbeispiel

Einer der bedeutenden Wirtschaftsbereiche in der Bundesrepublik Deutschland ist die Automobilindustrie. Trotz der zunehmenden Besorgnis über sinkende Auftragseingänge, gehört die Automobilindustrie zu den umsatzstärksten Branchen in Deutschland. Im Jahr 1991 hat die deutsche Automobilindustrie insgesamt 290 Milliarden DM umgesetzt.[81] Im gleichen Jahr waren ungefähr 31,3 Millionen Personenkraftwagen in der Bundesrepublik Deutschland zugelassen, bei einer Einwohnerzahl von ca. 79,9 Millionen Bundesbürgern.[82] In den inländischen Werken der Automobilhersteller arbeiteten 1991 circa 830.000 Beschäftigte.[83] Unter Berücksichtigung der in der Zulieferindustrie beschäftigten Personen, ist jeder siebte Arbeitsplatz von der Automobilindustrie abhängig.[84] Die Bedeutung der Automobilindustrie zeigt sich auch an dem Investitionsvolumen, das 1991 mit etwa 17,3 Milliarden DM vor dem der Chemischen Industrie, der Elektroindustrie und des Maschinenbaues lag.[85]

Aufgrund dieser besonderen Stellung der Automobilindustrie in Deutschland, erscheint die Untersuchung der Phasen der Entstehung von neuen Fahrzeugen besonders interessant. In den einzelnen Automobilunternehmen lassen sich Abweichungen in den Bezeichnungen, Abgrenzungen und Prozessen feststellen, die aber nicht die grundsätzliche Struktur verändern.[86] Eine vorrangig technikorientierte Struktur des Prozesses der Fahrzeugentstehung zeigt die *Abbildung 2.2.3.2./1.* Im folgenden werden die dargestellten Inhalte kurz beschrieben.[87]

---

81 Vgl. Statistisches Bundesamt (Jahrbuch 1993) S.290
82 Vgl. Statistisches Bundesamt (Jahrbuch 1993) S.50 u.345; Personenkraftwagen und Kombies bilden mit knapp 94% den größten Anteil an der Automobilproduktion in Deutschland. Vgl. Verband der Automobilindustrie e.V.: (Tatsachen) S.27
83 Vgl. Statistisches Bundesamt (Jahrbuch 1993)
84 Vgl. Götze,U.: (Szenario -Technik) S.142 sowie die dort angegebene Literatur.
85 Vgl. Statistisches Bundesamt (Jahrbuch 1993) S.205
86 Zu ähnlichen Darstellungen des Produktentstehungsprozesses in der Automobilindustrie vgl. Hartwich,G.: (CIM) S.302ff.; ausführlicher Seeser,G.: (Technologien) S.107ff.; Zäschke,J.: (Qualitätsbewertung) S.422ff.
87 Es sei angemerkt, daß nicht alle Bestandteile eines Fahrzeuges neu entwickelt werden. So besitzen im allgemeinen sowohl Motoren als auch bestimmte Teile bzw. Fahrzeugkomponenten aus vergangenen Fahrzeugentwicklungen (carry over parts) für unterschiedliche Fahrzeugmodelle und sogar Fahrzeuggenerationen Gültigkeit.

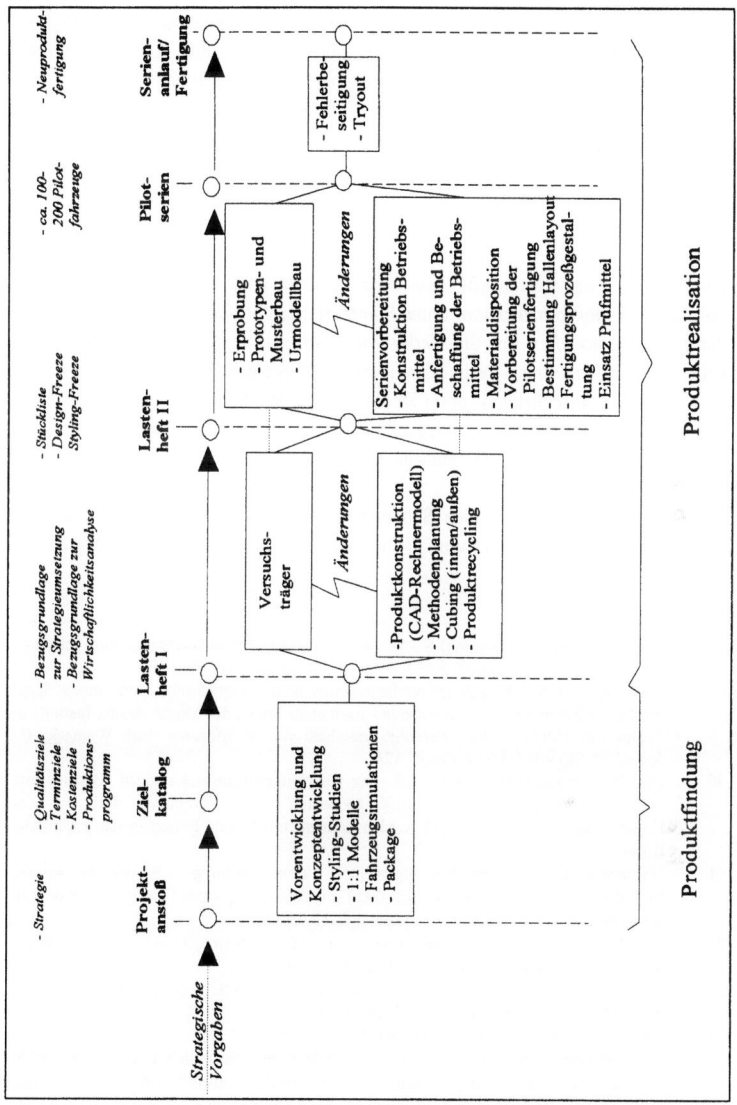

Abb. 2.2.3.2./1: *Entstehungsprozeß eines neuen Fahrzeuges*

Die Zeitspanne zwischen Projektanstoß und Serienanlauf beträgt etwa 60 bis 80 Monate.[88,89] Der *Projektanstoß* stellt die Aufforderung an die Funktionsbereiche

---

88   Im Automobilbau ist zum Teil der Zeitraum von der Projektgenehmigung bis zum Serienanlauf als Entwicklungszeitraum definiert. Vgl. Seeser,G.: (Technologien) S.12;

des Unternehmens dar, Zielsetzungen zu formulieren und einen *Zielkatalog* zu erarbeiten. Die Phase zwischen Projektanstoß und Zielkatalog läßt sich als Zielbildungsphase auffassen, in der die zu erreichenden Ziele erarbeitet, festgelegt und verabschiedet werden. Im Zuge der Erstellung eines ersten *Lastenheftes* (Lastenheft I) werden unternehmensinterne und -externe Ideen, Patente, Ergebnisse aus *Vorentwicklungen*[90] und aus der *Konzeptentwicklung* (Styling-Studien der Außenhaut, 1:1 Modellen, Fahrzeugsimulationen sowie Packagemodellen[91]) genutzt und den entsprechenden Gremien zur Entscheidung vorgelegt.[92,93]

Die Vorgaben des Lastenheftes werden zum einen konkretisiert und strukturiert durch die *Produktkonstruktion*, unter Einbeziehung von CAD-Rechnermodellen[94], durch *Cubingmodelle*[95] und die *Methodenplanung*[96]. Zum anderen werden Testergebnisse (z.B. aus Crash-Tests oder Tests im Windkanal) über *Versuchsträger*[97] verwendet, die anschließend, unter Beifügung der Produktkonstruktion, zu einem überarbeiteten Lastenheft (Lastenheft II) zusammengefaßt werden, das die Grundlage für die Serieneinsatzentscheidung bildet.

Nach der Entscheidung für den Serieneinsatz des neuen Fahrzeuges werden im Rahmen der *Serienvorbereitung* Urmodelle (Einzelteilmodelle) für Spezialbe-

---

Walter,F.:(Programm Timing) S.3.51.; zur Zeitspanne des Entwicklungszeitraumes vgl. auch Schirmer,A.: (Planung) S.893; Braess,H.-H.: (Konstruktion) S.327

89   Diese Aussage bezieht sich auf nordamerikanische und europäische Produzenten. Japanische Automobilhersteller entwickeln - nach einer Studie des Massachusetts Institute of Technology (MIT) - neue Fahrzeuge innerhalb von 46 Monaten. Vgl. Womack,J.P./ Jones,D.T./Roos,D.: (Revolution) S.124

90   Die "Vorentwicklung" dient i.d.R. zur fahrzeugprojektunabhängigen Bestimmung mehrerer vorerprobter Fahrzeug-Komponenten und Verfahren, die bei der Konzeptentwicklung ausgewählt werden können, um bereits frühzeitig das technische Risiko zu vermindern.

91   "Packagemodelle" dienen der allgemeinen Voruntersuchung (z.B. zur Ergonomie, Einhaltung von gesetzlichen Vorschriften) mit Auslegungs- und Grenzpunkteplan zum Innenraumvolumen und für die Einbaumöglichkeiten.

92   Zur Darstellung von entsprechenden Gremien in der Volkswagen AG vgl. Selowsky,R./ Müllmann,H./Höhn,S.: (Planungsrechnung) S.730ff.

93   Die Phase vom Projektanstoß bis zum Lastenheft I entspricht der Phase "Suche nach Problemlösungspotentialen" in Abbildung 2.2.3.1./1.

94   Das Agronym CAD steht für *Computer Aided Design.*

95   "Cubingmodelle" werden aus Teilen zusammengesetzt, die mittels CAD-Daten erstellt wurden. Es wird im allgemeinen zwischen einem "Außen-" und "Innen-Cubing" differenziert. Das "Außen-Cubing" dient der Abstimmung von Flächen und Fugen an der Außenhaut des Fahrzeuges; das "Innen-Cubing" dient zur Abstimmung im Innenraum.

96   Bei der Fahrzeugentwicklung wird im Rahmen der "Methodenplanung" der Umformprozeß für Blechteile geplant. Vgl. Hartwich,G.: (CIM) S.305ff. Im allgemeinen umfaßt das Aufgabengebiet der Methodenplanung die Planung und Entwicklung von Methoden, Verfahren und Hilfsmitteln sowohl zur Fertigungsvorbereitung selbst als auch zur Fertigung. Sie stellt damit einen grundlegenden Aufgabenkomplex dar, der sämtlichen Aktivitäten der Neuproduktentwicklung und -fertigung immanent sein sollte; daher wird sie im folgenden nicht mehr explizit hervorgehoben. Zur Methodenplanung im allgemeineren Sinn vgl. Eversheim,W.: (Arbeitsvorbereitung) S.102ff.

97   Versuchsträger sind beispielsweise Testfahrzeuge.

triebsmittel[98] erstellt, die Betriebsmittel konstruiert, beschafft oder angefertigt[99] und entsprechend der Fertigungsprozeßplanung sowie Hallenlayoutplanung[100] aufgestellt und eingerichtet. Außerdem sind Prüfmittel herzustellen, Materialbedarfsmengen sowie Lieferanten für das Fertigungsvolumen festzulegen und die Pilotserienfertigung vorzubereiten. Parallel zur Serienvorbereitung werden *Prototypen* auf der Basis von Cubingmodellen gebaut und erprobt. Nach einer Prüfung der Werkstoffe, der Teilemaße im Einzelnen wie auch im Zusammenbau und einer Überprüfung des Fertigungsprozesses, folgt die Freigabe für die Pilotserie(n).

Zweck des Auflegens einer oder mehrerer *Pilotserie(n)* ist es, den Fertigungsprozeß mit den einzelnen Arbeitsvorgängen bezüglich der Herstellung von Einzelteilen und der Fahrzeugmontage - unter Berücksichtigung von Fremdteilebezug und Motoreinbau - zu prüfen, zu beurteilen und aufeinander abzustimmen. Die erkannten Fehler und Mängel sind bis zum Einsatz der Serienfertigung zu beseitigen. Neben dem *Tryout*[101], der zur Einarbeitung des Personals im direkten Fertigungsbereich dient, beginnen die ersten Vorbereitungen zum Serienanlauf, um in einem möglichst kurzen Zeitabstand nach Serieneinsatz die geplanten Varianten und Mengen des neuen Fahrzeuges fertigen zu können. Die Fahrzeugfertigung selbst erfolgt über die grundsätzlichen Fertigungsstufen Presswerk, Rohbau, Lackiererei und Montage.

Entsprechend dem in Abschnitt 2.2.3.1 dargestellten Produktentstehungszyklus, lassen sich die Stufen vom Projektanstoß bis zum Lastenheft I der *Produktfindung* und die Stufen von Lastenheft I bis Serienanlauf/Fertigung der *Produktrealisation* zuordnen.

---

98   Zur Definition von Spezialbetriebsmitteln oder Spezialmaschinen vgl. z.B. Schweitzer,M.: (Fertigungswirtschaft) S.568

99   Die Basis für die Betriebsmittelkonstruktion und -anfertigung wird aus den Urmodellen, der Methodenplanung und den CAD-Daten gebildet.

100   Anliegen der "Layout Planung" ist die konkrete Zuordnung der innerbetrieblichen Standorte von Potentialfaktoren, einschließlich der Ausgestaltung von Gebäuden, Räumen und Produktionsstätten unter Berücksichtigung von Materialflüssen, Lager- und Freiflächen. Vgl. Kern,W.: (Produktionswirtschaft) S.265ff.; Reichwald,R./Mrosek,D.: (Produktionswirtschaft) S.437ff.; Hoitsch,H.-J.: (Produktionswirtschaft) S.44ff.

101   Unter dem Begriff *"Tryout"* wird außer der Vorbereitung des Personals durch Einarbeitung auch die Erprobung sowie Optimierung der Fertigungsmittel für den Serienanlauf verstanden.

2.2.4. Charakterisierung einzelner Phasen der Neuproduktentstehung

Nachdem der Objektbereich der Neuproduktentstehung dargestellt und abgegrenzt wurde, werden nun die einzelnen Prozeßphasen mittels der Ausprägung von besonders einflußrelevanten Merkmalen charakterisiert. Dies erscheint erforderlich, um Hinweise zu erhalten, wie über die Gestaltung von besonders relevanten Merkmalen Einfluß auf die Neuproduktentstehung genommen werden kann.[1]

Einige wesentliche Merkmale der Neuproduktentstehung wurden bereits an verschiedenen Stellen in dieser Arbeit angesprochen; es sind dies die technischen und ökonomischen Risiken der Neuproduktentstehung, die Kostenverursachung einzelner Phasen sowie der Neuheits- und Komplexitätsgrad.[2] Zur Charakterisierung eignen sich zudem noch die Merkmale Variabilitätsgrad und Strukturiertheitsgrad.[3] Bevor die Prozeßphasen der Neuproduktentstehung anhand dieser Merkmale charakterisiert werden, sind zunächst die Merkmale Neuheits-, Komplexitäts-, Variabilitäts- und Strukturiertheitsgrad weiter zu konkretisieren.

Der *Neuheitsgrad* gibt Auskunft über den Anteil an qualitativen neuen Erkenntnissen und Erfahrungen gegenüber dem bisherigen Wissensstand im Unternehmen.[4] Er ist das "konstitutive Merkmal von Innovationen."[5] Der Neuheitsgrad kann sich sowohl auf das neue Produkt (Produktinnovation) als auch auf den Produktentstehungsprozeß (Prozeßinnovationen), die Organisationsstruktur (Strukturinnovationen) sowie die personalen Potentiale (Sozialinnovationen) beziehen.[6] Da hier das Hervorbringen von neuen Produkten im Vordergrund steht, werden die dazu erforderlichen Aufgaben in erster Linie durch den Neuheitsgrad des Neuproduktes beeinflußt.[7] Je neuartiger das hervorzubrindende Produkt ist, desto weniger Erfahrungs- und Vergleichswerte dürften für die angestrebte Faktorkombination vorliegen und desto höher ist im allgemeinen auch der Neuheitsgrad der Entwicklungs- und Fertigungsvorbereitungsaufgaben.[8] Lediglich bei einer kontinuierlichen Neuproduktentstehung - von der in dieser Arbeit ausge-

---

1	Vgl. Schmelzer,H.J.: (Organisation) S.14
2	Während in Abschnitt 2.1.3. die Risiken der Neuproduktentstehung eingehend dargelegt sind und auf die Kosten der Produktentstehung in Abschnitt 2.2.3.1. eingegangen wurde, ist der Neuheits- und Komplexitätsgrad bislang in den Abschnitten 2.1.1., 2.1.2. und 2.2.2. nur relativ kurz angesprochen worden.
3	Vgl. Picot,A./Reichwald,R./Nippa,M.: (Entwicklungsaufgabe) S.119ff.; Nippa,M./ Reichwald,R.: (Grundüberlegungen) S.68ff.; Schmelzer,H.J.: (Organisation) S.14ff.; Sabisch,H.: (F-/E-Controlling) S.6ff.
4	Vgl. Picot,A./Reichwald,R./Nippa,M.: (Entwicklungsaufgabe) S.119; Nippa,M./ Reichwald,R.: (Grundüberlegungen) S.69; Schmelzer,H.J.: (Organisation) S.14; Sabisch,H.: (F-/E-Controlling) S.6.; zur Bestimmung eines optimalen Neuheitsgrades vgl. die Ausführungen in Brockhoff,K.: (Forschung und Entwicklung) S.174f. sowie die dort zitierte Literatur
5	Thom,N.: (Grundlagen) S.23
6	Zu diesen Innovationsarten vgl. Abschnitt 2.2.2
7	Es sei noch einmal darauf hingewiesen, daß zur Definition des Neuproduktbegriffs in Abschnitt 2.1.1. unterstellt wurde, daß in dieser Arbeit unter einem Neuprodukt eine Betriebsneuheit mit hohem Neuheitsgrad verstanden wird.
8	Vgl. Hesse,U.: (Technologie-Controlling) S.86ff.

gangen wird - existieren Erfahrungswerte über den formellen Prozeß der Produktentstehung.[9]

Die *Komplexität* einer Aufgabe wird prinzipiell durch Art, Anzahl und das Zusammenwirken der bei Aufgabenwahrnehmung zu berücksichtigenden Elemente
bestimmt.[10] Es ist davon auszugehen, daß der Komplexitätsgrad einer Aufgabe
zunimmt, je höher die Anzahl und je intensiver die vielfältigen Beziehungen der
einzubeziehenden Elemente sind. Im Hinblick auf die Neuproduktentstehung wird
der Komplexitätsgrad einer Aufgabe nicht nur durch die Anzahl und Verknüpfun-
gen der Elemente des neuen Produktes (Produktkomplexität[11]), sondern auch
durch die Organisation der Produktentstehung, die Anzahl der beteiligten Personen, der Unternehmensgröße, die EDV-technische Unterstützung sowie den
Einfluß von z.b. rechtlichen Vorschriften festgelegt. Die Komplexität steigt i.d.R.
mit zunehmenden Neuheitsgrad und beeinflußt in hohem Maße den Schwierig-
keitsgrad einer Problemlösung.[12]

Unter dem Merkmal der *Variabilität* wird die Anzahl und die Intensität von Änderungen verstanden, die auf eine Aufgabe einwirken.[13] Die Änderungen können sich
auf die Zielsetzung (moving targets) sowie auf den Inhalt der Aufgabe, das zu
erzeugende Produkt, die einzusetzenden Werkzeuge (z.b. EDV) und Ressourcen
(z.b. verfügbare finanzielle Mittel) sowie auf den Informations- und Wissensstand
beziehen.[14] Häufige und umfangreiche Änderungen verlängern tendenziell nicht nur
die Produktentstehungszeit, sie können darüber hinaus auch zur Demotivation der
Mitarbeiter und zum Anstieg der Produktentstehungskosten führen, indem bereits
erarbeitete Ergebnisse hinfällig werden.[15]

Der *Strukturiertheitsgrad* läßt sich anhand der Strukturmängel einer Aufgabenstellung definieren. Als wohl-strukturiert werden solche Aufgabenstellungen bezeichnet, die eine eindeutige und operationale Zielsetzung sowie eine bekannte und
endliche Anzahl von Alternativen aufweisen, deren Wirkungen bekannt sind und
für deren Lösung Algorithmen zur Verfügung stehen. Fehlt mindestens eine dieser
Bedingungen so liegt eine schlecht-strukturierte Aufgabenstellung vor.[16] Der
Strukturiertheitsgrad einer Aufgabe ist umso niedriger, je schlechter die Zielformu-
lierung ist, je größer die Anzahl und je unbekannter die Alternativen sind und je
weniger man den Problemlösungsweg kennt. Ein hoher Neuheits- und Komplexi-

---

9   Vgl. dazu auch Abschnitt 2.1.1.
10   Vgl. Pfohl,H.C.: (Entscheidungsfindung) S.159; Hahn,D.: (Grundlegung) S.8
11   Die "Produktkomplexität" wird z.b. bestimmt durch das Produktdesign, die Funktions-
     vielfalt sowie die Varianten-, Komponenten- und Teileanzahl. Vgl. dazu auch Abschnitt
     4.3.2.
12   Vgl. Sabisch,H.: (F-/E-Controlling) S.7
13   Vgl. Picot,A./Reichwald,R./Nippa,M.: (Entwicklungsaufgabe) S.120; Nippa,M./
     Reichwald,R.: (Grundüberlegungen) S.69; Schmelzer,H.J.: (Organisation) S.17;
     Sabisch,H.: (F-/E-Controlling) S.7.
14   Vgl. Schmelzer,H.J.: (Organisation) S.17
15   Vgl. Picot,A./Reichwald,R./Nippa,M.: (Entwicklungsaufgabe) S.120
16   Vgl. Heinen,E.: (Industriebetriebslehre) S.60; Heinen,E.: (Grundtatbestände) S.346;
     Adam,D.:(Planung) S.13; Götze,U.: (Szenario-Technik) S.25

tätsgrad bedingen zumeist auch einen niedrigen Strukturiertheitsgrad der Aufgabenstellung.

In der *Abbildung 2.2.4./1* sind losgelöst von einer konkreten Neuproduktentstehung die Phasen des Produktentstehungszyklusses und die Phase des Marktzyklusses anhand von phasentypischen Ausprägungen der oben angesprochenen Merkmale charakterisiert worden. Die dargestellten Merkmalsausprägungen basieren auf dem Erfahrungswissen des Verfassers in der Automobilindustrie. Eine von den Phasenbezeichnungen her unterschiedliche, jedoch vom Inhalt her weitgehend identische Charakterisierung der Phasen wird auch von SCHMELZER vorgenommen.[17]

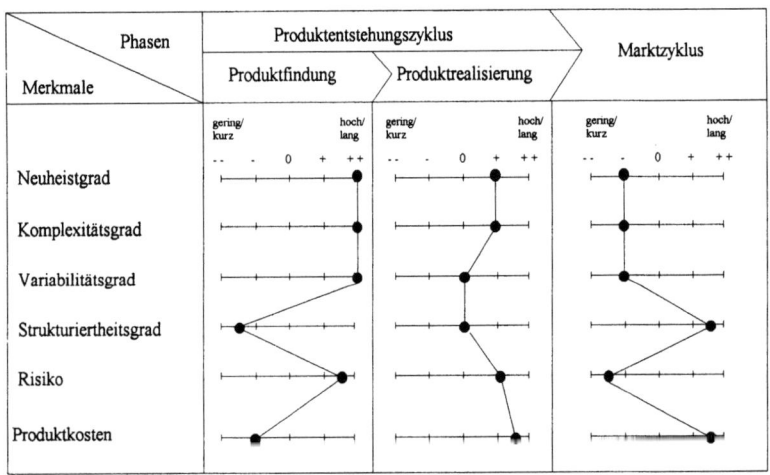

Abb. 2.2.4./1: *Charakterisierung einzelner Phasen der Neuproduktentstehung*

Die Phase der *Produktfindung* ist demnach durch ein hohes technisches und wirtschaftliches Risiko, einen hohen Neuheits-, Komplexitäts- und Variabilitätsgrad sowie einen niedrigen Strukturiertheitsgrad der Aufgaben gekennzeichnet. Der Grund hierfür ist, daß in dieser frühen Phase ein zur Erreichung der strategischen Vorgaben entsprechender erster grober Produktentwurf auszuarbeiten ist. Dazu müssen zunächst die Produktfunktionen[18] ermittelt und die an diese gestellten Anforderungen festgelegt werden. Die anschließende Erarbeitung einer neuen Produktkonzeption erfolgt vorrangig durch ein schrittweises Herantasten an die

---

17 Vgl. hierzu und zu den folgenden Ausführungen Schmelzer,H.J.: (Organisation) S.22ff.
18 Es kann dabei zwischen "harten" und "weichen" Produktfunktionen unterschieden werden. "Harte" Produktfunktionen beziehen sich auf die technische Leistung eines neuen Produktes, während die "weichen" Produktfunktionen der Benutzerfreundlichkeit dienen und den Wert des Produktes aus Kundensicht bestimmen. Vgl. Horvárth,P./ Seidenschwarz,W.: (Zielkostenmanagement) S.146; Rummel,K.D.: (Zielkosten-Management) S.235f.

Problemlösungen über "Trail and Error-Prozesse".[19] Derartige Prozesse lassen sich nur grob strukturieren und zeitlich terminieren. Der Produktfindung kommt in bezug auf den Produkterfolg eine besonders wichtige Bedeutung zu, da mit dem Produktkonzept nicht nur das am Markt künftig anzubietende Produkt im wesentlichen determiniert wird, sondern auch die Kosten und Zeiten der übrigen Produktentstehungsaktivitäten erheblich beeinflußt werden. Neben den Informationen über die Kundenbedürfnisse erfordert diese Phase ein hohes Maß an Kreativität und geistig-schöpferischen Tätigkeiten.

Der Phase der *Produktrealisation* liegt bereits eine verabschiedete Produktkonzeption zugrunde. Sie zeichnet sich deshalb in Relation zur Produktfindung durch ein geringeres technisches und wirtschaftliches Risiko sowie einen geringeren Neuheits-, Komplexitäts und Variabilitätsgrad aus. Dies erhöht die Möglichkeit zur Strukturierung der Aufgaben. Die Produktentstehungskosten sind hingegen verhältnismäßig hoch. Im Vordergrund sollte daher in dieser Phase eine straffe Organisation des Ressourceneinsatzes stehen.

Der Vollständigkeit halber ist auch der *Marktzyklus* mit in die Betrachtungen aufgenommen worden. Es handelt sich in dieser Phase vor allem um Aufgaben (z.B. Fertigungs-, Logistik- und Vertriebsaufgaben), die sehr strukturiert ablaufen, die ein im Verhältnis zu den vorherigen Phasen geringes technisches und wirtschaftliches Risiko beinhalten und die durch einen geringen Neuheits-, Komplexitäts- und Strukturiertheitsgrad gekennzeichnet sind. Der Marktzyklus soll jedoch - wie in Abschnitt 2.2.3.1. bereits erwähnt wurde - nicht weiter berücksichtigt werden.

Die Ausführungen machen deutlich, daß die Ausprägungen der Merkmale in den einzelnen Phasen der Produktentstehung (Produktfindung und -realisation) verschieden sind. Daraus resultieren auch unterschiedliche und zwar phasenspezifische Anforderungen an die Gestaltung der Neuproduktentstehung.

---

19   Vgl. auch <u>Bleicher,F.</u>: (Forschung) S.51 und Abschnitt 3.2.2.2.

2.3. Effektivität und Effizienz der Neuproduktentstehung

Die Neuproduktentstehung soll, wie auch andere Aktivitäten eines Unternehmens, zur Erfüllung der Unternehmensziele beitragen. Die Unternehmensführung hat daher die Aufgabe, sie so zu gestalten, daß sie dieser Forderung bestmöglich nachkommen kann. Dazu wird generell gefordert, daß die Neuproduktentstehung effektiv und effizient zu sein habe.[1]

Effektivität (effectiveness) liegt vor, wenn die für eine Neuproduktentstehung notwendigen Mittel "auf Projekte verwendet werden, deren Ergebnisse in zeitlicher und sachlicher Hinsicht mit den Unternehmenszielen abgestimmt sind"[2]. Die Effektivität dient als Indikator für die Fähigkeit, "die richtigen Dinge zu tun" ("doing the right things"), d.h. die knappen Potentiale bzw. Ressourcen für Projekte einzusetzen, die den größten Erfolg im Markt versprechen.[3] Sie ist somit auf die Leistungsverwertungs- bzw. Produktseite der betrieblichen Wertschöpfungskette ausgerichtet und wird vornehmlich durch das (Neu-) Produktprogramm des Unternehmens bestimmt.[4]

Die *Effizienz* (efficiency) gibt Auskunft darüber, inwieweit bei der Neuproduktentstehung eine Verschwendung von Mitteln vermieden wurde oder wird.[5] Dazu wird das Verhältnis von Nutzen (Zielerreichung) zu Mitteleinsatz gemessen, d.h. es wird ausgehend von einer vorgegebenen Aufgabenstellung "das richtige Tun der Dinge" ("doing the things right") geprüft.[6] Je nachdem, wie Nutzen und Mitteleinsatz definiert werden, erhält man unterschiedliche Effizienzbegriffe. Welche Variante in einem konkreten Fall angewendet wird, ist abhängig von der Entscheidungssituation. Soll die Effizienz eines Prozesses lediglich als Mengenverhältnis gemessen werden, ohne eine monetäre Bewertung der Größen, so bietet sich die Produktivität als technischer Effizienzbegriff an, der das Verhältnis von Ausbringungsmenge zu Faktoreinsatz mißt.[7] Dagegen werden bei der ökonomischen Effizienz monetär bewertete Größen miteinander verglichen. Die Effizienz in dieser Form wird durch unterschiedliche Relationen, wie Ertrag zu Aufwand, Ist- zu

---

1   Zur unterschiedlichen Verwendung der Begriffe "Effektivität" und "Effizienz" in der Literatur vgl. Scholz,C.: (Management) S.14ff.; grundsätzlich leiten sich beide Kriterien aus der Anwendung des Wirtschaftlichkeitsprinzips ab. Vgl. dazu z.B. Dellmann,K./ Pedell,K.L.: (Controlling) S.1ff.

2   Brockhoff,K.: (Stärken) S.1

3   Vgl. Wildemann,H.: (Just-In-Time) S.1254; Specht,G./Schmelzer,H.J.: (Qualitätsmanagement) S.6; Brockhoff,K.: (Effizienz) S.344

4   Vgl. Dellmann,K./Pedell,K.L.: (Controlling) S.25; Schmelzer,H.J.: (Organisation) S.3; Pedell,K.L.: (Analyse) S.1082

5   Zu dieser Interpretation von "Effizienz" vgl. Fandel,G.: (Produktion) S.48ff.

6   Vgl. auch Specht,G./Schmelzer,H.J.: (Qualitätsmanagement) S.6; Brockhoff,K.: (Effizienz) S.345; Dellmann,K./Pedell,K.L.: (Controlling) S.25

7   Vgl. Hopfenbeck,W.: (Managementlehre) S.77ff.; Wöhe,G.: (Einführung) S.49; o.V. (Leistungsprozeß) S.2f.; Kern,W.: (Produktionswirtschaft) S.66f., zu einer eher weiten Fassung der "Produktivität" vgl. Dellmann,K./Pedell,K.L.: (Controlling); Pedell,K.L.: (Analyse); Pedell,K.L.: (Produktivitätsveränderungen)

Sollkosten oder Leistung zu Kosten ausgedrückt.[8] Die Effizienz der Neuproduktentstehung läßt sich beispielsweise überprüfen, indem gemessen wird, ob und mit
welchem Mitteleinsatz die aufgrund von Markt- und Kundenanforderungen abge-
leiteten Kosten-, Qualitäts-, und Terminziele eines neuen Produktes erreicht
werden bzw. wurden.[9]

Effektivität und Effizienz messen also Unterschiedliches.[10] Die *Abbildung 2.3./1*
zeigt eine Gegenüberstellung der mit diesen beiden Begriffen verbundenen Blickrichtungen.[11]

Effektiv ist die Neuproduktentstehung, wenn das neue Produkt	*Effizient* ist der Prozeß der Neuprodukt- entstehung, wenn das Hervorbringen des neuen Produktes folgende Ansprüche er- füllt:
• für den Kunden ein attraktives Preis- / Leistungsverhältnis besitzt; • durch Befriedigung von kundenrele- vanten Bedürfnisse dazu beiträgt, Wettbewerbsvorteile zu erzielen; • den Zielen der Unternehmensführung entsprechend in den Markt eingeführt wird (z.B. als Marktführer oder früher Folger); • zu den erwarteten ökonomischen Er- folg führt oder diesen sogar übertrifft.	• relativ geringe Entwicklungs- und Fertigungskosten; • relativ kurze Entwicklungs- und Ferti- gungzeit; • sachlich geeignete Entwicklungs- und Fertigungsressourcen; • optimale Nutzung der Entwicklungs- und Fertigungskapazitäten; • akzeptable Beherrschung der Risiken und • relativ hohes Transferpotential zur Nutzung von Synergieeffekten.

Abbildung 2.3./1: *Effizienz und Effektivität der Neuproduktentstehung*

Einer Untersuchung von BROCKHOFF zufolge sind Effizienz- und Effektivitäts-
mängel aus Sicht des Managements annähernd gleich bedeutsam, während aus
Sicht der Entwickler den Effektivitätsmängeln ein deutlich höheres Gewicht beigemessen wird.[12] Für die langfristige Überlebensfähigkeit der Unternehmen ist jedoch

---

8   Vgl. Heinen,E.: (Grundtatbestände) S.353f.; Wöhe,G.: (Einführung) S.49; o.V. (Leistungsprozeß) S.2f.; Zäpfel,G.: (Produktionswirtschaft) S.25f.; Kern,W.: (Pro- duktionswirtschaft) S.65ff.; Bloech,J./Lücke,W.: (Produktionswirtschaft) S.65ff.; teil- weise werden auch diese Relationen in der Literatur unter dem Begriff "Produktivität" diskutiert. Vgl. z.B. Weber,H.K.: (Rentabilität) S.46

9   Vgl. Nippa,M./Reichwald,R.: (Grundüberlegungen) S.92

10   Vgl. Brockhoff,K.: (Stärken) S.19

11   Vgl. dazu auch Specht,G./Schmelzer,H.J.: (Qualitätsmanagement) S.6f

12   Vgl. Brockhoff,K.: (Stärken) S.21f.

eine hohe Effektivität *und* hohe Effizienz erforderlich.[13] Dies kann nur erreicht werden, wenn es Management und Controlling gelingt, sowohl einen effektiven Ressourceneinsatz durch gezieltes Auswählen und Abbrechen von Projekten sicherzustellen, als auch die ausgewählten Projekte möglichst effizient durchzuführen.[14] Damit obliegt es Management und Controlling, die Chancen einer Neuproduktentstehung wahrzunehmen und die Risiken eines Mißerfolges zu verringern bzw. zu vermeiden.[15] Das Management und das Controlling der Neuproduktentstehung als Teil des Managementsystems der Unternehmung ist Gegenstand des folgenden Kapitels.

---

13   Es sei angemerkt, daß kurzfristig effektivitätssteigernde Maßnahmen, z.B. zur Erreichung einer Technologieführrerschaft, dem Effizienzkriterium entgegen stehen können, weil möglicherweise die Technologieführrerschaft überproportional hohe Kostensteigerungen verursacht. Vgl. Nippa,M./Reichwald,R.: (Grundüberlegungen) S.93

14   Vgl. Gerpott,T.J./Wittkemper,G.: (Verkürzung) S.128ff.

15   Vgl. Corsten,H.: (Überlegungen) S.6

3. Management und Controlling der Neuproduktentstehung als Teil des Managementsystems der Unternehmung

3.1. Managementsystem der Unternehmung

3.1.1. Zum Begriff und Inhalt "Management"

Für eine Konzeption des Managements und des Controllings der Neuproduktentstehung ist es erforderlich, einen Bezugsrahmen aufzustellen. Dazu wird im folgenden das Managementsystem der Unternehmung beschrieben. Darauf aufbauend wird in Abschnitt 3.2. das Management der Neuproduktentstehung als Teilbereich des Managements der Unternehmung erörtert. Anschließend erfolgt in Abschnitt 3.3. die Diskussion des Controllings der Neuproduktentstehung.

Der Begriff "*Management*"[1] steht für die Bezeichnung Unternehmensführung[2] und läßt sich institutional und funktional betrachten.[3] Bei der *institutionalen Betrachtung* werden Personen oder Stellen in der Unternehmenshierarchie untersucht, die weisungsbefugt sind und Managementfunktionen ausüben.[4] Von diesen Personen oder Institutionen werden Ziele festgelegt und Maßnahmen zur Zielerreichung veranlaßt. Eine Hierarchiesierung des Managements führt im allgemeinen zu einer Unterteilung in Top-Management (oberste Führungsebene), Middle-Management (mittlere Führungsebene) und Lower-Management (untere Führungsebene).[5] Eine Aggregation bildet die Differenzierung zwischen nur zwei Ebenen, dem Top-Management und dem Linienmanagement.[6]

Das Top-Management trifft nach GUTENBERG "echte Führungsentscheidungen". Dies sind Entscheidungen, die eine besondere Bedeutung für das Unternehmen haben, nicht nachgeordneten Stellen übertragbar sind und nur aus Kenntnis der Gesamtlage des Unternehmens getroffen werden können.[7] Die übrigen Stellen im Unternehmen, die mit Weisungs- und Entscheidungsbefugnis ausgestattet sind, werden, gemäß der aggregierten Unterteilung, dem Linienmanagement zugeord-

---

1 Die etymologischen Betrachtungen von "to manage" sind heterogen und individuell geprägt; vgl. Staehle, W.A.: (Management) S.65. Die Begriffsauslegungen beziehen sich z.B. auf die lateinischen Begriffe "manu agere" = "mit der Hand arbeiten" oder nach BRAVERMAN auf das eher plausiblere Begriffspaar "manus agere" = "an der Hand führen" bzw. nach BOETTICHER auf "mansionem agere" = "derjenige, der das Haus bestellt" vgl. Braverman,H.: (Produktionsprozeß); Boetticher,K.W.: (Grundprobleme). Entnommen Staehle, W.A.: (Management) S.65

2 Ebenfalls verwendete Begriffe sind: Betriebsführung, Führung und Leitung. In der Verwendung dieser Begriffe besteht jedoch keine Einigkeit. Vgl. hierzu z.B. Staehle, W.A.: (Management) S.66; Hofmann,M.: (Informationsverhalten) Sp.709; Korndörfer,W.: (Unternehmensführungslehre) S.19ff.

3 Vgl. Schwantag,K.: (Management) Sp.203f.; Lücke,W.: (Dispositiver Faktor) S.9ff.; Staehle, W.A.: (Management) S.65

4 Vgl. Steinmann,H./Schreyögg,G.: (Unternehmensführung) S.12

5 Vgl. Staehle, W.A.: (Management) S.82ff.; Gutenberg,E.: (Unternehmensführung) S.23; Hopfenbeck,W.: (Managementlehre) S.413

6 Vgl. Fürtjes,H.-T.: (Planungsorgane) Sp.1465 f.

7 Vgl. Gutenberg,E.: (Grundlagen) S.140

net.[8] Neben dem Personenkreis der rechtlich und organisatorisch legitimiert ist die Ziele der Unternehmung verbindlich festzulegen, existieren Interessengruppen[9], die über unterschiedliche Machtgrundlagen verfügen, um ihre Absichten in die Zielbildung einzubringen. Die Berücksichtigung dieser unterschiedlichen Interessengruppen beziehungsweise deren Repräsentanten bei der Zielbestimmung, ist Bestandteil des 1963 am Stanford Research Institute (SRI) entwickelten "Stakeholder"-Konzeptes.[10]

Gegenüber der Betrachtung von den Personen oder Stellen in institutionalisierten Managementebenen beschäftigt sich der *funktionale Managementansatz* mit den Aufgaben und Prozessen des Managements als solche.[11] Diesem Ansatz wird eine sachaufgabenbezogene und eine personenaufgabenbezogene Komponente zugeordnet.[12]

Die personenaufgabenbezogene Komponente umfaßt die zielgerichtete Beeinflussung des menschlichen Verhaltens (sogenannte Personal- bzw. Menschenführung).[13] Die unterschiedlichen Verhaltensmuster der Führungspersonen drücken sich als Führungsstil aus.[14] Einige Führungsaspekte werden in Form von Führungsmodellen[15] dargestellt. Hierzu gehören u.a. Management by Exception (MdE), Management by Delegation (MbD), Management by Rules (MbR), Management by Objektives (MbO), das Harzburger Führungsmodell und das St. Gallener Führungsmodell.[16]

---

8   Vgl. Fürtjes,H.-T.: (Planungsorgane) S.1466; Hopfenbeck,W.: (Managementlehre) S.435
9   Interessengruppen, die ein legitimes Interesse an dem Unternehmen haben, sind Mitarbeiter, Eigentümer, Kapitalgeber, wichtige Kunden und Lieferanten sowie der Staat und ggfs. ausländische Regierungen. Vgl. Kreikebaum,H.: (Unternehmensplanung) S.164
10   Vgl. Freeman,R.E.: (management) S.31; Bleicher,K.: (Strategien) S.17; Staehle, W.A.: (Management) S.395
11   Vgl. Staehle, W.A.: (Management) S.65
12   Vgl. Beyer,H.-T.: (Unternehmensführung); Bleicher,K.: (Führung) Sp.730; Wild,J.: (Unternehmensplanung) S.33; Grochla,E.: (Führung) Sp.542; Hopfenbeck,W.: (Managementlehre) S.418f.; Staehle, W.A.: (Management) S.65
13   Vgl. Grochla,E.: (Führung) Sp.542; Heinen,E.: (Führungslehre) S.38; Hopfenbeck,W.: (Managementlehre) S.418; Korndörfer,W.: (Unternehmensführungslehre) S.19
14   Vgl. Wunderer,R./Grunwald,W.: (Grundlagen) S.218ff.; häufig werden in diesem Zusammenhang autoritärer, patriarchalischer, beratender, kooperativer, partizipativer und demokratischer Führungsstil unterschieden. Zur inhaltlichen Abgrenzung der Führungsstile siehe Staehle, W.A.: (Management) S.309ff.; Grochla,E.: (Führung) Sp.546f.; FIEDLER differenziert indessen nur zwei Führungsstile, einen aufgabenorientierten und einen personenorientierten Führungsstil. Vgl. Fiedler,F.E.: (theory); Schierenbeck,H.: (Grundzüge) S.84
15   Zum Modellbegriff vgl. Abschnitt 4.5.1.
16   Zu den Führungsmodellen vgl. Bloech,J.: (Einführung) S.3ff.; Grochla,E.: (Führung) Sp.550ff.; Hopfenbeck,W.: (Managementlehre) S.477ff.; Koreimann,D.S.: (Management) S.56f.

Im Gegensatz zu der personenbezogenen Komponente befaßt sich der sachaufgabenbezogene Teil des Managements mit den Managementfunktionen, die auf eine zielorientierte Gestaltung von sachbezogenen Prozessen gerichtet sind.[1] Als Instrumente bzw. Funktionen zur Erfüllung der Sachaufgaben zählen vor allem Planung, Kontrolle, Organisation und Information. Auf die Managementfunktionen im Rahmen des Managementsystem der Unternehmung wird in den folgenden Abschnitten eingegangen.

3.1.2. Komponenten des Managementsystems der Unternehmung

Aus systemorientierter Sicht läßt sich ein Unternehmen als "offenes sozio-technisches ökonomisches System" beschreiben.[2,3] Offene ökonomische Systeme, wie eine Volkswirtschaft oder wie hier ein Industrieunternehmen, sind durch Wechselbeziehungen zu ihrer Umwelt (dem Umsystem) charakterisiert.[4] Das Unternehmen als sozio-technisches System wird durch die Beziehungen zwischen Menschen und Maschinen bestimmt.[5] Zum besseren Verständnis der nachfolgenden Aussagen enthält die *Abbildung 3.1.2./1* eine Hierarchisierung von Systembegriffen.

Systemebene	Systembegriff
Nächsthöhere Systemebene	Übersystem, Obersystem, Supersystem, Hypersystem
Betrachtete Systemebene	System, Gesamtsystem
Nächsttiefere Systemebene	Untersystem, Subsystem, Teilsystem, Hyposystem

Abb. 3.1.2./1: *Hierarchische Systembegriffe*[6]

Für die Erörterung des Managementsystems der Unternehmung ist es hilfreich das Gesamtsystem des Unternehmens gedanklich in ein Management- bzw. Führungssystem und ein Ausführungssystem zu trennen. Beide Teilsysteme können wiederum mehrere Subsysteme umfassen.

---

1 Vgl. Grochla,E.: (Führung) Sp.542
2 Vgl. z.B. Ulrich,H.: (Unternehmung) S.134; Staehle,H.: (Management) S.384 ff.; Hahn,D.: (Grundlegung) S.8ff
3 Ein "System" läßt sich allgemein als eine geordnete Gesamtheit miteinander in Beziehung stehender Elemente definieren. Vgl. Ulrich,H.: (Unternehmung) S.105; v.Bertalanffy,L.: (systems) S.302ff
4 Vgl. Baetge,J./Fischer,T.: (Systemanalyse) Sp.1944
5 Vgl. Grochla,E.: (Unternehmungsführung) S.14f.; Meffert,H.: (Systemtheorie) S.179
6 Quelle: In modifizierter Form entnommen von Haberfellner,R.: (Unternehmung) S.8

Das *Managementsystem* dient der Ausrichtung des Ausführungssystems auf die Unternehmensziele. Dazu beinhaltet es sämtliche Regelungen und Prozesse, die notwendig sind, um die Managementfunktionen zu erfüllen.[7] Es ist von der Aufgabe her dem Ausführungssystem übergeordnet und bestimmt im wesentlichen dessen Qualität.[8] Das Managementsystem läßt sich gedanklich in verschiedene Managementteilsysteme differenzieren, die durch vielfältige Beziehungen und Überschneidungen miteinander verbunden sind.[9] In seiner allgemeinen Ausprägung beinhaltete es vor allem das

- Planungs- und Kontrollsystem,[10]
- Personalführungssystem,
- Organisationssystem sowie
- Informationssystem.[11,12]

Ein *Planungs- und Kontrollsystem* umfaßt eine nach geeigneten Kriterien gegliederte Struktur von Planungs- und Kontrollelementen.[13] Es existieren eine Vielzahl von Kriterien, die in unterschiedlicher Weise in einem Planungs- und Kontrollsystem Berücksichtigung finden können. Dazu zählen vor allem solche, nach denen sich die verschiedenen Arten der Planung und Kontrolle differenzieren lassen. In bezug auf die Planung sind dies beispielsweise die Genauigkeit der Planung (Grob- oder Feinstrukturierung), der Bezugszeitraum bzw. die Fristigkeit der Planung (Kurz-, Mittel-, Langfristplanung), der Umfang des Planungsinhaltes (Gesamt-, Teil- bzw. Detailplanung) oder die Differenzierung nach der Planungshierarchie (strategische und operative Planung).[14] Der Aufbau eines derartig geordneten Gefüges von Planungs- und Kontrollaktivitäten bedarf seinerseits einer Planung und Kontrolle, der sog. Metaplanung und -kontrolle. Ihr liegen grundsätzliche Vorstellungen über den Zweck, den Aufbau und der Funktionsweise des Planungs- und Kontrollsystems zugrunde.[15] In diesem Zusammenhang sind auch Entscheidungen über die Planungsträger, Ebenen, Funktionen und Funktionsweisen

7 Vgl. Kreikebaum,H.: (Führung) Sp.1899
8 Vgl. Brink,H.-J.: (Koordination) S.1
9 In der Literatur werden verschiedene Managementteilsysteme aufgeführt, die jedoch außer einigen begrifflichen Unterschieden ein hohes Maß an Übereinstimmung aufweisen. Vgl. Bleicher,K./Meyer,E.: (Führung) S.92ff u. 194ff.; Wunderer,R./ Grunwald,W.: (Grundlagen) S.106ff.
10 Zum Teil wird zusätzlich das Zielsystem als eigenständiges Managementteilsystem herausgestellt. Hier wird das Zielsystem in das Planungssystem mit einbezogen, sofern es sich dabei um Planziele handelt. Zur Differenzierung in Ziele vor Planung und Planziele siehe die Ausführungen in Abschnitt 3.1.4.
11 Vgl. Küpper,H.-U.: (Gegenstand) S.170; Weber,J.: (Grundlagen) S.30; Wild,J.: (Unternehmensplanung) S.32; Dellmann,K.: (Systematisierung) S.115; Heinen,E.: (Industriebetriebslehre) S.64ff.
12 Eine Erweiterung erfährt dieses allgemeine Managementsystem durch die Integration des Controlling; siehe hierzu Abschnitt 3.3.
13 Ähnlich Rüth,D.: (Planungssysteme) S.259
14 Diese Differenzierungskriterien sind analog auf die Kontrolle übertragbar. Vgl. hierzu auch Abschnitt 3.2.3.
15 Vgl. Hill,W.: (Planungsmanagement) Sp.1458

(Planungs- und Kontrollzyklen, Ablaufphasen, Koordination der Planungs- und Kontrollarten) der Planung und Kontrolle zu treffen.[16]

Das *Personalführungssystem* bzw. Anreiz- und Sanktionssystem dient zur Unterstützung der Mitarbeiterführung und läßt sich in ein formales sowie ein informales Personalführungssystem unterteilen.[17] Das formale Personalführungssystem umfaßt nicht nur die Einstellung, Versetzung und Entlassung von Mitarbeitern, sondern auch Anreize (z.B. Prämien, Ergebnis- und Kapitalbeteiligungen, Aufstiegsanreize) für gute Leistungen sowie abgestufte Sanktionen (z.B. Gehaltskürzungen, Abmahnungen) für schlechte Leistungen.[18] Neben den formalen Anreizen und Sanktionen existieren noch informale Anreize (z.B. Gruppenzugehörigkeit, Anerkennung) und informale Sanktionen (z.B. die Gruppenausgrenzung).[19]

Das *Organisationssystem*[20] dient der zielorientierten Schaffung einer Ordnung durch organisatorische Regelungen.[21] Gegenstände des Organisationssystems sind die im Unternehmen ablaufenden Aktivitäten, einzusetzenden Sachmittel und Personen.[22] Aufbauorganisatorische Regelungen stecken einen generellen Rahmen für die Arbeitsverichtungen, Kompetenzen und Entscheidungen der Personen im Unternehmen ab. Die detaillierte Steuerung dieser Tätigkeiten wird durch ablauforganisatorische Regelungen festgelegt.[23] Eine auf generellen expliziten Regelungen beruhende Ordnung läßt sich auch als Organisationsstruktur bezeichnen.

Das *Informationssystem* leistet einen Beitrag zur Unterstützung der Aufgabendurchführung der übrigen Managementteilsysteme durch die Bereitstellung von zweckorientiertem Wissen,[24] das von den anderen Managementteilsystemen nicht selbst erzeugt wird. Nach dieser Abgrenzung umfaßt es nur die formal geregelte Informationsversorgung[25] im Unternehmen.[26] Unter Berücksichtigung aller inter-

---

16   Vgl.   Szyperski,N./Müller-Böling,D.: (Gestaltungsparameter) S.357ff; Wild,J.:
      (Unternehmens-planung); Hill,W.: (Planungsmanagement) Sp.1458
17   Vgl. Heinen,E.: (Industriebetriebslehre) S.67
18   Vgl. Heinen,E.: (Industriebetriebslehre) S.67; Hinterhuber,H.H.: (Unternehmensführung)
      S.231
19   Vgl. Heinen,E.: (Industriebetriebslehre) S.67
20   Es ist anzumerken, daß zur Zeit in der betriebswirtschaftlichen Literatur keine
      einheitliche und geschlossene Organisationstheorie vorliegt. Vgl. Grochla,E.:
      (Organisationstheorie); Schweitzer,M.: (Organisationsforschung) Sp.1525
21   GUTENBERG betrachtet Organisation als Vollzug der Planung. Organisation setzt sich
      aus fallweisen und generellen Regelungen zusammen. Generelle Regelungen ersetzen die
      fallweisen Regelungen, indem den Beteiligten ein bestimmtes Verhalten vorgeschrieben
      wird. Vgl. Gutenberg,E.: (Grundlagen) S.239f. Demgegenüber bezieht KOSIOL nur die
      generellen Regelungen in den Organisationsbegriff ein, da es ihm zufolge beim Or-
      ganisieren um die Festlegung des Gesamtgefüges durch Dauerregelungen und Dauerein-
      richtungen geht. Vgl. Kosiol,E.: (Organisation) S.20 und S.28; Schreyögg,G.:
      (Organisation I) S.19
22   Vgl. Kreikebaum,H.: (Unternehmensplanung) S.151; Bleicher,K.: (Organisation) S.114
23   Vgl. Laux,H./Liermann,F.: (Grundlagen) S.19
24   Vgl. Wittmann,W.: (Unternehmung); Wittmann,W.: (Information) Sp.894
25   Unter "Informationsversorgung" wird hier die Beschaffung und Übermittlung von
      benötigten Informationen verstanden. Vgl. dazu auch Horváth,P.: (Controlling) S.347

nen und externen Informationsbeziehungen schließt das Informationssystem neben den informationellen und kommunikativen Prozessen zur Versorgung des Managements bzw. der Entscheidungsträger auch die organisatorischen und technischen Einrichtungen zur Informationsgewinnung, -speicherung, -verarbeitung und -übermittlung mit ein.[27] Auf einen in diesem Zusammenhang möglichen EDV-Einsatz[28] wird in dieser Arbeit nicht eingegangen.

Die Wirkungsebene der eben angesprochenen Managementteilsysteme ist - wie bereits erwähnt - das Ausführungs- bzw. Leistungssystem, welches sich auf die Realgüterebene bezieht.[29] So ist beispielsweise die Koordinationswirkung des Organisationssystems schwerpunktmäßig auf die Gestaltung bzw. Strukturierung des Ausführungssystems ausgerichtet.[30]

Die Managementteilsysteme sind ein wesentlicher Bestandteil eines (integrierten) Managementsystems der Unternehmung, das sich aus funktionaler Sichtweise in die drei nachstehend aufgeführten hierarchischen Stufen strukturieren läßt:[31,32]

- *Normative Management-Stufe*
  Diese umfaßt als Grundkomponenten die Unternehmens-philosophie und Unternehmenspolitik. Damit verbunden sind Werte, Normen und konstituierende generelle Ziele der Unternehmung, die auf die Funktions- und Überlebens-fähigkeit der Unternehmung als Ganzes ausgerichtet sind.

- *Strategische Management-Stufe*
  Diese Managementstufe beschäftigt sich mit der Strategie-findung zur Schaffung und Erhaltung von Erfolgspotentia-len. Im Mittelpunkt steht dabei die strategische Planung und Kontrolle.[33]

---

26 Vgl. Küpper,H.-U.: (Controlling) S.804

27 Vgl. Dellmann,K.: (Systematisierung) S.136

28 Die Abkürzung "EDV" steht für Elektronische Datenverarbeitung.

29 Zum Ausführungssystem vgl. z.B. Liedke,U.: (Controlling) S.67f.; Adam,D.: (Planung) S.41

30 Es sei bereits an dieser Stelle darauf hingewiesen, daß dieser Aspekt des Organisations-systems wesentlich für Zwecksetzung des hier vertretenen Controlling-Konzeptes ist. Vgl. Abschnitt 3.3.2.

31 Vgl. Bleicher,K.: (Organisation) S.4ff.; Ulrich,H.: (Management) S.329 ähnlich Hopfenbeck,W.: (Managementlehre) S.409ff. u. 525ff u. 684ff.

32 Die Verbindung dieser funktionellen Managementstufen zu den in Abschnitt 3.1.1. dargestellten institutionellen Managementebenen zeigt sich, indem die normative und strategische Managementstufe dem Top-Management und die operative Managementstufe dem Linienmanagement zugeordnet werden.

33 Entgegen dieser häufig anzutreffenden Aussage betrachten TÖPFER und AFHELDT die strategische Planung nicht als Gegenstand der strategischen Führung. Vgl. Töpfer,A./Afheldt,H.: (Überblick) S.51ff.; Götze,U.: (Szenario-Technik) S.14

- *Operative Management-Stufe*
  Diese Stufe im Sinne von "nicht-strategischer Managementstufe"[34] konkretisiert die Strategien in unmittelbar
  realisierbare Ziele und/oder Maßnahmen zur Erreichung
  von betrieblichen Erfolgsgrößen sowie zur Sicherung der
  Liquidität. Die vorherrschende Handlungsmaxime im operativen Bereich ist die Ergebnisoptimierung.

Die oberste Managementstufe oder Managementebene wird durch das normative
Management gebildet, gefolgt vom strategischen Management, das noch über der
operativen Managementebene steht. Diese vertikale Differenzierung in über- und
nachgeordnete Managementebenen beschreibt unterschiedliche, arbeitsteilig
gedachte Aufgaben- und Entscheidungsfelder des Managements. Eine übergeordnete Managementebene hat Aufgaben und Entscheidungen von umfassenderer
Tragweite für die Unternehmung durchzuführen als die darunterliegende(n)
Managementebene(n).[35] Zwischen diesen hierarchischen Ebenen bestehen Rück-
koppelungsbeziehungen, die sich aus der funktionalen Abhängigkeit und der Peri-
odizität von Managementaufgaben ergeben.

In der betriebswirtschaftlichen Literatur bestehen allerdings verschiedene Auffassungen hinsichtlich der Abgrenzung des strategischen Managements. Sie unterscheiden sich vor allem in einem abweichenden Verständnis über den Inhalt der
strategischen Planung und ihre Weiterentwicklung hin zum strategischen Management.[36] Dies zeigt sich in der Auslegung, ob die Ausgangszielbestimmung im Sinne
der Festlegung von generellen Zielen, der strategischen Planung zugeordnet wird[37]
oder als Grundsatzplanung, unternehmenspolitische Rahmenplanung bzw. generelle
Zielplanung dieser vorgelagert[38] ist. Während bei der ersten Betrachtungsweise
zumeist keine explizite Differenzierung zwischen strategischer Planung und
strategischem Management erfolgt, führt letztere Sichtweise dazu, daß die
Zielsetzung vor der strategischen Planung als Unternehmenspolitik entweder mit
dem strategischen Management gleichgesetzt wird[39] oder lediglich eine Teil-
komponente des strategischen Managements darstellt[40].[41]

34 Teilweise ist in der Literatur noch eine weitere Differenzierungsstufe anzutreffen, die als
   "taktische Managementebene" bezeichnet wird. Vgl. Zäpfel,G.: (Taktisches)
35 Vgl. Zäpfel,G.: (Strategisches) S.3
36 Überwiegende Einigkeit besteht in der Auffassung, daß das strategische Management
   eine Weiterentwicklung der strategischen Planung darstellt; vgl. etwa Ansoff,H.I./
   Declerk,R.P./Hayes,R.L.: (strategic planning) S.1ff; Hopfenbeck,W.: (Managementlehre)
   S.528; Wüthrich,H.A.: (Neuland) S.39ff.; Scholz,C.: (Management) S.6ff.
37 Vgl. Switalski,M.: (Produktionsplanung) S.5; Kreikebaum,H.: (Unternehmensplanung)
   S.26ff.
38 Vgl. z.B. Koch,H.: (Unternehmensplanung) S. 52; Kuhn,A.: (Unternehmensführung);
   Hopfenbeck,W.: (Managementlehre) S.689
39 Vgl. z.B. Ulrich,H.: (Philosophie) S.391f.
40 Vgl. z.B. Trux,W./Müller,G./Kirsch,W.: (Management) S.15ff.
41 Vgl. Heuer,M.F.: (Kontrolle) S.55

Für eine differenzierte Dimensionierung und Strukturierung der Managementaufgaben wird in dieser Arbeit die Unternehmenspolitik als Bestandteil der normativen Managementebene aufgefaßt. Der Grund dafür ist, daß nach der hier vertretenen Auffassung die in der Unternehmenspolitik enthaltenen obersten, originären
Unternehmensziele Ausdruck von Werten und Normen sind, deren Bestimmung
auf individuellen nicht planbaren Prozessen beruht. Das Ergebnis dieser Prozesse -
die Unternehmenspolitik - beinhaltet dann die Vorgaben nicht nur für die strategische Planung, sondern für alle oben angesprochenen Managementteilsysteme.
Auf die Differenzierung der Ziele im Managementsystem der Unternehmung wird
im folgenden noch näher eingegangen (siehe Abschnitt 3.1.4.). Zuvor sollen jedoch
die Unternehmensphilosophie und die Unternehmenspolitik im Rahmen der normativen Managementebene kurz erörtert werden.

3.1.3. Unternehmensphilosophie und Unternehmenspolitik

Die *Unternehmensphilosophie*[42] wird gebildet durch das grundlegende Wertgefüge
und die Einstellungen des Top-Management aus einer ganzheitlichen Sicht der
Stellung und Funktion des Unternehmens in seinem Umsystem.[43] Sie ist sinngebend
für die Managementtätigkeiten und bestimmt in recht abstrakter Form die
generellen und langfristigen Absichten des unternehmerischen Handelns.[44,45]

Neben den personalen Wertvorstellungen (wie z.B. Prestige, Macht, ästhetische
Einstellungen) fließen ethische Grundeinstellungen der Unternehmensleitung in die
Unternehmensphilosophie ein.[46] Ethische Einflüsse ergeben sich vor allem aus der
Beantwortung der Frage, "welche Unternehmensziele als gerechtfertigt anzusehen
sind und welche als illegitim zurückgewiesen werden sollten"[47,48]

---

42 Unter "Philosophie" wird im allgemeinen die "Lehre vom Wissen, von den Ursprüngen
    und vom Zusammenhang der Dinge in der Welt, vom Sein und Denken" verstanden.
    [Wahrig,G.: (Fremdwörterlexikon) S.567] Daraus abgeleitet bezieht sich die
    "Unternehmensphilosophie" auf die Funktion der Unternehmung für die Gesellschaft.
    [vgl. Ulrich,P./Furi,E.: (Management) S.53f.]. Synonym zum Begriff "Unter-
    nehmensphilosophie" werden auch die Begriffe "Verhaltensnormen" oder "Unterneh-
    mensgrundsätze" verwendet. Vgl. Ulrich,.H.: (Unternehmung) S.327
43 Vgl. Gabele,E./Kretschmer,H.: (Unternehmensgrundsätze) S.43ff.; Tietz,B.: (Werbung)
    S.336f.; Ulrich,H.: (Management) S.332
44 Vgl. Picot,A.: (Unternehmungsphilosophie) Sp.2089; Kreikebaum,H.:(Unternehmenspla-
    nung) S.47
45 Es sei angemerkt, daß in der Literatur keine allgemeingültige Trennung zwischen den
    Begriffen "Unternehmensphilosophie" und "Unternehmenspolitik" anzutreffen ist. Vgl.
    Dlugos,G.: (Unternehmenspolitik) Sp.2166ff.
46 Vgl. dazu den Überblick in Hopfenbeck,W.: (Managementlehre) S.690
47 Schreyögg,G.: (Strategische Planung) S.15
48 Mit dieser Fragestellung setzt sich die "Unternehmensethik" auseinander. Sie beschäftigt
    sich ganz allgemein mit dem Verhalten von Unternehmen innerhalb einer Wirtschafts-,
    Gesellschafts- und Rechtsordnung. Kernpunkt der Betrachtungen ist der Zweck, den ein
    Unternehmen in einer Gesellschaft zu erfüllen hat. Vgl. Lorenzen,P.:

Die Tragweite der Unternehmensphilosophie begründet ihre Zuordnung zur normativen Managementebene. Aus der Fixierung von Werten, Normen und Einstellungen der Unternehmensleitung wird ein normatives Fundament für eine durchdachte und dauerhaft tragfähige Unternehmensführung geschaffen.[49] Damit bildet die Unternehmensphilosophie auch eine Grundlage für die Unternehmenspolitik.[50]

Die *Unternehmenspolitik* läßt sich durch folgende Merkmale charakterisieren:[51]

- Unternehmenspolitik beinhaltet originäre, generelle Entscheidungen auf der obersten Stufe der unternehmerischen Willensbildung mit dem größtmöglichen Freiheitsgrad;
- unternehmenspolitische Entscheidungen (sog. Grundsatzentscheidungen) sollen das oberste Zielsystem des Unternehmens,[52] das notwendige Leistungspotential und die Rahmenbedingungen für die Ausarbeitung der Strategien festlegen;
- die Unternehmenspolitik basiert auf einer visionären[53] und langfristigen Zeitperspektive der Beteiligten, "ohne die ein Verständnis für die von Zeit zu Zeit notwendigen Anpassungsmaßnahmen nicht erwachsen kann"[54];

(Fundierungsprobleme); Molitor,B.: (Wirtschaftsethik); Steinmann,H./Löhr,A.: (Unternehmensethik); Pieper,A.: (Ethik); Kumar,B.N.:(Unternehmensethik)

49 Vgl. Hopfenbeck,W.: (Managementlehre) S.691

50 H.ULRICH formuliert die Bedeutung der Unternehmensphilosophie so: "Die Management-Philosophie legt fest, welche Probleme überhaupt \<gesehen\> werden, wo der Trichter überhaupt angesetzt wird." Ulrich,H.: (Management) S.332

51 Vgl. Ulrich,H.: (Unternehmenspolitik) S.18ff.; Hammer,R.M.: (Unternehmungsplanung) S.25ff.; Hopfenbeck,W.: (Managementlehre) S.684

52 Das oberste Ziel für ein auf Dauer angelegtes Unternehmen ist die Erhaltung der Funktions- und Überlebensfähigkeit. Dieses Ziel ist jedoch zu abstrakt und vieldeutig, um daraus konkrete Handlungsanweisungen ableiten zu können. [vgl. Zäpfel,G.: (Strategisches) S.22] Daher ist es Aufgabe der Unternehmenspolitik, dieses generelle oberste Ziel weiter zu spezifizieren.

53 Eine "Vision" setzt sich nach HINTERHUBER aus drei Komponenten zusammen: Offenheit nach außen, Spontanität nach innen und Realitätssinn als Synthese von Offenheit und Spontanität. Zum Begriff und Wesen der Vision vgl. Hinterhuber,H.H.: (Denken) S.41ff.

54 Bleicher,K.: (Strategien) S.790; gelingt die unternehmenspolitische Anpassung und Integration nicht, kann dies zur Gefährdung der Überlebens- und Funktionsfähigkeit des Unternehmens führen. Die in einer solchen Situation erforderlichen Eingriffe des Managements werden auch unter dem Begriff "Krisenmanagement" diskutiert. Vgl. Bleicher,K.: (Strategien) S.791; Staehle,W.H./Stoll,E.: (Betriebswirtschaftslehre); zum allgemeinen Begriff der Unternehmenskrise vgl. Witte,E.: (Unternehmenskrise) S.9ff.

- Unternehmenspolitik umfaßt auch die Überprüfung der Einhaltung von Zielen, Verhaltensweisen und Richtlinien. Deshalb müssen unternehmenspolitische Prozesse und planerische Prozesse Bestandteile eines integrierten Managementsystems sein.[55]

Die *Abbildung 3.1.3./1* zeigt die für die Formulierung der Unternehmenspolitik zu berücksichtigenden Einflußbereiche und die Bestandteile der Unternehmenspolitik sowie deren Bezug zur strategischen Planung.

Wesentliche Einflüsse auf die Unternehmenspolitik gehen - wie bereits erwähnt - von der Unternehmensphilosophie aus, aber auch von der Macht der Interessengruppen (Stakeholder).[56] Da die Einflüsse der Unternehmensumwelt mit der Berücksichtigung der Macht der Interessengruppen nur unvollständig erfaßt sind, verbleibt ein weiterer Einflußbereich, der sich aus den sonstigen unternehmensrelevanten Umwelteinflüssen zusammensetzt. Hierzu zählen beispielsweise technologische, gesellschaftlich-rechtliche, ökologische oder beschaffungs- und absatzmarktspezifische Einflüsse.[57] Gegenstand der Unternehmenspolitik ist die Formulierung eines Unternehmensleitbildes sowie eines Management- und Unternehmenskonzeptes.

Das *Unternehmensleitbild* soll dem Unternehmen seine unverwechselbare Identität geben.[58] Es beinhaltet vor allem generelle Absichtserklärungen[59] bezüglich der grundlegenden Prinzipien der Geschäftstätigkeit, des Unternehmenszweckes,[60] der originären Unternehmensziele und der Einstellung gegenüber Mitarbeitern sowie der externen Unternehmensumwelt (Kunden, Lieferanten, Konkurrenten, Kapital-

---

55 Vgl. auch Hinterhuber,H.H.: (Denken) S.68f.

56 Zum "Stakeholder"-Konzept siehe auch Abschnitt 3.1.1.; in dem klassischen Konzept von EELLS bildet sich letztlich eine "Metro Corporation", also ein Unternehmen , dessen Management die legitimen Ansprüche unterschiedlicher Interessengruppen zu befriedigen versucht. Vgl. Eells,R.: (Business).

57 Es sei darauf hingewiesen, daß derartige Informationen nicht nur in die Formulierung der Unternehmenspolitik eingehen, sondern in anderer Detaillierung und mit anderen Schwerpunkten auch die Grundlage für die strategische und operative Planung bilden. Vgl. Hammer,R.M.: (Unternehmungsplanung) S.37

58 Vgl. Trux,W./Müller,G./Kirsch,W.: (Management) S.11; in der anglo-amerikanischen Managementlehre werden derartige Unternehmensgrundsätze auch unter den Begriffen "business policies", "basic policies", "company-creeds" und "purpose of organisation" diskutiert. Vgl. Gabele,E./Kretschmer,H.: (Instrument) S.717

59 Absichten (purposes) kennzeichnen laut KREIKEBAUM die langfristige Ausrichtung der Unternehmenspolitik. Sie haben grundsätzlich den ökonomischen, den technischen und den sozialen Bereich zum Gegenstand. Vgl. Kreikebaum,H.: (Unternehmensplanung) S.46

60 Es sei darauf hingewiesen, daß neben einer synonymen Verwendung der Begriffe "Zweck" und "Ziel" von vielen Autoren eine Trennung dahingehend vorgenommen wird, daß unter dem Begriff *"Zweck"* die Erfüllung einer bestimmten Leistung für die Gesellschaft durch das Unternehmen verstanden wird, während unter dem Begriff *"Ziel"* die von dem Unternehmen selbst festgelegten Vorstellungen über erwünschte Zustände fallen. Vgl. Staehle,W.H.: (Management) S.406; Hopfenbeck,W.: (Managementlehre) S.459

geber, Gesellschaft, Staat).[61,62] Das Unternehmensleitbild läßt sich als eine Unternehmensgesamtpolitik verstehen, die die Basis für ein grundlegendes Management- und Unternehmenskonzept schafft sowie einen globalen Orientierungsrahmen für die strategische Planung aufstellt.[63]

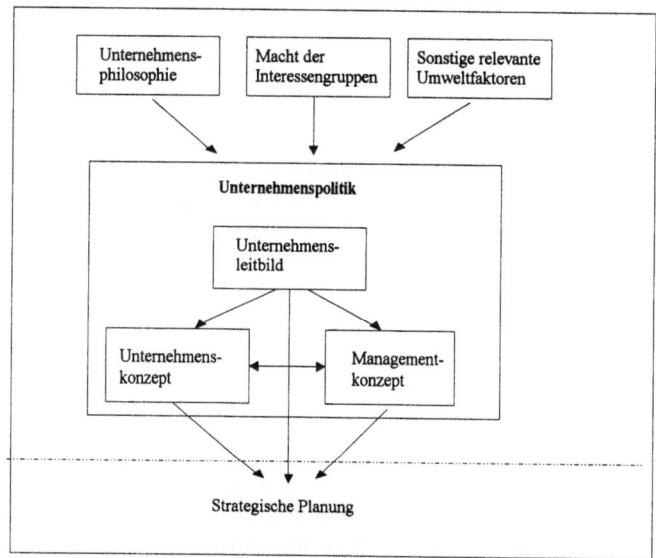

Abbildung 3.1.3./1:*Unternehmenspolitik*[64]

Im Rahmen des *Managementkonzeptes* sind aus dem Unternehmensleitbild Grundsatzentscheidungen sowohl über die Ausgestaltung des Managementsystems der Unternehmung als auch über die Personalführung abzuleiten.[65]

61   Vgl. Hinterhuber,H.H.: (Struktur) S.41; Hinterhuber,H.H.: (Denken) S.57; Coenenberg,A.G./Baum,H.-G.: (Strategisches Controlling) S.32; Zäpfel,G.: (Strategisches) S 27

62   Empirischen Untersuchungen von GABELE und KRETSCHMER zufolge dominieren bei den adressatenspezifischen Unternehmensgrundsätzen die mitarbeiterbezogenen Grundsätze vor denen der Kunden, Aktionäre, Eigentümer und denen der Öffentlichkeit. Vgl. Gabele,E./Kretschmer,H.: (Instrument) S.720

63   Die Trennung nach Unternehmens- und Führungsgrundsätzen liegt mehreren empirischen Untersuchungen zur Unternehmenspolitik zugrunde. Vgl. beispielsweise Hoffmann,F.: (Führungsgrundsätze) S.167

64   Quelle: In abgewandelter Form entnommen von Ulrich,H.: (Management) S.337; vgl. auch Hammer,R.M.: (Unternehmungsplanung) S.31

65   Vgl. Hammer,R.M.: (Unternehmungsplanung) S.32; Koch,H.: (Aufbau) S.64; zu ausgewählten Grundsatzentscheidungen bezüglich eines Managementkonzeptes zur Neuproduktentstehung vgl. Abschnitt 4.2.2.

Zugleich sind die im Unternehmensleitbild noch sehr allgemein gehaltenen Aussagen durch ein *Unternehmenskonzept* zu konkretisieren,[66] indem Einzel-Konzeptionen für bestimmte Unternehmenseigenschaften entwickelt werden. Nach KOCH handelt es sich hierbei im wesentlichen um eine Standortkonzeption, eine Konzeption zur rechtlichen Struktur des Unternehmens, eine Ausschüttungs-, Image-, Wachstums-, Produkt- und eine Innovationskonzeption.[67] Zur Innovationskonzeption werden als Stichworte eigene Produktentwicklung, Lizenznahme und Imitation genannt.[68] Diese Konzeptionen sind zu präzisieren durch aufeinander abgestimmte Einzelpolitiken, die sich über den leistungswirtschaftlichen, finanzwirtschaftlichen und sozialen Bereich des Unternehmens erstrecken. So läßt sich unter anderem eine Forschungs-, Entwicklungs-, Produktions-, Beschaffungs-, Investitions-, Finanzierungs-, Personal- und Innovationspolitik unterscheiden, die wiederum bestimmte Teilpolitiken (z.B. die Neuproduktpolitik) als Mittel zur Erreichung der originären Unternehmensziele beinhalten.[69] Die Innovationspolitik umfaßt dabei alle Grundsatzentscheidungen, die primär die aktive Gestaltung der Innovationsbedingungen zum Gegenstand haben.[70] Sie ist mit den in Beziehung stehenden anderen Politiken (z.B. Investitions- und Beschaffungspolitik) abzustimmen, damit nicht entgegengesetzte Ziele verfolgt werden.

Bevor im Rahmen der Unternehmenspolitik ein Innovationskonzept oder eine Innovationspolitik erarbeitet wird, sollte die Frage beantwortet werden, ob überhaupt Innovationen für das Unternehmen anzustreben sind. So liegt der Erfolg einiger Unternehmen darin, daß an traditionell bewährten Produkten und Produktionsverfahren festgehalten wird.[71] Da in dieser Arbeit Industrieunternehmen im Vordergrund stehen, soll davon ausgegangen werden, daß ein "Interesse an Innovationen" bzw. ein "Streben nach Innovationen" existiert.[72] Außerdem soll angenommen werden, daß Innovationen als Daueraufgabe des Unternehmens zu verstehen sind.[73]

---

66   Der Inhalt des Unternehmens- oder Unternehmungskonzeptes ist nicht unumstritten. So betrachtet KOCH das Managementkonzept als einen Bestandteil des Unternehmenskonzeptes. Vgl. Koch,H.: (Aufbau) S.64. Noch umfassender ist das St. Gallener Unternehmungskonzept, welches auch die strategische Planung beinhaltet. Vgl. Hammer,R.M.: (Unternehmungsplanung) S.30.

67   Vgl. Koch,H.: (Aufbau) S.62ff.

68   Vgl. Koch,H.: (Aufbau) S.63

69   Vgl. Schweitzer,M.: (Fertigungswirtschaft) S.569

70   Zu ausgewählten Grundsatzentscheidungen bezüglich des Innovationskonzeptes zur Neuproduktentstehung vgl. Abschnitt 4.2.1.

71   Beispielsweise seien die Fertigungsverfahren der Porzellanmanufaktur oder die Brenn- und Lagerverfahren amerikanischer und schottischer Whiskybrenner genannt. Zu weiteren Beispielen vgl. Hauschildt,J.: (Innovationsmanagement) S.29

72   Vgl. Brose,P.: (Planung) S.133

73   Eine Diskussion dieser Annahme erfolgt im Rahmen der normativen Grundsatzentscheidungen zur Neuproduktentwicklung in Abschnitt 4.2.1.

Gelingt es, eine Innovationsorientierung schriftlich in der Unternehmenspolitik zu verankern, so stellt die Unternehmenspolitik ein formales Koordinationsinstrument dar,[74] d.h. sie schafft einen gemeinsamen Bezugsrahmen, durch den nicht nur Entscheidungen und Handlungen legitimiert und gelenkt werden, sondern der auch hilft, Widerstände gegen Innovationen zu überwinden. Dabei ist jedoch zu beachten, daß die Unternehmenspolitik ihr Wirkungspotential nicht durch das Formulieren und Verkünden von Grundsätzen entfaltet, sondern erst durch ihre Umsetzung in das tägliche Handeln. Ob und in welchem Maße sie letztlich umsetzbar ist, wird nicht allein durch den Einsatz von Managementinstrumenten bestimmt, sondern auch durch die Konformität zur Unternehmenskultur.[75]

Darüber hinaus dürfte eine umsetzbare innovationsfördernde Unternehmenspolitik die Innovationsbereitschaft erhöhen. Unter *Innovationsbereitschaft* soll die Motivation der Personen verstanden werden, die auf den Innovationsprozeß einwirken.[76] Eine innovationsfreundliche Unternehmenspolitik kann die Mitarbeiter zur Offenheit gegenüber Veränderungen im Unternehmen und in der Unternehmensumwelt motivieren, vor allem in bezug auf den technologischen Wandel.[77] Die Innovationsbereitschaft der Mitarbeiter ist "eine Grundvoraussetzung für innovatives Entscheiden und Handeln und zur Schaffung eines innovationsfreundlichen Klimas"[78]. Erst die Aufgeschlossenheit von Mitarbeitern gegenüber Innovationen ermöglicht das Entstehen von Innovationen und ihre rasche Umsetzung. Eine hohe Innovationsbereitschaft steigert die *Innovationsfähigkeit*, worunter die Eignung des Unternehmens und seiner Mitarbeiter verstanden wird, innovative Aufgaben zu lösen.[79]

Die Formulierung einer in erster Linie auf qualitative Aussagen gestützten globalen und abgestimmten Unternehmenspolitik läßt sich als unternehmenspolitischer Entscheidungsprozeß auffassen. Dieser stellt sich als ein schrittweise vollziehender *Verhandlungsprozeß* (Bargaining-Prozeß) dar, in dessen Verlauf nicht nur die unterschiedlichen Vorstellungen, Interessen und Ansprüche der Teilnehmer zu berücksichtigen sind, sondern auch die relevanten Informationen aus der Unternehmensumwelt verarbeitet werden müssen.[80] Aus dem in einem solchen politischen Verhandlungsprozeß erreichten Kompromiß entstehen die offiziellen obersten Ziele des Unternehmens.[81] Diese Unternehmensziele sind aufgrund der Mannigfaltigkeit

---

74   Das verstärkte   Interesse der Praxis an der Dokumentation von Unternehmens-
      grundsätzen zeigen auch die Ergebnisse mehrerer empirischer Untersuchungen. Vgl.
      dazu Gabele,E./Kretschmer,H.: (Instrument) S.716
75   Zur Unternehmenskultur siehe Abschnitt 3.1.5.
76   Ähnlich Corsten,H.: (Überlegungen) S.11
77   Der technologische Wandel wird heutzutage als Anlaß für Strukturkrisen, aber auch als
      Voraussetzung für ihre Überwindung angesehen. Vgl. Brockhoff,K.: (Wandel) S.619
78   Corsten,H.: (Überlegungen) S.11
79   Ähnlich Corsten,H.: (Überlegungen) S.11
80   Diese Sichtweise des unternehmenspolitischen Entscheidungsprozesses stützt sich auf die
      Erkenntnisse von LINDBLOM, dessen Ansatz als Inkremental-Ansatz oder "disjointed
      incrementalism" in die Literatur eingegangen ist. Vgl. Lindblom,C.E.: (Intelligence)
      S.143ff.; Lindblom,C.E.: (muddling) S.517ff; Lindblom,C.E.: (science) S.78ff.
81   Vgl. Staehle,W.H.: (Management) S.492

von Aktivitäten der Entscheidungträger während des Prozesses und der wirksamen Umwelteinflüsse nicht planbar;[82] sie stellen eine Art "Regierungserklärung" von allgemeinem Inhalt dar.[83]

Die Unternehmenspolitik enthält Vorgaben für die strategische und operative Ebene des Managementsystems. Im Gegensatz zur Unternehmenspolitik werden die Ziele dieser Ebenen durch einen Planungsprozeß gebildet. Auf die Unterscheidung zwischen Zielen vor Planung und Planzielen wird im Rahmen der nachfolgenden Diskussion der Zieldifferenzierung im Managementsystem der Unternehmung eingegangen.

3.1.4. Zieldifferenzierung im Managementsystem der Unternehmung

Ziele sind normative Aussagen über einen gewollten künftigen Zustand, der durch Entscheidungen und Handlungen erreicht werden soll.[84] Nach inhaltlichen Kriterien kann bei den Unternehmenszielen zwischen Sach-, Wert- und Sozialzielen differenziert werden.[85] *Sach- oder Leistungsziele* bezeichnen das anzustrebende Handlungsprogramm des Unternehmens und beinhalten Aussagen über Art, Menge, Zeitpunkte und Zeitdauern der zu erstellenden Leistungen. Dagegen stellen *Wert- oder Formalziele* auf monetäre Größen in absoluter oder in relativer Form ab. Wertziele werden durch die Erfüllung von Sachzielen erreicht. *Sozialziele* bestimmen in monetärer sowie nicht-monetärer Gestalt die anzustrebenden intra- und interpersonellen Zustände, insbesondere im Hinblick auf Mitarbeiter, Marktpartner und der Öffentlichkeit.[86]

Das Beziehungsgefüge zwischen den Zielgrößen läßt sich als Zielsystem darstellen. In bezug auf die Relationen der einzelnen Ziele zueinander können drei idealtypische Arten unterschieden werden:[87]

82 Ähnlich Kreikebaum,H.: (Unternehmensplanung) S.49
83 Vgl. Wild,J.: (Unternehmensplanung) S.40
84 Vgl. Hahn,D.: (Grundlegung) S.10f.; Hauschildt,J.: (Artikulation) S.551; Heinen,E.: (Grundlagen) S.49ff.; Kupsch,P.: (Unternehmungsziele) S.15
85 Zu diesen Zielkategorien vgl. auch die Ausführungen von Hahn,D.: (Grundlegung) S.17; Ulrich,H.: (Unternehmenspolitik) S.100ff.; Kosiol,E.: (Einführung) S.261ff.; Hopfenbeck,W.: (Managementlehre) S.472
86 In der Literatur besteht keine Einigkeit bezüglich der Integration von Zielen zum Umweltschutz bzw. zur Ökologie. Sie werden einerseits im Rahmen von Sozialzielen und andererseits als eigenständige Zielkategorie diskutiert. Vgl. Hahn,D.: (Grundlegung) S.17 sowie die dort zitierte Literatur.
87 Vgl. Kupsch,P.: (Unternehmungsziele) S.26ff.

- Instrumentalrelation
- Interdependenzrelation
- Präferenzrelation

Die *Instrumentalrelation* stellt ein Ordnungskriterium dar, nach der die Ziele in eine Rangordnung als Ober- und Unterziele eingeteilt werden. Die Grundlage solcher hierarchischen Instrumentalbeziehungen bilden entweder *definitions-logische Relationen* oder *empirisch ermittelte Zweck-Mittel Relationen.*[88] Im ersten Fall werden von einem Oberziel ausgehend Partialziele ermittelt, die sich nur auf einen Teil der Zustandsbeschreibung des Oberziels beziehen.[89] Diese Partial-ziele lassen sich ihrerseits in Unterziele niedriger Ordnung zerlegen, so daß eine definitionslogische Zielhierarchie entsteht. Eine solche deduktive Auflösung eines Oberzieles liegt der Konzeption von Kennzahlensystemen zugrunde. Diese Art der Bildung von Teilelementen des Oberzieles begründet noch keine Zweck-Mittel-Beziehung.[90]

Durch eine Zweck-Mittel-Beziehung werden hierarchische Über- und Unterord-nungen beschrieben. Danach basiert die Erreichung von Oberzielen auf den zur Realisation eines Unterzieles herbeigeführten Ergebnissen.[91] Insofern stehen alle Ziele einer untergeordneten Ebene in bezug auf die nächst höhere Zielebene in einer Mittel-Zweck-Beziehung. Durch die sukzessive Gestaltung von Zielen in eine vertikale und horizontale Zielstruktur ergeben sich sogenannte Zielpyramiden. In Abhängigkeit von den Gliederungskriterien lassen sich unterschiedliche Zielpyrami-den darstellen. Eine Darstellungsmöglichkeit zeigt die *Abbildung 3.1.4./1,* wonach eine Unterteilung der Ziele hinsichtlich ihrer Stellung in bezug auf die drei Managementstufen vorgenommen wird.

Neben der hierarchischen Anordnung der Ziele wird auch die stufenweise zuneh-mende Anzahl der Ziele erkennbar. Der Grund hierfür liegt in der steigenden Detaillierung und Differenzierung der Aufgaben auf den unteren Management-stufen.

---

88 Vgl. Hopfenbeck,W.: (Managementlehre) S.472; Kupsch,P.: (Unternehmungsziele) S.33
89 Vgl. Hopfenbeck,W.: (Managementlehre) S.472; Kupsch,P.: (Unternehmungsziele) S.33
90 Vgl. Kupsch,P.: (Unternehmungsziele) S.36
91 Vgl. Wild,J.: (Unternehmensplanung) S.59; Heinen,E.: (Grundtatbestände) S. 358; Heinen,E.: (Grundlagen) S.102ff.

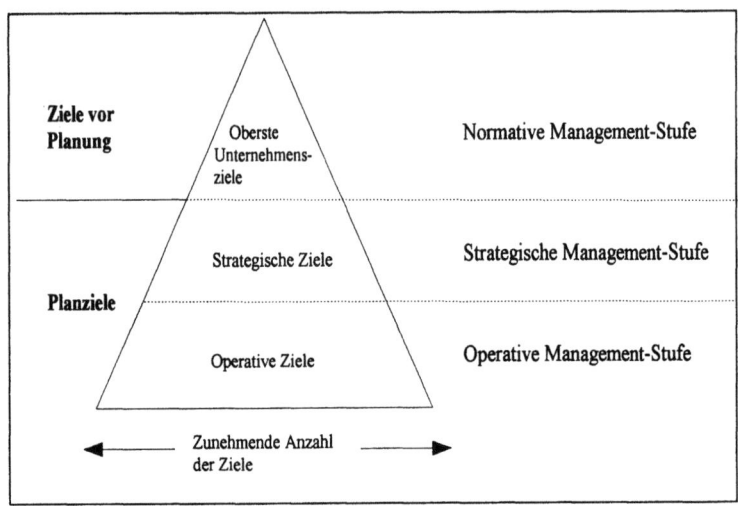

Abb. 3.1.4./1: *Zielpyramide*

Die auf der normativen Managementstufe gesetzten obersten Unternehmensziele geben zumeist in qualitativer Fassung die Art und Richtung der nachgeordneten Unternehmensziele vor.[92] Die originären obersten Unternehmensziele stellen nach der hier vertretenen Auffassung *"Ziele vor Planung"* dar,[93] die noch nicht auf ihre Realisierbarkeit geprüft wurden und mit anderen Zielen koordiniert sind.[94] Sie sind in der formulierten Unternehmenspolitik enthalten.[95] Über den Prozeß der strategischen Planung auf der strategischen Managementstufe erfolgt die Konkretisierung der obersten Unternehmensziele, indem Strategien erarbeitet werden.[96] Die in einer Strategie enthaltenen strategischen Ziele, Mittel bzw. Maßnahmen dienen als Ausgangsbasis für deren Umsetzung auf der operativen Managementstufe. Strategische wie auch operative Ziele sind nach hier gewähltem Ansatz *Planziele*, die im Rahmen von Planungsprozessen unter Berücksichtigung der erforderlichen

---

92   Dazu müssen die Zielinhalte auf der einen Seite hinreichend konkret artikuliert sein; auf der anderen Seite dürfen sie aber nicht zu eng abgefaßt sein, da sie sonst die nachfolgende strategische Planung zu sehr einengen würden. Vgl. Kreikebaum,H.: (Unternehmensplanung) S.48

93   Vgl. hierzu auch Abschnitt 3.1.3.; es ist darauf hinzuweisen, daß die Abgrenzung "Ziele vor Planung" teilweise auch dahingehend gehandhabt wird, daß unter dieser Bezeichnung Ausgangsziele verstanden werden, die generell jedem Planungsprozeß zugrundeliegen können, unabhängig von der Planungshierarchie. Im folgenden soll diese Interpretation vernachlässigt werden.

94   Vgl. Hammer,R.M.: (Unternehmungsplanung) S.43

95   Vgl. Hammer,R.M.: (Unternehmungsplanung) S.43. Es sei hinzugefügt, daß die Zuordnung der generellen Ziele zur Unternehmenspolitik nicht einheitlich gesehen wird. Vgl. Hammer,R.M.: (Unternehmungsplanung) S.25; Götze,U.: (Szenario-Technik) S.17 sowie die dort angegebene Literatur.

96   Zur strategischen Planung der Neuproduktentstehung vgl. Abschnitt 3.2.4.1.

Ressourcen, Maßnahmen, Voraussetzungen und sonstigen Rahmenbedingungen ermittelt werden und auf ihre Realisierbarkeit hin geprüft sind.[97]

Aus dem Beziehungsgefüge der einzelnen Ziele ergeben sich verschiedene *Interdependenzrelationen*; so können zwischen zwei Zielgrößen komplementäre, konkurrierende oder neutrale Zielbeziehungen bestehen.[98] Von neutraler oder indifferenter Zielrelation wird gesprochen, wenn das Ausmaß der Zielerfüllung des einen Zieles keinen Einfluß auf die Ausprägung anderer Zielgrößen hat. Wird indessen durch die Erfüllung der einen Zielgröße eine andere Zielgröße negativ in bezug auf den Zielerreichungsgrad beeinflußt, besteht eine Konkurrenzbeziehung (Konflikt) zwischen diesen Zielen. Dagegen führt bei einer komplementären Zielbeziehung die Zielerreichung des einen Zieles auch zur Verbesserung des Resultates einer anderen Zielgröße.

Die "reine" Form der oben dargestellten Zielpyramide läßt nur komplementäre Zielrelationen zu. In einer konkreten Ausprägung des Zielsystems kann nicht von dieser Annahme ausgegangen werden. Bedingt allein durch die Berücksichtigung unterschiedlicher Ansprüche der Interessengruppen ist zumindest partiell von Zielkonflikten auszugehen.[99] Bei konkurrierenden Zielrelationen sind daher Prioritäten notwendig, die eine Rangfolge der Wichtigkeit der Ziele ausdrücken.[100] Eine solche Gewichtung von Zielen erfolgt durch Präferenzrelationen.

Präferenzrelationen geben Auskunft darüber, ob und in welchem Ausmaß die Entscheidungsinstanzen einer Unternehmung bestimmte Ziele in Relation zu anderen Zielen vorziehen oder unterordnen.[101] Es wird dazu implizit vorausgesetzt, daß Wertvorstellungen hinsichtlich der Zielmenge vorliegen.

Ein Zielsystem vollständig abzubilden ist in der Praxis wohl kaum möglich. Allerdings lassen sich bedeutende Elemente herausarbeiten und ihre Beziehungen praxisgerecht transformieren. Ein solcher Ansatz sei in Abschnitt 4.4. versucht. Er baut darauf auf, Erfolgspotentiale der Neuproduktentstehung zu schaffen und zu halten.

Mit der Trennung in Ziele vor Planung und in Planziele wurde nicht nur der unterschiedliche Charakter und die Relation dieser Ziele zueinander herausgestellt, sondern auch der ihnen jeweils zugrundeliegende Zielbildungsprozeß. Die Planziele stellen ein Ergebnis der Planung dar und bilden die Grundlage für die Kontrolle.[102]

---

97   Vgl. Hammer,R.M.: (Unternehmungsplanung) S.43
98   Vgl. Jaspersen,T.: (Produkt-Controlling) S.64ff.; Laux,H./Liermann,F.: (Grundlagen) S.46ff.; Hopfenbeck,W.: (Managementlehre) S.475f.; Kupsch,P.: (Unternehmungsziele) S.26ff.; Heinen,E.: (Grundtatbestände) S. 357f.
99   Vgl. Laux,H./Liermann,F.: (Grundlagen) S.46; Kupsch,P.: (Unternehmungsziele) S.28
100   Vgl. Hopfenbeck,W.: (Managementlehre) S.474
101   Vgl. Kupsch,P.: (Unternehmungsziele) S.30
102   Vgl. dazu Abschnitt 3.2.2.1.

3.1.5. Unternehmenskultur

Neben den systemorientierten Aspekten wird das Managementsystem der Unternehmung durch eine weitere Komponente getragen, die unter dem Begriff "Unternehmenskultur" seit den 80er Jahren diskutiert wird.[103] Zwischen beiden Seiten, d.h. der "harten" Seite des Managements, gebildet durch die systemorientierten Gesichtspunkte, und der "weichen" Seite des Managements, gebildet durch kulturorientierte Gesichtspunkte bestehen Zusammenhänge,[104] die im folgenden kurz angesprochen werden.[105]

Gegenstand der *Unternehmenskultur* ist das menschliche Denken und Verhalten durch gewachsene unternehmensbezogene Werte und Normen.[106,107] Werte und Normen stellen die individuellen Verhaltensgrößen von Menschen dar und fließen in die Entscheidungen mit ein.[108] Sind mehrere Organisationsmitglieder am Entscheidungsprozeß beteiligt, so sind die im allgemeinen unterschiedlichen Wertvorstellungen mit der unternehmensbezogenen Wertehaltung in Einklang zu bringen. Diese gemeinsamen, aus einer historischen Entwicklung begründeten - oft unbewußt praktizierten und zumeist nicht explizit sichtbaren - Normen, Orientierungwerte, Verhaltensweisen und Symbole (wie z.B. Rituale und Sprache) implizieren eine argumentative Verständigung über sinnvolle sowie sinngebende Handlungsweisen[109] und Entscheidungskriterien im Unternehmen. Im Gegensatz zur Unternehmensphilosophie, die erst durch ihre explizite Formulierung sichtbar wird, ist die Unternehmenskultur nicht in ihrer Gesamtheit faßbar, sondern nur in einzelnen Ausprägungen erkennbar.

Das Managementsystem und das Unternehmen insgesamt[110] erfahren zum einen aus der Unternehmenskultur eine institutionelle Ordnung, indem nicht nur deren Sinn über Symbole und Normen erklärt, sondern durch die Vermittlung der Werte auch gerechtfertigt wird.[111] Zum anderen kann die Unternehmenskultur dazu beitragen, eine Überkomplizierung, Übersteuerung und Überstabilisierung des

103 Vgl. z.B. Bleicher,K.: (Unternehmenskultur); Freimuth,J.: (Organisationskultur); Wüthrich,H.A.: (Quelle); Wüthrich,H.A.: (Unternehmenskultur); Ulrich,P.: (Systemsteuerung).

104 ULRICH stellt die Nicht-Systemischen (=kulturelle) gleichrangig neben die systemorientierten Aspekte des Managements. Vgl. Ulrich,P.: (Systemsteuerung) S.303ff.

105 Zu der Problematik der Integration von sich verändernden Systemstrukturen sowie Kulturen im Zuge der Unternehmensentwicklung sei auf den Ansatz von BLEICHER verwiesen, in dem er ein auf innovative Veränderungen abzielendes "Management of Change" anspricht. Vgl. Bleicher,K.: (Strategien) S.775ff.

106 Vgl. Bleicher, K.: (Unternehmenskultur) S.758

107 Zu kontroversen Auffassungen bezüglich der Unternehmenskultur siehe Allaire,Y./Firsirotu,M.E.: (organisational culture) S. 193 ff.; Pumpin,C.: (Unternehmenskultur) S.14

108 Ähnlich Zäpfel,G.: (Strategisches) S.24

109 Vgl. Hopfenbeck,W.: (Managementlehre) S.707; Ulrich,P.: (Systemsteuerung) S.310

110 Es ist darauf hinzuweisen, daß die Auswirkungen der Unternehmenskultur sich nicht nur auf das Managementsystem, sondern auch auf das Ausführungssystem erstrecken.

111 Vgl. Zäpfel,G.: (Strategisches) S.26

Managementsystems, bedingt durch einen übermäßigen Aufbau von Steuerungs-mechanismen, zu vermeiden.[112] Bei "starken Unternehmenskulturen"[113] bedarf es nämlich nur weniger Regeln und Vorschriften, da die Orientierungswerte klar sind und somit die Mitarbeiter in unterschiedlichen Situationen wissen, welche Handlungen durchzuführen sind.[114] Hieraus resultiert die hervorzuhebende Bedeutung der Unternehmenskultur für die Führungskräfte und für das Managementsystem.[115]

Die Bedeutung der Unternehmenskultur für das Management ergibt sich dabei weniger aus der Sichtweise, Unternehmenskultur als Instrument zur Erreichung von unternehmerischen Zielen einzusetzen,[116] da ein Wandel der Gesamtheit der zeitspezifischen Orientierungswerte einen eher langfristigen Prozeß darstellt, als aus ihrer Berücksichtigung bei der Durchführung von Managementprozessen und der Mitarbeiterführung.[117] Beispielsweise ist bei der Durchführung von Management-prozessen zu berücksichtigen, daß die Unternehmenskultur von der Strate-gieumsetzung beeinflußt werden kann und umgekehrt von ihr ein Einfluß auf die Strategieformulierung und Strategieimplementierung ausgeht.[118] Für das Managementsystem beinhaltet die Unternehmenskultur die Forderung nach einer Übereinstimmung zwischen den gemeinsamen Wertorientierungen und der Ausprä-gung von Regelungen, Methoden und Beziehungen der Managementteilsysteme.

Nach SIMON trägt die Unternehmenskultur dazu bei, nicht nur innerbetriebliche Widerstände besser zu überwinden,[119] sondern auch die "Zeiteffizienz"[120] von Entscheidungen wesentlich zu erhöhen. Er belegt dies anhand der in *Abbildung 3.1.5./1* dargestellten zeitlichen Verteilung von Designänderungen vor einem Modellwechsel in einem japanischen und einem amerikanischen Automobilunter-nehmen.

---

112   Vgl. Ulrich,P.: (Systemsteuerung) S.311 und 315f.
113   Synonyme Begriffe für "starke Unternehmenskulturen" sind "dichte" bzw. "intensive Un-ternehmenskulturen". Vgl. Schreyögg,G.: (Unternehmenskulturen) S.155ff
114   Vgl. Zäpfel,G.: (Strategisches) S.26; Deal,T.B./Kennedy,A.A.: (Cultures): S.7ff.; Bleicher,K.: (Kulturen) S.101; Heinen,E.: (Unternehmenskultur) S.27 ff.
115   Zur Bedeutung der Unternehmenskultur vgl. die frühen Ansätze von Ansoff,H.I./ Declerck,R.P./Hayes,R.L.: (strategic planning) S.45,59 und 65ff.; Ansoff,H.I.: (Strategic management) S.17f.,118ff. sowie Scholz,C.: (Management) S.88 ff.; Pümpin,C.: (Erfolgspositionen) S.98 ff.
116   Vgl. Heinen,E./Dill,P.: (Unternehmenskultur) S.205; Hopfenbeck,W.: (Management-lehre) S.724
117   Vgl. Pümpin,C.:(Unternehmenskultur) S.11ff.
118   Vgl. Pümpin,C.: (Erfolgspositionen) S.99; Scholz,C.: (Management) S.202ff.; Bleicher,K.: (Unternehmenskultur) S.778 ff.; Schwarz,G.: (Unternehmenskultur) S.7; Hopfenbeck,W.:(Managementlehre) S.736 sowie die dort angegebene Literatur
119   Aus einer von ihm durchgeführten Befragung von deutschen und japanischen Füh-rungskräften zum Zeitverbrauch für die Überwindung von internen Widerständen folgt, daß der Zeitverbrauch von deutschen Managern mit 50-80% beziffert wurde, während die japanischen Manager Werte zwischen 20-30% nennen. Vgl. Simon,H.: (Zeit) S.76
120   Der Begriff "Zeiteffizienz" wird bei SIMON nicht näher konkretisiert.

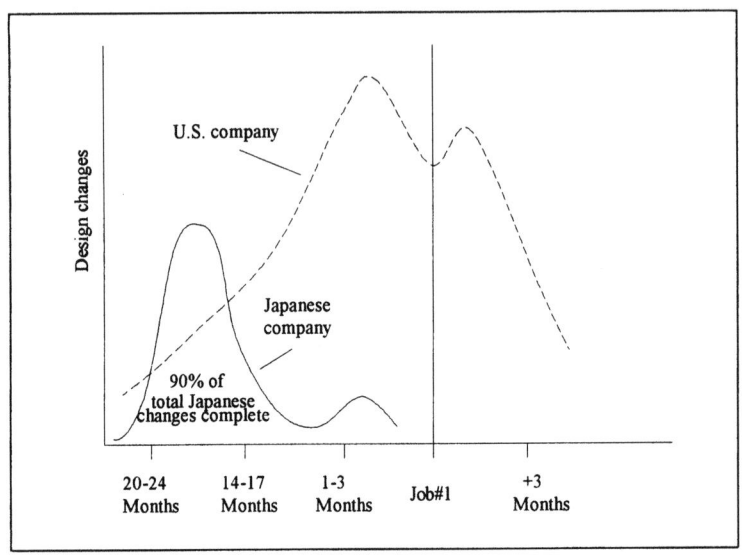

Abb. 3.1.5./1: *Zeitliche Verteilung von Designänderungen* [121]

Während im japanischen Unternehmen mehr als drei Monate vor "Job#1" (erstes Automobil, das vom Band läuft) 90% aller Änderungen abgeschlossen sind, wird dieser Prozentsatz im amerikanischen Unternehmen erst unmittelbar vor "Job#1", teilweise sogar erst danach erreicht.[122] Die Folgen sind zeitliche Verzögerungen, höhere Kosten und Qualitätsprobleme. Bei einer starken Unternehmenskultur herrscht laut SIMON zunächst über die Grundfragen weitgehende Einigkeit und Akzeptanz bei allen Beteiligten, so daß dies der "Schlüssel zu höherer Zeiteffizienz in Entscheidung und Umsetzung"[123] sein dürfte.

---

121   Quelle: In modifizierter Form entnommen von Hauser,J.R./Clausing,D.: (House) S.64; vgl. auch Simon,H.: (Zeit) S.77

122   Die letzte Aussage ist der Abbildung 3.2.2./1 nicht zu entnehmen, vgl. jedoch Simon,H.: (Zeit) S.77

123   Simon,H.: (Zeit) S.77

3.2. Management der Neuproduktentstehung

3.2.1. Management der Neuproduktentstehung als Teilbereich des Managements der Unternehmung

Nachdem Management und Managementsystem der Unternehmung dargelegt und inhaltlich konkretisiert wurden, soll nun das Management der Neuproduktentstehung als ein Teil der Managementaufgaben im Unternehmen abgegrenzt werden. Die Abgrenzung ist insbesondere vorzunehmen gegenüber dem

- Innovationsmanagement,
- Technologiemanagement und
- FuE-Management[1].

Der Schwerpunkt wird dabei auf die sachaufgabenbezogene Komponente der Managementfunktionen gelegt.

Dem *Innovationsmanagement* obliegt nach CORSTEN die systematische Planung, Steuerung und Überwachung von Innovationsprozessen.[2] Wie in Abschnitt 2.2.2. erörtert, ist der Neuproduktentstehungsprozeß ein Innovationsprozeß; aber nicht jeder Innovationsprozeß stellt einen Neuproduktentstehungsprozeß dar. Die Innovationsprozesse beziehen sich nämlich außer auf Produktinnovationen auch auf Prozeß-, Struktur- und Sozialinnovationen.[3] Zwar unterliegt oftmals auch der Prozeß der Neuproduktentstehung solchen Innovationen, er muß es jedoch nicht. Eine Abgrenzung läßt sich demnach wie folgt vornehmen: Das Management der Neuproduktentstehung ist Teil des betrieblichen Innovationsmanagements. Beim Management der Neuproduktentstehung steht jedoch allein das effektive und effiziente Hervorbringen von neuen Produkten im Vordergrund.

Wie grenzt sich nun das Management der Neuproduktentstehung vom *Technologiemanagement* ab?[4] Die Aufgabenstellung des Technologiemanagement läßt sich allgemein mit "Aufrechterhaltung der technologischen Wettbewerbsfähigkeit"[5] umschreiben. Damit deckt sich jener Teil des Technologiemanagement mit den Aufgaben des Managements der Neuproduktentstehung, der darauf ausgerichtet ist, die technologische Wettbewerbsfähigkeit sowohl der neuen Produkte als auch ihrer Entstehung sicherzustellen. Was die Abgrenzung zwischen Technologie-

---

1   Die Abkürzung FuE-Management steht für Forschungs- und Entwicklungs-Management.
2   Vgl. Corsten,H.: (Überlegungen) S.6; zu weiteren Definitionen vgl. Trommsdorff,V./ Schneider,P.: (Grundzüge) S.5; Trommsdorff,V./Reeb,M./Riedel,F.: (Produktinnovationsmanagement) S.567; Hauschildt,J.: (Innovationsmanagement) S.23ff.; Thom,N.: (Grundlagen) S.20f.; Brockhoff,K.: (Forschung) S.50f.
3   Zu diesen Innovationsarten vgl. Abschnitt 2.2.2.
4   Zur Abgrenzung zwischen Innovationsmanagement und Technologiemanagement vgl. Hauschildt,J.: (Innovationsmanagement) S.25f.; Brockhoff,K.: (Forschung) S.47ff.; Rembser,J.: (Technologieplanung) Sp.1998
5   Vgl. Grefermann,K./Röthlingshöfer,K.C.: (Patentwesen) S.10; Hauschildt,J.: (Innovationsmanagement) S.26; zu weiteren Definitionen vgl. Brockhoff,K.: (Forschung) S.112ff.

management und Managements der Neuproduktentstehung generell angeht, so umfaßt letzteres neben den neuproduktbezogenen naturwissenschaftlich-technischen Prozessen auch die Organisation, Planung und Kontrolle von administrativen Prozessen[6].

Die Problematik neue Produkte hervorzubringen wird in der betriebswirtschaftlichen Literatur häufig unter dem Terminus *FuE-Management* diskutiert.[7] Es stellt sich daher auch die Frage, in welchem Zusammenhang das FuE-Management mit dem hier gewählten Ansatz des Managements der Neuproduktentstehung steht.[8] Das FuE-Management hat im Kern die Aufgabe der Organisation, Planung, Durchsetzung und Kontrolle von Forschungs- und Entwicklungsaktivitäten. Sofern es sich dabei auf die Entstehung von neuen Produkten bezieht, deckt es einen Teil der Aufgaben des Managements der Neuproduktentstehung mit ab. Darüber hinaus bezieht sich das FuE-Management vor allem im Rahmen der Forschungsaktivitäten auch auf produkt- bzw. anwendungsferne Aktivitäten.[9]

Aus der in Abschnitt 2.2.1. vorgenommenen Positionierung von Aktivitäten zur Neuproduktentstehung in das Modell der Wertkette geht ferner hervor, daß neben den Aktivitäten der Forschung und Entwicklung weitere Aktivitäten für ein erfolgreiches Hervorbringen von neuen Produkten erforderlich sind, wie z.B. die des Marketing und Vertriebes, der Finanzierung, der Personalwirtschaft, der Beschaffung und der Fertigung. Diesbezüglich ist das Aufgabenspektrum des Managements der Neuproduktentstehung weitergehender als das des FuE-Management. Infolgedessen kann festgehalten werden, daß im Zusammenhang mit dem unmittelbaren Hervorbringen von neuen Produkten das FuE-Management lediglich ein Teil des Managements der Neuproduktentstehung ist.

Die Ausführungen zeigen, daß sich die Aufgabeninhalte des Managements der Neuproduktentstehung mit denen des Innovations-, Technologie- und FuE-Managements zum Teil überschneiden, aber auch unterscheiden. Deshalb erscheint es auch vertretbar, das Management der Neuproduktentstehung als einen Teilbereich der Managementaufgaben im Unternehmen explizit herauszustellen.

---

6   Unter "administrativen Prozessen" sollen hier die Prozesse im indirekten Leistungsbereich verstanden werden. Es handelt sich beispielsweise um Konstruktions- und Beschaffungsprozesse oder Prozesse zur Kundenbetreuung. Demgegenüber stehen die Fertigungsprozesse aus dem direkten Leistungsbereich. Vgl. hierzu z.B. Striening,H.-D.: (Prozeßmanagement) S.326f.

7   Vgl. Brockhoff,K.: (Forschung); Beckurts,K.H.: (Forschungs- und Entwicklungsmanagement); Breitschwerdt,W.: (Produkt); Schanz,G.: (Forschung)

8   Zur Abgrenzung zwischen FuE-Management und Technologiemanagement oder FuE-Management und Innovationsmanagement vgl. Hauschildt,J.: (Innovationsmanagement) S.25f.; Brockhoff,K.: (Forschung) S.47ff.

9   Siehe hierzu auch die Ausführungen in Abschnitt 2.2.1.

Unter "Management der Neuproduktentstehung" wird im weiteren ein Teilbereich des Managements der Unternehmung verstanden, welcher alle mit der Entstehung von unternehmenssubjektiv neuen Produkten verbundenen Managementfunktionen umfaßt.

Dem Management der Neuproduktentstehung obliegt damit die zielorientierte Gestaltung der Entstehung von neuen Produkten im Unternehmen. Für eine zielorientierte Gestaltung müssen Ziele identifiziert, vereinbart und vorgegeben werden. Wie bereits erwähnt kann das Management dazu auf die Führungsinstrumente Planung, Kontrolle, Organisation und Information zurückgreifen. Zur Zielbildung ist vor allem der Einsatz der Planung hervorzuheben. Ergänzt wird die Planung durch die Kontrolle. Besondere Bedeutung im Hinblick auf eine Managementkonzeption zur Neuproduktentstehung kommt dabei der Frage zu, wie die Planung und Kontrolle der Neuproduktentstehung zu erfolgen hat. Diese Frage ist unter Berücksichtigung der in Kapitel 3.1. vorgestellten Managementebenen des Managementsystems der Unternehmung zu untersuchen.

3.2.2. Planung und Kontrolle der Neuproduktentstehung als Instrument des Managements

3.2.2.1. Begriffliche und inhaltliche Abgrenzung der "Planung und Kontrolle"

Als Grundlage für die Diskussion der Planung und Kontrolle der Neuproduktentstehung als Instrument des Managements werden in diesem Abschnitt die Begriffe "Planung" und "Kontrolle" näher charakterisiert.

Planung[1] läßt sich als das "systematische, zukunftsbezogene Durchdenken und Festlegen von Zielen, Maßnahmen, Mitteln und Wegen zur zukünftigen Zielerreichung"[2] definieren.[3] Die Planung unterstützt den Willensbildungsprozeß[4]. Sie schafft die Voraussetzung für rationelles Handeln im Unternehmen.[5] Das Ergebnis der Planung ist ein *Plan* (Maßnahmenplan oder Budget), der folgende Inhalte umfassen sollte: geplante Ziele, Problemstellung(en), Prämissen, Maßnahmen, Zuständigkeiten (Träger), Ressourcen, Termine und Ergebnisse.[6]

Die *Kontrolle*[7] ist darauf ausgerichtet, die Realisation der Pläne zu gewährleisten; sie bildet ein Korrelat zur Planung und dient der Willensdurchsetzung.[8] WILD hebt diese Beziehung treffend hervor: "Planung ohne Kontrolle ist daher sinnlos, Kontrolle ohne Planung unmöglich"[9]. Kontrolle ist der Vergleich zwischen einer Plangröße (mit Vorgabe- oder Normcharakter) und einer oder mehrerer Vergleichsgrößen mit anschließender Analyse der Ursachen von Planabweichungen.[10] Die Erkenntnisse aus der Kontrolle können einen erneuten Planungsvorgang anstoßen, der gegebenenfalls zu einer Plankorrektur führt.

Über die Notwendigkeit der Planung in Unternehmen herrscht Einigkeit,[11] obgleich die Unternehmen bei zunehmender Komplexität vor einem "Planungsdilemma" stehen. So wächst die Bedeutung der Planung eindeutig mit zunehmender

---

1   Etymologisch wird planen vom lateinischen "planta" gleich "Grundriß eines Gebäudes, Grundfläche (Plan)" abgeleitet. Vgl. Wissenschaftlicher Rat der Dudenredaktion: (Herkunftswörterbuch) S.514

2   Wild,J.: (Unternehmensplanung) S.13

3   Weitere Definitionen der Planung finden sich z.B. bei Adam,D.: (Planung) S.11, Schweitzer,M.: (Planung)   S.19; Szyperski,N./Wienand,U.: (Grundbegriffe) S.4f.; Hahn,D.: (Grundlegung) S.41ff.; Kosiol,E.: (Planung) S.79

4   Zum Begriff "Willensbildung" vgl. Bamberger,I.: (Willensbildung)

5   Vgl. Schmidt,R.-B./Schirmeister,R.: (Planungsrationalität)

6   Vgl. Wild,J.: (Unternehmensplanung) S.51; zu den Gestaltungsvarianten von Plänen vgl. z.B. Delfmann,W.: (Pläne)

7   Die Kontrolle ist neben der Aufsicht und Prüfung eine Form der Überwachung. Im Gegensatz zur Aufsicht oder Prüfung (Revision), die prozeßunabhängig erfolgt, zählt die Kontrolle zum prozeßabhängigen Teil der Überwachung. Vgl. Thom,N./Cantin,F.: (Controlling) S.186f.

8   Vgl. Franken,F./Frese,E.: (Kontrolle) Sp.892; Horváth,P.: (Controlling) S.160

9   Wild,J.: (Unternehmensplanung) S.44, im Original z.T. hervorgehoben

10 Vgl. Schweitzer,M.: (Planung) S.87; Pfohl,H.C.: (Planung) S.59ff.

11 Vgl. Adam,D.: (Planung) S.11; Szyperski,N./Winand,U.: (Grundbegriffe) S.3

Komplexität, während aber der Einsatz der Planung durch umfassende und komplexe Zusammenhänge eher eingeschränkt wird.[12]

Planung und Kontrolle sollen grundsätzlich dazu beitragen Risiken und Chancen darzulegen, Handlungsspielräume zu schaffen, Synergieeffekte[13] zu ermöglichen und die Komplexität von Entscheidungssituationen zu reduzieren[14].[15] Die Formalstruktur eines idealtypischen *Planungs- und Kontrollprozesses* in seiner allgemeinen Ausprägung zeigt die *Abbildung 3.2.2.1./1*. Dieses Phasenschema dient lediglich als Orientierungshilfe, es erhebt keinen Anspruch auf generelle Gültigkeit.[16]

Uneinigkeit bei der Darstellung eines solchen Planungs- und Kontrollprozesses besteht vor allem darüber, ob die Teilfunktionen Zielbildung und Entscheidung Gegenstände der Planung sind.[17] Als Entscheidungen sind dabei nicht die Entscheidungen innerhalb der einzelnen Teilfunktionen der Planungs- bzw. Kontrollphase gemeint. Es geht grundlegend darum, ob Planung nur Entscheidungsvorbereitungscharakter hat oder auch die Entscheidung bezüglich der Pläne selbst beinhaltet. Im folgenden wird davon ausgegangen, daß die Teilfunktionen Entscheidung und Zielbildung Bestandteile der Planung sind. In diesem Sinn kann Planung als Antizipazionsentscheidung aufgefaßt werden, womit sie sich von der Improvisation abgrenzt, die als Reaktionsentscheidung erst nach Eintritt eines Ereignisses erfolgt.[18]

---

12   Vgl. Szyperski,N.: (Unternehmungsplanung) S.26

13   Zum Begriff "Synergie" vgl. Ropella,W.: (Synergie) S.21f.

14   Letzteres erfolgt im allgemeinen durch die Reduktion des Entscheidungsraumes auf die problemrelevanten Elemente. Vgl. Töpfer,A.: (Planungs- und Kontrollsysteme) S.25

15   Vgl. Wild,J.: (Unternehmensplanung) S.15ff.; Koch,H.: (Aufbau) S.14; Götze,U.: (Szenario-Technik) S.5

16   Während operative Planungs- und Kontrollprozesse aus derartigen Planungs- und Kontrollphasen bestehen dürften, wird für die strategische Planung und Kontrolle zumeist eine spezifische Phasengliederung zugrundegelegt. Begründet wird dies mit der besonderen Aufgabenstellung der strategischen Planung und Kontrolle. Vgl zu strategischen Phasenkonzepten z.B. Schreyögg,G.: (Unternehmensstrategie) S.85; Kreikebaum,H.: (Unternehmensplanung) S.26; Götze,U./Rudolph,F.: (Instrumente) S.4ff.

17   Vgl. Hopfenbeck,W.: (Managementlehre) S.437f.

18   Vgl. Coenenberg,A.G./Baum,H.-G.: (Strategisches Controlling) S.13; Koch,H. (Unternehmensplanung) S.12 ff.

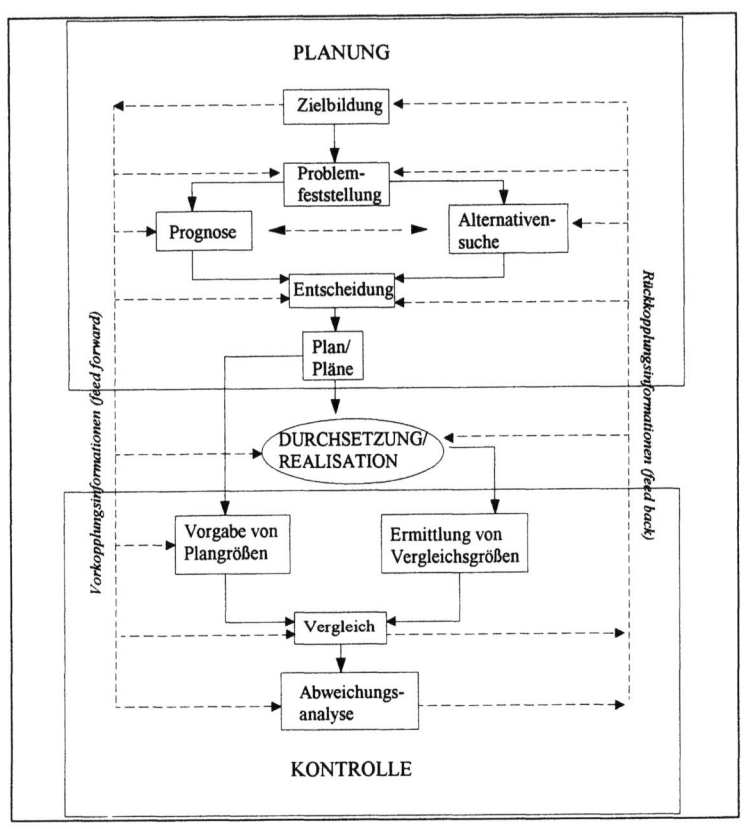

Abb. 3.2.2.1./1: *Phasen und Teilfunktionen des Planungs- und Kontrollprozesses*[19]

Jede abgegrenzte Teilfunktion bzw. Teilprozeßphase ist durch eine gesonderte Aufgabenstellung gekennzeichnet und mit den anderen Phasen durch Informationsbeziehungen verbunden.[20] Planung und Kontrolle stellen daher im Kern informationsverarbeitende Prozesse dar.[21] Der *Abbildung 3.2.2.1./1* kann entnommen werden, daß der Planung die Teilphasen Zielbildung, Problemfeststellung, Prognose, Alternativensuche und Entscheidung zugeordnet werden, während die Kontrolle die Teilphasen Vorgabe von Plangrößen, Ermittlung von Vergleichsgrößen, Vergleich zwischen Plan- und Vergleichsgrößen sowie Analysen aufgrund von Abweichungen umfaßt. Die Durchsetzung und Realisation bzw. Durchführung wurde nicht weiter unterteilt. Im folgenden werden die Inhalte der einzelnen Teilfunktionen der Planungs- und Kontrollphase kurz erörtert.

---

19 Quelle: in modifizierter Form entnommen von Schweitzer,M.: (Planung) S.24; vgl. auch Brink,H.-J.: (Planung) Sp.737; Wild,J.: (Unternehmensplanung) S.37
20 Vgl. Kosiol,E.: (Unternehmung) S.212; Schweitzer,M.: (Planung) S.23
21 Vgl. Schweitzer,M.: (Planung) S.26

Die erste Teilfunktion der Planungsphase ist die *Zielbildung*. Sie umfaßt die Festlegung von Handlungsnormen, als Sach-, Wert- und/oder Sozialziele.[22] Die Zielbildung kann untergliedert werden in die Einzelphasen Zielfindung, Ziel- Präzisierung, Ziel- Strukturierung, Realisierbarkeitsprüfung der Ziele und Zielauswahl.[23] Auf die Zielbildung im Rahmen der Planung wirken bereits Zielsetzungen der Unternehmenspolitik[24] ein. Diese Ziele vor der Planung (Ausgangsziele) stellen Absichten dar, die noch mit anderen Zielen koordiniert und auf ihre Realisierbarkeit hin geprüft werden müssen.[25] Im Wege der Zielbildung können diese Absichten zu Planzielen konkretisiert werden. Zur Operationalisierung sollten Ziele Aussagen zum Inhalt (qualitativ), zum Ausmaß (quantitativ) und zum Zeitbezug enthalten.[26]

Empirische Untersuchungen zur Zielbildung bei Innovationsprozessen haben gezeigt, daß hierbei die Zielbildung keine erste Phase des Planungsprozesses darstellt.[27] Vielmehr verteilen sich die Zielbildungsaktivitäten über den gesamten Problemlösungsprozeß, ohne daß dabei eine einheitliche Abfolge festzustellen war.[28] Zudem ist die Zielbildung interdependent mit den übrigen Problemlösungsaktivitäten des Innovationsprozesses verwoben.[29] In bezug auf die Präzisierung von Innovationszielen weist HAUSCHILDT unter anderem auf fehlende Operationalisierungen und Prioritätsregelungen, vage Nutzenformulierungen sowie eine zu starre Verbindlichkeit der Ziele hin.[30]

Da die Bildung und Vorgabe von Zielen die erforderliche Grundlage für eine vorausschauende Gestaltung der Neuproduktentstehung schafft, werden in Kapitel 4 dieser Arbeit neben möglichen unternehmenspolitischen Zielsetzungen vor allem solche Ziele des Managements und des Controllings erörtert, die zu einer effektiven und effizienten Neuproduktentstehung beitragen können.

Nach *Abbildung 3.2.2.1./1* knüpft an die Zielbildung die *Problemfeststellung* an. Ein Problem stellt eine schwierige ungelöste Aufgabe dar.[31] Planungsprobleme sind Abweichungen zwischen der Zielvorgabe und der Ist-Situation oder einer prognostizierten Situation. Wird für eine beliebige Planungsperiode eine derartige

---

22   Vgl. Schweitzer,M.: (Planung) S.47; zu den genannten Zielarten vgl. Abschnitt 3.1.4.

23   Vgl. Wild,J.: (Unternehmensplanung) S.57ff.; Schweitzer,M.: (Planung) S.51ff.

24   Zum Begriff und Inhalt der Unternehmenspolitik vgl. Abschnitt 3.1.3.

25   Zur Formulierung von "Zielen vor Planung" siehe Abschnitt 3.1.4. und 3.1.3.

26   Vgl. Baetge,J./Fischer,T.: (Simulationstechniken) Sp.1783

27   Vgl. Hauschildt,J.: (Zielbildung) S.77; Hauschildt,J.: (Entscheidungsziele) S.77ff.; vgl. auch Leder,M.: (Innovationsmanagement) S.4

28   Vgl. Hauschildt,J.: (Innovationsmanagement) S.213; Hauschildt,J.: (Zielbildung) S.59ff.; Hamel,W.: (Zielvariation) S.80ff.; Hauschildt,J.: (Entscheidungsziele) S.105

29   Vgl. Hauschildt,J.: (Innovationsmanagement) S.219

30   Vgl. Hauschildt,J.: (Innovationsmanagement) S.216; Hauschild,J.: (Einführung) S.56f.; Hauschildt,J.: (Ziel-Klarheit) S.98ff.; aufgrund der Probleme bei der Zieldefinition in innovativen Situationen schlägt HAUSCHILDT als alternative Anwendung zur Zieldefinition "Negativ-Kataloge" vor. Vgl. dazu Hauschildt,J.: (Negativ-Kataloge) S.109ff.

31   Vgl. Wahrig,G.: (Fremdwörterlexikon) Sp.603

Abweichung ermittelt, so liegt ein Problem vor.[32] Die Problemfeststellung grenzt den Ausschnitt ab, auf den sich die Gestaltungsmaßnahmen beziehen sollen, ohne dabei Problemlösungen zu liefern.[33]

Die analytische und kreative Entwicklung von unabhängigen Handlungsmöglichkeiten (Aktionen, Maßnahmen) wird als *Alternativensuche* bezeichnet.[34] Alternativen sollen der Zielerreichung dienen. Existieren für eine Problemlösung mehrere zulässige Alternativen, so empfiehlt es sich häufig, für jede von ihnen einen Alternativplan aufzustellen.[35] Die Menge der im Entscheidungszeitpunkt wahrgenommenen Alternativen bestimmt den zulässigen Bereich bzw. den Lösungsraum.

Prognosen sind Voraussagen über das zukünftige Eintreten von Ereignissen und wirtschaftlichen Prozessen, die dem Zweck dienen, das Risiko von Fehlentscheidungen einzuschränken.[36] Prognosen bilden als Bestandteil der Informationsbasis eine maßgebliche Grundlage der Planung.[37] Es lassen sich Wirkungsprognosen und Lageprognosen unterscheiden. *Wirkungsprognosen* geben die durch den Entscheidungsträger beeinflußbaren (vorhergesagten bzw. vorhersagbaren) Auswirkungen (Konsequenzen) von Variablen an, auf die er durch seine Entscheidung über Alternativen Einfluß ausüben kann. *Entwicklungs- bzw. Lageprognosen* beziehen sich auf Größen, die vom Entscheidungsträger nicht beeinflußbar sind.[38]

Als *Entscheidung* wird die (bewußte oder unbewußte) Auswahl einer bzw. mehrerer Handlungsmöglichkeit(en) (Alternativen) verstanden.[39] Hierzu muß eine Bewertung der Alternativen erfolgen, die die Auswirkung der Realisation mit erfaßt. Das Ergebnis dieser Entscheidung und damit der Planungsphase ist ein Plan bzw. sind mehrere Pläne.[40]

Die Entscheidungen können auf unterschiedlichen Informationsständen basieren. *Abbildung 3.2.2.1./2* zeigt verschiedene Informationsstände, die einer Entschei-

---

32   Vgl. Schweitzer,M.: (Planung) S.53f.; Schritte der Problemanalyse und Problemfeststellung sind: Lageanalyse (Ermittlung der IST-Situation), Lageprognose, Identifikation der Probleme, Problemfeldanalyse und Problemstrukturierung. Vgl. Wild,J.: (Grundlagen) S.68f.
33   Vgl. Hauschildt,J.: (Innovationsmanagement) S.182 u. 205
34   Vgl. Wild,J.: (Unternehmensplanung) S.70 ff.
35   Vgl. Hahn,D.: (Grundlegung) S.78; Schweitzer,M.: (Planung) S.55
36   Vgl. Frerichs,W./Kübler,K.: (Prognoseverfahren) S.1; Brankamp,K.: (Planung) S.56; Schweitzer,M.: (Planung) S.57ff.; zu der Problembehaftung der Prognose vgl.Fulda,E./Härter,M./Lenk,H.: (Prognoseprobleme)
37   Vgl. Ulrich,P./Fluri,E.: (Management) S.30; Wild,J.: (Unternehmensplanung) S.87
38   Vgl. Reiß,M.: (Prognose) Sp.1631f.; Schweitzer,M.: (Planung) S.58; Wild,J.: (Unternehmensplanung) S.87
39   Vgl. Sieben,G./Schildbach,T.: (Entscheidungstheorie) S.1
40   Es sei abschließend zur Planungsphase darauf hingewiesen, daß die Funktionen, Gestaltungsmöglichkeiten und Einsatzformen der Planung in der betriebswirtschaftlichen Literatur relativ ausführlich behandelt werden, die Grenzen der Planung und damit zusammenhängend die Grenzen der Kontrolle allerdings nur in einigen wenigen Beiträgen aufgegriffen werden. Vgl. zu den Grenzen der Planung Bronner,R.: (Grenzen); o.V.: (Grenzen); Oettle,K.: (Grenzen); Szyperski,N./Welters,K.: (Grenzen)

dungssituation zugrundeliegen können. Bei Entscheidungen unter Sicherheit (vollkommener Informationsstand, deterministischer Fall), sind alle Entscheidungsparameter frei von zufälligen Schwankungen und lassen sich eindeutig und zuverlässig angeben. Unsicherheit über Art und Ausmaß der Konsequenzen besteht für den Entscheidungsträger nicht.[41] Bei Entscheidungen zur Neuproduktentstehung dürfte der Fall der Sicherheitssituation kaum anzutreffen sein. Entscheidungen unter Unsicherheit liegen vor, wenn sich die Entscheidungsparameter nicht eindeutig und zuverlässig bestimmen lassen. Es werden hier drei Fälle von Unsicherheit abgegrenzt:[42]

- Eine *Risikosituation* (stochastischer Fall) ist dadurch gekennzeichnet, daß Wahrscheinlichkeiten für das Eintreten bestimmter Ereignisse oder Zustände angegeben werden können;[43]
- Eine *Ungewißheitssituation* (verteilungsfreier Fall) ist gegeben, wenn für das Eintreten von bestimmten Ereignissen oder Zuständen keine Wahrscheinlichkeiten existieren;
- Eine *Unschärfe* liegt vor, wenn Aussagen vage bzw. nicht exakt erfaßt werden können[44,45]

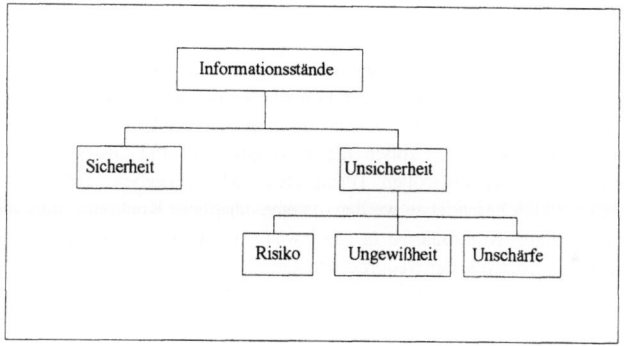

Abb. 3.2.2.1./2: *Informationsstände in Entscheidungssituationen*

---

41   Vgl. Erichson,B./Hammann,P.: (Grundlagen) S.188
42   Es sei darauf hingewiesen, daß die Abgrenzung der Begriffe "Unsicherheit" und "Ungewißheit" in der Literatur nicht einheitlich gehandhabt wird. Vgl. dazu Götze,U.: (Szenatio-Technik) S.26
43   Im Unterschied zu Abschnitt 2.1.3. wird an dieser Stelle der formale Risikobegriff verwendet.
44   Vgl. zu unscharfen Aussagen auch Abschnitt 4.5.1..
45   Vgl. Albach,H.: (Ungewißheit) Sp.4036; Erichson,B./Hammann,P.: (Grundlagen) S.188f,; Götze,U./Bloech,J.: (Investitionsrechnung) S.48f.

Die Veranlassung der *Durchsetzung* sowie die Durchsetzung selbst dienen der *Realisation* der Entscheidungen (Pläne). Im Gegensatz zur Behandlung von Routineproblemen des Managements ist bei innovativen Problemlösungen eine enge Verzahnung zwischen Entscheidung und Durchsetzung zu beobachten.[46] So gilt es auch als eigentliche Leistung des Innovationsmanagements die Widerstände während der Durchführung des Innovationsprozesses zu überwinden,[47] denn die Realisierung von Innovationen ist an Menschen gebunden, die häufig in ihrem Bewußtsein dem Status Quo verhaftet sind.[48]

Im Zentrum der Kontrolle steht der *Vergleich* zwischen Plangrößen und Vergleichsgrößen. Nach *Abbildung 3.2.2.1./1* bildet die Kontrolle eine Ergänzung der Planung und erfolgt im Anschluß an die Durchführung der Pläne. Bei dieser Form der Kontrolle stellt die Plangröße eine Soll-Größe dar, die aus dem Entscheidungergebnis, d.h. dem Plan oder den Plänen hervorgeht.[49] Diesen Soll-Größen (z.B. Budgetvorgaben, Kennzahlen oder Meilensteine) werden Ist-Größen als Vergleichsgrößen gegenübergestellt, die das Ergebnis der Planrealisation widerspiegeln sollen.[50] Bei einer größeren Abweichung zwischen den Soll- und Istwerten ist eine *Abweichungsanalyse* durchzuführen.[51] Sie dient der Ursachenfindung für die Planabweichung.[52]

Außer dem Soll/Ist-Vergleich ergeben sich aufgrund der Betrachtung von unterschiedlichen Plan- und Vergleichsgrößen noch weitere Kontrollarten.[53] In *Abbildung 3.2.2.1./3* sind einige verschiedene Arten der Kontrolle im Hinblick auf den Vergleich zwischen SOLL-Größen (Zielausprägungen), IST-Größen (realisierte Ergebnisse) und WIRD-Größen (Prognosen) wiedergegeben. Sie sollen im folgenden nur kurz beschrieben werden, da eine inhaltliche Konkretisierung dieser, aber auch weiterer Kontrollarten in den jeweiligen Abschnitten zur strategischen und operativen Kontrolle der Neuproduktentstehung erfolgt.

---

46   Vgl. Hauschildt,J.: (Innovationsmanagment) S.24f.
47   Zu den Widerständen bei Innovationen vgl. Abschnitt 2.1.3.
48   Vgl. Hauschildt,J.: (Innovationsmanagment) S.24; Thom,N.: (Grundlagen) S.11
49   Vgl. Schweitzer,M.: (Planung) S.91
50   Vgl. Franken,R./Frese,E.: (Kontrolle) Sp.889; Schweitzer,M.: (Planung) S.91
51   Die Definitionen zur Kontrolle unterscheiden sich vor allem dadurch, daß sie Kontrolle entweder in einer engeren Fassung lediglich als Vergleich zwischen zwei Größen verstehen oder in einer weiten Fassung auch die Abweichungsanalyse und die Anpassungsmaßnahmen im Sinne von Steuerung mit einbeziehen. Vgl. hierzu Amshoff,B.: (Controlling) S.187 und 191ff.; Heuer,M.F.: (Kontrolle) S.6ff.
52   Vgl. Schweitzer,M.: (Planung) S.91; Pfohl,H.-C.: (Planung) S.17
53   Es sei darauf hingewiesen, daß in der Literatur zahlreiche Typisierungen zur Kontrolle vorgenommen werden, auf die hier nicht im einzelnen eingegangen werden soll.

Vergleichsgröße

Plangröße		SOLL	WIRD	IST
	SOLL	Zielkontrolle	Planfortschritts-kontrolle	Ergebniskontrolle
	WIRD	--	Prognosekontrolle	Prämissenkontrolle

Abb. 3.2.2.1./3: *Kontrollarten*[54]

Mit der *Zielkontrolle* werden unterschiedliche Planziele (Soll-Größen) auf ihre Verträglichkeit untereinander geprüft. Dies sollte im Rahmen einer Realisierbarkeitsprüfung von Zielen erfolgen.[55] Bei der *Planfortschrittskontrolle* wird während der Planumsetzung schrittweise das Erreichen der Ziele (Soll) durch eine Prognose (Wird) verfolgt.[56] Dieser Soll/Wird-Vergleich ist zukunftsorientiert; er ermöglicht es, Störungen noch vor deren Eintritt abzuwehren. Diese antizipierende Abwehr von Störungen nach dem Prinzip der Vorkopplung, d.h. vor Wirkung der Störung, läßt sich auch als Steuerung bezeichnen.[57] Aufgabe der *Prognosekontrolle* ist eine Konsistenzprüfung von prognostizierten Größen bei Wirkungs- und Lageprognosen.[58] Die *Prämissenkontrolle* vergleicht hingegen, inwieweit die Ausgangsannahmen (Wird-Größen) im Vergleich mit dem herrschenden Zustand (Ist-Größe) noch übereinstimmen.[59]

---

54 Quelle: in modifizierter Form entnommen von Schweitzer,M.: (Planung) S.88. Ein Ist/Ist-Vergleich enthält keine Plangröße und bildet daher nach dem hier zugrundegelegten Kontrollbegriff (Kontrolle als prozessualer Teil des Planungs- und Kontrollprozesses) keine Kontrollart. Es sei jedoch angemerkt, daß sich ein Ist/Ist-Vergleich bei Betriebsvergleichen oder Zeitvergleichen anwenden läßt. Vgl. Streitferdt,L.: (Entscheidungsregeln) S.33; Heuer,M.F.: (Kontrolle) S.11

55 Vgl. Schweitzer,M.: (Planung) S.94; Töpfer,A.: (Planungs- und Kontrollsysteme) S.135

56 Vgl. Pfohl,H.-C.: (Strategische Kontrolle) S.805f.

57 Vgl. Heuer,M.F.: (Kontrolle) S.14f.; zu den kontrollrelevanten Unterschieden zwischen Steuerung und Regelung vgl. auch Lütke Schwienhorst,R.: (Kontrolle) S.33f.

58 Vgl. Schweitzer,M.: (Planung) S.95.

59 Vgl. Schweitzer,M.: (Planung) S.95; Pfohl,H.-C.: (Strategische Kontrolle) S.806

3.2.2.2. Planung und Kontrolle der Neuproduktentstehung

Nach der Charakterisierung der Planung und Kontrolle im allgemeinen soll im folgenden die Planung und Kontrolle der Neuproduktentstehung im speziellen erörtert werden. Dazu ist zu klären, welche Umfänge in welcher Weise durch die Planung und Kontrolle der Neuproduktentstehung erfaßt werden sollen. Die Überlegungen dazu erstrecken sich auf drei Bereiche:

- a. Planung und Kontrolle einer Produktinnovation,
- b. Einsatz von Planung und Kontrolle im Rahmen des Prozesses der Neuproduktentstehung und
- c. Planung und Kontrolle als Instrument zur Gestaltung der gesamten betrieblichen Neuproduktentstehung.

a. Zur *Planung und Kontrolle einer Produktinnovation* kann die Formalstruktur des im vorangegangenen Anschnitt dargestellten idealtypischen Planungs- und Kontrollprozesses im wesentlichen auf den gesamten Prozeß der Produktentstehung und -vermarktung übertragen werden. In *Abbildung 3.2.2.2./1* sind die Grobphasen des Planungs- und Kontrollprozesses in der Ausprägung als Produktplanung und Produktkontrolle sowohl den Phasen des Produktentstehungsprozesses als auch dem Marktzyklus gegenübergestellt worden.[1]

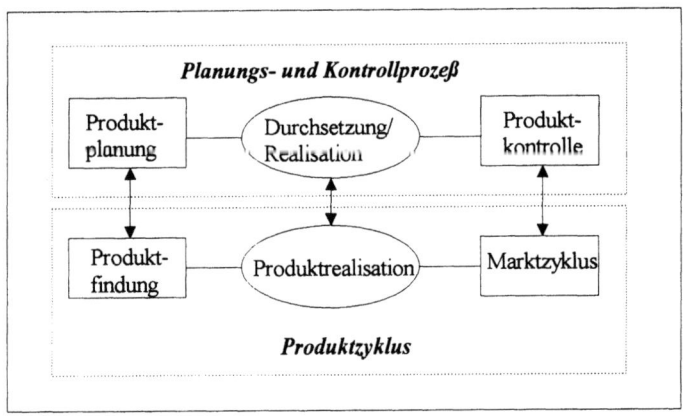

Abb. 3.2.2.2./1: *Zusammenhang zwischen Produktzyklus und Planungs- und Kontrollprozeß*

---

1   Zu einer ähnlichen Darstellung vgl. VDI Gemeinschaftsausschuß (Produktplanung); Thom,N.: (Grundlagen) S.105; Hesse.U.: (Technologie-Controlling) S.67; es sei allerdings darauf hingewiesen, daß der Begriff "Produktplanung" in der Literatur nicht einheitlich verwendet wird. Vgl. Thom,N.: (Grundlagen) S.103; Engelhardt,W.H.: (Produktplanung) Sp.1619

Aus der Abbildung ist zu entnehmen, daß sich die *Produktplanung* auf die Phase der *Produktfindung* bezieht und damit die Teilfunktionen Zielsetzung, systematische Suche und Auswahl von alternativen Produktideen, Produktdefinition sowie Wirtschaftlichkeitsanalyse und Freigabe zur Produktrealisation umfaßt.[2] Im Mittelpunkt der Entscheidung innerhalb der Produktplanungsphase steht die Wahl einer Produktkonzeption (Produktalternative), welche unter den gegebenen Rahmenbedingungen die bestmögliche Zielerreichung verspricht. Die *Durchsetzungs- und Realisationsphase* im Rahmen des Planungs- und Kontrollprozesses entspricht der Phase der *Produktrealisation* im Produktentstehungsprozeß. Die *Produktkontrollphase* beginnt mit der Markteinführung des neuen Produktes und endet mit dessen Produktelimination. Sie umspannt damit den *Marktzyklus* und beinhaltet im Kern eine Ergebniskontrolle, d.h. einen Ziel/Ergebnis-Vergleich, der beispielsweise die Abweichung zwischen geplanter Kosten-, Umsatz- und Gewinnentwicklung und den tatsächlich eingetretenen Ergebnissen ermittelt.

b. Nach Abschnitt 2.2.3. kann der Prozeß der Neuproduktentstehung als ein komplexes System von Entscheidungen interpretiert werden.[3] Die Rationalität von Entscheidungen wird allein durch eine systematische Planung ermöglicht.[4] Der Planung und Kontrolle der Neuproduktentstehung obliegt auch die Gestaltung und die Überwachung des *Einsatzes von Planung und Kontrolle innerhalb des Prozesses der Neuproduktentstehung*.[5] Dabei sind die charakteristischen Merkmalen der Phasen Produktfindung und Produktrealisation zu beachten.[6]

Die Aufgaben der *Phase der Produktfindung* sind neben dem niedrigen Strukturiertheitsgrad und dem hohen Neuheits-, Komplexitäts- und Variabilitätsgrad insbesondere durch das hohe Maß an Kreativität gekennzeichnet. Die notwendigen Freiräume zur Entfaltung der Kreativität haben einen wesentlichen Einfluß auf die Planungen und Kontrollen in dieser Phase. Je größer nämlich das zu betretende "Neuland" ist, desto unstrukturierter verlaufen die Problemlösungsprozesse und desto weniger sind die Ideenfindungsprozesse vorhersehbar und beherrschbar.[7] Ferner erlauben die Dynamik und die Komplexität der situativen Beziehungen, welche einer kreativen Ideenfindung zugrunde liegen, keine detaillierten Planungen und Kontrollen.[8] Eine Planung und Kontrolle, wie sie sich bei ständig wiederholenden Routineprozessen bewährt hat, kann hier kreativitätshemmend wirken und das Innovationspotential im Unternehmen einschränken oder gar gänzlich unterbinden. Auch der unvollkommene Informationsstand, allein schon bedingt durch die Einzigartigkeit der innovativen Aufgabe, läßt nur eine relative grobe Planung zu. Wirkungsvolle Planungen in dieser Phase sollten insbesondere die Unsicherheit der

---

2 Vgl. Abschnitt 2.2.3.1.
3 Ähnlich Thom,N.: (Grundlagen) S.101
4 Vgl. Abschnitt 3.2.2.1.
5 In diesem Sinne stellt die Planung und Kontrolle der Neuproduktenstehung eine sog. Ausprägung der Metaplanung und -kontrolle dar. Vgl. dazu auch Abschnitt 3.1.2.
6 Vgl. Abschnitt 2.2.4.
7 Vgl. Bleicher,F.: (Forschung) S.49ff.; Staudt,E.: (Struktur) S.33
8 Vgl. Bleicher,F.: (Forschung) S.55

Zukunft berücksichtigen. Dazu bietet sich die *flexible Planung* an,[9] die neue Erkenntnisse und Bedingungen im Verlauf eines Innovationsprozesses analysiert und in die Pläne einfließen läßt.[10]

Mit Beginn der *Phase der Produktrealisation* steht ein straff geordnetes, systematisches Vorgehen im Mittelpunkt.[11] An die Stelle von kreativitätsnotwendigen Freiräumen sollte daher eine straffe Projektplanung und -kontrolle treten.[12] Die einzelnen Planungen und Kontrollen während der Produktrealisation dienen zur Koordination der beteiligten Unternehmensbereiche und Zulieferer, der Abwehr von Störungen und der Sicherstellung der Zielerreichung. Im Vordergrund stehen Qualitätsziele, die Einhaltung des Zeitpunktes der Markteinführung und Produktkostenziele.[13]

c. Die *Planung und Kontrolle als Instrument zur Gestaltung der gesamten betrieblichen Neuproduktentstehung* greift zum Teil auf die unter a. und b. getroffenen Aussagen zurück und baut diese in ein erweitertes Aussagesystem ein, in welchem zusätzliche Zielvorstellungen und Alternativen berücksichtigt werden. Das bedeutet, daß die Planung und Kontrolle der Neuproduktentstehung, die in diesem Sinn als eine zielgerichtete vorausschauende Gestaltung der gesamten Neuproduktentstehung zu interpretieren ist, mehrere Teilplanungen und -kontrollen umfaßt. Gegenstände dieser Teilplanungen und -kontrollen sind einzelne Neuprodukte, das gesamte Neuproduktprogramm des Unternehmens, die Produktentstehungsprozesse, die erforderlichen Potentiale (Anlagen-, Personal-, Material- und Managementpotential) und die notwendige Flexibilität der Neuproduktentstehung.

Für diese Arbeit soll unter Planung und Kontrolle der Neuproduktentstehung die letztgenannte Auffassung, also Planung und Kontrolle als Instrument zur zielorientierten und vorausschauenden Gestaltung der gesamten betrieblichen Neuproduktentstehung, Gegenstand der weiteren Überlegungen sein. Wie bereits erwähnt wurde, beinhaltet dieses Planungs- und Kontrollkonzept mehrere Teilplanungen und -kontrollen, die zum einen untereinander und zum anderen mit den übrigen Planungen und Kontrollen im Unternehmen abzustimmen sind. Folglich ist ein neuproduktentstehungsbezogenes Planungs- und Kontrollsystem im Unternehmen einzurichten.

---

9   Der Begriff "Flexibilität" charakterisiert das Anpassungsverhalten von dynamischen Systemen. Er wird häufig im Zusammenhang mit "Elastizität" gebraucht. Dabei kann die Elastizität als Teilaspekt der Flexibilität aufgefaßt werden. Zur Definition und Abgrenzung der beiden Begriffe vgl. Schneeweiß,C./Kühn,M.: (Definition) S.378ff.; in der betriebswirtschaftlichen Literatur wird der Begriff "Flexibilität" aufgrund unterschiedlicher Betrachtungsbereiche (wie z.B. bei der Kostenrechnung: flexible Plankostenrechnung; Planung: flexible Planung; Fertigung: Flexible Fertigungssysteme) uneinheitlich verwendet. Eine *flexible Planung* liegt vor, wenn sie "Anpassungen an Änderungen des Sytems Unternehmung und an Änderungen des Umsystems gestattet." Hahn,D.: (Grundlegung) S.78

10   Vgl. hierzu auch Thom,N.: (Grundlagen) S.104ff.

11   Vgl. hierzu und zu den nachfolgenden Ausführungen Engelke,P.: (Forschung) S.106

12   Vgl. zur Projektplanung und -kontrolle Abschnitt 3.2.5.2.

13   Vgl. ebenfalls Abschnitt 3.2.5.2.

3.2.3. Neuproduktentstehungsbezogenes Planungs- und Kontrollsystem

In Abschnitt 3.1.2. wurde gezeigt, daß das Planungs- und Kontrollsystem ein Teilsystem des Managementsystems der Unternehmung darstellt. Mit der Einrichtung eines neuproduktbezogenen Planungs- und Kontrollsystems wird nach hier vertretener Auffassung ein besonders wichtiger Teilbereich des Planungs- und Kontrollsystems der Unternehmung herausgestellt. Dieser Teilbereich umfaßt das geordnete und zielgerichtete Gefüge von Planungs- und Kontrollelementen zur Gestaltung der Neuproduktentstehung. Es soll nun der Frage nach der Strukturierung eines neuproduktbezogenen Planungs- und Kontrollsystems nachgegangen werden.

Unter systemtheoretischem Aspekt bieten sich entweder die Träger oder die Prozesse der Planung und Kontrolle als Systemelemente an.[1] Daher lassen sich einerseits die Führungskräfte, die Planungs- und Kontrollprozesse durchführen betrachten und andererseits die Planungs- und Kontrollprozesse selbst, wobei auch in diesem Fall die Führungskräfte die Träger der Prozesse sind. Entsprechend der bisher verfolgten funktionalen Sichtweise sollen im folgenden die Prozesse der Planung und Kontrolle als Systemelemente angesehen werden. Demgemäß ist das neuproduktentstehungsbezogene Planungs- und Kontrollsystem das Ergebnis einer zielgerichteten Integration aller relevanten Planungs- und Kontrollprozesse.[2]

Ausgehend von den Ebenen des Managementsystems der Unternehmung[3] kann nach dem Merkmal der hierarchischen Stufung zwischen strategischen und operativen Planungs- und Kontrollprozessen unterschieden werden. Unternehmenspolitische Entscheidungsprozesse auf der normativen Managemetebene zählen - wie bereits in Abschnitt 3.1.3 erörtert wurde - nicht zu den Planungsprozessen. Nach dem hier gewählten Ansatz wird nämlich im Rahmen der Unternehmenspolitik der Handlungsrahmen des Unternehmens auf der Basis von nicht planbaren Werten und Normen festgelegt.

Die Differenzierung in ein hierarchisches Über- und Unterordnungsverhältnis von Planungs- und Kontrollprozessen wird in der Literatur unterschiedlich vorgenommen. Einigkeit besteht allein darin, daß die strategische Planung den Handlungsrahmen für die nachfolgende Planungsebene vorgibt. Die anschließenden Planungen werden entweder in operative und taktische Planungen aufgeteilt oder nur als operativ im Sinne von nicht strategisch angesehen.[4] In dieser Arbeit wird die letzt genannte Sichtweise verfolgt, da sich mit dieser Trennung ausreichend deutlich die differierenden Inhalte von strategischer sowie operativer Planung und Kontrolle der Neuproduktentstehung erörtern lassen. Eine Zuordnung von Planungszeiträu-

---

1   Vgl. Hahn,D.: (Grundlegung) S.71
2   Vgl. Hahn,D.: (Grundlegung) S.72
3   Zu den Ebenen des Managementsystems der Unternehmung vgl. Abschnitt 3.1.2..
4   Letztere Auffassung wird auch vom Arbeitskreis "Integrierte Unternehmungsplanung" der Schmalenbach-Gesellschaft - Deutsche Gesellschaft für Betriebswirtschaft e.V. vertreten.

men zu der gerade abgegrenzten strategischen und operativen Planung enthält die *Abbildung 3.2.3./1.*

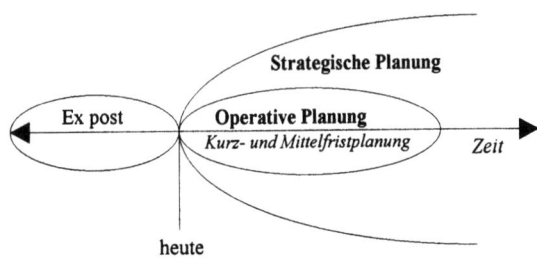

Abb. 3.2.3./1: *Planungsdimensionen*[5]

Die operative Planung umfaßt danach die Kurzfrist- (< 1 Jahr) und Mittelfristplanung (1 bis 5 Jahre).[6,7] Dabei kann die Kurzfristplanung rollierend in die Mittelfristplanung integriert sein.[8] Die strategische Planung überlagert die kurz- und mittelfristige Planung. Ihr Inhalt ist die Analyse der Umwelt des Unternehmens im Hinblick auf Chancen und Risiken, das Ermitteln seiner Stärken und Schwächen sowie die Erarbeitung von Strategien, um die Überlebensfähigkeit des Unternehmens sicherzustellen.[9] Obwohl die strategische Planung langfristig ausgerichtet ist, ist sie grundsätzlich nicht mit der Langfristplanung (> 5 Jahre) gleichzusetzen.[10] Bei der Langfristplanung im Sinne einer quasi deterministischen Fortschreibung der Mittelfristplanung werden keine abrupten Veränderungen der Unternehmensumwelt berücksichtigt und dadurch weder auftretende Risiken noch Chancen erkannt.[11]

Anders verhält es sich, wenn statt der Zerlegung der Zeiträume in kalendarische Fristigkeitszonen, eine Einteilung aus der Sicht von erforderlichen Anpassungs-

---

5   Quelle: in modifizierter Form entnommen von Mann,R.: (Praxis) S.18; vgl. auch Ebert,G./Koinecke,J./Peemöller,V.: (Controlling) S.23

6   Der Planungs- bzw. Bezugszeitraum gibt die Zeitdauer an, auf die sich die Handlungen in einem Plan beziehen. Vgl. Schweitzer,M.: (Planung) S.32; Wagener,F.: (Planung) Sp.1279. Lücke,W.: (Fristigkeit) Sp.536

7   Anzumerken ist, daß über die Dauer der Bezugszeiträume in der Literatur keine Einigkeit herrscht. Zu den hier angegebenen Zeiträumen vgl. beispielsweise Kreikebaum,H.: (Unternehmensplanung) S.124; Hopfenbeck,W.: (Managementlehre) S.443; Pfohl,H.-C.: (Planung) S.121

8   Zum Begriff "Fristigkeit" vgl. Lücke,W.: (Fristigkeit) Sp.535

9   Diese Aufgabenzuordnung findet sich in fast allen Veröffentlichungen zur strategischen Planung. Vgl. beispielsweise Zäpfel,G.: (Strategisches) S.8ff.; Welge,M.K./Al-Laham,A.: (Planung) S.35ff.; Hopfenbeck,W.: (Managementlehre) S.584ff.; Götze,U./Rudolph,F.: (Instrumente) S.4ff.; Kreikebaum,H.: (Unternehmensplanung) S.26f.

10 Zur Unterscheidung zwischen strategischer Planung und Langfristplanung vgl. auch Munari,S./Naumann,C.: (Strategische Steuerung) S.371ff.

11 Nach WÜTHRICH ist die Langfristplanung eine mehrjährige wachstumsorientierte Planung, die durch eine übertriebene Prognosegläubigkeit und einen unerschütterlichen Wachstumsglauben geprägt ist. Vgl. Wüthrich,H.A.: (Neuland) S.44

maßnahmen an die Gegebenheiten des Marktes erfolgt. Die Kurz- oder Lang-
fristigkeit bezieht sich dann nicht mehr auf einen kalendarischen Zeitraum, sondern
wird in Verbindung mit den Anpassungsmaßnahmen an die Marktbedingungen
(operations) zur Fristigkeit als "operational time".[12] Die Fristigkeit der Pläne wird
dabei neben der Anpassungsnotwendigkeit des Unternehmens an die Marktbedingungen auch durch die Anpassungsfähigkeit des Unternehmens bestimmt.

Außer der Fristigkeit können zur Unterscheidung zwischen strategischer und
operativer Planung als weitere Merkmale der Differenziertheitsgrad, der Detailliert-
heitsgrad, die Präzisierung der Informationen, die Merkmale der Problemstruktur
sowie die Komplexität der Planungsgegenstände betrachtet werden.[13]
Entsprechend dieser Unterscheidungskriterien zeigt die *Abbildung 3.2.3./2* eine
Gegenüberstellung von strategischer und operativer Planung. Analog dieser Differenzierung der Planung läßt sich die Kontrolle unterteilen.

Die hierarchische Differenzierung zwischen strategischer und operativer Planungsebene ist allerdings nicht dahingehend zu interpretieren, daß die operativen Pläne
aus den strategischen Plänen bzw. Strategien lediglich deduziert werden. Die
operative Planung ist als eine eigenständige Planungsaufgabe zu sehen. Dies ergibt
sich vor allem aus zwei Gründen.[14] Erstens beinhaltet eine Strategie noch nicht alle
Ideen und Maßnahmen zu ihrer Umsetzung. Diese sind erst im Rahmen der operativen Planung zu erarbeiten. Zweitens bezieht sich der operative Aufgabenumfang
nicht allein auf die Strategieumsetzung. Es sind neben der Umsetzung von Strategien, die der langfristigen Überlebensfähigkeit des Unternehmens dienen, auch die
mittel- und kurzfristigen Überlebensperspektiven zu berücksichtigen. Mit anderen
Worten, geben die Strategien zwar den Rahmen der Unternehmensaktivitäten vor
und stellen damit eine gewisse Vorsteuerungsgröße für den Unternehmenserfolg
(z.B. für solche Erfolgsgrößen wie Rentabilität oder Gewinn vor Steuern) dar, aber
sie können nicht sicherstellen, daß die bereits vorhandenen Erfolgspotentiale[15] so
eingesetzt werden, daß ein Überleben des Unternehmens fortlaufend gewährleistet
ist. Dies erfolgt erst durch die operative Planung, indem beispielsweise mittelfristige Programme geplant werden sowie Pläne zur kurzfristigen Aufrechterhaltung der Liquidität zu erarbeiten und Schichtpläne festzulegen sind.

---

12   Vgl. Lücke,W.: (Fristigkeit) Sp.540; so würde z.B. bei einer erwarteten Stabilität der
      Nachfragestruktur von 5 Jahren auch der Planungszeitraum 5 Jahre betragen, während
      bei einer 10 jährigen Nachfragestabilität der Planungszeitraum mit 10 Jahren anzusetzen
      wäre. Vgl. auch das Beispiel von Heuer,M.F.: (Kontrolle) S.73
13)   Vgl. Schweitzer,M.: (Planung) S.33; Pfohl,H.C.: (Planung) S.123.
14   Vgl. hierzu und zu den folgenden Ausführungen Schreyögg,G.: (Operative Planung)
      S.13
15   Zum Begriff "Erfolgspotential" siehe Abschnitt 3.2.4.1.

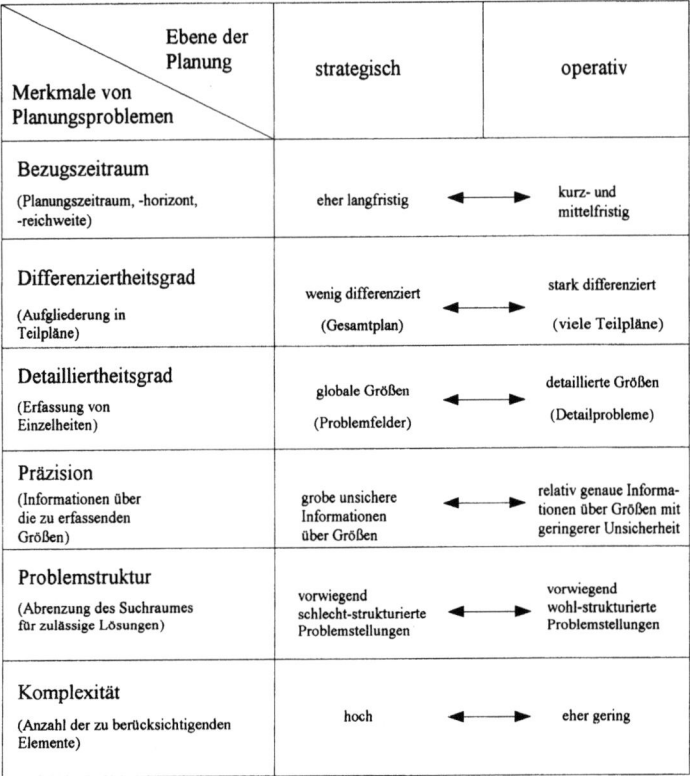

Ebene der Planung / Merkmale von Planungsproblemen	strategisch	operativ
Bezugszeitraum (Planungszeitraum, -horizont, -reichweite)	eher langfristig	kurz- und mittelfristig
Differenziertheitsgrad (Aufgliederung in Teilpläne)	wenig differenziert (Gesamtplan)	stark differenziert (viele Teilpläne)
Detailliertheitsgrad (Erfassung von Einzelheiten)	globale Größen (Problemfelder)	detaillierte Größen (Detailprobleme)
Präzision (Informationen über die zu erfassenden Größen)	grobe unsichere Informationen über Größen	relativ genaue Informationen über Größen mit geringerer Unsicherheit
Problemstruktur (Abrenzung des Suchraumes für zulässige Lösungen)	vorwiegend schlecht-strukturierte Problemstellungen	vorwiegend wohl-strukturierte Problemstellungen
Komplexität (Anzahl der zu berücksichtigenden Elemente)	hoch	eher gering

Abb. 3.2.3./2: *Merkmale strategischer und operativer Planung*[16]

Diese Aspekte weisen auf die besondere Bedeutung der Schnittstelle zwischen strategischer und operativer Planung hin, denn Strategien können nur dann Erfolgsvoraussetzungen schaffen bzw. halten, wenn sie in betriebliches Handeln umgesetzt werden. Der operativen Planung kommt dabei die schwierige Aufgabe zu, die strategischen Vorgaben, die angesichts unsicherer Erwartungen sowie aufgrund der hohen Innenkomplexität von großen Industrieunternehmen nur grobe Rahmengrößen darstellen können, sachlich und zeitlich umzusetzen. Sie hat somit im Hinblick auf die Strategieumsetzung die Strategie(n) stufenweise über die Zeit zu konkretisieren, wobei die sachlichen und zeitlichen Zusammenhänge der Strategie(n) zu beachten sind.[17] Dabei stehen folgende Fragen im Vordergrund:[18]

---

16 Quelle: in modifizierter Form entnommen von Pfohl,H.-C.: (Planung) S.123; vgl. auch Schweitzer,M.: (Planung) S.33; Bloech,J./Bogaschewsky,R./Götze,U./ Roland,F.: (Einführung) S.119

17 Es sei darauf hingewiesen, daß dieser hier der operativen Planung - im Sinne einer nicht-strategischen Planung - zugeordnete Prozeß in der Literatur zur strategischen Planung

- Mit welchem (mittelfristigen) Maßnahmenprogramm lassen sich die strategischen Vorgaben erreichen und wie hoch ist der dafür erforderliche Potentialbedarf im Planungszeitraum (Personal, sachliche und finanzielle Ressourcen)?
- Sind die für dieses Maßnahmenprogramm erforderlichen Potentiale vorhanden oder müssen Potentialveränderungen erfolgen?

Zur Durchführung der geplanten Maßnahmenprogramme und der ggf. erforderlichen Potentialänderungen sind Aktionen nötig, die entweder in Form von Projekten oder spezifischen Funktionsbereichsmaßnahmen erfolgen.[19]

Nachdem nun das Verhältnis von strategischen zu operativen Managementaufgaben grundsätzlich aufgezeigt worden ist, soll im folgenden die Planung und -kontrolle der Neuproduktentstehung dieser Hierarchie entsprechend differenziert werden.

In den Abschnitten 3.1.3. und 3.1.4. wurde gezeigt, daß die Unternehmenspolitik, insbesondere das Innovationskonzept und das Managementkonzept, der Ausgangspunkt für die Gestaltung der Innovationsaufgaben im Unternehmen sein sollte. Damit gibt die Unternehmenspolitik auch den Entscheidungs- und Handlungsrahmen für den Aufbau und die Ausgestaltung des Planungs- und Kontrollsystems der Neuproduktentstehung vor.[20]

Bei dem Aufbau und der Ausgestaltung eines Planungs- und Kontrollsystems der Neuproduktentstehung geht es unter Entscheidungsaspekten darum, ein geschlossenes System von Planungs- und Kontrollprozessen zur Neuproduktentstehung zu entwickeln. Das Planungs- und Kontrollsystem hat für die Umsetzung der Unternehmenspolitik diejenigen alternativen Handlungsmöglichkeiten zu erarbeiten, die eine optimale Erreichung des gesamten Zielsystems der Unternehmung ermöglichen.[21] *Abbildung 3.2.3./3* zeigt ein mögliches Planungs- und Kontrollsystem der Neuproduktentstehung für die strategische und operative Ebene als integrierten Baustein im Managementsystem der Unternehmung. Die hierarchische Stufung sollte dabei eher als funktionale Abhängigkeit in einem arbeitsteiligen Managementprozesses gesehen werden als eine starre Über- und Unterordnung. Bevor in den nachfolgenden Abschnitten auf konkrete Aufgabeninhalte bzw. Problemstellungen der jeweiligen Planungen und -kontrollen eingegangen wird, ist zunächst der

---

zum Teil auch als strategische Programmplanung bezeichnet wird. Vgl. Schreyögg,G.: (Elemente) S.143f.

18   Vgl. Schreyögg,G.: (Operative Planung) S.16
19   Ähnlich Hahn,D.: (Grundlegung) S.94
20   Zur möglichen Ausgestaltung des Innovations- und Managementkonzeptes im Hinblick auf die Neuproduktentstehung vgl. Abschnitt 4.2.
21   Ähnlich Schweitzer,M.: (Fertigungswirtschaft) S.569

Gesamtzusammenhang dieses neuproduktentstehungsbezogenen Planungs- und Kontrollsystems kurz aufzuzeigen.

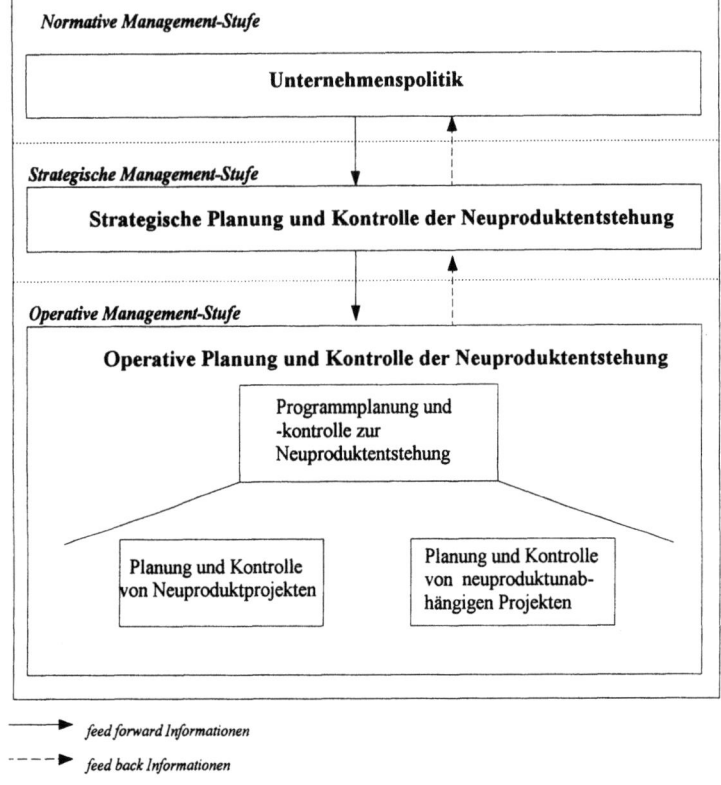

Abbildung 3.2.3./3: *Neuproduktentstehungsbezogenes Planungs- und Kontrollsystem*

Aufgabe der *strategischen Planung der Neuproduktentstehung* ist es, unter Berücksichtigung der unternehmenspolitischen Vorgaben eine Strategie der Neuproduktentstehung zu erarbeiten, welche die Schwerpunkte beim Hervorbringen von neuen Produkten enthält und die zukünftig zu schaffenden und zu haltenden Potentiale festlegt (siehe Abschnitt 3.2.4.1.). Das Hervorbringen eines neuen Produktes ist nämlich "das Resultat von neuen bzw. vorhandenen Problemlösungspotentialen mit neuen bzw. wirtschaftlichen Anwendungen"[22]. Die Bestimmung einer Strategie zur Neuproduktentstehung obliegt der obersten Unternehmensführung (Top-Management). Die Strategie zur Neuproduktentstehung bildet den Orientierungsrahmen für die operativen Planungen. Der Aufgabenumfang der *stra-*

---

22   Zäpfel,G.: (Startegisches) S.115

tegischen Kontrolle der Neuproduktentstehung besteht im wesentlichen aus einer zukunftsorientierten Kontrolle (Prämissen- und Planfortschrittskontrolle) der strategischen Planung der Neuproduktentstehung einschließlich der entsprechenden Strategierealisierungsprozesse (siehe Abschnitt 3.2.4.2.).

Das operative Management hat nun die Aufgabe, die Strategie der Neuprodukt-entstehung sachlich und zeitlich zu konkretisieren und sie in betriebliches Handeln umzusetzen. Dabei ist die *operative Planung der Neuproduktentstehung* im Vergleich zu anderen operativen Planungen - deren Merkmalsausprägungen in Abbildung 3.2.3./2 wiedergegeben sind - durch folgende Besonderheiten charakterisiert:

- Die operative Planung der Neuproduktentstehung ist ausschließlich auf das Erreichen von Unternehmenszielen in zukünftigen Perioden ausgerichtet.
- Die operative Planung der Neuproduktentstehung steht in einer sehr engen Beziehung zur strategischen Planung. Häufig werden operative Ziele unmittelbar aus der strategischen Planung übernommen (z. B. bei sogenannten strategischen Projekten).[23]
- In die operative Planung der Neuproduktentstehung gehen oftmals Informationen mit hoher Unsicherheit ein.[24]
- Die Aufgaben der operativen Planung der Neuproduktentstehung zeichnen sich im allgemeinen durch sehr komplexe Aufgabenstellungen mit hohem Neuheitsgrad aus. Zudem unterliegt die operative Planung häufig Änderungen in der Aufgabenstellung.[25] Gleichzeitig sind die Aufgabenstellungen zumeist schlecht-strukturiert.[26]

Im Rahmen der operativen Planung der Neuproduktentstehung ist in einem ersten Schritt über das gesamtunternehmensbezogene *Programm zur Neuproduktentstehung* zu befinden, welches in Abstimmung mit den Funktionsbereichen des Unternehmens zu erarbeiten und festzulegen ist. Das gesamtunternehmensbezogene Programm zur Neuproduktentstehung bestimmt die Art und Anzahl der Projekte, die im Laufe der Planperiode(n) zur Steigerung der Effektivität und Effizienz der Neuproduktentstehung verfolgt werden sollen. Gleichzeitig übernimmt es eine Koordinationsfunktion sowohl hinsichtlich der Umsetzung von strategischen Vorgaben als auch über die Funktionsbereiche hinweg. Die Funktionsbereichsplanungen dienen dann der Konkretisierung des Programms, da sie dessen Konse-

---

23 Siehe zum Begriff und Inhalt von strategischen Projekten Abschnitt 3.2.5.2.

24 Vgl. Zum Begriff "Unsicherheit" Abschnitt 3.2.2.1.

25 PICOT, REICHWALD und NIPPA bezeichnen diesen letztgenannten Aspekt als "Variabilität der Entwicklungsaufgabe". Vgl. Picot,A./Reichwald,R./Nippa,M.: (Entwicklungsaufgabe) S.120

26 Siehe hierzu auch die Ausführungen zur Planung und Kontrolle der Neuproduktentstehung in Abschnitt 3.2.2.2.

quenzen für die einzelnen Funktionsbereiche abbilden. Die Planung des Programms zur Neuproduktentstehung steht in wechselseitiger Abhängigkeit zu den betrieblichen Potentialen (siehe Abschnitt 3.2.5.1.).

Die *operative Kontrolle der Neuproduktentstehung* stellt vorrangig eine Ergebniskontrolle[27] dar, die als Informationsquelle für weitere Projekte von besonders großer Bedeutung ist. Für die Bewältigung der Aufgaben bei einer Neuproduktentstehung erscheint es jedoch angebracht, neben einem Soll/Ist-Vergleich noch weitere Kontrollarten zu berücksichtigen. Dazu zählen beispielsweise eine Prämissen-, Potential- und Verhaltenskontrolle (siehe ebenfalls Abschnitt 3.2.5.1.).

Die zur Durchführung des Programms notwendigen Aktionen werden - wie bereits oben kurz erwähnt - in erster Linie als Projekte geplant. Die *projektorientierte Planung und Kontrolle* ist abhängig vom Gegenstand des Projektes. Im Vordergrund stehen dabei die jeweiligen Neuproduktprojekte (siehe Abschnitt 3.2.5.2.). Hinzu kommen noch jene Projekte bzw. Aktionen, die nicht unmittelbar von einem Neuprodukt abhängig sind, mit denen jedoch die Effektivität und Effizienz der Neuproduktentstehung gesteigert werden kann. Hierzu sei als Beispiel der Aufbau einer unternehmensinternen Produktforschung genannt, die für die Beschaffung und Auswertung von Informationen, z.B. über die weltweite Entwicklung des technologischen Wandels in der Produkt- und Fertigungstechnik, verantwortlich ist.

Bei der Betrachtung der Hierarchieebenen darf nicht übersehen werden, daß ihre Elemente in wechselseitige Beziehung zueinander stehen. So kann die strategische Planung und Kontrolle unternehmenspolitische Entscheidungsprozesse auslösen wie auch die operative Planung und Kontrolle strategische Handlungen initiieren kann. Das Planungs- und Kontrollsystem bildet außerdem die Grundlage für die Koordination der Planungs- und Kontrollprozesse.[28]

---

27   Zu dem hier verwendeten Begriff der Ergebniskontrolle siehe Abschnitt 3.2.2.1.
28   Letzteres hat für die in Abschnitt 3.3. dargestellte Controlling-Konzeption eine besondere Bedeutung.

3.2.4. Strategische Planung und Kontrolle der Neuproduktentstehung

3.2.4.1. Strategische Planung der Neuproduktentstehung

Wird die Neuproduktentstehung - wie in dieser Arbeit - als Unternehmensfunktion verstanden, so kann für sie eine eigene funktionale Strategie[1] erarbeitet werden. Die Generierung und Auswahl einer Strategie der Neuproduktentstehung läßt sich als eigenständiger Teilbereich der strategischen Planung auffassen. Die Strategie der Neuproduktentstehung beinhaltet explizit formulierte strategische Ziele und Maßnahmen, über deren Realisierung versucht wird, Erfolgspotentiale für das Unternehmen aufzubauen bzw. zu halten. Damit ist zugleich der Aufbau und Erhalt von Erfolgspotentialen die oberste strategische Zielsetzung der Neuproduktentstehung.

Unter einem *"Erfolgspotential"* versteht GÄLWEILER "das gesamte Gefüge aller jeweils produkt- und marktspezifischen erfolgsrelevanten Voraussetzungen, die spätestens dann bestehen müssen, wenn es um die Erfolgsrealisierung geht."[2] Eine ganzheitliche Sichtweise, wie sie die strategische Planung der Neuproduktentstehung verlangt, erfordert, daß Erfolgspotentiale nicht nur produkt- und marktbezogen (unternehmensextern), sondern auch unternehmensintern gesehen werden.[3] Letztere kennzeichnen erst die Fähigkeit eines Unternehmens produkt- und marktbezogene Potentiale zu erschließen. Beispielsweise fallen hierunter die Beherrschung neuer Produkt- und Fertigungstechniken, kurze Produktentstehungszeiten sowie die Fähigkeit des Unternehmens, sich schnell und flexibel an Veränderungen der Unternehmensumwelt anzupassen.[4] Erfolgspotentiale als Voraussetzungen für zukünftige Erfolge sind folglich alle besonderen Fähigkeiten eines Unternehmens, die es ihm erlauben, eine in Relation zu seinen Wettbewerbern langfristig günstige Wettbewerbsposition einzunehmen. Der durchschnittliche Zeitbedarf für den Aufbau von Erfolgspotentialen umfaßt nach einer Umfrage von PÜMPIN circa 5 Jahre.[5] Es ist auch davon auszugehen, daß das Schaffen von Erfolgspotentialen sowohl durch die Neuproduktentstehung als auch für die Neuproduktentstehung mehrere Jahre beansprucht. Zu einer ausführlichen Diskussion einzelner Erfolgspotentiale der Neuproduktentstehung wird auf Abschnitt 4.3. verwiesen.

---

1   Der Begriff "Strategie" wird auf das altgriechische Wort "strataegeo" zurückgeführt. Es setzt sich zusammen aus "stratos" = "etwas, das alles andere umfaßt, übergreift und in sich enthält" und "igo" = "tun, handeln". Vgl. Wissenschaftlicher Rat der Dudenredaktion (Herkunftswörterbuch) S.685. Die Einführung des Begriffes in die wirtschaftswissenschaftliche Literatur erfolgte über die Spieltheorie. Vgl. Bloech,J.: (Optimierung) S.95ff.; Götze,U.: (Szenario) S.13

2   Gälweiler,A.: (Unternehmensführung) S.26

3   Vgl. auch Zäpfel,G.: (Strategisches) S.10f.; Weber,J.: (Grundlagen) S.96f.; Pümpin,C.: (Management) S.34, letzterer verwendet anstatt des Begriffes "Erfolgspotential" die Bezeichnung "strategische Erfolgspositionen".

4   Vgl. hierzu und zu weiteren Beispielen Weber,J.: (Grundlagen) S.96; Zäpfel,G.: (Strategisches) S.11

5   Vgl. Pümpin,C.: (Management) S.90

Die Strategie der Neuproduktentstehung hat aus zwei Gründen eine hohe Bedeutung für ein Unternehmen.[6] Zum einen dient sie - wie gerade erläutert - dem Aufbau und der Sicherung von neuproduktentstehungsbezogenen Erfolgspotentialen. Zum anderen sind mit ihrer Umsetzung häufig hohe Investitionen und gravierende Veränderungen im Unternehmen verbunden.

Um eine geeignete Strategie der Neuproduktentstehung ausarbeiten zu können, müssen die Entwicklungen der Unternehmensumwelt frühzeitig und richtig erkannt werden, sowie die vorhandenen Stärken und Schwächen des Unternehmens bekannt sein.[7,8] Die Strategiebestimmung sollte in erster Linie auf den vorhandenen Stärken aufbauen,[9] da in diesem Fall der Aufwand zum Aufbau von Erfolgspotentialen erheblich geringer ist, als wenn völlig neue Potentiale geschaffen werden müssen.[10]

Die Ziele und Maßnahmen einer Strategie der Neuproduktentstehung berühren im allgemeinen alle betrieblichen Funktionsbereiche. Deshalb ist die Strategie der Neuproduktentstehung, wenn ihr ein nachhaltiger Erfolg beschieden sein soll, sowohl in Abstimmung mit allen funktionalen Strategien (z.B. mit der Beschaffungs-, Produktions-, Personal-, Technologie-, Innovations-, Finanz-, Investitions-, Forschungs- und Entwicklungsstrategie) zu erarbeiten als auch in den Gesamtzusammenhang der Unternehmensstrategien einzubinden.[11] Ein mögliches Konzept zur Einbindung der Strategie der Neuproduktentstehung in den Gesamtzusammenhang der Unternehmensstrategien ist in *Abbildung 3.2.4.1./1* aufgezeigt.

---

6   Vgl. hierzu und zu den folgenden Ausführungen auch Götze,U./Rudolph,F.: (Instrumente) S.3

7   Zum Prozeß der strategischen Planung und zur Koordination seiner Elemente vgl. Abschnitt 3.3.4.1.

8   Zu einem Fragenkatalog, der grundsätzlich auch für die Entwicklung einer Strategie der Neuproduktentstehung gilt, vgl. Schmelzer,H.J.: (Organisation) S.195f.

9   Die Bestimmung von Stärken erfolgt, indem die Potentiale des eigenen Unternehmens mit denen des oder der größten Konkurrenten verglichen werden. Vgl. Pümpin,C.: (Erfolgspositionen) S.53

10   Vgl. Pümpin,C.: (Erfolgspositionen) S.53f.

11   Ein Unternehmen kann eine Vielzahl von unterschiedlichen Strategiearten verfolgen. Zu einem Überblick verschiedener Strategiearten vgl. Welge,M.K./Al-Laham,A.: (Planung) S.179; Kreikebaum,H.: (Unternehmensplanung) S.52; Götze,U./Rudolph,F.: (Instrumente) S.9

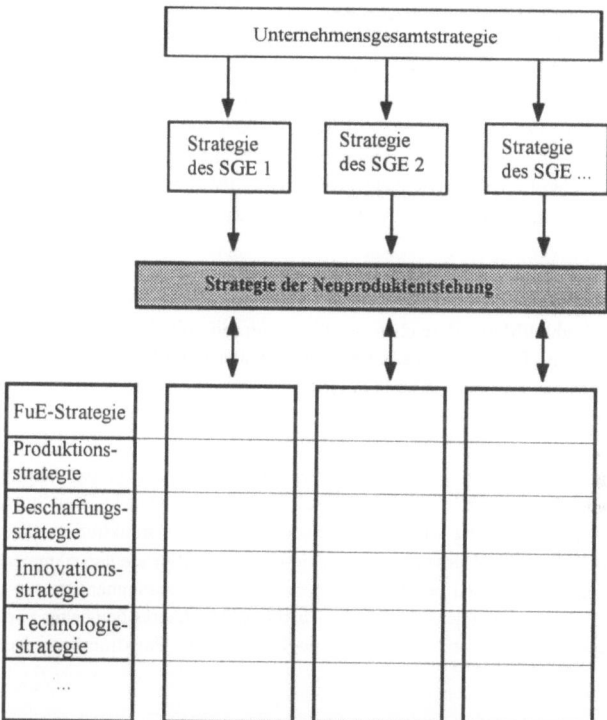

Abb. 3.2.4.1./1:   *Strategie der Neuproduktentstehung im Gesamtzusammen-*
hang der Unternehmensstrategien[12]

Diese Konzeption folgt der häufig in der Literatur anzutreffenden Unterteilung von
Strategien in

- Unternehmensgesamtstrategie (corporate strategy)
- Geschäftseinheitstrategien (business strategies) und
- Funktionsbereichsstrategien bzw. Funktional-Strategien
  (functional strategies).[13]

Bei der Erarbeitung der *Unternehmensgesamtstrategie* geht es darum, ein
möglichst ausgewogenes Verhältnis hinsichtlich wachsender, schrumpfender und

---

12   Zur grundsätzlichen Darstellung der Zusammenhänge zwischen Unternehmensgesamt-,
     Geschäftseinheits- und Funktionsbereichsstrategien vgl. auch Welge,M.K./Al-Laham,A.:
     (Planung) S.247
13   Vgl. Welge,M.K./Al-Laham,A.: (Planung) S.181ff.; Stockbauer,H.: (F&E Controlling)
     S.144f.; Hopfenbeck,W.: (Managementlehre) S.584; zu einer anderen Auffassung
     bezüglich der Differenzierung von Strategien in Funktionsbereichsstrategien vgl.
     Schreyögg,G.: (Grundlagen) S.14f.

gewinnbringender Geschäftsbereiche anzusteuern.[14] Dazu müssen strategischen Geschäfteinheiten (SGE)[15] des gesamten Unternehmens gebildet werden. Als strategische Geschäftseinheit wird ein Unternehmensbereich bezeichnet, der durch eine spezifische Produkt/Markt-Kombination gekennzeichnet ist. Allgemeine Abgrenzungskriterien einer SGE sind: eigenständige Marktaufgabe, abgrenzbare Wettbewerber sowie ein eigenständiger Beitrag zur Steigerung von Erfolgspotentialen.[16] Die Differenzierung nach SGE dient vornehmlich der strategischen Planung und muß nicht mit der bestehenden Aufbauorganisation des Unternehmens übereinstimmen.[17]

Die *Geschäftseinheitsstrategien* legen dagegen fest, wie der Wettbewerb in den einzelnen Produkt/Markt-Bereichen bestritten werden soll. Das Spektrum möglicher Inhalte von Geschäftseinheitsstrategien ist äußerst vielfältig.[18] Von besonderer Bedeutung sind dabei die von PORTER beschriebenen Wettbewerbsstrategien, auf die weiter unten noch eingegangen wird.

Die *Funktionsbereichsstrategien* geben die aus den übergeordneten Strategien resultierenden Konsequenzen für die einzelnen Funktionsbereiche an. Der Strategie der Neuproduktentstehung kommt hierbei eine Koordinationsfunktion zu. Sie hat die aus der Unternehmensgesamt- und den Geschäftseinheitsstrategien stammenden Anforderungen an die neu hervorzubringenden Produkte zusammenzufassen und sie mit den Funktionsbereichsstrategien abzustimmen. Letzteres beinhaltet vorrangig auch das Aufzeigen von Kombinationsmöglichkeiten der Funktionsbereichsstrategien.[19]

Nachdem die unterschiedlichen Inhalte der drei oben aufgeführten Strategieebenen aufgezeigt worden sind, soll im folgenden der Einfluß ausgewählter Strategien auf die Erarbeitung einer Strategie der Neuproduktentstehung herausgearbeitet werden. Da das Hervorbringen von neuen Produkten im engen Zusammenhang mit den Wachstums- und Wettbewerbsstrategien des Unternehmens steht, sollen sich

---

14 Vgl. Welge,M.K./Al-Laham,A.: (Planung) S.181
15 Zur Vermeidung von sprachlichen Mißverständnissen sei darauf hingewiesen, daß in Anlehnung an LINK strategischen Geschäftseinheiten eine Innensegmentierung des Unternehmens darstellen, die auf einer Außensegmentierung der Unternehmensumwelt aufbaut. Die Außensegmentierung wird auch als strategisches Geschäftsfeld (SGF) bezeichnet. Vgl. Link,J.: (Organisation) S.51; Welge,M.K./Al-Laham,A.: (Planung) S.185; Hopfenbeck,W.: (Managementlehre) S.656ff.
16 Vgl. Kreikebaum,H.: (Unternehmensplanung) S.112; Welge,M.K./Al-Laham,A.: (Planung) S.184; Götze,U./Rudolph,F.: (Instrumente) S.6; Szyperski,N./Winand,U.: (Grundbegriffe) S.83; es sei angemerkt, daß die Abgrenzung von SGE sich im konkreten Fall häufig als problematisch erweist.
17 Die Bildung von SGE überlagert somit die Primärorganisation (Aufbauorganisation) durch eine zusätzliche Sekundärorganisation. Es entsteht dadurch eine sogenannte "Duale Organisation". Vgl. Szyperski,N./ Winand,U.: (Duale Organisation) S.195ff.; Welge,M.K./Al-Laham,A.: (Planung) S.189; Grün,O.: (Konzept) Sp.306ff.
18 Zu einem Überblick über die Inhalte möglicher Geschäftsbereichsstrategien vgl. Welge,M.K./Al-Laham,A.: (Planung) S.230
19 Zur Kombination von Funktionsbereichsstrategien vgl. Kreikebaum,H.: (Unternehmensplanung) S.52ff.

auch die nachfolgenden Betrachtungen auf diese beiden Strategiearten beschränken.

Für die *Entwicklung einer Strategie der Neuproduktentstehung* ist der Bedarf des Unternehmens an neuen Produkten von zentraler Bedeutung. Ausgangspunkt dafür sind die *Produkt-Markt-Strategien*, die das Unternehmen insgesamt oder in einzelnen strategischen Geschäftseinheiten verfolgt. *Abbildung 3.2.4.1./2* zeigt, daß sich aus der Kombination jeweils vorhandener und bestehender Märkte sowie Produkte vier alternative *Wachstumsstrategien* ergeben.[20]

<table>
<tr><td></td><td></td><td colspan="2" align="center">**Produkte**</td></tr>
<tr><td></td><td></td><td align="center">alt</td><td align="center">neu</td></tr>
<tr><td rowspan="2">**Märkte**</td><td>alt</td><td align="center">**Marktdurchdringung**</td><td align="center">**Produktentwicklung**</td></tr>
<tr><td>neu</td><td align="center">**Marktentwicklung**</td><td align="center">**Diversifikation**</td></tr>
</table>

Abb. 3.2.4.1./2: *Alternative Produkt-Markt-Strategien*[21]

Die Wahl der Wachstumsstrategie bildet somit die Grundlage für die strategische Planung der Neuproduktentstehung. Die Strategie der Produktentwicklung und die der Diversifikation legen das zukünftige Volumen an neuen Produkten fest.[22]

Durch die von PORTER entwickelten *Wettbewerbsstrategien* läßt sich die Strategie der Neuproduktentstehung weiter konkretisieren, da von ihnen ein erheblicher Einfluß auf die strategischen Ziele der Neuproduktentstehung ausgeht.[23] Nach PORTER können Unternehmen gegenüber ihren Konkurrenten Wettbewerbsvorteile erringen, indem sie entweder die Kostenführerschaft erlangen (Strategie der Kostenführerschaft) oder sich durch ihr Leistungsangebot von den übrigen Anbietern derart unterscheiden, daß sie in der gesamten Branche aus der Sicht der Abnehmer den Status der Einzigartigkeit einnehmen (Strategie der Differenzierung). Eine weitere dritte Strategieart besteht in der Konzentration auf Marktnieschen (Konzentration auf Schwerpunkte), um in diesen wieder mit der Strategie der Kostenführerschaft oder der Differenzierung zu agieren.

---

20 Zur inhaltlichen Abgrenzung dieser Wachstumsstrategien vgl. z.B. Ansoff,H.I.: (Diversification) S.114; Rüth,D.: (Planungssysteme) S.269ff; Meffert,H.: (Marketing) S.91f.

21 Quelle: Ansoff,H.I.: (Diversification) S.114; siehe auch Ansoff,H.I.: (Strategic management) S.13; Meffert,H.: (Marketing) S.90; Kreikebaum,H.: (Unternehmensplanung) S.51

22 Es sei darauf hingewiesen, daß die Erfolgswahrscheinlichkeit bei der Strategie der Produktentwicklung gegenüber der Strategie der Diversifikation im allgemeinen wesentlich höher ist. Vgl. hierzu Stockbauer,H.: (F&E Controlling) S.119 und die dort zitierten Untersuchungen.

23 Vgl. hierzu und zu den nachstehenden Ausführungen Porter,M.E.: (Wettbewerbsstrategie) S.62ff.

Mit der *Strategie der Kostenführerschaft* wird angestrebt, über eine Reihe von Maßnahmen die Stückkosten unter das Niveau der wichtigsten Konkurrenten zu senken, um anschließend durch niedrige Produktpreise im Volumengeschäft Wettbewerbsvorteile zu erzielen.[24] Die Neuproduktentstehung kann die Strategie der Kostenführerschaft unterstützen, wenn durch sie kostenverursachende Faktoren beeinflußt werden. Dies kann beispielsweise durch neue Produkte mit niedrigem Materialverbrauch und/oder neue Fertigungsverfahren mit geringerem Arbeitskräfteeinsatz erreicht werden.[25] Durch ein konsequentes Ausnutzen von weiteren Rationalisierungsmaßnahmen, wie z.B. die Standardisierung von Produktteilen und Produkten, lassen sich zusätzliche Kostendegressionseffekte erzielen, die sich vor allem bei der Realisation von "economies of scale" bzw. Erfahrungskurveneffekten auswirken. Einzigartige Kostenvorteile können auch durch den Zugang zu neuen Rohstoffquellen, die Wahl von Entwicklungs- und Fertigungsstandorten, die Entwicklungs- und Fertigungstiefe, die staatliche Subventionierung sowie den Schutz des Produkt- und Prozeß-Know-Hows erzielt und/ oder erhalten werden.[26]

Die *Strategie der Differenzierung* zielt auf Produktpräferenzen und eine Markenloyalität beim Kunden ab, durch die er letztlich bereit sein soll, einen relativ hohen Preis zu akzeptieren. Diese Strategie läßt sich durch neue Produkte mit mehr Funktionen und einer höheren Qualität unterstützen, aber auch durch neue Entwicklungs- und Fertigungsverfahren, die eine flexiblere Reaktion auf die Marktbedingungen zulassen sowie eine bessere Qualitätskontrolle und verläßlichere Fertigungszeiteinhaltung ermöglichen.[27]

Es kann folgendes Fazit gezogen werden: Die strategische Planung der Neuproduktentstehung dient dem Erkennen, Aufbau und Erhalt von Erfolgspotentialen. Der Aufbau und Erhalt von neuproduktentstehungsbezogenen Erfolgspotentialen stellt ihre oberste strategische Zielsetzung dar. Zur Erreichung dieser Zielsetzung beinhaltet die Strategie der Neuproduktentstehung weitere unternehmensspezifische Ziele und Maßnahmen. Bei der Entwicklung dieser Ziele und Maßnahmen müssen sowohl die Beziehungen zu der Unternehmensgesamtstrategie und zu den Geschäftseinheitsstrategien als auch die Interdependenzen zu den Funktionsbereichsstrategien berücksichtigt werden.

---

24   Vgl. auch Zäpfel,G.: (Strategisches) S.85
25   Ähnlich Zahn,E.: (Technologiemanagement) S.32
26   Vgl. Perillieux,R.: (Zeitfaktor) S.68f.
27   Ähnlich Zahn,E.: (Technologiemanagement) S.34

3.2.4.2. Strategische Kontrolle der Neuproduktentstehung

Der strategischen Kontrolle der Neuproduktentstehung im Sinne einer zukunftsorientierten Kontrolle kommt in bezug auf die strategische Planung der Neuproduktentstehung eine besonders hohe Bedeutung zu. Diese ergibt sich in erster Linie
aus den unvermeidlichen Defiziten der strategischen Planung im allgemeinen und
der strategischen Planung der Neuproduktentstehung im speziellen sowie der
daraus resultierenden Gefahr des Scheiterns von Strategien. Eine Nicht- oder
Teilrealisation von Strategien kann mit gravierenden Konsequenzen für das Unternehmen verbunden sein, da dies eine Gefährdung der Erfolgspotentiale und damit
des ökonomischen Unternehmenserfolges nach sich ziehen kann.[1] Um die Besonderheiten der strategischen Kontrolle der Neuproduktentstehung aufzeigen zu
können, empfiehlt es sich, zunächst auf die Defizite der strategischen Planung
einzugehen.

Die strategische Planung ist ein Führungsinstrument, das entwickelt wurde, um ein
Unternehmen angesichts der zunehmenden Komplexität[2] und wachsenden Dynamik[3] seiner Umwelt vorausschauend lenken zu können.[4] Um diese Aufgabe zu
erfüllen, müßte sie alle wesentlichen Probleme der betrieblichen Gestaltung antizipieren und aus Sicht einer stimmigen Gesamtordnung lösen.[5] Dieser in der
Planungstheorie zu findende synoptische Planungsansatz erweist sich jedoch in der
Praxis als nicht handhabbar.[6]

Die Planungspraxis begegnet im allgemeinen der Komplexität durch eine Reduktion des Entscheidungsraumes auf die problemrelevanten Elemente. Mit den damit
verbundenen Selektionsakten bzw. Ausblendungen geht notwendigerweise auch die
Gefahr einher, daß unternehmensbedrohende Einflüsse nicht mehr wahrgenommen
werden. Dies gilt um so mehr als auch durch die Wahl der Selektionskriterien ein
Filter geschaffen wird, der möglicherweise dazu führt, daß gänzlich falsche
Planungsprobleme identifiziert und gelöst werden.[7]

---

1   Vgl. Naumann,C.: (Steuerung) S.34; Hesse,U.: (Technologie-Controlling) S.247
2   Die "Komplexität" setzt sich zusammen aus der Außenkomplexität (Komplexität der
      Unternehmensumwelt) und der Innenkomplexität (innerbetriebliche Unternehmenskom-
      lexität).
3   Die "Dynamik" der Umweltentwicklung drückt sich durch die Häufigkeit und Geschwin-
      digkeit der Veränderung von unternehmensrelevanten Größen aus [vgl. Horváth,P.:
      (Controlling) S.3f.] Sie ist je nach Branche unterschiedlich stark ausgeprägt. Eine beson-
      dere Form der Dynamik stellen "Diskontinuitäten" dar. Es handelt sich dabei um abrupte
      Veränderungen - Strukturbrüche oder Unstetigkeiten - der Unternehmensumwelt, die
      nachhaltig den Unternehmenserfolg beeinflussen können, sei es als Gefahr oder als
      unvorhergesehene Chance. Vgl. Ansoff,H.I.: (Unternehmensführung) S.263;
      Trux,W./Müller,G./Kirsch,W.: (Management) S.319
4   Die strategische Planung in der Bundesrepublik Deutschland gewinnt seit Beginn der
      70er Jahre zunehmend an Bedeutung, da immer häufiger Krisensituationen (wie z.B. die
      Ölkrise 1973) auftraten, denen die Unternehmen teilweise unvorbereitet
      gegenüberstanden.
5   Vgl. Schreyögg,G./Steinmann,H.: (Kontrolle) S.394
6   Vgl. zur synoptischen Planung z.B. Meyer zu Selhausen,H.: (Planung) Sp.746f.
7   Vgl. Schreyögg,G./Steinmann,H.: (Kontrolle) S.394

Die Berücksichtigung der zukünftigen Umweltentwicklung in der Planung erfolgt üblicherweise durch Prognosen. Eine dynamische, teilweise turbulente Unternehmensumwelt läßt sich jedoch durch Prognosen nicht vollständig erfassen. Dies kann auch nicht durch eine Verbesserung der Prognosemethoden erreicht werden.[8] Zum einen sind nämlich aufgrund der Virulenz der Umwelt die für das Unternehmen relevanten Umwelteinflüsse und die zwischen ihnen bestehenden oft vielfältigen Wechselbeziehungen nicht eindeutig bekannt. Zum anderen lassen sich die Auswirkungen dieser Umwelteinflüsse zumeist nicht quantifizieren, sondern lediglich qualitativ beschreiben.[9] Diese Aussagen implizieren, daß mit einer Ausweitung des Planungshorizontes und der damit auch unweigerlich verbundenen mangelnden Überschaubarkeit der Umweltentwicklung eine recht große Prognoseunsicherheit einhergeht. Auch bei Anwendung noch so subtiler Prognosemethoden ist die strategische Planung unweigerlich immer eine Planung unter Unsicherheit, die folglich bei isoliertem Einsatz zu einer unbefriedigenden Lösung der unternehmerischen Gestaltungsprobleme führen kann.

Zusammenfassend läßt sich also festhalten, daß sich die Defizite der Planung und hier insbesondere der strategischen Planung sowohl aus der Prognoseunsicherheit als auch aus der Selektionstätigkeit zur Schaffung handhabbarer Entscheidungsfelder (Komplexitätsreduzierung) ergeben. Die durch die Planung geschaffene Transparenz und Ordnung der Entscheidungssituation birgt infolgedessen fundamentale Risiken in sich, nämlich die der Fehlselektion und der nicht vollständig beherrschbaren diskontinuierlichen Umweltveränderungen. Die "Unternehmensführung steht also im Spannungsfeld von Selektion und Risiko bzw. Ordnung und Überraschung."[10] Daraus resultiert auf der strategischen Managementebene die Aufgabe, Vorkehrungen zur Handhabung dieser Risiken zu schaffen. Diese Aufgabe läßt sich der strategischen Kontrolle zuordnen. Sie hat damit als eine ex-ante-gerichtete Kontrolle frühzeitig auf Überraschungen und Veränderungsnotwendigkeiten hinzuweisen. Dazu muß sie Informationen bereitstellen, mit denen beurteilt werden kann, ob die einer Strategie zugrundeliegenden Annahmen noch tragfähig sind oder verändert werden müssen.

Eine höhere Aufmerksamkeit ist der strategischen Kontrolle erst in jüngster Zeit nach konkreten Erfahrungen mit Unternehmenskrisen geschenkt worden. Es zeigte sich immer wieder, daß Unternehmen nicht hinreichend vorbereitet waren, um notwendige strategische Umgestaltungen rechtzeitig durchführen zu können.[11] Die Auffassungen darüber, wie eine Kontrolle strategischer Pläne auszusehen habe, reichen von einer feed-back gerichteten strategischen Ergebniskontrolle auf der Basis eines Soll/Ist-Vergleiches bis hin zum Ansatz, strategische Kontrolle als eine

---

8 So führt ACKOFF kritisch an: "Little wonder than that the business of foreseeing the future has enjoyed such phenomenal growth in the recent past." Ackoff,R.L.: (prediction) S.59; vgl. auch Schreyögg,G./Steinmann,H.: (Kontrolle) S.395

9 Vgl. Munari,S./Naumann,C.: (Strategische Steuerung) S.377f.

10 Schreyögg,G./Steinmann,H.: (Kontrolle) S.396

11 Vgl. Schreyögg,G./Steinmann,H.: (Praxis) S.40

Art "Superfunktion" anzusehen, die alle strategischen Gestaltungsaktivitäten, also auch die der strategischen Planung, umfaßt.[12] Angesichts dieser unterschiedlichen Auffassungen zur strategischen Kontrolle ist daher der Frage nachzugehen, welche Konzeption der strategischen Kontrolle für die Gestaltung der Neuproduktentstehung geeignet ist.

Ausgehend von dem in Abschnitt 3.2.2.1. diskutierten Planungs- und Kontrollprozeß ist die Kontrolle eine der Planung nachgelagerte Phase.[13] Sie basiert danach auf einem Soll/Ist-Vergleich zwischen den Vorgaben der Planung (Soll-Größen) und dem Ergebnis bereits realisierter Maßnahmen (Ist-Größen). Für eine strategische Kontrollkonzeption, welche die oben erörterten Aufgaben wahrnehmen soll, erweist sich diese feed-back-Kontrolle als zu eng. Ihre Unzulänglichkeit geben die folgenden zwei Aspekte wieder:[14]

- *zeitlicher Aspekt*: Die Kontrollinformationen kommen zu spät, da sie als ex post Werte auf bereits ergriffenen Maßnahmen einer Strategierealisation basieren und damit weitestgehend aussagelos für eine Planrevision sind;
- *sachlicher Aspekt*: Erfolgte Änderungen von Prämissen werden nicht offengelegt. Signalisiert beispielsweise der Soll/Ist-Vergleich eine weitgehende Übereinstimmung, wäre demnach keine Planrevision erforderlich. Im Hintergrund können sich aber gravierende Veränderungen der Planungsprämissen ergeben haben, deren Wirkungen sich zunächst kompensierten.[15]

Eine strategische Kontrollkonzeption ist *nicht* eine bloße Ergänzung der strategischen Planung, sie steht vielmehr in einem kompensatorischen Verhältnis zu ihr.[16] Mit anderen Worten, sie hat grundsätzlich die Risiken, die sich aus den Defiziten der Planung ergeben, zu kompensieren. Da auch durch sie diese Risiken nicht vollständig beherrscht werden können, läßt sie sich eher als ein Gegengewicht zur strategischen Planung auffassen.[17]

12	Vgl. Schreyögg,G./Steinmann,H.: (Kontrolle) S.391f. sowie die dort angegebene Literatur.
13	Vgl. Abschnitt 3.2.2.1., insbesondere Abbildung 3.2.2.1./1
14	Vgl. Schreyögg,G./Steinmann,H.: (Kontrolle) S.392f.
15	So konstatiert GÄLWEILER: "Eine Kontrolle der strategischen Planung im Sinne des üblichen Soll/Ist-Vergleiches anhand einer Überwachung der späteren Zielerreichung nützt normalerweise nicht mehr viel. Sie bringt nur späte Erkenntnisse, wie man vorher hätte entscheiden und handeln müssen." Gälweiler,A.: (Kontrolle) S.384f. vgl. auch Ziegenbein,K.: (Controlling) S.247
16	Vgl. hierzu und zu den folgenden Ausführungen Schreyögg,G./Steinmann,H.: (Kontrolle) S.397ff.
17	SCHREYÖGG und STEINMANN gehen in ihrer Auffassung zur strategischen Kontrolle sogar soweit, daß sie feststellen "Kontrolle wird zur Bedingung der Möglichkeit von Planung." Schreyögg,G./Steinmann,H.: (Kontrolle) S.396

Für eine differenzierte Betrachtung von potentiell relevanten Aktivitäten einer strategischen Kontrolle werden im weiteren die

- Prämissenkontrolle,
- Planfortschrittskontrolle und
- Zielkontrolle

näher untersucht.[18] Im Anschluß an die jeweilig diskutierten Kontrollarten wird auf die Besonderheiten im Rahmen der strategischen Kontrolle der Neuproduktentstehung eingegangen.

Die Planungen eines Unternehmens lassen sich nicht isoliert von den ihnen zugrundeliegenden Rahmenbedingungen durchführen. Diese Rahmenbedingungen sollen hier als *Prämissen* der Planung aufgefaßt werden. Sie umfassen zum einen die von dem Unternehmen nicht beeinflußbaren Größen und Gesetzmäßigkeiten.[19] Zum anderen fallen unter die Planungsprämissen auch solche Vorgaben, die nur für die jeweilige spezifische Planung Gültigkeit besitzen. Die Prämissen erstrecken sich sowohl auf unternehmensexterne als auch auf unternehmensinterne Einflußgrößen.

Die *unternehmensexternen Prämissen* resultieren aus der Unternehmensumwelt.[20] Sie stellen in erster Linie nicht durch das Unternehmen beeinflußbare Größen dar. *Unternehmensinterne Planungsprämissen* ergeben sich insbesondere aus der Unternehmenskultur, den Vorgaben aus übergeordneten hierarchischen Managementebenen, der Unternehmensgröße, den zur Verfügung stehenden Potentialen bzw. Ressourcen sowie den Schnittstellen zwischen einzelnen Funktionsbereichen des Unternehmens. Die Berücksichtigung von unternehmensinternen Prämissen wird vor allem in Abhängigkeit des zeitlichen Bezugsrahmens der Planung gesehen. Wegen des eher langfristigen Charakters der strategischen Planung werden teilweise in der Literatur die unternehmensinternen Rahmenbedingungen als weitestgehend veränderbar eingestuft und daher nicht als Prämissen der strategischen Planung betrachtet.[21] Im Gegensatz zu dieser Sichtweise wird hier die Auffassung verteten, daß auch unternehmensinterne Gegebenheiten Prämissen der strategischen Ebene sein können. Dies läßt sich zum einen dadurch begründen, daß die Unternehmenskultur und die Unternehmenspolitik den Rahmen für die Strategieplanung abstecken. Zum anderen ist der unternehmensinterne Bedingungsrahmen bei strategischen Entscheidungen zu berücksichtigen, die kurzfristig erfolgen müssen, um die Chancen aus einer Marktveränderung wahrzunehmen. Steht dabei die Frage an, ob ein grundsätzlich neues Betätigungsfeld eröffnet werden soll, so stellen z.B. die finanzielle Situation und das vorhandene Know How des Unternehmens sowie die Querverbindungen zu den angestammten Geschäftsfeldern unternehmensinterne Rahmenbedingungen der strategischen Entscheidungen dar.

---

18   Siehe zu diesen Kontrollarten auch Abschnitt 3.2.2.1., insbesondere Abbildung 3.2.2.1./3
19   Vgl. Küpper,H.-U.: (Controlling) S.873
20   Vgl. hierzu Abschnitt 4.3.6.
21   Vgl. z.B. Geschka,H./Hammer,R.: (Szenario-Technik) S.225

Mit der bewußten Setzung von zumeist als kritisch erachtete Rahmenbedingungen der Planung wird zugleich eine große Anzahl möglicher anderer Zustände ausgeblendet. Daraus leitet sich als ein Tätigkeitsfeld der strategischen Kontrolle ab, diese explizit gesetzten Prämissen daraufhin zu überwachen, ob sie sich im Verlauf des strategischen Planungs- *und* Realisationsprozesses verändern (Prämissenkontrolle). Die Einbeziehung der Strategierealisation bzw. -umsetzung in die Prämissenkontrolle ist notwendig, da Veränderungen von Prämissen im Zuge der Strategieumsetzung in Form von Störungen spürbar werden, die Handlungen behindern bzw. erwartete Ergebnisse verfälschen.[22] Durch frühzeitiges Erkennen solcher Veränderungen ist es unter Umständen möglich, noch vor Abschluß der Durchführung Anpassungsmaßnahmen zu ergreifen.[23]

Die strategische Prämissenkontrolle ist folglich als eine fortlaufende, prozeßbegleitende und nicht nur eine periodisch zeitbezogene Kontrolle zu verstehen. Die Forderung nach einer fortlaufenden Kontrolle der Prämissen resultiert aus der nicht oder nur unzureichend beherrschbaren Dynamik und Komplexität durch die strategische Planungspraxis.[24] Befragungen in Unternehmen, in denen eine strategische Unternehmensplanung eingerichtet ist, haben gezeigt, daß die Formulierung bzw. Überarbeitung von strategischen Plänen routinemäßig - zumeist jährlich - erfolgt, nach einem fest terminierten Zeitplan (Planungskalender).[25] Eine strategische Prämissenkontrolle, die diesem Rhythmus folgt, verfehlt jedoch die ihr hier zugedachte Aufgabenstellung, da sie kritische Veränderungen von Prämissen innerhalb des Zeitraumes zwischen den Kontrollzeitpunkten nicht wahrnimmt. Aus diesem Grund wird hier der Auffassung gefolgt, daß die strategische Prämissenkontrolle fortlaufend durchzuführen ist, und sich nicht an einen Planungskalender zu orientieren hat.[26] Damit wird zugleich die Ansicht vertreten, daß die strategische Kontrolle die Notwendigkeit und die Häufigkeit von Neuplanungen bestimmt.[27]

Ein weiteres Aufgabengebiet, das hier ebenfalls der strategischen Prämissenkontrolle zugeordnet wird, resultiert aus den Rahmenbedingungen, die nicht als relevant genug erachtet wurden, um in die strategische Planung explizit einzufließen. Sei es, daß sie zum Planungszeitpunkt nicht erkannt oder als nicht relevant eingestuft wurden. Ein Ansatz für eine praktikable Handhabung dieses weit gefaßten Kontrollgebietes stellt die Beobachtung von Krisenanzeichen dar.[28] "Die Identifikation einer Umweltveränderung als Bedrohung oder auch schon als Krise wird möglich, weil durch die vorlaufende planerische Selektionsleistung und ihre

---

22   Vgl. Steinmann,H./Schreyögg,G.: (Managementprozeß) S.124

23   Vgl. Küpper,H.-U.: (Controlling) S.873

24   Vgl. Schreyögg,G./Steinmann,H.: (Kontrolle) S.401

25   Vgl. Schreyögg,G./Steinmann,H.: (Praxis) S.45

26   Vgl. Schreyögg,G./Steinmann,H.: (Praxis) S.45

27   Vgl. Schreyögg,G./Steinmann,H.: (Praxis) S.48; sinnvollerweise sollte eine Neuplanung nicht schon aufgrund einer marginalen Veränderung der Prämissen eingeleitet werden, sondern erst dann, wenn bestimmte kritische Werte über- oder unterschritten werden.

28   Vgl. Steinmann,H./Schreyögg,G.: (Managementprozeß) S.125, Schreyögg,G./ Steinmann,H.: (Kontrolle) S.404 sowie die dort angegebene Literatur.

Verdichtung zu einer Strategie der Bezugspunkt gesetzt ist, um Nachrichten einen "krisenhaften" Sinn zuschreiben zu können."[29]

An dieser Stelle zeigt sich die Nähe der strategischen Kontrolle zu den in der Literatur diskutierten Konzepten der strategischen Frühaufklärung bzw. des "Issue Managements", deren erklärte Absicht es ist, mögliche Gefahren, aber auch Chancen bereits frühzeitig als relativ unbestimmte "schwache Signale" aufzufangen.[30] Darüber hinaus wird insgesamt die zentrale Stellung der Analyse und Prognose der betrieblichen Umwelt sowie des Unternehmens deutlich, sowohl für die strategische Planung als auch für die strategische Kontrolle. Während jedoch die Analyse- und Prognoseaktivitäten im Rahmen der strategischen Planung vorrangig auf das systematische Erkennen von strategischen Chancen und Handlungsalternativen ausgerichtet sind, liegt der Schwerpunkt bei der strategischen Kontrolle auf der Identifizierung von Veränderungen der Prämissen sowie deren Abschätzung bezüglich der Auswirkungen auf die Strategie und damit auf die zu haltenden und/oder aufzubauenden Erfolgspotentiale.

Dem Wesen nach geht es bei der Prämissenkontrolle darum, möglichst alle relevanten Prämissen zum Zeitpunkt der Prämissensetzung zu erfassen (Istaufnahme) sowie ihre Entwicklungen bis hin zum Planungs- bzw. Realisationshorizont zu prognostizieren (Wird-Größen), um anschließend einen Wird/Ist-Vergleich durchführen zu können. Im Falle einer Abweichung wird eine Abweichungsanalyse erforderlich, auf deren Basis dann zu entscheiden ist, ob die Pläne zu revidieren sind.

Im folgenden ist zu erörtern, wie sich die Prämissen aus Sicht einer strategischen Kontrolle der Neuproduktentstehung zusammensetzen. Der Aufbau und Erhalt von Erfolgspotentialen der Neuproduktentstehung durch die Ziele und Maßnahmen der Neuproduktentstehungsstrategie kann nicht losgelöst von den unternehmensinternen und -externen Gegebenheiten betrachtet werden. Somit sind auch im Rahmen der strategischen Kontrolle der Neuproduktentstehung unternehmensinterne und -externe Prämissen zu unterscheiden. Bedeutende internen Prämissen, welche die strategische Planung der Neuproduktentstehung beeinflussen, resultieren aus den Vorgaben der Unternehmenspolitik, vor allem in Form des Management- und Innovationskonzeptes,[31] aus der Unternehmenskultur und der Unternehmensgröße.[32] Eine besondere Funktion kommt der strategischen Kontrolle der Neuproduktentstehung im Zusammenhang mit strategischen Projekten[33] zu. Sie läßt sich diesbezüglich als projektbezogene strategische Prämissenkontrolle auffassen. Ihr

---

29   Schreyögg,G./Steinmann,H.: (Kontrolle) S.404 (im Original zum Teil hervorgehoben)
30   Vgl. dazu Ansoff,H.I.: (Strategic Issue Management); Ansoff,H.I.: (Unternehmens-
      führung); Ansoff,H.I.: (Discontinuity-Strategic); Kreikebaum,H.: (Analysis)
31   Vgl. die Abschnitte 4.2.1. und 4.2.2.
32   Zur Unternehmensgröße als Rahmenbedingung für die strategischen Zielsetzungen zur
      Neuproduktentstehung vgl. Abschnitt 4.3.6.
33   Vgl. Abschnitt 3.2.5.2.

obliegt die Analyse der Frage, ob die im Rahmen der strategischen Planung getroffenen Annahmen für ein strategisches Projekt weiterhin Gültigkeit besitzen.[34]

Für eine strategiebezogene Unternehmensgestaltung sollte zusätzlich zur Prämissenkontrolle die *Planfortschrittskontrolle* eingesetzt werden. Deren Gegenstand sind nicht die Prämissen, sondern die Planwirkungen. Da auch die Planfortschrittskontrolle als strategische Kontrolle zukunftsorientiert ist, obliegt ihr der Vergleich zwischen vorgegebenen Plan- bzw. Zielgrößen (Soll-Größen) und den bis zum Realisationshorizont prognostizierten Werten (Wird-Größen) der Zielerreichung. Derartige feed-forward Kontrollinformationen lassen sich jedoch erst nach dem Übergang von der Planung zum Handeln ermitteln, weil im Planungsstadium Wirkungszusammenhänge nicht bekannt oder erkennbar sind, die sich erst im Realisationsprozeß zeigen.[35]

Wegen des langfristigen Horizontes der strategischen Pläne und der sich daraus ergebenden Unsicherheit wird in der Praxis üblicherweise so vorgegangen, daß ein konkreter strategischer Plan (Strategie) in einzelne überschaubare Planabschnitte (Meilensteine) aufgeteilt wird, um so schrittweise die Strategie zu realisieren. Diese Grundlage ermöglicht es, fundiertere Prognosen über die zu erwartende Gesamtergebnisse der Planrealisation zu erstellen.[36]

Im Falle der strategischen Kontrolle der Neuproduktentstehung hat die Planfortschrittskontrolle Informationen über den Fortschritt der Durchführung bzw. Realisation der Neuproduktentstehungsstrategie und/oder von strategischen Projekten (strategische Projektfortschrittskontrolle) zu generieren. Bei dieser Kontrolle geht es jedoch nicht darum, einen festgestellten Ist-Wert einem Zielwert (Teilziel des Planabschnittes oder strategisches Ziel) gegenüberzustellen. Vielmehr sind Kontrollinformationen bereitzustellen, die frühzeitig Hinweise geben auf die Notwendigkeit entweder einer Korrektur bzw. Revision der Neuproduktentstehungsstrategie oder eines Abbruchs von strategisch wichtigen Projekten, und zwar noch vor Abschluß der Realisierung. Dies ist nur möglich, wenn eine Wird-Aussage formuliert und mit einem strategischen Ziel der Neuproduktentstehungsstrategie verglichen wird. Ein einfaches Beispiel soll die Vorgehensweise und Zusammenhänge verdeutlichen.[37]

Ein strategisches Ziel könnte beispielsweise heißen: Senkung der Aufwendungen bei der Neuproduktentwicklung um 40% in den nächsten 5 Jahren. Aus Vereinfachungsgründen sei angenommen, daß die Planabschnitte jeweils den Zeitraum von einem Jahr umfassen. Für den Planabschnitt I (Zeitraum vom Beginn der Stra-

---

34 Vgl. Weber,J.: (Grundlagen) S.137
35 Vgl. Schreyögg,G./Steinmann,H.: (Kontrolle) S.402; die an dieser Stelle von SCHREYÖGG und STEINMANN genannte "Durchführungskontrolle" ist nicht mit der Planfortschritts-kontrolle gleichzusetzen, da die "Durchführungskontrolle" auf einem Soll/Ist-Vergleich basiert.
36 Vgl. Küpper,H.-U.: (Controlling) S.873
37 Vgl auch das Beispiel von Heuer,M.F.: (Kontrolle) S.84

tegieumsetzung t_0 bis zum Ende des ersten Jahres t_1) sei beispielsweise ein vorgegebenes Teilziel: Senkung des Verbrauches von Versuchsmaterial um 10%. Die Vorgabe eines solchen Teilzieles impliziert, daß die Erwartung besteht, das wenn im ersten Jahr der Strategieumsetzung eine 10% ige Verbrauchsreduzierung von Versuchsmaterial vorliegt das strategische Ziel "Senkung der Entwicklungsaufwendungen bei Neuprodukten um 40%" zu erreichen. Wird nun nach Abschluß des Planabschnittes I als Ist-Wert festgestellt, daß lediglich eine 8% ige Reduzierung des Verbrauches von Versuchsmaterial eingetreten ist, so zeigt der Soll/Ist-Vergleich, bezogen auf das Teilziel, eine Verfehlung des Ziels um 2%. Für eine strategische Kontrolle nach der hier vertretenen Auffassung ist diese Aussage unzureichend. Sie läßt offen, welche Auswirkungen sich durch eine nur 8% ige Senkung des Versuchsmaterials auf die Erreichung der Teilziele in den übrigen Planabschnitten sowie des strategischen Ziels ergeben. Dieser ex-ante Bezug macht es erforderlich, daß für eine zukunftsorientierte strategische Kontrolle derartige Ist-Werte über eine Prognose in Wird-Aussagen transformiert werden, um sie dann mit den Soll-Größen künftiger Teilziele und vor allem mit dem strategischen Ziel zu vergleichen (Soll/Wird-Vergleich).

Durch die Planfortschrittskontrolle lassen sich - ähnlich wie bei der Prämissenkontrolle - zukünftige Abweichungen frühzeitig erkennen. Nach einer genaueren Abweichungsanalyse können entweder Korrekturmaßnahmen initiiert werden oder die Strategien revidiert bzw. abgebrochen werden. Letzteres sollte dann erfolgen, wenn festgelegte kritische Werte über- oder unterschritten werden.[38] Das Zusammenwirken von Prämissen- und Planfortschrittskontrolle ist in der *Abbildung 3.2.4.2./1* aufgezeigt.

Als eine weitere wichtige Kontrollart sollte die *Zielkontrolle* in die strategische Kontrollkonzeption der Neuproduktentstehung eingehen. Es handelt sich dabei in erster Linie um einen Vergleich verschiedener strategischer Planziele (Soll-Werte). Die strategischen Ziele sind einerseits untereinander auf Zielkonsistenz und andererseits in bezug auf die Berücksichtigung von Vorgaben der normativen Managementebene (oberste Unternehmensziele) und der Unternehmenskultur zu überprüfen. Dies sollte noch vor der Durchführung der strategischen Pläne im Rahmen einer Realisierbarkeitsprüfung geschehen.

---

38   Vgl. Schreyögg,G./Steinmann,H.: (Kontrolle) S.403

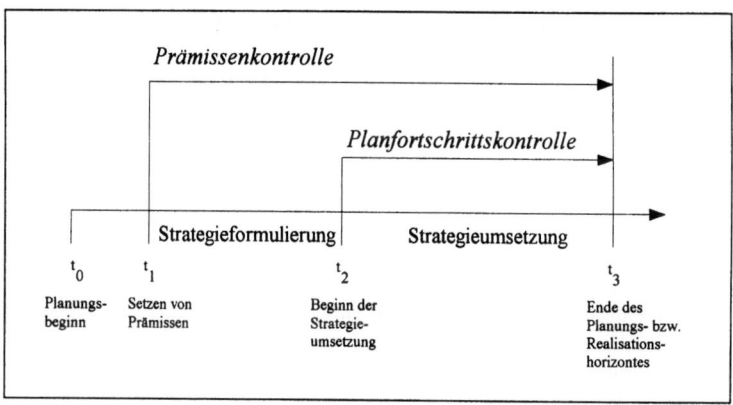

Abb. 3.2.4.2./1: *Strategische Kontrolle*[39]

In einer Realisierbarkeitsprüfung sollte zum einen festgestellt werden, ob die Ziele untereinander verträglich sind und zum anderen, ob sie auch erreichbar bzw. umsetzbar sind.[40] Dabei sollte auch hinterfragt werden, ob die vorgegebene Zielausprägung (Anspruchsniveau) unter Beachtung der Rahmenbedingungen realistisch ist.

Auf die Notwendigkeit sowohl der Abstimmung zwischen der Neuproduktentste-hungsstrategie mit anderen funktionalen Strategien als auch ihrer Einbindung in den Gesamtzusammenhang der Unternehmensstrategien ist bereits in Abschnitt 3.2.4.1. hingewiesen worden. Durch eine Zielkontrolle auf der strategischen Management-ebene werden die Ergebnisse dieser Abstimmprozesse, nämlich die Planziele der jeweiligen Strategien, auf ihre Verträglichkeit (Harmonie) hin überprüft (Soll/Soll-Vergleich). Gerade für die strategischen Ziele der Neuproduktentstehung ist dies wichtig, da für ihr Erreichen oftmals alle betrieblichen Funktionsbereiche einbezo-gen werden müssen.

---

39   Quelle: In modifizierter Form entnommen von Steinmann,H./Schreyögg,G.: (Manage-mentprozeß) S.123
40   Vgl. hierzu und zu den nachfolgenden Ausführungen Schweitzer,M.: (Planung) S.52f.

3.2.5. Operative Planung und Kontrolle der Neuproduktentstehung

3.2.5.1. Operative Programmplanung und -kontrolle der gesamtunternehmensbezogenen Neuproduktentstehung

Die Ergebnisse der strategischen Managementebene geben - wie bereits erwähnt - den Orientierungsrahmen für die operative Managementebene vor. Eine wichtige Aufgabe des operativen Managements besteht nun darin, die strategischen Vorgaben zu konkretisieren und in betriebliches Handeln umzusetzen. Insofern stehen die operativen Entscheidungen und Handlungen in einer Vollzugsfunktion zur strategischen Planung.[1] Zugleich vollzieht sich im Übergang von der strategischen zur operativen Ebene auch ein Wandel in der Fragestellung. Während auf der strategischen Managementebene die Effektivität im Mittelpunkt steht, mit der Frage "are we doing the right things?", geht es auf der operativen Ebene um die effiziente Implementierung der Strategie, also um die Frage "are we doing the things right?"[2]

Um die je nach strategischer Maßnahme unterschiedlich konkret fixierten Vorgaben[3] in betriebliches Handeln umzusetzen, ist in einem ersten Schritt auf der operativen Ebene zu klären, durch welche Maßnahmen sich die Strategien realisieren lassen. Das Ergebnis dieser Klärungen führt zu einem mittelfristigen Programm, bei dem die im Planungszeitraum durchzuführenden Maßnahmen den vorhandenen Potentialen (Kapazitäten) pauschal zugeordnet sind.[4]

Ausgehend von den mit der Unternehmensgesamt-, den Geschäftsfeld- und Funktionsbereichsstrategien abgestimmten strategischen Zielen und Maßnahmen einer Neuproduktentstehungsstrategie, ist daher auf der operativen Managementebene die Frage nach der Zusammensetzung des *gesamtunternehmensbezogenen Programms zur Neuproduktentstehung* zu stellen. Das Programm zur Neuproduktentstehung sollte neben allen Neuproduktprojekten im Unternehmen auch die sonstigen Projekte umfassen, die zwar losgelöst von einem konkreten Neuproduktvorhaben sind, aber im mittelbaren Zusammenhang mit einer erfolgreichen

---

1   Vgl. Steinmann,H./Schreyögg,G.: (Operative) S.11

2   Vgl. auch Welge,M.K./Al-Laham,A.: (Planung) S.387; zur Effektivität und Effizienz der Neuproduktentstehung vgl. Abschnitt 2.3.

3   Für die Konkretisierung von strategischen Maßnahmen gilt generell, daß sie soweit zu konkretisieren sind, daß sie auf der einen Seite für die Umsetzung der Strategie(n) eine möglichst eindeutige Handlungsorientierung geben (Prinzip der strategischen Vorsteuerung) und auf der anderen Seite der operativen Managementebene ihre Autonomie lassen (Prinzip der operativen Flexibilität). Eine allgemeingültige exakte Grenzziehung zwischen diesen beiden Managementebenen läßt sich damit nicht vornehmen. Die Grenzziehung sollte auch weniger anhand von generell gültigen Kriterien bestimmt werden, sondern vielmehr nach den konkreten sachlichen Erfordernissen einzelner strategischer Maßnahmen. Vgl. Steinmann,H./Schreyögg,G.: (Operative) S.13f.

4   Ähnlich Kern,W.: (Produktionswirtschaft) S.138

Neuproduktentstehung stehen. Dazu ist im Rahmen der Programmerstellung für den Planungshorizont[5] zu klären:[6]

- ob die laufenden Projekte (Neuproduktprojekte sowie nicht unmittelbar neuproduktabhängige Projekte) fortgeführt werden sollen, welche abzuschließen und welche abzubrechen sind;
- ob nach dem Abschluß oder Abbruch bzw. zusätzlich zu den laufenden Vorhaben neue Projekte aufgenommen werden sollen.

Das gesamtunternehmensbezogene Programm zur Neuproduktentstehung ist in Abstimmung mit allen Funktionsbereichen des Unternehmens zu entwickeln. Die Planung dieses Programms stellt sich folglich als funktionsbereichsübergreifender Abstimmprozeß dar, in dem den Funktionsbereichen die Beiträge zugewiesen werden, die sie zu erbringen haben, um die Strategie der Neuproduktentstehung letztlich umsetzen zu können. Dieser Abstimmungsprozeß ist gleichbedeutend mit der Überarbeitung und Spezifizierung von einzelnen Maßnahmen, die zur Umsetzung der funktionalen Strategien dienen sollen. "Von den für alle Funktionsbereiche aufzustellenden Plänen wird gefordert, daß sie, dem Ziel einer integrierten Unternehmensplanung entsprechend, sowohl in zeitlicher als auch in sachlicher Hinsicht voll untereinander abgestimmt sind."[7]

Die bei der Planung des Programms zur Neuproduktentstehung ablaufenden Schritte sind in der *Abbildung 3.2.5.1./1* schematisch dargestellt. Sie werden im folgenden kurz kommentiert.

Im *ersten Schritt* sind die durch das Programm zur Neuproduktentstehung zu erreichenden Ziele aus den Vorgaben der Neuproduktentstehungsstrategie abzuleiten. Damit wird sichergestellt, daß die zu erreichenden operativen Ziele Mittel zur Erreichung der strategischen Ziele sind.[8] Diese operativen Ziele geben letztlich an, für welche strategischen Vorgaben in dem mittelfristigen Planungshorizont ein Handlungsbedarf gesehen wird. Deshalb muß im Rahmen der operativen Zielfestlegung der sachliche und zeitliche Wirkungszusammenhang zwischen strategischer und operativer Ebene berücksichtigt werden.

---

5   Die Ergebnisse der mittelfristigen Programmplanung lassen sich in ein System der langfristigen operativen Planung aggregieren. Vgl. dazu Welge, M.K./Al-Laham,A.: (Planung) S.413

6   Ähnlich Hahn,D.: (Integrierte) S.439; Hahn,D./Laßmann,G.: (Produktionswirtschaft) S.151; Schmelzer, H.J.: (Organisation) S.114;

7   Schreyögg,G.: (Unternehmensstrategie) S.125

8   Zur Ziel-Mittel Relation vgl. Abschnitt 3.1.4.

Abb. 3.2.5.1./1: *Schritte der Planung des Programms zur Neuproduktent-stehung*[9]

Aufbauend auf den mittelfristigen operativen Zielen sind im *zweiten Schritt* die im Planungszeitraum zu verfolgenden Aufgabenschwerpunkte zu ermitteln und die jeweils durchzuführenden Projekte zu definieren.[10] Der Detaillierungsgrad der entsprechenden Projekte sollte nicht allzu hoch sein, da eine genauere Planung im weiteren Verlauf der operativen Umsetzung erfolgt.[11]

An die Festlegung der Projekte schließt sich der *dritte Schritt* an. Er umfaßt die Ermittlung des Zeitbedarfs der einzelnen Projekte sowie der Reihenfolge ihrer Durchführung. Es sollten dabei Interdependenzen zwischen den Projekten aufgezeigt, Realisationszeiträume festgelegt und Meilensteine bestimmt werden.

Der *vierte Schritt* der Programmplanung zur Neuproduktentstehung beinhaltet die Bestimmung des Potential- bzw. Ressourcenbedarfs (z.B. von Human-, Technologie- und Finanzpotential) und der Potentialallokation zur Durchführung der Projekte. Dabei ist zu beachten, daß die Realisation von Projekten in einer wechselseiti-

---

9   Quelle: in abgewandelter Form entnommen von Welge, M.K./Al-Laham,A.: (Planung) S.415

10 Anhaltspunkte allgemeiner Art für die Aufgabengewichtung hinsichtlich Produkt- und Prozeßinnovationen können aus dem Branchenentwicklungsmodell von ABERNATHY und UTTERBACK entnommen werden. Vgl. Abernathy,W.J./Utterback,J.M.: (Patterns) S.97ff.; sowie Brockhoff,K.: (Forschung) S.148; Zäpfel,G.: (Strategisches) S.123; Engelke,P.: (Forschung) S.110

11 Vgl. auch Welge, M.K./Al-Laham,A.: (Planung) S.416

gen Abhängigkeit zu den betrieblichen Potentialen steht.[12] So begrenzt auf der einen Seite der Anfangsbestand an Potentialen den operativen Handlungsrahmen, auf der anderen Seite dient gerade die Umsetzung des Programms dem Aufbau, Erhalt oder Abbau von Potentialen. Diese Interdependenz zwischen den operativen Maßnahmen und den betrieblichen Potentialen erfordert theoretisch eine Simultanplanung, in der sämtliche Handlungsalternativen sowohl zwischen als auch innerhalb der Funktionsbereiche über alle Teilperioden bis zum Planungshorizont in einem Totalmodell erfaßt und im Hinblick auf eine optimale Zielerreichung ausgewertet werden. Ein solches Vorgehen stößt jedoch in der Praxis wegen der nicht beherrschbaren Komplexität von Zusammenhängen auf unüberwindbare Schwierigkeiten.[13]

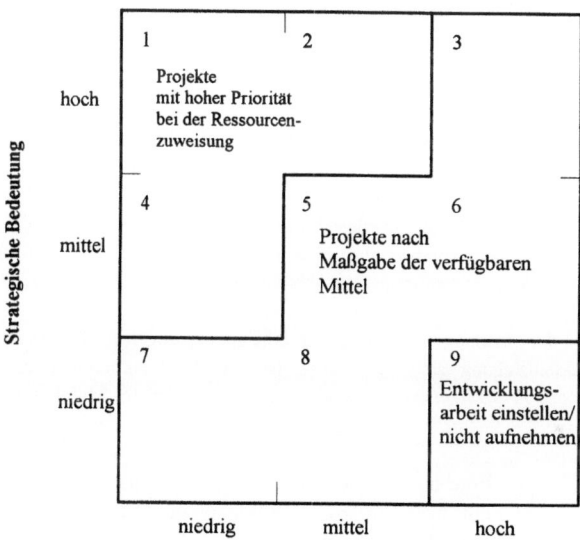

Erforderlicher Potential- bzw. Ressourcenbedarf

Abb.: 3.2.5.1./2: *Prioritäten-Matrix*[14]

---

12   Vgl. hierzu und zu den folgenden Ausführungen Engelke,P.: (Forschung) S.124f.
13   Vgl. Schreyögg,G./Hartmann,U.: (Operative Planung) S.19
14   Quelle: in modifizierter Form entnommen von Stockbauer,H.: (F&E Controlling) S.317

Im allgemeinen wird daher so vorgegangen, daß die Potentialplanung auf der Maßnahmenplanung aufsetzt.[15] Aus den zeitlich und sachlich geordneten Maßnahmen (Projekten) läßt sich zunächst der (Brutto-) Bedarf an Potentialen ableiten. Anschließend ist zu klären, inwieweit dieser Potentialbedarf durch die vorhandenen Potentiale gedeckt wird. Soweit die vorgesehenen Maßnahmen nicht durch den sachlichen und zeitlichen Einsatz der vorhandenen Potentiale realisierbar sind, ist zu entscheiden, ob bestimmte Maßnahmen entfallen sollen bzw. in welchem Umfang weitere Potentiale benötigt werden. Als Grundlage für derartige Entscheidungen kann die in *Abbildung 3.2.5.1./2* dargestellte Prioritäten-Matrix dienen.[16]

Die Projekte werden danach entsprechend ihrer strategischen Bedeutung sowie des zu ihrer Durchführung benötigten Potentialbedarf in der Matrix positioniert. Projekte der Felder 1, 2 und 4 besitzen höchste Priorität bei der Umsetzung des Programms zur Neuproduktentstehung. Die Projekte der Felder 3, 5, 6, 7 und 8 sind abhängig von den noch verfügbaren Mitteln in der Planungsperiode. Gänzlich eingestellt werden sollten i.d.R. solche Projekte, die in Feld 9 plaziert wurden.

Im abschließenden *fünften Schritt* werden dann die Verantwortlichen und die Zuständigkeiten für die Realisation der Projekte bestimmt. Dabei kann, wie *Abbildung 3.2.5.1./3* zeigt, ein Projekt sowohl von nur einem als auch von mehreren Funktionsbereichen realisiert werden. Immanantes Merkmal von Neuproduktprojekten ist die Zusammenarbeit aller oder zumindest mehrerer Funktionsbereiche (siehe Projekt A in der nachfolgenden Abbildung).

Nachdem die Planung des gesamtunternehmensbezogenen Programms der Neuproduktentstehung dargelegt wurde, ist nun die Funktion der *operativen Kontrolle des Produktentstehungsprogramms* zu erörtern. Im Mittelpunkt stehen dabei die

- Ergebniskontrolle als Multiprojektkontrolle,
- Potentialkontrolle als Soll/Wird-Vergleich und
- Verhaltenskontrolle.

---

15   Vgl. Engelke,P.: (Forschung) S.124
16   Weitere quantitative, qualitative und semi-quantitative Instrumente zur Projektbewertung finden sich beispielsweise bei Brockhoff,K.: (Forschung) S.247ff.; Schmelzer, H.-J.: (Organisation) S.114ff.

Projekte Funktions- bereich	A	B	C	D
FB1 (z.B. FuE)	(X)		(X)	(X)
FB2 (z.B. Fertigung)	X	(X)		
FB3 (z.B. Finanz)	X	X		X
FB4 (z.B. Marketing)	X	X		

(X): Federführender FB
FB: Funktionsbereich

Abb. 3.2.5.1./3: *Zuordnung von Projekten zu Funktionsbereichen*[17]

Die Kontrollfunktion auf der operativen Ebene ist vorrangig auf die Realisation des Programms der Neuproduktentstehung ausgerichtet und umfaßt primär Rückkopplungsinformationen, die zur Bewertung der erbrachten Leistungen dienen und Erfahrungswerte für Folgeplanungen liefern sollen. Diese *Ergebniskontrolle* (Soll/Ist-Vergleich) erstreckt sich über alle im Programm enthaltenen Projekte. Eine solche "Multiprojektkontrolle" kann sich sowohl auf den Einsatz der Ressourcen als auch auf die Zielerreichungsgrade von Kosten-, Zeit- und Qualitätszielen beziehen.[18] Zur Darstellung der Kontrollergebnisse über die Projektgesamtheit eignen sich Kosten/Termin-Matrizen, Kostentreue- sowie Termintreue-Diagramme und Auslastungsübersichten der Projektkapazitäten.[19]

Weitere Kontrollaktivitäten können sich auf die frühzeitige Vermeidung von Gefahren durch einen falschen bzw. nicht ausreichenden Potentialeinsatz in Form einer *Potentialkontrolle* als Soll/Wird-Vergleich konzentrieren. Dabei kann zwischen qualitativen und quantitativen Kontrollaspekten unterschieden werden.[20] Unter qualitativen Gesichtspunkten stellt die Potentialkontrolle einen Vergleich zwischen angestrebten Zielen und der Eignung des vorgesehenen Potentialeinsatzes zur Realisierung dieser Ziele dar. So ist beispielsweise zu prüfen, ob das im Rahmen der Planung vorgesehene Personal überhaupt das Know How besitzt, das neue Produkt hervorbringen zu können. Ferner ist in quantitativer Hinsicht zu

---

17 Quelle: in modifizierter Form entnommen von Welge, M.K./Al-Laham,A.: (Planung) S.417
18 Vgl. Schmelzer, H.J.: (Organisation) S.123
19 Vgl. Schmelzer, H.J.: (Organisation) S.124 sowie die dort angegebene Literatur.
20 Es sei angemerkt, daß quantitative Aussagen auf kardinalen Meßskalen basieren, während qualitative Aussagen sich lediglich durch ordinale oder nominale Meßskalen abbilden lassen. Vgl. Bitz,M.: (Strukturierung) S. 81ff.

überprüfen, ob die vorgesehenen Potentiale auch in ausreichendem Maße sachlich und zeitlich zur Verfügung stehen werden. Die Prüfung erstreckt sich dabei sowohl auf das jeweilige Einzelprojekt als auch auf die Projektgesamtheit.

Als letzte Kontrollart soll im Rahmen der operativen Programmkontrolle die *Verhaltenskontrolle* erwähnt werden. Mit der Umsetzung des Programms zur Neuproduktentstehung werden neue Produkte hervorgebracht, neue organisatorische Strukturen geschaffen, neue Sozialbeziehungen aufgebaut und neue Verfahren zur Entwicklung und Fertigung eingeführt. All diese Veränderungen können zu innerbetrieblichen Widerständen[21] führen, die sich im Verhalten der Mitarbeiter niederschlagen. Die Überwachung, ob und in welcher Weise Verhaltensnormen, -regeln und -anweisungen eingehalten werden, obliegt der Verhaltenskontrolle. Um zu gewährleisten, daß sich das Mitarbeiterverhalten nicht gegen eine Veränderung im Unternehmen richtet, sollte auch die Verhaltenskontrolle zukunftsorientiert auf der Basis eines Soll/Wird-Vergleiches erfolgen. Bei der Verhaltenskontrolle ist jedoch die Besonderheit zu berücksichtigen, daß sie nur zum Teil ergebnisorientiert sein kann; denn das Mitarbeiterverhalten wird außer von den vorgegebenen Unternehmenszielen wesentlich durch individuelle Werte und Ziele bestimmt. Daher sind für eine Verhaltenskontrolle über die spezifischen ergebnisorientierten Maßgrößen hinaus Fachwissen, Berufs- und Führungserfahrungen der Kontrollinstanz (i.d.R. der Vorgesetzte) erforderlich.[22]

---

21   Vgl. zu den innerbetrieblichen Widerständen die Ausführungen in Abschnitt 2.1.3.

22   Vgl. Bramsemann,R.: (Controlling) S.40

3.2.5.2. Planung und Kontrolle von Neuproduktprojekten

Die Umsetzung des Programms zur Neuproduktentstehung vollzieht sich im allgemeinen in Form von Projekten. Als *Projekte* werden in der Betriebswirtschaftslehre konkrete Vorhaben bezeichnet, die durch eine Einmaligkeit der Bedingungen sowie eine sachliche und zeitliche Abgrenzung gekennzeichnet sind. Diese Vorhaben weisen zielorientierte Aktionsfolgen auf und sind zumeist durch einen hohen Grad an Komplexität und Neuartigkeit für das Unternehmen sowie durch interdisziplinäre Teilaktivitäten (Beteiligung mehrerer, zunehmend spezialisierter Funktionsbereiche) gekennzeichnet.[1] Damit beinhaltet der Projektbegriff im wesentlichen auch alle Merkmale, die ein Neuproduktvorhaben charakterisieren.[2,3] Da Neuproduktvorhaben unmittelbar aus der Neuproduktentstehungsstrategie hervorgehen und sie eine Änderung der Erfolgspotentiale im Produkt-Markt-Konzept beabsichtigen, spricht man in diesem Zusammenhang auch von "strategischen Projekten".[4] Der operativen Projektplanung obliegt die Umsetzung dieser strategischen Projekte.

Obwohl inhaltlich jedes Neuproduktprojekt einzigartig für das Unternehmen ist, so bleibt doch die generelle Ablauffolge des Problemlösungsprozesses der einzelnen Projekte unverändert.[5] Der Problemlösungsprozeß läßt sich in Projektphasen differenzieren, die letztlich auch in Beziehung zu den Phasen des Planungs- und Kontrollprozesses[6] und zu den Aktivitäten im Neuproduktentstehungsprozeß[7] stehen. Eine solche Zuordnung aus einer übergeordneten Betrachtungsweise heraus zeigt *Abbildung 3.2.5.2./1* für den Produktzyklus. Die darin dargestellte Projektphasengliederung liegt im Prinzip allen Projekten zugrunde, unabhängig vom Projektgegenstand. Die systematische Strukturierung eines Projektes in einzelne Phasen ist von zentraler Bedeutung für die Projektabwicklung und für den Projekterfolg.[8] Es ist jedoch zu berücksichtigen, daß in der Realität ein solcher

---

1   Vgl. Frese,E.: (Projektorganisation) Sp.1960f.; Schmelzer,H.J.: (Aufbauorganisation) S.7; Seibt,D.: (Projektplanung) Sp.1665; Brockhoff,K.: (Forschung) S.247
2   Zu den charakteristischen Merkmalen der Neuproduktentstehung vgl. insbesondere Abschnitt 2.2.4.
3   Durch die Verwendung des Begriffs "Projekt" wird ein zusätzliches Ordnungskriterium geschaffen, durch das verschiedene Aktivitäten zusammengefaßt werden.
4   Das Begriffspaar "strategische Projekte" wird in der Literatur nicht eindeutig definiert. Im Gegensatz zu operativen Projekten sind strategische Projekte durch erheblich höhere Gestaltungspotentiale gekennzeichnet. Sie haben einen hohen Stellenwert für eine zielgerichtete Umsteuerung der Unternehmensentwicklung. Über die Neuproduktprojekte hinaus werden auch solche Vorhaben als strategische Projekte bezeichnet, denen für die Strategieumsetzung eine bedeutsame Rolle zuerkannt wird (z.B. Einsatz von automatisierten Produktionsanlagen im Zusammenhang mit der Kostenführerschaftsstrategie). Vgl. Steinmann,H./Schreyögg,G.: (Operative) S.21; Engelke,P.: (Forschung) S.168
5   Vgl. auch Stockbauer,H.: (F&E Controlling) S.194
6   Zu den Phasen des Planungs- und Kontrollprozesses vgl. Abschnitt 3.2.2.1.
7   Zu den Aktivitäten bei der Neuproduktentstehung vgl. Abschnitt 2.2.3.
8   So erlaubt eine phasenorientierte Projektstrukturierung noch vor Beginn einer Phase die Entscheidung über den Abbruch oder Weiterführung des Projektes, was insbesondere in

linearer Ablauf, wie er hier aufgezeigt ist, bei der Projektdurchführung nicht erwarten werden kann.[9]

Die Betrachtungen zur Planung und Kontrolle von Neuproduktprojekten sollen sich im folgenden auf die Projektvor- und Projekthauptphase beschränken. Die Projektnachphase ist nur insofern bedeutsam, als sich aus ihr Informationen ergeben, die eine Analyse der Abweichungen zwischen geplanten und tatsächlich eingetretenen Projektergebnissen zulassen.

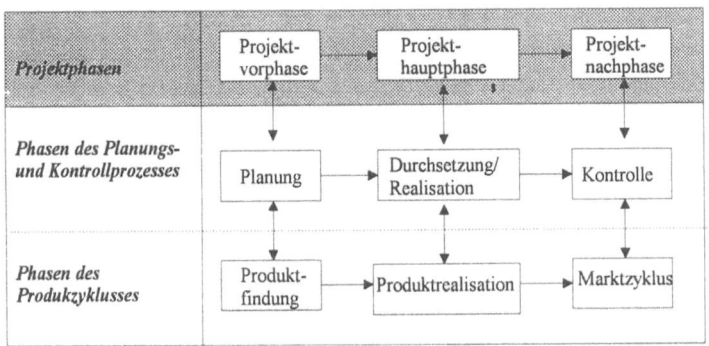

Abb. 3.2.5.2./1: *Schema von Projektphasen in Relation zum Planungs- und Kontrollprozeß sowie Produktzyklus*

Die *Projektvorphase* umfaßt die Ideensuche, - bewertung und -auswahl für einzelne Neuproduktvorhaben sowie die Formulierung, Bewertung und Auswahl konkreter Neuproduktprojekte, die letztlich in das Programm der Neuproduktentstehung eingehen. Aus dem Blickwinkel der Projektplanung und -kontrolle geht es hier vor allem darum, die aus dem Selektionsprozeß hervorgehenden Produktideen als eigenständige Projekte zu formulieren und diese anschließend auf der Basis der gesamten Produktlaufzeit sowie der gleichzeitigen Betrachtung von Leistungen, Terminen und Kosten zu bewerten und auszuwählen.[10]

Als gesamte Produktlaufzeit kann die Produktlebensdauer einschließlich der Zeitdauer für die Entsorgung der Produkte nach deren Aussonderung aus dem Markt angesetzt werden. Im Rahmen der Projektformulierung (Ausarbeitung eines Projektantrages bzw. -vorschlages) ist dazu ein grober Zeitplan aufzustellen, der

---

bezug auf die im Projektfortschritt stark ansteigenden Kosten von Bedeutung ist. Vgl. zu letzterem auch Abschnitt 2.2.3.1.

9   Vgl. hierzu auch die Aussagen zum Neuproduktentstehungsprozeß als phasenstrukturiertem Entscheidungsprozeß in Abschnitt 2.2.3.1.

10   Auf den begrenzten Einsatz der Planung und Kontrolle in dieser Phase ist bereits in Abschnitt 3.2.2.2. eingegangen worden. Auf eine explizite Trennung von Planung und Kontrolle in dieser Projektphase wird daher verzichtet.

bereits nach wichtigen Zwischenergebnissen gestuft sein sollte.[11] Unmittelbar damit verbunden sind die Formulierung der Leistungen, die zu den im Zeitplan angegebenen Terminen zu erbringen sind, und die Bestimmung der durch die Leistungserstellung erwarteten Kosten.

Besondere Bedeutung für den Erfolg eines neuen Produktes und die Wettbewerbsfähigkeit des Unternehmens haben die Produktqualität als Unternehmensgesamtleistung,[12] die Produktkosten und der Zeitpunkt der Markteinführung. Eine Markt- bzw. Kundenorientierung kann nur erreicht werden, wenn es dem Unternehmen gelingt, ein den Kundenbedürfnissen entsprechendes Produkt zu wettbewerbsfähigen Kosten bzw. Preisen zu schaffen und dieses zum richtigen Zeitpunkt im Markt zu plazieren. Aus den Marktanforderungen sollten daher auch die im Projektantrag formulierten Projektziele hinsichtlich der Leistungen, Termine und Kosten abgeleitet werden.[13] Die Bestimmung der Neuproduktprojektziele in dieser frühen Phase ist aufgrund der hohen Unsicherheit der verfügbaren Informationen eine der schwierigsten Aufgaben der Projektabwicklung überhaupt.

Den Neuproduktprojektzielen kommen wichtige Bewertungs-, Kontroll-, Koordinations- und Motivationsfunktionen zu.[14] Sie bilden auf der einen Seite die Grundlage zur Beurteilung der Frage, ob mit dem jeweiligen Neuproduktprojekt auch die Ziele der Neuproduktentstehungsstrategie erreicht werden können. Auf der anderen Seite sind sie die Basis für eine spätere Zielkonkretisierung und damit auch für Abbruch- und Weiterführungsentscheidungen im Projektablauf. Die Neuproduktprojektziele stehen in enger Verbindung mit den im Lastenheft enthaltenen Produktzielen.[15] Auch ihre Definition erfordert daher eine intensive Abstimmung zwischen den Funktionsbereichen (z.B. Marketing, FuE, Finanz, Fertigung, Logistik, Beschaffung usw.). Zur Zielplanung von Neuprodukt- und Neuproduktprojektzielen hat sich nach SCHMELZER in der Praxis das Konzept der "Integrierten Produktplanung und -konzeption" (IPP) bewährt.[16]

Mit der Entscheidung zugunsten eines Projektantrages vollzieht sich der Übergang von der Projektvorphase in die Projekthauptphase. Die *Projekthauptphase* umfaßt die Durchführung bzw. Realisation des Neuproduktprojektes. Sie gilt im allgemei-

---

11   Vgl. auch Hesse,U.: (Technologie-Controlling) S.269
12   Zum Qualitätsbegriff vgl. Abschnitt 4.3.3.
13   Im Hinblick auf die Marktausrichtung erscheint vor allem das Target Costing ein geeignetes Instrument zu sein. Zum Target Costing vgl. Abschnitt 4.4.2.
14   Vgl. Schmelzer,H.J.: (Organisation) S.163; Hesse,U.: (Technologie-Controlling) S.280
15   Zu den Produktzielen in Form eines Zielkataloges als Bestandteil des Lastenheftes vgl. Abschnitt 2.2.3.1. Bei den Produktzielen, z.B. im Hinblick auf die produktbezogenen Kostenziele, stehen als Kalkulationsobjekte die Produktfunktionen, -komponenten, -teile und das Gesamtprodukt im Mittelpunkt. Demgegenüber beziehen sich die Projektzielsetzungen, z.B. in Form von projektbezogenen Kostenzielen, auf die Arbeitspakete, Teil- und Unterprojekte sowie auf das Gesamtprojekt. Vgl. z.B. Schmelzer,H.J.: (Organisation) S.179
16   Vgl. hierzu und zur Vorgehensweise der "IPP" Schmelzer,H.J.: (Organisation) S.164ff.

nen als abgeschlossen, wenn Prototypen erstellt sind bzw. die Nullserie beendet ist.[17]

Die Planung der Neuproduktprojekte in der Projekthauptphase ist vom Wesen her eine Fortsetzung der Zielplanung.[18] Es werden die im Projektantrag enthaltenen grob formulierten Ziele weiter konkretisiert und hinsichtlich der folgenden Projektabwicklung festgelegt. Die Planungsaktivitäten im Rahmen der Projekthauptphase lassen sich unterteilen in

- Projektstrukturplanung,
- Ablaufplanung,
- Terminplanung und
- Kostenplanung.[19]

Das Ergebnis der *Projektstrukturplanung* ist ein "Projektstrukturplan" (PSP). Dieser beinhaltet eine Aufteilung des gesamten Neuproduktprojektes in überschaubare Teileinheiten, um damit die erforderliche Transparenz für eine effiziente Planung und Kontrolle des Neuproduktvorhabens zu gewährleisten.[20] Er ist nach PLATZ "der Plan aller Pläne"[21], der in hierarchischer Strukturierung alle wesentlichen Teil-, Unterprojekte und Arbeitspakete[22] sowie die entsprechenden Teilergebnisse und das Endergebnis enthält. Bei der Gliederung eines Projektstrukturplanes kann zwischen einer objekt- bzw. hardwareorientierten und einer aufgaben- bzw. funktionsorientierten Strukturierung unterschieden werden.[23]

Nach der objektorientierten Strukturierung wird der Projektgegenstand in seine einzelnen Objektkomponenten gegliedert. Danach umfaßt ein PSP zu einem Neuproduktprojekt z.B. einzelne Pläne für Baugruppen, Zusammenbauteile (ZSB) und Einzelteile entsprechend ihrer technischen oder logischen Zusammengehörigkeit. Die funktionsorientierte Strukturierung bezieht sich auf die im Projekt durchzuführenden Funktionen, wie z.B. Konstruktionszeichnungen erstellen, Beschaffen von Maschinen und Anlagen, Aufbau von Testanlagen und Qualitätssicherung. Zumeist handelt es sich bei einem PSP um eine Mischung aus objekt- und funk-

17 Vgl. Hesse,U.: (Technologie-Controlling) S.279; Stockbauer,H.: (F&E Controlling) S.231
18 Die Zielsetzung bei Neuvorhaben ist kein einmaliger Akt; vielmehr vollzieht sich die Zielbildung über den gesamten Problemlösungsprozeß. Vgl. dazu Abschnitt 3.2.2.1.
19 Zu dieser und ähnlichen Einteilung(en) vgl. z.B. Madaus,B.J.: (Projektmanagement) S.177ff.; Stockbauer,H.: (F&E Controlling) S.248ff.; Brockhoff,K.: (Forschung) S.283f.; Schmelzer,H.J.: (Organisation) S.166ff.; Engelke,P.: (Forschung) S.172ff.; zum Teil wird in der Literatur auch die Kapazitätsplanung explizit herausgestellt.
20 Vgl. Madaus,B.J.: (Projektmanagement) S.177
21 Platz,J.: (Projektplanung) S.139
22 Ein Arbeitspaket bildet die unterste Ebene des PSP. Vgl. Schwarze,J.: (Netzplantechnik) S.35 und 39. Es ist gekennzeichnet durch ein eindeutiges Ergebnis, zugehörige Informationen, erforderliche Ressourcen, sowie Rahmenbedingungen. Vgl. Platz,J.: (Projektplanung) S.159; Engelke,P.: (Forschung) S.178
23 Vgl. zu dieser Unterteilung z.B. Schwarze,J.: (Netzplantechnik) S.35ff.; Madaus,B.J.: (Projektmanagement) S.178f.f

tionsorientierter Gliederung.[24] Der PSP gibt außerdem das gesamte Arbeitsvolumen mit seinen Arbeitspaketen wieder, und kann außer für die Leistungseinheiten der Projekthauptphase auch für den gesamten Produktlebenszyklus aufgestellt werden.[25] Seine Formulierung setzt gerade bei der Abwicklung von Neuprodukt-projekten sehr viel Erfahrung voraus und sollte nach fest vereinbarten Regeln schrittweise mit allen an der Neuproduktentstehung Beteiligten erarbeitet werden.[26] Eine typische Schrittfolge mit fortschreitendem Detaillierungsgrad eines PSP ist in der *Abbildung 3.2.5.2./2* wiedergegeben.

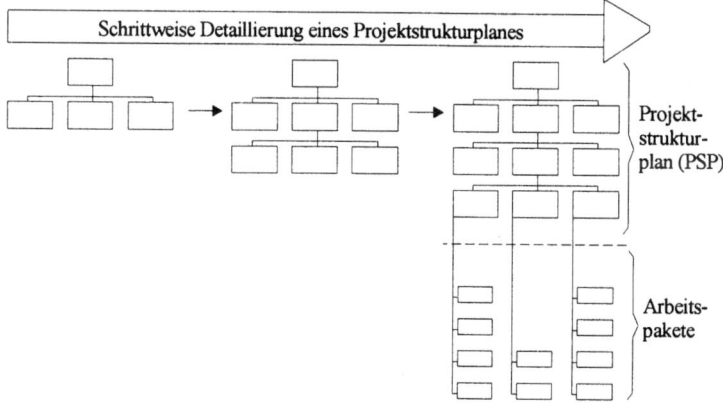

Abb. 3.2.5.2./2: *Schrittfolge zur Detaillierung eines PSP*[27]

Die Detaillierung der Gliederung eines PSP ist abhängig sowohl vom Gegenstand des Projektes als auch von Kostenabwägungen. So können durch einen steigenden Detaillierungsgrad die Kosten für künftige Korrekturmaßnahmen und von Termin-abweichungen gesenkt werden, aber gleichzeitig nehmen die Planungskosten und bei der Projektrealisation auch die Koordinationskosten zu.[28] Komplexe Neupro-duktprojekte mit hohem Neuheitsgrad lassen im allgemeinen nur eine sehr grobe Projektstrukturierung zu.

Der PSP ist die Grundlage nicht nur für die Zuordnung der Aufgaben zu den entsprechenden Aufgabenträgern, sondern auch für die projektbezogene Ablauf-, Termin- und Kostenplanung.

Im Rahmen der *Ablaufplanung* werden die Arbeitspakete und die in einem Arbeitspaket enthaltenen Vorgänge unter Berücksichtigung der technischen

24   Vgl. Madaus,B.J.: (Projektmanagement) S.179; Schwarze,J.: (Netzplantechnik) S.36
25   Vgl. Madaus,B.J.: (Projektmanagement) S.204
26   Vgl. Madaus,B.J.: (Projektmanagement) S.179
27   Quelle: in modifizierter Form entnommen von Madaus,B.J.: (Projektmanagement) S.179;
     vgl auch Hahn,D.: (Integrierte) S.476
28   Vgl. Engelke,P.: (Forschung) S.174

und/oder organisatorischen Rahmenbedingungen in eine sachlogische Reihenfolge gebracht. Die visuelle Darstellung eines Projektablaufplanes erfolgt üblicherweise in Form von Netzplänen.[29] Die *Abbildung 3.2.5.2./3* verdeutlicht die Zusammenhänge zwischen PSP, Arbeitspaketen, Vorgängen und deren sachlogische Darstellung als Netzplan.

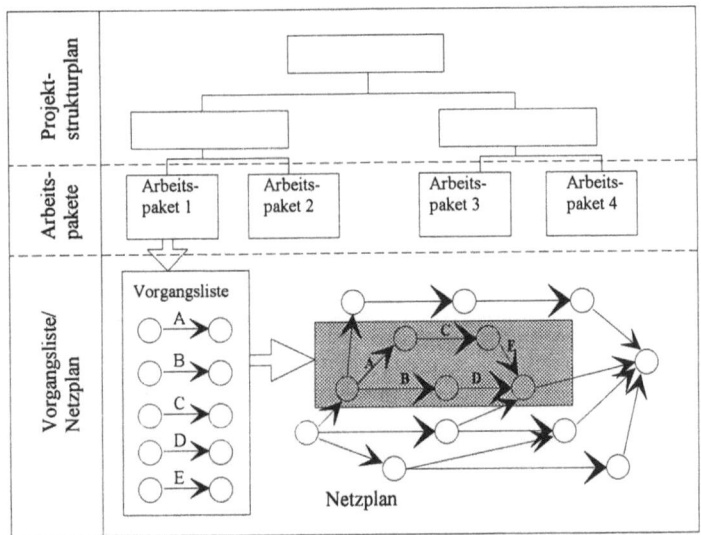

Abb. 3.2.5.2./3:   *Zusammenhang zwischen Projektstrukturplan, Arbeitspaketen, Vorgängen und Netzplan*[30]

Basierend auf dem Projektablaufplan ist nun der *Terminplan* zu ermitteln. Dazu ist in einem ersten Schritt der Potentialbedarf (Kapazitätsbedarf) für die einzelnen Arbeitspakete bzw. Vorgänge abzuschätzen. Anschließend läßt sich dann in Abstimmung mit den vorhandenen bzw. noch benötigten Kapazitäten ein kalendarischer Terminplan aufstellen. Eine Vorgabe erhält der Terminplan für die Projekthauptphase i.d.R. durch den Zeitpunkt der Markteinführung. Die projektbezogene Terminplanung hat im wesentlichen folgende Aufgaben zu erfüllen:[31]

---

29   Unter einem "Netzplan" wird ein bewerteter und zusammenhängender Graph ohne Schleifen verstanden. [Vgl. Schwarze,J.: (Netzplantechnik) S.25] Die Netzplantechnik umfaßt mehrere Verfahren. Zu einem Überblick vgl. Schwarze,J.: (Planung) S.153ff.

30   Quelle: in modifizierter Form entnommen von Hahn,D.: (Integrierte) S.480; vgl. zu ähnlichen Darstellungen Hesse,U.: (Technologie-Controlling) S.292; Stockbauer,H.: (F&E Controlling) S.257

31   Vgl. Engelke,P.: (Forschung) S.183

- Bestimmung der erwarteten Gesamtprojektdauer,
- Ermittlung der frühest- und spätestmöglichen Anfangs- und Endtermine einzelner Vorgänge,
- Identifikation kritischer Vorgänge sowie die
- Ermittlung von Pufferzeiten.

Zusätzlich zu dieser vorgangs- bzw. arbeitspaketbezogenen Ablauf- und Terminplanung lassen sich Projektmeilensteine definieren. Ein "Meilenstein" stellt ein kontrollfähiges Schlüsselereignis im Projektablauf dar, das inhaltlich und qualitätsmäßig als abprüfbares Endergebnis von z.B. Projektphasen, Teil-, Unterprojekten und wichtigen Arbeitspaketen formuliert sein muß.[32] Meilensteine bilden eine ereignisorientierte Aggregationsebene, die auch als verdichteter Netzplan oder Balkenplan darstellbar ist.[33] Bei Großprojekten[34] hat es sich bewährt, sie nach Meilensteinebenen zu gliedern, zum Beispiel im Hinblick auf die Überwachungszuständigkeiten.[35] Projektmeilensteine leisten einen wichtigen Beitrag zur Kontrolle von Ergebnissen im Projektablauf, da sie es ermöglichen, sich über den Projektstand zu informieren, ohne auf die Einzelheiten im Netz- oder Balkenplan eingehen zu müssen.[36]

Die Terminplanung stößt bei Neuproduktprojekten zumeist auf erhebliche Schwierigkeiten. So ist bedingt durch den hohen Neuheitsgrad der Neuproduktvorhaben in den meisten Fällen nur eine grobe Schätzung des Kapazitätsbedarfes möglich. Da diese projektbezogene Kapazitätsplanung eine Bezugsgröße für die Planung von Zeitdauern und Terminen bildet, lassen sich auch hier für nur grobe Werte ermitteln. Die Genauigkeit der Terminplanung von Neuproduktprojekten ist deshalb im hohen Maße von den subjektiven Erfahrungen der an der Projektplanung beteiligten Mitarbeiter abhängig.

Trotz dieser Schwierigkeiten kommt einer gründlichen Terminplanung gerade für Neuproduktprojekte vor allem aus drei Gründen eine hohe Bedeutung zu. Erstens muß die Terminplanung von Neuproduktvorhaben die Marktanforderungen berücksichtigen, denn "Time is the secret weapon of business"[37], wie in Abschnitt 2.1.4. dargestellt wurde. Zweitens besitzt sie einen psychologischen Effekt. Unrealistische Termine und Zeitangaben führen zum Verlust der Glaubwürdigkeit und werden wegen schlechter Erfahrungen mehr und mehr ignoriert. Dies kann auf

---

32 Vgl. Madaus,B.J.: (Projektmanagement) S.200; Hahn,D.: (Integrierte) S.488; Brockhoff,K.: (Forschung) S.283f.
33 Zur graphischen Darstellung von Meilensteinnetzplänen bzw. von Meilensteinplänen vgl. Hahn,D.: (Integrierte) S.487; Stockbauer,H.: (F&E Controlling) S.257
34 Zu einigen Merkmalen, die "Großobjekte" kennzeichnen, vgl. Lücke,W.: (Investitionslexikon) S.121f.
35 Vgl. Madaus,B.J.: (Projektmanagement) S.200
36 Vgl. Madaus,B.J.: (Projektmanagement) S.201
37 Vgl. Simon,H.:(Zeit) S.72 und die dort zitierte Literatur.

Dauer zur Disziplinlosigkeit führen.[38] Drittens ist die Terminplanung eine Bezugsgröße für die Kostenplanung.[39]

Aufgabe der *Kostenplanung* ist es, die Arbeitspakete bzw. Unter- und Teilprojekte zu bewerten und die Projektkosten festzulegen.[40] Hauptkostenträger aus der Sichtweise einer projektbezogenen Kostenrechnung ist das jeweilige Neuproduktprojekt. Durch die Detaillierung eines Neuproduktprojektes in Teil-, Unterprojekte und Arbeitspakete lassen sich diese als Teilkostenträger auffassen.[41] Die Kostenplanung für diese Leistungseinheiten basiert auf den zur Projektabwicklung erforderlichen Ressourcen.[42] Im Mittelpunkt der Kostenplanung zur Projekthauptphase steht die Ermittlung von benötigten Mannjahren, -monaten, -wochen bzw. -stunden.[43] Das abgeschätzte Mengengerüst ist anschließend mit Kostensätzen zu bewerten und entsprechend des PSP zu verdichten, bis sich die Gesamtkosten des Projektes ergeben.[44]

Die Frage, welche Kostenkomponenten in die Kostenplanung einbezogen werden sollten, ist in Abhängigkeit vom Verwendungszweck der Kosteninformationen zu beantworten. Steht die Bestimmung von langfristigen Preisuntergrenzen bzw. von Verkaufspreisen im Vordergrund, sollten die Projektkosten als Vollkosten geplant werden.[45] Für die Entscheidungen und Kontrollen im Rahmen der Projekthauptphase erscheint es hingegen sinnvoll, die Projektkosten als projektvariable Kosten zu planen. Diese lassen sich nach dem Verursachungsprinzip den einzelnen Projekten zurechnen und entstehen bzw. entfallen mit den Projekten.[46] Zu den projektvariablen Kosten zählen insbesondere

---

38	Vgl. Madaus,B.J.: (Projektmanagement) S.201
39	In der Praxis lassen sich erhebliche Terminüberschreitungen bei Innovationsprojekten beobachten. So belegen empirische Studien, daß die geplante Projektdurchführungszeit um teilweise bis zu 200% überschritten wird. Vgl. Fennenberg,G.: (Terminabweichungen) S.41ff. sowie die dort zitierte Literatur.
40	Vgl. Madauss,B.J.: (Projektmanagement) S.248; Schmelzer,H.J.: (Organisation) S.179; Hesse,U.: (Technoligie-Controlling) S.248ff.
41	Vgl. auch Bürgel,H.D.: (Projektcontrolling) S.7
42	Während aufgrund der hohen Unsicherheit der Informationen in der Projektvorphase im allgemeinen nur grobe Schätzverfahren, wie die Befragung von Experten und Erfahrungsauswertungen von Vorgängermodellen, zur Anwendung gelangen, lassen sich in der Projekthauptphase auch parametrische Kostenschätzverfahren, wie das der Kostenschätzbeziehungen (Cost Estimating Relationship) einsetzen. Vgl. Madauss,B.J.: (Projektmanagement) S.247; Hesse,U.: (Technoligie-Controlling) S.300ff.
43	Die Personalkosten bilden bei Forschungs- und Entwicklungsprojeken mit ca. 75 bis 80% die anteilig größte Kostenkomponente an den Projektgesamtkosten. Vgl. hierzu Stockbauer,H.: (F&E Controlling) S.263; Hesse,U.: (Technologie-Controlling) S.297
44	Wenn ein PSP für den gesamten Produktlebenszyklus aufgestellt wird, kann er die Grundlage zur Bestimmung der Lebenszykluskosten darstellen. Vgl. Madaus,B.J.: (Projektmanagement) S.204f.
45	Vgl. Stockbauer,H.: (F&E Controlling) S.263; zur Berücksichtigung von Gemeinkosten vgl. Tanski,J.: (Kostenplanung) S.162ff. u.197f.
46	Vgl. hierzu und zu den folgenden Ausführungen Kilger,W.: (Plankostenrechnung) S.270ff. und 513

die Personal-[47] und Materialkosten (z.B. für Versuchsmaterial), die Fremdleistungskosten, die Kosten für Spezialeinrichtungen, Großrechnerleistungen und Versuche.[48] Es sei darauf hingewiesen, daß es sich bei den projektvariablen Kosten nicht um erzeugnisvariable Kosten handelt. Sie gehören vielmehr zu den Vorleistungskosten.[49]

Erfolgt nun eine stark kostenorientierte Planung des Neuproduktprojektes, so hat dies auch Auswirkungen auf die Leistungs- und Terminplanung. Angesichts der Interdependenzen von Projektleistungen, -kosten und -terminen wäre aus theoretischer Sicht eine Simultanplanung anzustreben. Dies ist jedoch wegen der Komplexität eines Neuproduktprojektes und aufgrund des unsicheren Informationsstandes nicht möglich.

Die Planungen in der Projekthauptphase bedürfen infolge der hohen Risiken von Neuproduktprojekten[50] einer *Kontrolle*. Sie soll die Informationen liefern, um beurteilen zu können, ob ein Neuproduktprojekt im Verlauf der Projektdurchführung abzubrechen oder fortzuführen ist. Dazu ist es nicht ausreichend, daß sich die Kontrollaktivitäten lediglich auf eine vergangenheitsorientierte *Ergebniskontrolle* (Soll/Ist-Vergleich) im Hinblick auf die geplanten Termine, Meilensteine und Kosten beschränken. Weitere bedeutsame Kontrollarten sind insbesondere die projektorientierte

- Prämissenkontrolle und
- Planfortschrittskontrolle.

Entsprechend der strategischen Prämissenkontrolle kann auch auf der operativen Ebene die Prämissenkontrolle als ein im Verhältnis zur Planung in kompensatorischer Beziehung stehendes Instrument gesehen werden. Die *projektbezogene Prämissenkontrolle* dient demzufolge als Instrument zur Bewältigung der durch die operative Projektplanung nicht oder nur unzureichend beherrschbaren Komplexität und Dynamik der Rahmenbedingungen. Es lassen sich auch hier, ebenso wie bei der strategischen Prämissenkontrolle, unternehmensinterne und unternehmensexterne Prämissen unterscheiden.

---

47   Die Personalkosten werden in projektvariable und -fixe Personalkosten aufgeteilt. Den projektfixen Personalkosten sollte nur eine personale Mindestausstattung (z.B. Kostenstellenleiter und Sekretärin) zugeordnet werden. Vgl. <u>Kilger,W.</u>: (Plankostenrechnung) S.271f.

48   Die projektvariablen Kosten lassen sich weiter unterteilen in Projekteinzelkosten und projektbezogene variable Kosten betrieblicher Teilbereiche. Vgl. dazu <u>Kilger,W.</u>: (Plankostenrechnung) S.271 und 513

49   Unter Vorleistungskosten versteht KILGER jene Kosten, "die dazu dienen, zeitungebundene Nutzungspotentiale zu schaffen, welche die Voraussetzungen dafür bilden, daß in zukünftigen Perioden die Stellung einer Unternehmung im Markt verbessert wird oder sich zumindest nicht verschlechtert." <u>Kilger,W.</u>: (Plankostenrechnung) S.270; siehe auch <u>Coenenberg,A.G.</u>: (Kostenrechnung) S.54

50   Vgl. Abschnitt 2.1.3.

Die aus der für das Unternehmen relevanten Umwelt stammenden unternehmensexternen Prämissen sind auf der operativen Ebene in weit geringerem Maße von Bedeutung, da sie größtenteils bereits Gegenstand der strategischen Prämissenkontrolle sind. Jedoch haben auch unternehmensexterne Prämissen für die operative Ebene ihre Relevanz. So kann beispielsweise während der Realisierungsphase des Neuproduktvorhabens unerwartet ein für den Erfolg wichtiger Zulieferer (von z.B. Versuchsanlagen) wegfallen und dadurch das Ergebnis zeitlich verzögern; dies kann gerade bei Neuproduktprojekten zur Folge haben, daß Wettbewerbsvorteile bei der Konkurrenz entstehen. Zu den unternehmensinternen Rahmenbedingungen zählen in erster Linie die Vorgaben der Neuproduktentstehungsstrategie, die Unternehmenskultur, die zur Verfügung stehenden Potentiale, die Schnittstellen zwischen den Funktionsbereichen sowie die verhaltensbedingten Rahmenbedingungen. Es ist naheliegend, die Veränderung dieser Prämissen durch einen Wird/Ist-Vergleich zu erfassen, um gegebenenfalls frühzeitig das Projekt abzubrechen oder noch vor Abschluß des Projektes eine Plankorrektur vornehmen zu können.

Zur Überwachung der im Rahmen der Projektplanung festgelegten Meilensteine, Termin- und Kostenziele sollte eine *projektbezogene Planfortschrittskontrolle* (Soll/Wird-Vergleich) einsetzen, die überprüft, ob ausgehend vom gegenwärtigen Stand der Projektrealisation die geplanten Größen noch erreichbar sind oder nicht.[51]

---

51   Zum Inhalt der Planfortschrittskontrolle vgl. die Abschnitte 3.2.2.1. und 3.2.4.2.

3.3. Controlling der Neuproduktentstehung

3.3.1. Zum Begriff und Inhalt "Controlling"

Hohe Komplexität der Unternehmensumwelt, wachsende Dynamik der Umweltentwicklung und stark differenzierte Organisationsstrukturen bewirken, daß das Management zunehmend Koordinations- und Reaktionsproblemen gegenüber steht, die eine zielorientierte Gestaltung der Unternehmensaktivitäten erschweren. Diese Entwicklung wird häufig als Begründung für das Entstehen und die Einrichtung von Controlling in industriellen Unternehmen gesehen.[1] Um den Beitrag des Controllings für eine effektive und effiziente Neuproduktentstehung aufzeigen zu können, ist es zunächst erforderlich, Begriff und Inhalt des Controllings abzugrenzen. Im Anschluß daran soll eine Controlling-Konzeption erarbeitet werden, welche die Basis für ein Controlling der Neuproduktentstehung bildet.

Über den Inhalt des Begriffs "Controlling" besteht im Sprachgebrauch und in der Literatur keine Einigkeit.[2] Eine Ursache für die unterschiedlichen Begriffsinhalte ist die Entwicklung des Controllings - als eine bedeutsame betriebswirtschaftliche Aufgabe - aus der Praxis heraus. Die Schwierigkeiten für eine allgemeingültige Definition ergeben sich neben den unterschiedlichen Aufgabeninhalten von Controlling-Stellen in der Praxis[3] auch durch umgangssprachliche Mißverständnisse. Letztere resultieren vornehmlich aus dem Versuch, Inhalte des "Controllings" aus dem Wort "to control" abzuleiten.[4]

---

1 Vgl. Schweitzer,M./Friedl,B.: (Beitrag) S.141; Horváth,P.: (Controlling) S.3ff.; Ziegenbein,K.: (Controlling) S.15

2 Vgl. Bramsemann,R.: (Controlling) S.44; Horváth,P.: (Controlling) S.26; Mayer, E.: (Controlling) S.5; Preissler,P.R.: (Controlling) S.10; Richter H.J.: (Controlling) S.1; Schmidt,A.: (Controlling) S.4 ff.; Serfling,K.: (Controlling) S.15 ff.; Strobel,W.: (Controlling) S.7; Szyperski,N./Müller-Böling,D.: (Aufgabenspezialisierung) S.144; Weber,J.: (Grundlagen) S.1; Zünd,A.: (Begriffsinhalte) S.16. Aussagen zum aktuellen Stand finden sich im "State of the Art"-Artikel von Küpper,H.-U./Weber,J./Zünd,A.: (Controlling) 281ff.

3 Untersuchungen über die unterschiedlichen Aufgabeninhalte von Controlling-Stellen finden sich beispielsweise bei Reichmann,T./Kleinschnittger,U./Kemper,W.: (Untersuchung); Weber,J./Kosmider,A.: (Controlling-Entwicklung); Uebele,H.: (Verbreitungsgrad). Zu kritischen Anmerkungen zum Aussagegehalt dieser empirisch induktiven Studien vgl. Buchner,M.: (Controlling) S.80ff.

4 I.e.S. kann "to control" mit kontrollieren übersetzt werden. I.w.S. läßt sich hierunter auch beherrschen, lenken, steuern, regeln, überwachen verstehen. Vgl. Messinger,H./Rüdenberg,W.: (Englisch) S.140. RATHE gibt über 50 Ausprägungen des Begriffs "control" an. Vgl. Rathe,A.W.: (Management) S.32. Wird der Begriff "control" als Regelung oder Steuerung ausgelegt, stimmt er im wesentlichen mit dem in Abschnitt 3.2.2.1. abgegrenzten Kontrollbegriff überein. Daraus folgt, daß nach dieser Interpretation "control" eine Aufgabe des Managements ist. Vgl. Horváth,P.: (Controlling) S.26ff.

Überwiegende Einigkeit besteht indessen in der historischen Entwicklung[5] und der etymologischen Erklärung[6] des Wortes "controller" bzw. "comptroller". Eine etymologische Erklärung läßt aber lediglich Einblicke in die Interpretation des Controllingbegriffs zu, eine Controlling-Konzeption kann daraus nicht abgeleitet werden, da nicht die Lösung eines betriebswirtschaftlichen Problems den Gegenstand der etymologischen Betrachtung bildet, sondern die Herkunft der Wörter.[7] Es ist daher eine Begriffsabgrenzung des "Controllings" vorzunehmen, die dem Controlling die Lösung einer eigenständigen betriebswirtschaftlichen Problemstellung zuordnet, die sich wissenschaftlich-theoretisch fundieren läßt und die der Bewältigung von Problemstellungen in der Praxis dient.[8] Der erfolgreiche Einsatz des Controllings setzt die Akzeptanz in der Praxis und die entsprechende Ausführung des Controllings in allen Teilbereichen des Unternehmens voraus.[9] Zur Begriffsbestimmung des Controllings können sowohl institutionale als auch funktionale Aspekte betrachtet werden.

Institutionale Aussagen beziehen sich auf die organisatorische Integration von Controlling-Stellen in die Unternehmensstruktur. Für eine Einordnung des Controllings sind Unternehmensstrukturen zu analysieren und zu bewerten.[10] Neben anderen Einflußgrößen werden die organisatorischen Unternehmensstrukturen durch die Unternehmensgröße und den Führungsstil geprägt. Dies führt zu unternehmensindividuellen Strukturen, die nur eine unternehmensspezifische Abgrenzung des Controllings erlauben.

---

5   Historisch lassen sich die ersten Controllingaufgaben im 15. Jahrhundert als "Countrollour" in der britischen staatlichen Verwaltung finden. In den USA wurde 1778 durch Gesetz, neben "Auditor", "Treasurer", den "six Commissioner's of Accounts", auch der "Comptroller" eingerichtet. Die erste bekanntgewordene Errichtung einer Comptroller-Stelle erfolgte 1880 bei der "Atchison, Topeka & Santa Fe Railway System". In deutschen Unternehmen wurden Controlling-Stellen ab Mitte der 60er Jahre eingeführt. Vgl. Bramsemann,R.: (Controlling) S:25f.; Horváth,P.: (Controlling) S.28 ff; Weber,J.: (Grundlagen) S.1 ff.; Peemöller,V.H.: (Controlling) S.41ff.

6   Vgl. Bramsemann,R.: (Controlling) S.44; Harbert,L.: (Controlling-Begriffe) S.7ff.; Peemöller,V.H.: (Controlling) S.41

7   Vgl. Coenenberg,A.G./Baum,H.-G.: (Strategisches Controlling) S.1f.; Harbert,L.: (Controlling-Begriffe) S.6

8   Vgl. Küpper,H.-U.: (Koordination) S.85f.

9   Vgl. Hahn,D.: (Entwicklungstendenzen) S.270

10 Zu institutionalen Darstellungen des Controllings vgl. Arbeitskreis Krähe der Schmalenbach-Gesellschaft: (Unternehmensorganisation); Horváth,P.: (Controlling) S.765ff.; Bramsemann,R.: (Controlling) S.86 ff.; Peemöller,V.H.: (Controlling) S.84ff.

Funktionale Betrachtungen setzen sich mit den Aufgaben des Controllings auseinander.[11] Eine Klassifizierungsmöglichkeit bildet das Aufgabengebiet des Controllers, das nach unterschiedlichen Erscheinungsformen und Entwicklungsstufen differenziert werden kann. ZÜND führt Veränderungen der Aufgabengebiete des Controllers auf unterschiedliche Umweltzustände zurück. So differenziert er zwischen drei Controller-Typen: Controller als Registrator[12] - relativ statische Unternehmensumwelt, Controller als Navigator[13] - begrenzt dynamische Unternehmensumwelt, Controller als Innovator[14] - extrem dynamische Unternehmensumwelt.[15] Diese Entwicklungsstufen sind nicht dahingehend zu verstehen, daß eine nachfolgende Entwicklungsstufe die jeweils vorgelagerte ablöst, vielmehr bauen die einzelnen Entwicklungsstufen aufeinander auf und integrieren vorgelagerte Tätigkeiten.[16] In ähnlicher Form differenziert auch HENZLER zwischen drei unterschiedlichen Controller-Typen: dem historisch und buchhalterisch orientierten Controller, dem zukunfts- und aktionsorientierten Controller und dem managementsystemorientierten Controller.[17] Eine eigenständige betriebswirtschaftliche Problemlösung durch das Controlling kann dieser Klassifizierung nicht entnommen werden. Es ist daher unabhängig von dem personifizierten Controller-Typ die Zwecksetzung des Controllings herauszuarbeiten, um die Aufgaben des Controllings zu bestimmen.[18] Hierzu ist anzumerken, daß im amerikanischen Sprachgebrauch die Funktion des Controllers als "controllership" bezeichnet wird, während im deutschen Sprachgebrauch für diesen Aufgabenumfang und dessen Institutionalisierung durch den Controller ebenfalls die Bezeichnung "Controlling" verwendet wird.[19] Im folgenden wird sich dem deutschen Sprachgebrauch ange-

11   Eine der ersten spezifizierten Aufgabenkataloge über Controllingfunktionen ist 1962 von "Financial Executives Institute" (FEI), dem Nachfolger des "Controller's Institute of America", unter dem Oberbegriff "Financial Management" veröffentlicht worden. Danach wird zwischen "Controllership" und "Treasurership" differenziert. Controllership beinhaltet Planung, Berichterstattung und Interpretation, Bewertung und Beratung, Steuerangelegenheiten, Berichterstattung an den Staat, Sicherung des Vermögens und volkswirtschaftliche Untersuchungen. Vgl. Financial Executives Institute (Hrsg.): (Controllership) S.289; deutsch: Agthe,K.: (Controller) Sp. 353ff.

12   Der Controller nimmt eher Dokumentationsfunktionen wahr, die kaum über das traditionelle Rechnungswesen hinausgehen. Vgl. Zünd,A.: (Begriff) S.19

13   Aufgrund von Veränderungen der Unternehmensumwelt wird das Aufgabengebiet um die Integration von Planung und Kontrolle erweitert. Vgl. Zünd,A.: (Controllership) S.32

14   In einer extrem dynamischen Umwelt nimmt der Controller an Problemlösungsprozessen teil und ist verantwortlich für die Einrichtung eines Frühwarnsystems. Vgl. Zünd,A.: (Controllership) S.32

15   Vgl. Zünd,A.: (Begriffsinhalte) S.1ff.; Zünd,A.: (Begriff) S.15ff.; Zünd,A.: (Controllership) S.32

16   Vgl. Stockbauer,H.: (F&E Controlling) S.8

17   Vgl. Henzler,H.: (Januskopf) S.60ff.; Ebert,G./Koinecke,J./Peemöller,V.H.: (Controlling) S.16ff.

18   Vgl. Weber,J.: (Grundlagen) S. 19

19   Vgl. Horváth,P.: (Informationsverarbeitung) S.3; Weber,J.: (Grundlagen) S. 10. Zur Problematik bei der Verwendung des Begriffes Controlling im Sinne von "controllership" vgl. Buchner,M.: (Controlling) S.29ff. Uneinigkeit herrscht in der Literatur darüber, ob die Wahrnehmung der Controlling-Aufgaben zwingend an Controlling-Stellen gebunden ist [vgl. Baumgartner,B.: (Controller-Konzeption) S.117] oder ob die Controlling-Aufgaben prinzipiell von unterschiedlichen Aufgabenträgern durchgeführt werden können [vgl. Matschke,M.J./Kolf,J.: (Controlling) S.607].

schlossen.[1] Somit umfaßt der Begriff Controlling auch die auszuführenden Tätigkeiten des Controllers.[2] Zur konzeptionellen Gestaltung des Controllings werden im weiteren ausschließlich funktionale Aspekte betrachtet, um möglichst allgemeingültige und nicht nur unternehmensspezifische Aussagen zu treffen.[3]

3.3.2. Controlling-Konzeption

3.3.2.1. Controlling als Bestandteil des Managementsystems der Unternehmung

Die Erarbeitung einer Controlling-Konzeption hat auf den von dieser zu erfüllenden Zwecken bzw. Funktionen zu basieren.[4] Als Ausgangspunkt wird für die folgenden Betrachtungen die strikte Ausrichtung des Unternehmens auf seine Unternehmensziele gesehen, deren Erreichen durch das Controlling gefördert werden soll.[5] Abgrenzungsprobleme ergeben sich bezüglich des inhaltlichen Umfangs der Controllingaufgaben. Bei einer (zu) weiten Auslegung liegt die Schwierigkeit in der Abgrenzung zwischen Controllingfunktion und den Aufgaben des Managements. Weist man dem Controlling generell Managementfunktionen, wie Planung, Kontrolle und Organisation zu, so verbleibt kaum noch Raum für ein gesondertes Managementverständnis.[6] Eine zu enge Betrachtungsweise birgt die Gefahr einer Ausgrenzung von Funktionen des Controlling und führt zu einer Verkürzung der Sichtweise.[7] Vor diesem Hintergrund ergibt sich zunächst die Forderung nach einer konzeptionellen Fundierung des Controlling, um anschließend eine Präzisierung der in dieser Arbeit als besonders relevant

---

1   Vgl. auch Harbert,L.: (Controlling-Begriffe) S.7; Horváth,P.: (Controlling) S.27f.
2   Im wesentlichen scheinen sich die Aufgaben des deutschen Controllers gegenüber denen des amerikanischen Controllers durch die Einbeziehung von Steuer- und Versicherungsangelegenheiten, Interner Revision, Bilanzierung und Geschäftsberichterstellung zu unterscheiden. Beim deutschen Controller sind diese Aufgabenkomplexe kaum zu finden. Vgl. Heigl,A.: (Controlling) S.21
3   Mit dieser Einschränkung werden auch Ansätze, die Controlling als "Denkhaltung" [vgl. Bramsemann,R.: (Controlling) S.47] oder als "Führungsphilosophie" [vgl. Schröder,E.F.: (Unternehmens-Controlling) S.16] verstehen, nicht weiter in die Begriffsabgrenzung einbezogen, zumal bei diesen Ansätzen "nur" Menschen mit entsprechenden Einstellungen und Fähigkeiten für derartige Controlling-Konzeptionen benötigt werden. Vgl. Wich,P.: (Controlling) S.16; Weber,J.: (Grundlagen) S.19
4   Vgl. Küpper,H.-U.: (Koordination)S.164; zum Begriff "Controlling-Konzeption" bzw. "Controllingkonzeption" vgl. Horváth,P.: (Controlling) S.144; Hahn,D.: (Charakterisierung) S.168
5   Vgl. Weber,J.: (Grundlagen) S.39; Schweitzer,M./Friedl,B.: (Beitrag) S.143 Horváth,P.: (Controlling) S.146; Matschke,M.J./Kolf,J.: (Controlling) S.602.
6   Vgl. Weber,J.: (Grundlagen) S.16.
7   So wird Controlling teilweise nur auf die Informationsversorgung des Planungs- und Kontrollprozesses beschränkt. Vgl. hierzu beispielsweise Hoffmann,F.: (Merkmale) S.85. WEBER stellt weiterhin als eine eher enge Sichtweise des Controllings die Ausrichtung auf das Gewinnziel heraus. Vgl. Weber,J.: (Grundlagen) S.16ff.; Lehmann,F.-O.: (Entwicklung) S.49; sowie Pfohl,H.-C./Zettelmeyer,B.: (Controlling) S.150

erachteten Controllingaufgaben bei der Neuproduktentstehung vornehmen zu können.

Für die Ausarbeitung einer Controlling-Konzeption erscheint es zweckmäßig, von dem in Abschnitt 3.1. dargestellten Managementsystem und dessen Teilsystemen auszugehen. In diesem Kontext ist eine eigenständige betriebswirtschaftliche Problemstellung zu definieren, aus der sich dann die Zwecksetzung des Controlling begründen läßt.

Eine solche Problemstellung bildet die Koordination innerhalb des Managementsystems. Unter *Koordination* wird im allgemeinen die Abstimmung von arbeitsteilig vollzogenen Aufgabenerfüllungen im Hinblick auf die übergeordneten Ziele des Unternehmens verstanden.[8] Durch die Aufteilung des Managementsystems in einzelne Teilsysteme entsteht ein Bedarf an Koordination, welche die Ineffizienzen durch Schnittstellenprobleme verhindern soll.[9] Zwar übernehmen die Managementteilsysteme wie z.B. Organisation und Planung spezielle Koordinationsaufgaben in bezug auf das Ausführungssystem; jedoch verbleibt ein zusätzlicher Koordinationsbedarf innerhalb des Managementsystems.[10] Dieser Koordinationsbedarf ist um so höher, je größer und differenzierter das Unternehmen ist, je komplexer und schneller die Entwicklung der Unternehmensumwelt ist und je unterschiedlicher die Produktpalette, Marktsegmente sowie die Spezialisierungen der Führungskräfte sind.[11]

Angeregt durch die Arbeiten von HORVÁTH wird deshalb die grundlegende Zwecksetzung des Controllings zunehmend in der Koordination innerhalb des Managementsystems gesehen.[12,13] Während HORVÁTH die Koordinationsfunktion des Controllings auf das Planungs-, Kontroll- sowie Informationsversorgungs-

---

8 Vgl. Grochla,E.: (Unternehmungsführung) S.24; Kosiol,E.: (Organisation) S.171; Welge,M.K.: (Organisation) S.411; es sei jedoch angemerkt, daß über den Inhalt des Begriffes "Koordination" in der Literatur keine Einigkeit herrscht. Allgemein anerkannt ist, daß die Koordination als Komplement der Arbeitsteilung (Differenzierung, Spezialisierung) eine organisatorische Basisaufgabe darstellt. Zu einem Überblick vgl. Frese,E.: (Koordinationskonzepte).

9 Vgl. Weber,J.: (Anstöße) S.44

10 Vgl. Küpper,H.-U.: (Koordination) S.169; Weber,J.: (Anstöße) S.54; die Koordinationsaufgabe des Managements bezüglich des Ausführungsytems wird auch als "Primärkoordination" bezeichnet, während die Koordinationsaufgabe des Controllings eine "Sekundärkoordination" bildet. Vgl. Horváth,P.: (Controlling) S.127; Schmidt,A.: (Controlling) S.56. Wenn im folgenden von Koordination gesprochen wird, ist die Sekundärkoordination gemeint.

11 Vgl. Weber,J.: (Grundlagen) S.29

12 Vgl. Horváth,P.: (Controlling) S.114ff.; Küpper,H.-U.: (Koordination) S.165; Matschke,M.J./Kolf,J.: (Controlling) S.602; Schmidt,A.: (Controlling) S.44ff. u. 56; Küpper,H.-U./Weber,J./Zünd,A.: (Controlling) 283. Die Koordinationsfunktion wird in der "neueren" Controlling-Literatur zwar betont, aber mit unterschiedlichem Stellenwert. Z.B. sieht SIERKE die Koordinationsfunktion als notwendige Controllingaufgabe an, stellt jedoch die Planung und Kontrolle in den Vordergrund. Vgl. Sierke,B.R.A.: (Investitions-Controlling) S.35

13 Zur Kritik an dieser Zwecksetzung vgl. Schneider,D.: (Controlling) S.11ff.

system beschränkt,[14] fordert eine ganzheitliche Betrachtung der Controllingaufgaben die Koordination aller Elemente des Managementsystems.[15] Legt man die Strukturierung des Managementsystems gemäß Abschnitt 3.1. zugrunde, so kann Controlling als ein Teilsystem im Managementsystem der Unternehmung dargestellt werden, wie es die *Abbildung 3.3.2.1./1* zeigt. Es wird darin zwischen einem direkten und einem indirekten Koordinationsbereich differenziert. Der *direkte Koordinationsbereich* grenzt die Aufgabengebiete ab, zu deren Koordination das Controlling einen unmittelbaren Beitrag leisten kann. Auf den *indirekten Koordinationsbereich* kann das Controlling selbst nicht einwirken, es hat aber dessen Auswirkungen im Rahmen der Controllingaufgaben des direkten Bereiches zu berücksichtigen.

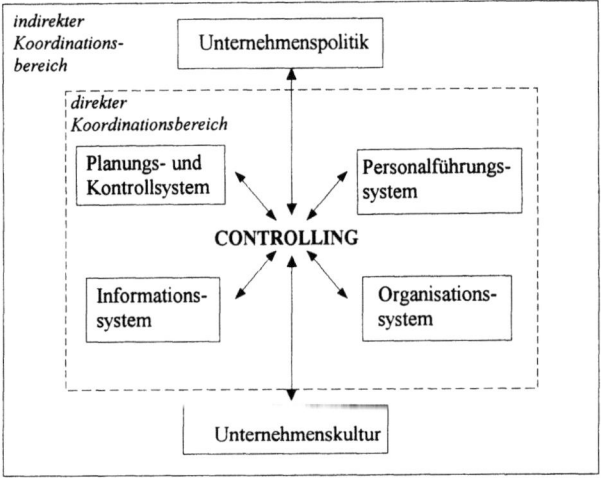

Abb. 3.3.2.1./1: *Controlling im Managementsystem der Unternehmung*

Mit der managementinternen Koordinationsfunktion als grundsätzliche Zwecksetzung des Controllings sind nach KÜPPER als spezielle Zwecksetzungen die Anpassungs-, Innovations- und Servicefunktion verbunden.[16] Die *Anpassungsfunktion* bezieht sich speziell auf die Koordination zwischen Unternehmensführung und Umweltentwicklung. Ausgehend von den Veränderungen in der relevanten Unternehmensumwelt (z.B. Märkte, Technologie und Gesellschaft) entsteht die Notwendigkeit, diese Entwicklungen frühzeitig zu erkennen und das Management-

---

14   Vgl. Horváth,P.: (Controlling) S.157ff.
15   Vgl. Küpper,H.-U.: (Konzeption) S.99; v.Dellmann,K.: (Systematisierung) S.115; Matschke,M.J./Kolf,J.: (Controlling) S.602
16   Vgl. dazu und zu den nachfolgenden Ausführungen Küpper,H.-U.: (Koordination) S.170; Küpper,H.-U.: (Controlling) S.789ff.

system auf diese Wandelungen auszurichten. Eine *Innovationsfunktion* liegt dann vor, wenn die Unternehmensführung versucht, die Umwelt zu verändern.[17]

Durch die Ausgliederung der managementinternen Koordination von den (anderen) Führungspersonen hin zum Controller, entlastet das Controlling die Unternehmensführung und leistet eine *Unterstützungs-* bzw. *Servicefunktion.* Mit der Betonung auf Servicefunktion wird zugleich hervorgehoben, daß die Kompetenz der Unternehmensführung *nicht* auf den Controller übergeht.[18] Auch besitzt der Controller - nach allgemeiner Auffassung - keine unmittelbare Weisungskompetenz gegenüber den Linienmanagement.[19] Die Wahrnehmung dieser Koordinationsfunktion kann vielmehr nur durch Mitwirken an den Managementprozessen sichergestellt werden. Darüber hinaus umfaßt die Servicefunktion auch die Kenntnis und die Einsatzmöglichkeiten von geeigneten Methoden zur Koordination der Managementaufgaben.

Für eine Controlling-Konzeption bildet die Koordination der Unternehmensführung in dieser Arbeit das *originäre Controllingziel.*[20] Aus diesem originären Controllingziel lassen sich *derivative Controllingziele* für die funktionale und instrumentale Gestaltung des Controllings ableiten.[21] Sie präzisieren die Controllingaufgaben inhaltlich, indem sie festlegen, auf welche Unternehmensziele hin die Managementaktivitäten zu koordinieren sind.[22] Da das Controlling zur Erreichung dieser ökonomischen, technischen, sozialen sowie ökologischen Unternehmensziele nur einen mittelbaren Beitrag leisten kann, bezeichnen SCHWEITZER und FRIEDL diese derivativen Controllingziele auch als "indirekte" Ziele.[23]

Auf der Grundlage der Controllingziele beinhaltet die funktionale Komponente der Controlling-Konzeption Aussagen über die *Koordinationsaufgaben des Controllings.* Diese Koordinationsaufgaben umfassen als wichtigste Bestandteile die systembildende und die systemkoppelnde Koordination.

Die *systembildende Koordination* hat die Koordinationsvoraussetzungen in den Teilsystemen des Managementsystems zu schaffen. Die Errichtung von koordinationsfähigen Managementteilsystemen erstreckt sich dabei in erster Linie auf die Teilsysteme im direkten Koordinationsbereich. Es sind aber auch die Koordinationsvoraussetzungen der Teilsysteme im indirekten Koordinationsbereich zu berücksichtigen. So ist beispielsweise keine Abstimmung zwischen Unternehmens-

---

17   Vgl. Zünd,A.: (Begriff) S.22
18   Vgl. Küpper,H.-U.: (Koordination) S.142
19   Vgl. Weber,J.: (Anstöße) S.47
20   Zur Betonung der Tatsache, daß es sich hier um ein Ziel handelt, könnten Formulierungen, wie z.B. "optimale" oder "effiziente" Koordination des Managementsystems beitragen. Zu Controllingzielen als Basis und Ursache für den Aufbau von Controllingsystemen vgl. Reichmann,T.: (Entwicklungen) S.3; Reichmann,T.: (Controlling-Konzeptionen) S.50
21   Es sei darauf hingewiesen, daß die Organisation des Controllings (institutionale Gestaltung) nicht Gegenstand der Arbeit ist. Vgl. dazu Abschnitt 3.3.1.
22   Vgl. dazu Abschnitt 4.1.
23   Vgl. Schweitzer,M./Friedl,B.: (Beitrag) S.143

politik und dem strategischen Planungs- und Kontrollsystem möglich, wenn nicht die obersten Unternehmensziele präzise und verbindlich formuliert worden sind.[24] Derartige Koordinationsvoraussetzungen ermöglichen erst eine *systemkoppelnde Koordination*. Diese hat sowohl innerhalb von Managementteilsystemen als auch zwischen diesen für eine optimale Abstimmung zu sorgen. Die systemkoppelnden Koordinationsaufgaben innerhalb der Managementteilsysteme beziehen sich auf das Informationssystem, Organisationssystem, Personalführungssystem sowie Planungs- und Kontrollsystem.

Zur konzeptionellen Fundierung sollen im folgenden einige wichtige Koordinationsaufgaben zum einen zwischen den einzelnen Managementteilsystemen und zum anderen innerhalb der Managementteilsysteme kurz beschrieben werden.

Controlling als Koordination des gesamten Managementsystems hat sicherzustellen, daß die einzelnen Managementteilsysteme optimal aufeinander abgestimmt sind. Diese primär systemkoppelnde Aufgabenstellung besteht vor allem aus drei zentralen Koordinationsfeldern.[25]

- Ein wichtiges Koordinationsfeld ist die Abstimmung des *Planungs- und Kontrollsystems* mit den *unternehmenspolitischen Vorgaben*.[26] Mit anderen Worten, das Controlling hat alle Planungs- und Kontrollaktivitäten auf das Erreichen der obersten Unternehmensziele auszurichten. Dies setzt - wie oben erwähnt - eine präzise und vollständige Formulierung der obersten Unternehmensziele voraus.
- Als ein weiteres wichtiges Koordinationsfeld wird im allgemeinen die Abstimmung des *Informationssystems* mit den Informationsbedarfen der anderen Managementteilsysteme gesehen.[27] Dabei wird der Bedarf an Informationen vor allem im Zusammenhang mit den informationsverarbeitenden Planungs- und Kontrollprozessen diskutiert.[28] "Zu den Planungs- und Kontrollinformationen gehören alle Informationen, die das Planungs- und Kontrollproblem beschreiben und zu seiner Lösung beitragen."[29] Eine bedeutende Informationsquelle ist das betriebliche Rechnungswesen. Es besteht deshalb auch die Forderung nach einer stärkeren Ausrichtung des betrieblichen Rechnungswesens auf die Planung und Kontrolle.[30] Ein Informations-

---

24   Vgl. auch <u>Weber,J.</u>: (Grundlagen) S.31
25   Vgl zu den folgenden Ausführungen auch <u>Küpper,H.-U.</u>: (Koordination) S.172
26   Es sei darauf hingewiesen, daß unternehmenspolitische Entscheidungsprozesse hier nicht als Planungsprozesse aufgefaßt werden. Vgl. dazu Abschnitte 3.1.3. und 3.1.4.
27   Vgl. <u>Küpper,H.-U.</u>: (Koordination) S.172; Managementinformationen sind dabei jene Informationen, die zur Lösung von Managementaufgaben benötigt werden. Es handelt sich um verdichtete, verknüpfte, akzeptierte und von den Führungskräften als relevant angesehene Informationen. Vgl. <u>Horváth,P.</u>: (Controlling) S.350 sowie die dort zitierte Literatur.
28   Die Trennung zwischen Informationssystem sowie Planungs- und Kontrollsystem ist nicht eindeutig und weist oftmals Überschneidungen auf. Hier sei zur Trennung unterstellt, daß im Planungs- und Kontrollsystem die Frage nach dem "wie" der Informationsverarbeitung im Vordergrund steht, während beim Informationssystem die zur Planung und Kontrolle benötigten Informationen die Problemstellung bilden, die nicht unmittelbar selbst vom Planungs- und Kontrollsystem erzeugt werden. Vgl. dazu auch <u>Horváth,P.</u>: (Controlling) S.347
29   <u>Horváth,P.</u>: (Controlling) S.368
30   Die Orientierung an einer gezielten, bedürfnisgerechten Informationsversorgung des Managements hebt auch der von BLOECH, GÖTZE und SIERKE vorgestellte Ansatz des "managementorientierten Rechnungswesens" hervor. Es handelt sich dabei um ein

bedarf existiert aber auch in den anderen Managementteilsystemen. So werden vom Organisationssystem Informationen über verschiedene Organisationsalternativen und deren Auswirkungen benötigt, gleiches gilt für das Personalführungssystem und die Personalentwicklung. Auch wenn sich die Aufgabenstellung bei der Koordination des Informationssystems vorrangig auf die Teilsysteme des direkten Koordinationsbereiches bezieht (vgl. Abbildung 3.3.2.1./1), sind die Informationsbeziehungen mit der Unternehmenspolitik zu berücksichtigen.

- Das dritte Koordinationsfeld basiert auf der unverzichtbaren Abstimmung zwischen *Organisationssystem* und dem *Planungs- und Kontrollsystem* einerseits und deren Koordination mit dem *Personalführungssystem* andererseits. Es ist bereits in Abschnitt 3.1. auf die Interdependenz zwischen Organisation, Planung und Kontrolle hingewiesen worden. So definiert die Organisationsstruktur durch die Verteilung von Kompetenzen und Aufgabenfeldern den Rahmen, in dem die Planungs- und Kontrollprozesse durchgeführt werden.[31] Umgekehrt bestimmt die Planung die Struktur der Unternehmensentwicklung, ganz nach der These von CHANDLER "structure follows strategie"[32]. Daher sollte das Verhältnis von Organisation zu Planung und Kontrolle aufeinander abgestimmt gestaltet werden. Beide Managementteilsysteme müssen außerdem noch mit dem Personalführungssystem abgestimmt werden. WEBER führt dazu als Beispiel das organisatorische Postulat von "Zelte statt Burgen" an, das für eine häufige Veränderung der Aufbauorganisation steht, welche nur mit besonders geschultem und qualifiziertem Personal vollzogen werden kann. Aber auch die Planung und das Hervorbringen von Innovationen richten spezielle Anforderungen an die Mitarbeiterqualifikation und -motivation, die im Personalführungssystem zu berücksichtigen sind.

Über diese Koordinationsfelder hinaus sollte das Controlling - entsprechend der hier zugewiesenen Koordinationsfunktion - auch zu einer Abstimmung zwischen *Unternehmenskultur* und den übrigen Managementteilsystemen beitragen.

Um überhaupt eine Abstimmung zwischen den Managementteilsystemen durchführen zu können, müssen - wie eingangs angemerkt - die jeweiligen Teilsysteme erst einmal koordinationsfähig sein. Dazu hat das Controlling systembildende und systemkoppelnde Koordinationsfunktionen in den einzelnen Managementteilsystemen wahrzunehmen.

Die Koordination innerhalb des *Planungs- und Kontrollsystems* bildet seit langem einen Schwerpunkt der Controllingaufgaben. Die systembildende Koordinationsaufgabe des Controllings besteht in der Schaffung einer Gebilde- und Prozeßstruktur für die einzelnen Planungen und Kontrollen auf und zwischen den verschiedenen hierarchischen Managementebenen.[33] Ziel ist es, eine Systemstruktur festzulegen, welche unter Berücksichtigung der Interdependenzen die entsprechenden Voraussetzungen zur Abstimmung sowohl zwischen strategischer sowie operativer Planung und Kontrolle als auch zwischen den einzelnen Teilplanungen, wie z.B. Forschungs-, Entwicklungs-, Absatz-, Produktions- und Beschaffungsplanung, und

---

gleichzeitig informations-, entscheidungs-, handlungs-, führungs-, und systemorientiertes Konzept, mit dessen Hilfe die Zeit-, Objekt- und Verhaltensgrenzen des Rechnungswesens [vgl. Bleicher,K.: (Grenzen) S.33ff.] überwunden werden sollen. Vgl. Bloech,J./ Götze,U./ Sierke,B.R.A.: (Rechnungswesen) S.3ff.

31   Vgl. Liedke,U.: (Controlling) S.16
32   Vgl. Chandler,A.D.jr.: (Strategy) S.14
33   Vgl. Horváth,P.: (Controlling) S.124

Teilkontrollen herstellt. Die Systembildung umfaßt beispielsweise formale und zeitliche Vorgaben zur Erstellung von Plänen und Kontrollen sowie die Erarbeitung eines Planungsrahmens, z.B. in Form eines Planungshandbuches.[34] Ebenso ist die Implementierung, Entwicklung, Überwachung und Anpassung des Planungs- und Kontrollsystems Gegenstand der systembildenden Koordination.

Die Abstimmung innerhalb dieses so geschaffenen Planungs- und Kontrollsystems stellt die systemkoppelnde Koordinationsaufgabe des Controllings dar. Hierunter fallen alle mit den Planungs- und Kontrollprozessen im Zusammenhang stehenden Abstimmungsaufgaben, die darauf abzielen, Störungen im System abzuwehren und Probleme zu lösen. Von besonderer Bedeutung ist dabei die Abstimmung zwischen strategischer und operativer Planung. Auf diese Problematik wird in Abschnitt 3.3.4.2. noch näher eingegangen.

Im Hinblick auf das *Informationssystem* kommt dem Controlling die systembildende Aufgabe zu, es so zu gestalten,[35] daß es die aus den anderen Managementteilsystemen heraus gestellten Informationsbedarfe möglichst optimal erfüllt.[36] Dies beinhaltet Aufbau eines strategischen und operativen Informationssystems.[37] Innerhalb des strategischen Informationssystems können zur Abdeckung des Informationsbedarfs Frühaufklärungs- bzw. Früherkennungssysteme[38] geschaffen werden. Ebenso ist - falls noch nicht vorhanden - eine Investitionsrechnung und auf der operativen Ebene eine Kosten- und Leistungsrechnung aufzubauen bzw. weiterzuentwickeln.[39]

Systemkoppelnd kann das Controlling im Informationssystem auf eine Abstimmung des betrieblichen Rechnungswesens hinwirken. Es geht darum, die einzelnen Berei-

---

34 Zu einem Beispiel für den Inhalt von Planungshandbüchern vgl. Hahn,D.: (Integrierte) S.191ff.

35 Die Gestaltungsaufgaben des Controllings umfassen in erster Linie die informationsbedarfsabhängige Auswahl der relevanten Informationsempfänger, der zu beobachtenden Bereiche sowie der für diese zu beobachtenden Größen, der Berichtsformen und -inhalte (Informationsübermittlung), der Beobachtungs- und Berichtszeitpunkte und die Festlegung der Instrumente von Informationsbedarfsermittlung, -beschaffung, -aufbereitung und -verteilung. Vgl. Amshoff,B.: (Controlling) S.270ff.

36 In der Literatur hat die Informationsaufgabe des Controllings einen hohen Stellenwert. Uneinigkeit besteht allerdings bezüglich der (vollständigen) Zuordnung der Informationsversorgung zum Controlling. Nach hier vertretener Auffassung ist die Informationsversorgung als solche ein Teil des Informationssystems und damit Aufgabe des Managements bzw. Informationsmanagements.

37 Bei der Koordination der Informationsbereitstellung ist auch die Wirtschaftlichkeit der Informationsbereitstellung zu berücksichtigen. Es ist danach zu fragen: "How much is the information worth to me?" und "How much am I willing to pay for it?" Marschak,J.: (Remarks) S.92

38 Zur "Frühaufklärung" vgl. auch Abschnitt 3.2.4.2.

39 Die Weiterentwicklung der Kostenrechnung ist in jüngster Zeit insbesondere durch die Kritik von KAPLAN und JOHNSON an der traditionellen Kostenrechnung angeregt worden. Sie werfen der traditionellen Kostenrechnung Abbildungsversäumnisse und Abbildungsfehler sowie eine zu starke Ausrichtung auf kurzfristige Problemstellungen vor. Vgl. Kaplan,R.S./Johnson,H.T.: (Relevance)

che des Rechnungswesens, wie z.B. die Investitionsrechnung, Kosten- und Leistungsrechnung sowie Finanzrechnung (financial accounting) in Beziehung zueinander zu setzen.[40] Damit lassen sich - soweit möglich - dieselben Daten für unterschiedliche betriebliche Rechnungen nutzen.[41]

Innerhalb des *Organisationssystems* kann das Controlling zum Zweck der Koordination systembildend wirken, indem es beispielsweise die Errichtung von speziellen Ausschüssen, Gremien oder Instanzen (wie z.B. Macht- und Fachpromotoren) anregt, um hierdurch eine bessere innerbetriebliche Abstimmung zu erreichen.[42] Zugleich beinhaltet eine Koordinationsfunktion im oben verstandenen Sinn notwendige Anpassungen des Organisationssystems an Veränderungen der Unternehmensumwelt als Aufgabe des Controllings. Systemkoppelnd kommt die Abstimmung bzw. Überwindung von organisatorischen Schnittstellen, z.B. zwischen den Funktionsbereichen Marketing, FuE und Produktion hinzu.[43] Aus diesem Grund hat das Controlling auch bei der Implementierung von neuen organisatorischen Konzepten mitzuwirken. Beispielhaft sei hier auf "Simultaneous Engineering" oder "Just in Time" hingewiesen.[44]

Im Bereich des *Personalführungssystems* kann ein Aufgabenfeld des Controllings in der Koordination des formalen und informalen Personalführungssystems gesehen werden. Zur Schaffung der Koordinationsvoraussetzungen hat das Controlling z.B. systembildend an der Gestaltung des Motivations- und Anreizsystems mitzuwirken.[45] Dabei ist darauf hinzuarbeiten, daß das Anreiz- und Motivationssystem die Führung von Mitarbeitern dahingehend unterstützt, daß die Mitarbeiter den erwarteten Beitrag zur Zielerreichung leisten (Leistungsaspekt) und gleichzeitig ihre persönlichen Ziele weitgehend Berücksichtigung finden (Zufriedenheitsaspekt).[46] Im Rahmen der systemkoppelnden Koordinationsfunktion sind dann nicht nur die einzelnen Fördermaßnahmen des formalen Motivations- und Anreizsystems aufeinander abzustimmen. Darüber hinaus besteht ein Abstimmungsbedarf zwischen den formalen Förderungsmaßnahmen und den Erscheinungsformen des informalen Personalführungssystems. Dadurch können Aufstiegsanreize mit der Zugehörigkeit zu einer besonders angesehenen Gruppe im Unternehmen verbunden werden.

Zusammenfasssend ist festzuhalten, daß mit der Koordination des Managementsystems das Aufgabengebiet des Controllings für diese Arbeit konzeptionell fundiert worden ist. Controlling ist jedoch - wie in Abschnitt 3.1.1. erwähnt - ein

---

40   Siehe hierzu beispielsweise die Ansätze von LÜCKE oder KÜPPER. Vgl. Lücke,W.: (Integrationsgedanke); Lücke,W.: (Investitionslexikon) S.137ff.; Küpper,H.-U.: (Fundierung); Küpper,H.-U.: (Controlling) S.813ff.
41   Vgl. Küpper,H.-U.: (Koordination) S.171
42   Vgl. Liedke,U.: (Controlling) S.40
43   HORVÁTH sieht als weitere kritische Schnittstellenbereiche Funktionen/Projekte sowie zentrale/dezentrale Einheiten. Vgl. Horváth,P.: (Effektives) S.7
44   Siehe zu diesen Konzepten Abschnitt 4.3.5. in dieser Arbeit
45   Entsprechende Koordinationsprobleme lassen sich auch für das Sanktionssystem des Unternehmens aufzeigen.
46   Vgl. Engelke,P.: (Forschung) S.102

aus der Unternehmenspraxis heraus entwickelter Ansatz. Deshalb erscheint es sinnvoll, dieses relativ weit definierte Aufgabegebiet entsprechend der Aufgabenstellung des Controllings in der Praxis zu präzisieren. Es genügt hier, sich auf die dabei
besonders wichtigen Kernfunktionen des Controllings zu beschränken.

Schon einfache Analysen von Stellenanzeigen belegen, daß Controlling in der
Praxis in enger Verbindung zu den *Informations-, Planungs-* und *Kontrolltätigkeiten* des Managements steht.[47] Dies läßt sich wohl damit begründen, daß die
Ausgangsbasis des Controllings im Rechnungswesen liegt. Das Rechnungswesen,
insbesondere die Kosten-, Leistungs- und Investitionsrechnung, ist - wie oben
erwähnt - so zu gestalten, daß es die erforderlichen Informationen für eine zielorientierte Unternehmenssteuerung liefert.[48] Dazu muß das Controlling ebenfalls die
Koordination zwischen Informationsbedarf, -erzeugung und -bereitstellung sicherstellen. Eine zweckentsprechende Informationsbereitstellung verlangt wiederum,
daß das Controlling an der Planung und Kontrolle mitwirkt, und eine Abstimmung
bzw. Anpassung zwischen Planung, Kontrolle und Informationssystem erreichen
muß. Die Aufgabenzuordnung des Controllings orientiert sich dabei sehr häufig an
der Trennung der Planungs- und Kontrolltätigkeiten in eine inhaltliche und in eine
prozessuale Komponente.[49] Die inhaltliche Komponente umfaßt das Festlegen von
Zielen und Planungsinhalten sowie der zu ergreifenden Maßnahmen bei möglichen
Soll/Ist-Abweichungen. Sie ist Bestandteil der Aufgaben der Unternehmensführung. Controlling wird indessen die prozessuale Komponente zugeordnet; es
übernimmt "das Management der Planung und Kontrolle".[50] Dies bedeutet, daß
Controlling die Planungs- und Kontrollprozesse anzustoßen und entsprechend zu
gestalten und aufeinander abzustimmen hat.

Dieser kurze Einblick macht bereits deutlich, daß mit der Koordination des gesamten Managementsystems dem Controlling ein weitaus größeres Aufgabengebiet
zugewiesen wurde, als es derzeitig in der Praxis üblich ist.[51] Aus konzeptioneller
Sicht läßt sich eine Einschränkung nur auf die Koordination des Planungs-,
Kontroll- und Informationssystems nicht begründen. Infolgedessen beinhaltet die
oben genannte Koordinationsfunktion auch neue Aufgabenstellungen, die künftig
auf den Controller in der Praxis zukommen können.[52] Grundlage für die weiteren
Betrachtungen soll eine der Praxis dienliche Abgrenzung der Controllingfunktionen
sein. Danach umfaßt zwar Controlling die Koordination des gesamten Manage-

---

47   Auf eine detaillierte Analyse dieser Aussagen sei hier verzichtet. Es wird dazu auf die
Literatur verwiesen. Vgl. z.B. Bramsemann,R.: (Controlling) S.54; Weber,J.: (Anstöße)
S.39 sowie die dort erwähnte Literatur.

48   Vgl. Weber,J.: (Grundlagen) S.53; Küpper,H.-U./Weber,J./Zünd,A.: (Controlling) S.283

49   Vgl. hierzu und zu den folgenden Ausführungen Weber,J.: (Anstöße) S.41

50   Weber,J.: (Anstöße) S.41

51   So weist auch KÜPPER auf den Umstand hin, daß die "Koordinationsaufgaben zu
umfassend werden und nicht immer problemlos von den Aufgaben anderer
Führungsteilsysteme abgrenzbar sind." Küpper,H.-U.: (Konzeption) S.104; zu diesem
Omnipotenzvorwurf vgl. auch Amshoff,B.: (Controlling) S.180

52   Vgl. auch Weber,J.: (Anstöße) S.50

mentsystems; schwerpunktmäßig bezieht es sich jedoch auf die Koordination des Planungs-, Kontroll- und Informationssystems.[53]

Eine derartige Sichtweise der Controllingaufgaben ist allerdings nur dann sinnvoll, wenn die Führung des Unternehmens über Planungen und Kontrollen vollzogen wird. Unternehmen, deren Führung in erster Linie auf der persönlichen Weisung eines Unternehmers beruht, und nicht auf eine systematische Planung und Kontrolle aufbaut, erfüllen nicht die Voraussetzung für das hier vertretene Controllingverständnis.[54] Aus diesem Grund verlangt das Controlling nach einem dezentralen, planungs- und kontrolldeterminierten Führungsparadigma;[55] ansonsten stellt es lediglich eine Alibifunktion für eine modern wirkende Unternehmensführung dar.[56]

In welcher konkreten Ausprägung sich die Koordinationsaufgaben des Controllings in einem Unternehmen zeigen, hängt nicht nur vom Entwicklungsstand des Planungs-, Kontroll- und Informationssystems ab. Weitere Einflußgrößen sind beispielsweise die Anzahl und das Verhalten der Führungskräfte, die Unternehmensgröße, -organisation und -kultur,[57] aber auch die charakteristischen Eigenschaften der Planungen und Kontrollen zur Bewältigung der jeweiligen Managementaufgaben. Daher determinieren die Charakteristika der in den obigen Abschnitten diskutierten Planungen und Kontrollen der Neuproduktentstehung auch die Koordinationsaufgaben des Controllings und damit die Controllinginstrumente.

---

53   Vgl. Küpper,H.-U./Weber,J./Zünd,A.: (Controlling) S.282f.; Weber,J.: (Grundlagen) S.32f.

54   Derartige Führungsmodelle findet man in kleinen und manchen mittelständigen Unternehmen. Für große Industrieunternehmen, wie sie dieser Arbeit zugrundeliegen, ist die Führungsform der Planung und Kontrolle üblich.

55   Vgl. Weber,J.: (Grundlagen) S.45

56   Vgl. Weber,J.: (Anstöße) S.40

57   Änderungen derartiger Kontextfaktoren im Zeitablauf bedingen, daß Controlling zu einem sich ständig entwickelnden Führungskonzept wird. Vgl. Küpper,H.-U./Weber,J./Zünd,A.: (Controlling) S.290

3.3.2.2. Strategisches und operatives Controlling

Strategisches und operatives Controlling kennzeichnen zwei bedeutsame Koordinationsbereiche des Controllings. Die Koordination im Managementsystem der Unternehmung wird durch die verschiedenen Managementebenen beeinflußt. Da sich das Controlling schwerpunktmäßig auf die Koordination der Planung, Kontrolle und Informationsversorgung bezieht, und diese in erster Linie Führungsinstrumente der strategischen und operativen Managementebene darstellen, lassen sich dem Controlling strategische und operative Koordinationsaufgaben übertragen.[1]

Die Unterschiede zwischen beiden Controllingbereichen ergeben sich insbesondere aus den verschiedenen inhaltlichen Aufgabenstellungen der strategischen und operativen Planungs- und Kontrollprozesse. So ist das *operative Controlling* auf die Koordination der operativen Planung, Kontrolle und Informationsversorgung im Hinblick auf das Erreichen von vor allem quantitativen Erfolgszielen ausgerichtet.[2] Die Aufgabenschwerpunkte beschränken sich vorrangig auf die kurz- und mittelfristige Budgetplanung, -kontrolle und -dokumentation.[3] Das *strategische Controlling* dient zur Koordination der strategischen Managementprozesse bezüglich der Erschließung, Schaffung und Sicherung von Erfolgspotentialen. Ferner hat eine controllingorientierte Koordination dafür zu sorgen, daß eine Abstimmung zwischen strategischer und operativer Managementebene erfolgt. Darin zeigt sich auch der integrierende Charakter des Controllings.

In bezug auf die strategische und operative Koordination von Planungs-, Kontroll- und Informationssystem lassen sich vor allem folgende Aufgabengebiete dem Controlling zuweisen:[4]

- Koordination der Elemente innerhalb des strategischen Planungs- und Kontrollsystems,
- Koordination der Elemente innerhalb des operativen Planungs- und Kontrollsystems,
- Koordination zwischen strategischem und operativem Planungs- und Kontrollsystem,
- Koordination der Elemente innerhalb des strategischen Informationssystems,
- Koordination der Elemente innerhalb des operativen Informationssystems,

---

1   Zu einer umfangreichen Literaturanalyse über verschiedene Bedeutungsinhalte des "strategischen Controllings" vgl. Pfohl,H.-C./Zettelmeyer,B.: (Controlling); es sei darauf hingewiesen, daß die Forderung nach einem strategischen Controlling in der Literatur umstritten ist.

2   Das operative Controlling ist das seit die 60er Jahre vorherrschende Controlling-Konzeption in Deutschland. Vgl. Pümpin,C./Prange,J.: (Controlling) S.35

3   Zum Begriff "Budget" und zur "Budgetierung" vgl. Abschnitt 3.3.4.2.

4   Zu einer ähnlichen Aufzählung bezüglich eines Investitionscontrolling vgl. Götze,U./ Bloech,J.: (Investitionsrechnung) S.34

- Koordination zwischen strategischem und operativen Informationssystem.
- Koordination zwischen strategischem Informationssystem und strategischem Planungs- und Kontrollsystem sowie
- Koordination zwischen operativem Informationssystem und operativem Planungs- und Kontrollsystem.

Zur Erfüllung dieser Controllingaufgaben - auf die in den nachfolgenden Abschnitten hinsichtlich des Controllings der Neuproduktentstehung noch genauer eingegangen wird - hat das Controlling geeignete Controllinginstrumente zu verwenden. Es kann dabei auf ein umfassendes Koordinationsinstrumentarium der anderen Managementteilsysteme zurückgreifen, welches weitgehend der Koordination des Ausführungssystems dient.[5]

Sieht man Controlling jedoch als Koordination des Managementsystems, dann beschränkten sich die Controllinginstrumente lediglich auf diejenigen Koordinationsinstrumente, die eine Abstimmung der Managementteilsysteme herbeiführen. Hierzu zählt vor allem die Budgetierung, die in Abschnitt 3.3.4.2. noch näher untersucht wird. Diese sich an WEBER anlehnende Sichtweise der Controllinginstrumente steht im Widerspruch zu vielen gängigen Aufstellungen von Controllingwerkzeugen, in denen praktisch alle klassischen Koordinationsinstrumente aufgeführt werden.[6] Aus der hier vertretenen Auffassung folgt allerdings nicht, daß diese Instrumente keinen Bezug zum Controlling aufweisen. Aus der obigen Darstellung lassen sich nämlich folgende zwei für das Controlling bedeutsame Koordinationsaspekte ableiten:

- Controlling hat systembildend die Ausgangsbedingungen für eine planungs- und kontrolldeterminierte Koordination der Managementteilsysteme sicherzustellen, wozu auch der gezielte Aufbau von klassischen Koordinationsinstrumenten gehören kann,[7] und
- Controlling hat je nach den Situationsbedingungen für die günstigste Kombination aus der Vielzahl der Koordinationsinstrumente zu sorgen.[8]

---

5   Zu einem Überblick über wichtige Koordinationsinstrumente der jeweiligen Managementteilsysteme vgl. Küpper,H.-U.: (Koordination) S.177ff.; Küpper,H.-U. (Controlling) S.797; ein Grund der Kritik am Controlling ist gerade der Einsatz von bereits bekannten Managementinstrumenten als Koordinationsinstrumente. Vgl. Küpper,H.-U./ Weber,J./Zünd,A.: (Controlling) S.288

6   Vgl. hierzu und zu den folgenden Ausführungen Weber,J.: (Grundlagen) S.52ff; Weber,J.: (Instrumente) S.1ff.

7   So konstatiert WEBER "Koordination ist ohne derartige Instrumente nicht möglich; liegen sie nicht vor, muß ihre Realisierung angestoßen werden." Weber,J.: (Grundlagen) S.103

8   Vgl. Küpper,H.-U.: (Controlling) S.796

Im Rahmen der Schaffung von Koordinationsvoraussetzungen - hier im speziellen von instrumentalen Koordinationsvoraussetzungen - kann somit das Controlling Aufgaben wahrnehmen, die nach ihrer Etablierung wieder an das Management abzutreten sind.[9] Ein solches Vorgehen erscheint allerdings nur dann sinnvoll, wenn die Unternehmensführung bislang noch nicht über ein entsprechendes Wissen verfügt oder aus anderen Gründen dieser Aufgabe für eine gewisse Zeit nicht nachkommen kann.[10] In diesem Sinn läßt sich auch die Beschäftigung vieler Controller in der Praxis mit der Kostenrechnung interpretieren.[11]

Die vom Controlling wahrzunehmenden Koordinationsaufgaben können in Abhängigkeit von den Lenkungsaufgaben des Managements unterschiedlich sein. Daraus erklären sich auch die unterschiedlichen Controllingansätze, die sich - im Sinne einer Arbeitsteilung im Controlling - auf einzelne betriebliche Funktionsbereiche beziehen.[12,13] Hierzu zählen beispielsweise das Investitions-Controlling,[14] Beschaffungs-Controlling,[15] FuE-Controlling,[16] Logistik-Controlling,[17] Qualitäts-Controlling,[18] oder das Marketing-Controlling[19]. Im folgenden soll ein entsprechender Ansatz für die Neuproduktentstehung entwickelt werden.

9 Vgl. Weber,J.: (Instrumente) S.124f.
10 Vgl. Weber,J.: (Anstöße) S.41
11 In diesen Interpretationsrahmen paßt auch die Erkenntnis, daß die traditionelle Kostenrechnung als Controllingaufgabe im vergangenen Jahrzehnt zunehmend an Stellenwert verloren hat. Vgl. Weber,J.: (Grundlagen) S.53
12 Zur Identifizierung des Controlling unterscheidet HEIGL die Funktionsbreite und -tiefe des Controlling. Unter "Funktionsbreite" wird die Vielfalt möglicher Controllingbereiche, wie: Absatz, Beschaffung, Produktion, Finanzierung u.a.m. verstanden. Die "Funktiontiefe" gibt das Ausmaß der Einflußnahme des Controllings auf den Entscheidungsprozeß (Managementprozeß) an. Sie reicht vom reinen Management-Service bis zum Management selbst. Vgl. Heigl,A.: (Controlling) S.26f.
13 Zu einem Systematisierungsversuch des Controllings nach typischen Unternehmensbereichen vgl. Weber,J.: (Bereichscontrolling) Sp.301ff.
14 Vgl. hierzu z.B. Schwellnuß,A.G.: (Investitions-Controlling); Sierke,B.R.A.: (Investitions-Controlling); Reichmann,T./Lange,C.: (Aufgaben)
15 Vgl. hierzu z.B. Reinschmidt,J.: (Beschaffungs-Controlling)
16 Vgl. hierzu z.B. Stockbauer,H.: (F&E Controlling)
17 Vgl. hierzu z.B. Weber,J.: (Logistik-Controlling)
18 Vgl. hierzu z.B. Horváth,P./Urban,G.: (Qualitätscontrolling)
19 Vgl. hierzu z.B. Liebl,W.F.: (Marketing-Controlling)

3.3.3. Controlling der Neuproduktentstehung als Teil des Controllings der Unternehmung

Wie in den Abschnitten 3.1.1. und 3.3.4. gezeigt, unterscheidet sich die Gestaltung und Steuerung der Neuproduktentstehung erheblich von den traditionellen Aufgaben des Managements. Trotz der hohen Bedeutung der Neuproduktentstehung für den Fortbestand der Unternehmen finden sich bislang kaum Vorschläge für ein "Innovations-Controlling" bzw. "Controlling der Neuproduktentstehung".

Unter "Controlling der Neuproduktentstehung" soll im folgenden ein Teilbereich des betrieblichen Controllings verstanden werden, der die neuproduktentstehungsrelevanten Planungen und Kontrollen sowie die hierfür erforderliche Informationsversorgung mit dem Ziel koordiniert, neue Produkte erfolgreich hervorzubringen.

Entsprechend der Differenzierung des Managements in eine strategische und operative Ebene, kann auch das Controlling der Neuproduktentstehung in ein strategisches und operatives Controlling unterteilt werden. Das *strategische Controlling der Neuproduktentstehung* hat die Erarbeitung einer effektiven Neuproduktentstehungsstrategie und die Einbindung der dazu erforderlichen Aktivitäten in das strategische Planungs-, Kontroll- und Informationssystem der Unternehmung sicherzustellen. Das *operative Controlling der Neuproduktentstehung* hat für die effiziente Umsetzung der Neuproduktentstehungsstrategie durch die Koordination der Aktivitäten bei Programmermittlung und Projektdurchführung zu sorgen. Die jeweiligen Koordinationsaufgaben des Controllings der Neuproduktentstehung werden in den kommenden Abschnitten detaillierter dargelegt.

3.3.4. Strategisches und operatives Controlling der Neuproduktentstehung

3.3.4.1. Strategisches Controlling der Neuproduktentstehung

Im Mittelpunkt der strategischen Unternehmensführung steht - wie in Abschnitt 3.2.1. gezeigt - die strategische Planung und Kontrolle. Sie soll helfen, die Überlebensfähigkeit des Unternehmens sicherzustellen, indem über die Strategien Erfolgspotentiale für das Unternehmen gehalten und/oder aufgebaut werden. Ein in *Abbildung 3.3.4.1./1* dargestelltes Modell der strategischen Planung und Kontrolle soll die Basis für die nachfolgenden Ausführungen zu den Koordinationsaufgaben des strategischen Controllings der Neuproduktentstehung bilden.[1]

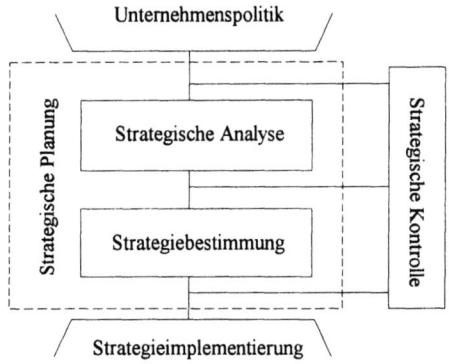

Abb. 3.3.4.1./1: *Modell der strategischen Planung und Kontrolle*

Als ein Teilbereich der strategischen Planung und Kontrolle wurde in Abschnitt 3.2.4. die strategische Planung und Kontrolle der Neuproduktentstehung diskutiert. Für ein Controlling der Neuproduktentstehung ergibt sich daraus die Aufgabe, die strategische Planung und Kontrolle der Neuproduktentstehung in den Prozeß der strategischen Planung und Kontrolle einzubinden.[2] Dazu ist zum einen das Bewußtsein zu schaffen, daß die Neuproduktentstehung im strategischen Planungs- und Kontrollsystem explizit berücksichtigt wird. Zum anderen ist der Prozeß der strategischen Planung und Kontrolle der Neuproduktentstehung zu koordinieren.

---

[1] Die in diesem Modell dargestellte Strukturierung der strategischen Planung und Kontrolle dient lediglich analytischen Zwecken. In der Praxis stellt sich die strategische Planung und Kontrolle als komplexe Aufgabe dar, in der die einzelnen Elemente stark miteinander verwoben sind. Zu derartigen Phasengliederungen vgl. auch Kreikebaum,H.: (Unternehmensplanung) S.26; Schreyögg,G.: (Unternehmensstrategie) S.85; Hopfenbeck,W.: (Managementlehre) S.587

[2] Es sei ergänzend darauf hingewiesen, daß es eine Aufgabe des strategischen Controllings ist, dafür zu sorgen, daß überhaupt strategisch geplant wird.

Als Ausgangspunkt dient die Unternehmenspolitik.[3] Bereits auf dieser Ebene sollte eine Orientierungshilfe für die Neuproduktentstehung gegeben werden, indem Grundsatzentscheidungen - vor allem im Innovations- und Managementkonzept - Rahmenbedingungen hinsichtlich der Produktphilosophie bzw. -politik und der Produktentstehung vorgeben.[4] Das Controlling der Neuproduktentstehung muß dafür sorgen, daß als Koordinationsvoraussetzung diese Unternehmensgrundsätze nicht nur "in den Köpfen" des Top-Managements vorliegen. Erst ihre schriftliche Fixierung schafft die Möglichkeit, daß alle Mitarbeiter eine einheitliche Haltung gegenüber der Neuproduktentstehung einnehmen können.

Auf der Grundlage derartige Unternehmensgrundsätze ist eine aktive Einbeziehung der Neuproduktentstehung in den Prozeß der strategischen Planung zu realisieren. Dies soll durch den Prozeß der strategischen Planung der Neuproduktentstehung erfolgen. Dieser beinhaltet - abgeleitet aus *Abbildung 3.3.4.1./1.* - die Komponenten "neuproduktentstehungsbezogene strategische Analyse" und "Bestimmung der Neuproduktentstehungsstrategie".

Die neuproduktentstehungsbezogene Analyse im Rahmen der strategischen Umwelt- und Unternehmensanalyse[5] kann unter anderem eine neuproduktbezogene Marktattraktivitätsanalyse sowie eine neuproduktentstehungsprozeßbezogene Konkurrenten- und Wettbewerbsanalyse umfassen. Sie steht dabei in enger Verbindung zur strategischen Geschäftsfeldplanung.[6] Die Ergebnisse dieser strategischen Analyse, insbesondere die herausgearbeiteten Stärken und Schwächen des eigenen Unternehmens in bezug auf die Neuproduktentstehung, gehen in die Bestimmung der Strategie zur Neuproduktentstehung ein. Aufgabe des Controllings der Neuproduktentstehung ist es, derartige Analysen anzustoßen und sie mit der strategischen Geschäftsfeldplanung abzustimmen.

Zur Bestimmung der Strategie der Neuproduktentstehung werden auf der Grund-lage der Anforderungen aus der Unternehmensgesamtstrategie und den Strategien der SGE, der strategischen neuproduktentstehungsbezogenen Analyse und den identifizierten Problemen bei der Neuproduktentstehung strategische Ziele festgelegt, alternativ mögliche Strategien und strategische Projekte hergeleitet, analysiert, bewertet und ausgewählt.[7] Die Mitwirkung des Controllings der Neuproduktentstehung bezieht sich zum einen darauf, daß bei der Bestimmung der

---

3   Zur Unternehmenspolitik vgl. Abschnitt 3.1.3.

4   Zu möglichen Inhalten des Innovations- und Managementkonzeptes in bezug auf die Neuproduktentstehung vgl. Abschnitt 4.2.

5   Die strategische Analyse als ein wesentliches Element der strategischen Planung erstreckt sich sowohl auf die für das Unternehmen relevante Umwelt (Umweltanalyse) als auch auf die unternehmensinterne Situation (Unternehmensanalyse). Vgl. hierzu Kreikebaum,H.: (Unternehmensplanung) S.34ff.; Hammer,R.M.: (Unternehmungs-planung) S.37ff.; Zäpfel,G.: (Strategisches) S.39ff.; Götze,U./Rudolph,F.: (Instrumente) S.6ff. und Abschnitt 4.3.6. in dieser Arbeit.

6   Vgl. auch Abschnitt 3.2.4.1.

7   Vgl. Hammer,R.M.: (Unternehmungsplanung) S.167ff.; zu einer weiteren Untergliederung der Strategiebestimmung vgl. Götze,U./Rudolph,F.: (Instrumente) S.9ff.

Neuproduktentstehungsstrategie nicht nur die Beziehungen zwischen Unternehmensgesamt- und Geschäftseinheitsstrategien, sondern auch die Interdependenzen zu den Funktionsbereichen in entsprechendem Maße berücksichtigt werden. Es hat vor allem darauf zu achten, daß

- die Teilstrategien auf ein einheitliches Gesamtziel ausgerichtet sind,
- Inkonsistenzen innerhalb der Strategien aufgedeckt und
- mögliche Engpässe und Synergiepotentiale erkannt werden.[8]

Zum anderen sollte es gewährleisten, daß diejenigen strategischen Maßnahmen bzw. Projekte gewählt werden, welche in bestmöglicher Weise die strategischen Ziele der Neuproduktentstehung erfüllen und zum Erhalt bzw. Aufbau von besonders relevanten Erfolgspotentialen führen. Diese Aufgabe beinhaltet die Forderung nach Objektivität und Nachvollziehbarkeit der Entscheidungen; insbesondere Machteinflüsse einzelner Führungskräfte sind abzuwenden. Darüber hinaus ist im Hinblick auf die Umsetzung der Neuproduktentstehungsstrategie eine mit der Unternehmenskultur abgestimmte Strategiewahl anzustreben.

Allein die strategische Planung von Zielen, Maßnahmen und strategischen Projekten zur Neuproduktentstehung garantiert noch nicht deren Realisierung. Die strategische Planung der Neuproduktentstehung muß daher - wie in Abschnitt 3.2.4.2. erläutert - durch eine strategische, d.h. zukunftsorientierte Kontrolle ergänzt werden. Die Entwicklung, Implementierung, Anwendung und Pflege eines solchen strategischen Kontrollkonzeptes zur Neuproduktentstehung ist vom Controlling der Neuproduktentstehung sicherzustellen.

Nachdem aufgezeigt worden ist, welchen Aufgaben das strategische Controlling der Neuproduktentstehung im Hinblick auf die einzelnen Elemente der strategischen Planung und der strategischen Kontrolle der Neuproduktentstehung nachzukommen hat, stellt sich nun die Frage nach der systemkoppelnden Koordination von strategischer Planung und strategischer Kontrolle.

Die Notwendigkeit zur Koordination von strategischer Planung und Kontrolle ergibt sich allein schon daraus, daß die im Rahmen der Planung ermittelten Soll- und Wird-Größen als Vergleichsgrößen für die Kontrolle herangezogen werden sollen. Es ist deshalb vom Controlling die Übereinstimmung zwischen Planungs- und Kontrollgrößen zu gewährleisten.[9]

Da sich die strategischen Kontrollaktivitäten unmittelbar aus der strategischen Planung ableiten und andererseits die Planungsaktivitäten eine strategische Kontrolle ermöglichen sollen, bedingt dies eine wechselseitige Abstimmung zwischen strategischer Planung und Kontrolle.[10] Systembildend geht es darum, eine

---

8   Vgl. Weber,J.: (Grundlagen) S.99
9   Vgl. Amshoff,B.: (Controlling) S.182
10   Vgl. Amshoff,B.: (Controlling) S.190

zeitliche und sachliche Ordnungsstruktur zu schaffen, innerhalb derer die strategischen Planungs- und Kontrollaktivitäten vollzogen werden. Die systemkoppelnde Koordination dient unter anderem der Abstimmung von Planungs- und Kontrollrhythmus. Dabei ist die Hierarchisierung im strategischen Planungsprozeß zu berücksichtigen. Die *Abbildung 3.3.4.1./2* verdeutlicht dies. Die vertikale Dimension umfaßt darin die hierarchische Stufung in Unternehmensgesamt-, Geschäftsfeld- und Funktionalstrategie(n).[11] Die horizontale Dimension enthält die Elemente der strategischen Planung. Deutlich wird, daß die prozessuale Koordination weder bottom-up noch top-down gerichtet ist, sondern eher vernetzt erfolgt, wobei die vielfältigen Rückkopplungsbeziehungen zu berücksichtigen sind.[12]

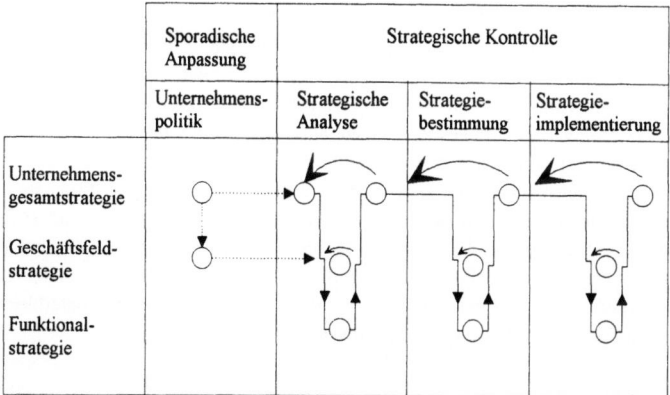

Abb. 3.3.4.1./2: *Hierarchische Stufung und Interdependenzen der strategischen Planung und Kontrolle*[13]

Die Koordination zwischen strategischer Planung und strategischer Kontrolle der Neuproduktentstehung soll unter anderem zur Verbesserung der Flexibilität beitragen. So kann sie eine rasche Anpassung der Neuproduktentstehungsstrategie an Veränderungen der Unternehmensumwelt fördern.[14] Ebenso kann sie auch durch die Strukturierung der Planungs- und Kontrollaktivitäten die Komplexität der Planungs- und Kontrollprozesse reduzieren und deren Transparenz erhöhen, womit auch ein Beitrag zur Beschleunigung von Entscheidungen geleistet wird.

Neben die Koordinationsfunktionen im Rahmen der strategischen Planung und Kontrolle der Neuproduktentstehung, tritt die Koordination des auf die strategischen Planungs- und Kontrollaufgaben ausgerichteten Informationssystems. Es ist mit dem *strategischen Informationssystem* die Informationsversorgung der strate-

---

11   Zu den einzelnen Strategieebenen vgl. auch Abschnitt 3.2.4.1.
12   Vgl. Weber,J.: (Grundlagen) S.91
13   Quelle: in modifizierter Form entnommen von Zahn,E.: (Planung) Sp.1909f.
14   Vgl. zur flexiblen Planung auch Abschnitt 3.2.2.2.

gischen Planung und Kontrolle der Neuproduktentstehung sicherzustellen. Dem Charakter der Neuproduktentstehung entsprechend besteht ein Bedarf an zukunftsorientierten Informationen, die unter anderem Aufschluß über mögliche Chancen von eigenen neuen Produkten und durch Konkurrenzprodukte drohenden Gefahren geben sollen.[15] Sofern das strategische Informationssystem derartige Informationen nicht liefern kann, muß das Controlling der Neuproduktentstehung darauf hinwirken, diese Lücken im Informationssystem zu schließen.[16] Dazu kann es z.B. notwendig sein, daß das Controlling der Neuproduktentstehung am Aufbau und an der Implementierung eines Frühaufklärungssystems im Unternehmen mitwirkt.[17] Ferner ist darauf einzuwirken, daß die mit einem solchen Frühaufklärungssystem ermittelten zumeist ungerichteten und qualitativen Informationen sukzessiv in zielgerichtete, quantitative Informationen umgewandelt werden.[18]

Eine adäquate Erfüllung aller hier angesprochenen Aufgabenkomplexe des Controllings der Neuproduktentstehung setzt den Einsatz von entsprechenden Instrumenten voraus. Das strategische Controlling muß daher, um seinen Koordinationsaufgaben nachkommen zu können, auch dafür Sorge tragen, daß geeignete Instrumente zur strategischen Planung und Kontrolle der Neuproduktentstehung aufgebaut, implementiert und angewendet werden. Sehr wichtige Instrumente der strategischen Planung sind neben der Wertkette,[19] Lückenanalyse[20] und Erfahrungskurve[21] vor allem die Portfolio-Technik,[22] das Target Costing[23] und die Szenario-Technik[24]. Die Portfolio-Technik und die Szenario-Technik bilden den Gegenstand vieler Veröffentlichungen, so daß ihre Darstellung hier unterbleiben kann. Auf das Target Costing wird in Abschnitt 4.4.2. eingegangen.

---

15   Basierend auf den Ergebnissen einer Studie von WITTE folgert MANN, daß die Qualität von Entscheidungen weniger von der Menge der Informationen und deren Inhalt abhängt, sondern von der Verwendung der verfügbaren Informationen. Vgl. Mann,R.: (Praxis) S.57

16   Ähnlich Weber,J.: (Instrumente) S.91

17   Zum Frühaufklärungssystem vgl. auch die Ausführungen in Abschnitt 3.2.4.2.

18   Vgl. Hesse,U.: (Technologie-Controlling) S.134

19   Zur Wertkette vgl. Abschnitt 2.2.1.

20   Zur strategischen Lückenanalyse vgl. Abschnitt 2.1.2.

21   Zum Konzept der Erfahrungskurve vgl. Abschnitt 2.1.2.

22   Zur Portfolio-Technik vgl. Gälweiler,A.: (Portfolio-Management); Hammer,R.M.: (Unternehmungsplanung) S.176ff.; Dunst,K.H.: (Portfolio); Szyperski,N./Winand,U.: (Portfolio-Management); Böhler,H.: (Portfolio-Analysetechniken); Hahn,D.: (Zweck) S.142ff

23   Zum Target Costing vgl. Horváth,P./Seidenschwarz,W.: (Zielkostenmanagement); Seidenschwarz,W.: (Target); Götze,U.: (Target Costing) und Abschnitt 4.4.2. in dieser Arbeit.

24   Zur Szenario-Technik vgl. Götze,U.: (Szenario-Technik); Hopfenbeck,W.: (Managementlehre) S.539ff; Geschka,H./Hammer,R.: (Szenario-Technik)

3.3.4.2. Koordination zwischen strategischer und operativer Management-ebene

Die Schnittstelle zwischen strategischer und operativer Ebene bestimmt ein weiteres bedeutsames Aufgabengebiet des Controllings der Neuproduktentstehung. Im Kern geht es dabei um die Abstimmung zwischen den in der Strategie der Neuproduktentstehung festgelegten strategischen Maßnahmen bzw. strategischen Projekten und den operativen Zielsetzungen zur Strategieumsetzung. Eine derartige Problematik wird in der Literatur auch unter den Begriffen "Bridging",[1] "hierarchische Koordination"[2] oder "vertikale Koordination"[3] diskutiert.

Das Problem der Abstimmung zwischen strategischer und operativer Ebene ergibt sich vor allem aus den unterschiedlichen inhaltlichen Ausprägungen der Aufgaben und der daraus resultierenden Gefahr der Verselbständigung der einzelnen Planungsebenen.[4] Trotz der gegenläufigen Tendenzen bedingt durch das Prinzip der "strategischen Vorsteuerung" und der "operativen Flexibilität"[5] sind die Planungen beider Ebenen "partiell gegeneinander verschobene Steuerungsinstrumente und als solche einzusetzen"[6]. Die Abstimmung zwischen diesen beiden Managementebenen stellt eine grundsätzliche Aufgabenstellung an das Managementsystem dar, also sowohl an das Planungs- und Kontrollsystem als auch an das Informations- und Organisationssystem. Deshalb stellt sich die Frage, welche Aufgabe hierbei dem Controlling zukommt.

Dem funktionalen Koordinationsparadigma des Controllings entsprechend hat das Controlling der Neuproduktentstehung zunächst erst einmal dafür zu sorgen, daß eine aufeinander abgestimmte Sachzielplanung vorliegt.[7] Die Koordinationsaufgabe besteht darin, geeignete Planungs- und Kontrollmechanismen zu schaffen und zu erhalten, durch die ein konsistentes Zielsystem der Neuproduktentstehung erreicht wird. Im darauffolgenden Schritt sind diese Sachziele mit den Formalzielen[8] des Unternehmens abzustimmen; denn nicht alle Sachziele tragen zum Unternehmenserfolg bei, wie auch umgekehrt, nicht alle Formalziele durch Sachziele erreichbar sind. Dieser vielstufige Abgleich wird häufig unter dem Begriff "Budgetierung" diskutiert.

Das Instrument der Budgetierung nimmt seit jeher einen zentralen Platz im Aufgabenspektrum des Controllings ein. Unter *Budgetierung* soll hier die Aufstellung eines in wertmäßigen Größen formulierten, kurz- bis mittelfristigen operativen

---

1   Vgl. z.B. Ziegenbein,K.: (Controlling) S.268
2   Vgl. z.B. Schweitzer,M.: (Planung) S.38ff.; Pfohl,H.-C.: (Planung) S.127
3   Vgl. z.B. Meffert,H.: (Wertkette) S.259
4   Vgl. Heuer,M.F.: (Kontrolle) S.92
5   Vgl. dazu Abschnitt 3.2.5.1.
6   Steinmann,H./Schreyögg,G.: (Operative) S.16
7   Zur Definition von "Sachzielen" vgl. Abschnitt 3.1.4.
8   Zur Definition von "Formalzielen" vgl. Abschnitt 3.1.4.

Plans (Budgets) verstanden werden.[9] Die Vorgehensweise der Budgeterstellung basiert im allgemeinen auf dem Gegenstromverfahren. Es setzt sich aus einer top-down und bottom-up Planung zusammen.[10]

Ein Budgetierungsansatz auf der Grundlage des Gegenstromverfahrens unter Einbeziehung von Wertgrößen (Kostenwerte) der Neuproduktentstehung soll mit Hilfe der *Abbildung 3.3.4.2./1* veranschaulicht werden.[11] Beispielhaft wird von einem Unternehmen ausgegangen, das mehrere Werke umfaßt. Die Budgetierung bezieht sich sowohl auf Kostenträger-Einzelkosten als auch auf Kostenträger-Gemeinkosten.[12] Gesondert herausgestellt sind die Kosten der Neuproduktentstehung. Sie zählen nicht zu den Einzelkosten der laufenden Produktion.[13] Bei den Neuproduktentstehungskosten handelt es sich vor allem um Personal- und Fremdleistungskosten sowie kalkulatorische Abschreibungen, Zinsen und Wagniskosten, die ihrem Wesen nach zur Kategorie der Vorleistungskosten zählen.[14] Die Zuordnung von Kosten zu den Neuproduktentstehungskosten wird von den im Planungshorizont durchzuführenden Projekten (Neuproduktprojekte und nicht unmittelbar neuproduktabhängige Projekte) sowie möglichen "Experimentierfeldern" bestimmt.[15]

Aufbauend auf den strategischen Maßnahmen und Projekten des Unternehmens wird für den Planungshorizont eine Gesamtkostenbudgetvorgabe getrennt nach Einzel- und Gemeinkosten von der Unternehmensleitung den einzelnen Werken vorgeschlagen.[16] Das Controlling der Neuproduktentstehung hat dabei zu berück-

---

9   Vgl. Horváth,P.: (Controlling) S.254; Lücke,W.: (Investitionslexikon); Weber,J.: (Grundlagen) S.65; v.Busse Colbe,W.: (Budgetierung) Sp.176; zu weiteren Definitionen vgl. z.B. Heigl,A.: (Controlling) S.150ff.; Hopfenbeck,W.: (Managementlehre) S.501ff. Über den Definitionsinhalt herrscht jedoch keine Einigkeit. Die Unterschiede der begrifflichen Abgrenzungen beziehen sich unter anderem darauf, ob ein Budget nur die operative Ebene umfaßt oder auch für die strategische Managementebene (sog. strategisches Budget) aufzustellen ist. Zur strategischen Budgetierung vgl. z.B. Weber,J.: (Grundlagen) S.94ff.

10 Vgl. zu diesen Verfahren z.B. Schweitzer,M.: (Planung) S.38ff.; Horváth,P.: (Controlling) S.219f.; Hammer,R.M.: (Unternehmungsplanung) S.96f.; Hopfenbeck,W.: (Managementlehre) S.444ff.; Horváth,P.: (Hierarchiedynamik) Sp.642

11 Vgl. hierzu und zu den folgenden Ausführungen auch Weber,J.: (Grundlagen) S.67ff.

12 Kostenträger sind hier die Endprodukte des laufenden Produktionsprogramms. Im folgenden wird anstatt von Kostenträger-Einzel- und -Gemeinkosten vereinfacht nur von Einzel- und Gemeinkosten gesprochen.

13 Die Einzelkosten werden in der Kostenrechnung (Kostenträgerstückrechnung) üblicherweise unterteilt in Materialeinzelkosten, Fertigungslohneinzelkosten sowie Sondereinzelkosten der Fertigung und des Vertriebes. Vgl. Coenenberg,A.G.: (Kostenrechnung) S.99; Däumler,K.-G./Grabe,J.: (Grundlagen) S.235

14 Vgl. Abschnitt 3.2.5.2.

15 Es sei darauf hingewiesen, daß die Neuproduktentstehungskosten keine entscheidungsrelevanten Grenzkosten der laufenden Erzeugniskalkulation sind. Ist z.B. die Entscheidung zur Durchführung eines Projektes im Rahmen der Programmplanung zur Neuproduktentstehung gefallen, stellen die Projektkosten (projektvariablen Kosten) sogenannte "sunk costs" dar. Vgl. hierzu auch Kilger,W.: (Plankostenrechnung) S.272

16 Gleichermaßen könnte auch anstatt dieses top-down Starts ein bottom-up Vorschlag vorgelegt werden.

sichtigen, daß die Gemeinkosten der Neuproduktentstehung gesondert ausgewiesen werden. Diese Abgrenzung ermöglicht erst ihre Steuerung. Basierend auf den Bedarfen der einzelnen Kostenstellen werden im Gegenzug die Budgetbedarfe der einzelnen Werke entsprechend der Differenzierung der Budgetvorgaben für die Periode gemeldet und verdichtet. Anschließend hat ein Abgleich der top-down und bottom-up ermittelten Werte zu erfolgen.

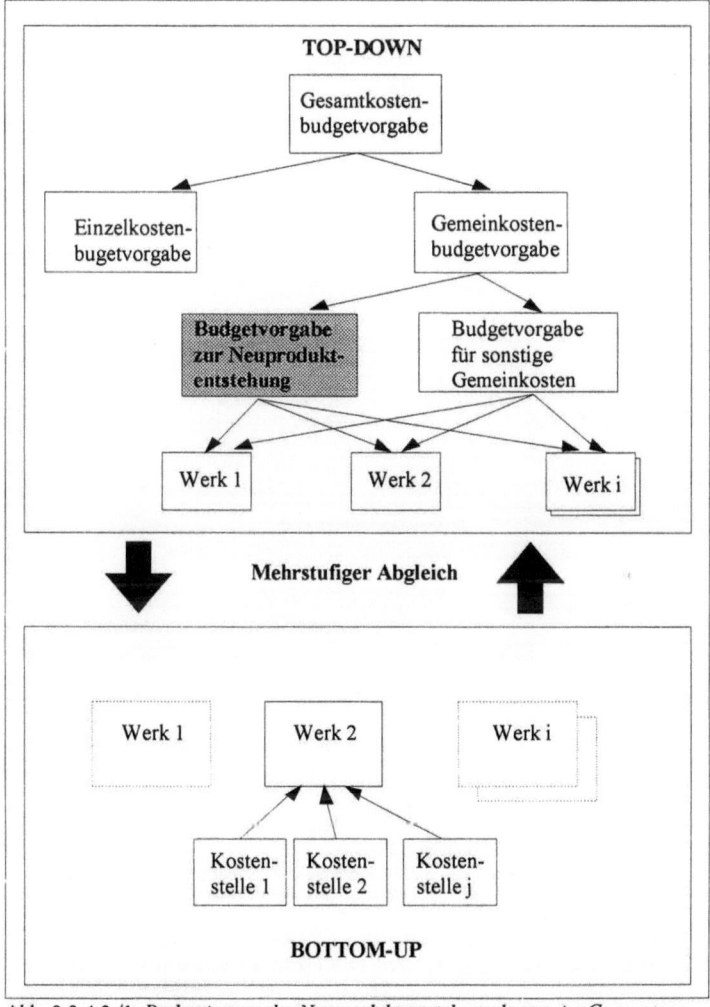

Abb. 3.3.4.2./1: *Budgetierung der Neuproduktentstehungskosten im Gegenstromverfahren*[17]

---

17   Quelle: in abgewandelter Form entnommen von Weber,J.: (Grundlagen) S.68

Bei der Ermittlung der Budgetwerte lassen sich zwei grundsätzliche Vorgehensweisen unterscheiden:[18] Zum einen die "traditionelle Budgetierung", die auf Vergangenheitswerten aufbaut,[19] zum anderen das "Zero-Base-Budgeting" (ZBB).

Ziel des ZBB-Konzeptes[20] ist die Senkung der Gemeinkosten und deren Umverteilung im Sinne der strategischen und operativen Zielsetzungen.[21] Dazu verlangt es, daß von jeder Führungskraft das Budget von Grund auf an (Zero-Base) begründet wird, und zwar noch vor der Budgetzuteilung.[22] Die Unternehmensaktivitäten werden grundsätzlich hinterfragt. Die Aufstellung des Budgets erfordert eine detaillierte Aktionsplanung. Dem ZBB-Konzept liegen die neun in *Abbildung 3.3.4.2./2* enthaltenen Stufen zugrunde.

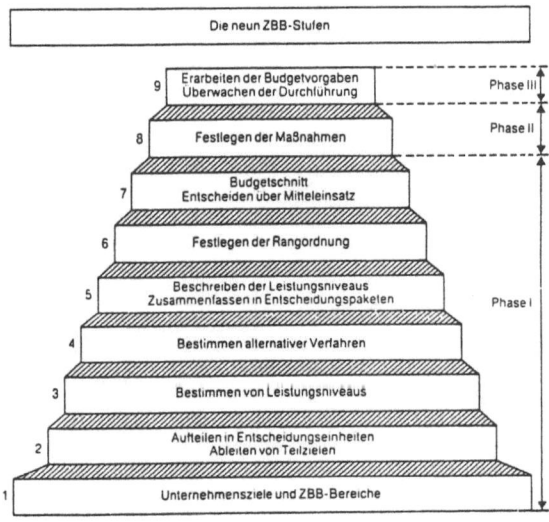

Abb. 3.3.4.2./2: *Stufen des Zero-Base-Budgeting*[23]

---

18   Vgl. Ziegenbein,K.: (Controlling) S.268

19   Vgl. Horváth,P.: (Controlling) S.277; wegen der zumeist nur prozentualen Veränderungen der Budgets gegenüber dem Vorjahr wird dieser Ansatz auch als "inkrementale Budgetierung" bezeichnet.

20   Das ZBB-Konzept stellt ein von PHYRR bei der Firma Texas Instruments entwickeltes Verfahren dar. Vgl. Phyrr,P.A.: (Zero-Base Budgeting); entnommen von Horváth,P.: (Controlling) S.277; vgl. auch Meyer-Piening,A.: (Zero-Base-Budgeting) Sp.2279

21   Vgl. Horváth,P.: (Controlling) S.277; Meyer-Piening,A.: (Zero-Base-Budgeting) Sp.2277

22   Vgl. Horváth,P.: (Controlling) S.277; Ziegenbein,K.: (Controlling) S.331

23   Quelle: Horváth,P.: (Controlling) S.278; siehe auch Meyer-Piening,A.: (Zero-Base-Budgeting) Sp.2281f.; Glaser,H.: (Rationalisierungsplanung) Sp.1702ff.

Im Hinblick auf die Ermittlung der Budgetwerte zur Neuproduktentstehung erscheint das ZBB-Konzept im Zusammenhang mit der sachzielorientierten Programmplanung zur Neuproduktentstehung sinnvoll.[1] Das Ergebnis dieses Budgetierungsprozesses beinhaltet im Idealfall ein sachlich und wertmäßig aufeinander abgestimmtes operatives Programm, mit budgetierten Aktivitäten (z.B. Experimenten) und Projekten. Die Aufgaben des Controllings innerhalb der budgetierten Projekte,[2] insbesondere der Neuproduktprojekte, ist Gegenstand des folgenden Abschnittes.

3.3.4.3. Controlling von Neuproduktprojekten

Das Controlling von einzelnen Neuproduktprojekten bzw. das Neuproduktprojekt-Controlling bildet einen Teilumfang des operativen Controllings der Neuproduktentstehung. Es dient in erster Linie der Unterstützung des Projektmanagements in der Projekthauptphase[3] und wirkt im Rahmen seiner Koordinationsfunktion vor allem an den entsprechenden Projektplanungen und -kontrollen sowie an deren Informationsversorgung mit.[4] Diesbezüglich sollen im folgenden selektiv einige Aufgabenschwerpunkte des Controllings von Neuproduktprojekten herausgearbeitet werden ohne damit einen Anspruch auf Vollständigkeit anzustreben.

Das Controlling von Neuproduktprojekten beinhaltet den Aufbau eines in sich geschlossenen *Projekt-Planungs- und Projekt-Kontrollsystems*. Als zwei in diesem Zusammenhang besonders wichtige Aufgabenfelder des Controllings seien die

- Zielabstimmungsfunktion und
- Schnittstellenkoordination

herausgestellt.

Das "magische Dreieck" der Projektziele (Leistungs-, Kosten- und Zeitziele) gibt zwar den allgemeinen Anspruch an die Projektabwicklung wieder, für eine zielorientierte Projektsteuerung und -kontrolle der Aktivitäten eines Neuproduktprojektes sind diese Ziele jedoch zu global. Sie müssen daher für jedes Teil-, Unterprojekt sowie Arbeitspaket und jeden Vorgang konkretisiert, gewichtet und explizit formuliert werden. Das Controlling hat dabei die Aufgabe, dafür zu sorgen, daß ein in sich abgestimmtes projektspezifisches Zielsystem geschaffen wird. Diese

---

1   Zur Programmplanung der Neuproduktentstehung vgl. Abschnitt 3.2.5.1.
2   Zur Projekt-Budgetierung vgl. Offermann,A.: (Projekt-Controlling) S.374ff.; Busse v. Colbe,W.: (Budgetierung) Sp.176; Stockbauer,H.: (F&E Controlling) S.344ff.
3   Zur Projekthauptphase vgl. Abschnitt 3.2.5.2.
4   Diese Aufgabenschwerpunkte belegt auch eine Untersuchung von OFFERMANN zum Projekt-Controlling im Neuprodukt-Entwicklungsprozeß. Vgl. Offermann,A.: (Projekt-Controlling) S.430ff.

Zielabstimmungsfunktion des Controllings beinhaltet, daß systembildend Zielfindungsprozesse rechtzeitig angestoßen, organisiert und die Ergebnisse dokumentiert werden.[5] Bei Neuproduktprojekten umfaßt eine solche Aufgabe auch die Überwindung von Schnittstellen.

Die Schnittstellenproblematik ist zum einen darauf zurückzuführen, daß zur Komplexitätsbewältigung verrichtungsorientierte, objektorientierte oder regionale Subsysteme[6] im Unternehmen geschaffen wurden (unternehmensinterne Schnittstellen), die der Integration und Ausrichtung auf die Unternehmensziele bedürfen.[7] Zum anderen ergibt sich die Schnittstellenproblematik aus der Zusammenarbeit mit unternehmensexternen Kooperationspartnern und Zulieferern (unternehmensexterne Schnittstellen).[8] Bei der Abwicklung von Neuproduktprojekten besteht die Schnittstellenproblematik vor allem im Hinblick auf:[9]

- unterschiedliche Funktionsbereiche, die an der Neuproduktentstehung beteiligt sind,[10]
- eine Projektplanung, die mit den Teilplanungen der Funktionsbereiche abzustimmen ist,
- die (frühzeitige) Einbeziehung von Kooperationspartnern und Zulieferern,[11]
- eine Unterbrechung wichtiger Informationsflüsse und
- intransparente sowie durch Doppelarbeit gekennzeichnete Unternehmensabläufe.

Die Überwindung der Schnittstellenproblematik stellt eine wichtige Aufgabe des Managements dar.[12] Controlling als Managementservice kommt dabei die Aufgabe der *Schnittstellenkoordination* zu. Diese Koordinationsaufgabe verlangt sowohl die Integration der an der Neuproduktprojektabwicklung beteiligten betrieblichen Funktionsbereiche als auch die der Kooperationspartner und Zulieferer. Das Neuproduktprojekt-Controlling ist aufgefordert - in seiner systembildenden und - koppelnden Funktion -, an der Ordnungsstruktur und der Synchronisation der Planungs- und Kontrollprozesse zur Neuproduktprojektabwicklung mitzuwirken. Die Erfüllung dieser Aufgabe wird vor allem beeinflußt durch die organisatorische Integration bzw. Zusammenfassung von betrieblichen Funktionen, die räumliche Distanz zu den an der Neuproduktentstehung beteiligten Ansprechpartnern, die fachlichen, kommunikativen und sozialen Fähigkeiten der Mitarbeiter sowie durch

---

5   Vgl. auch Weber,J.: (Schnittstellenüberwindung) S.82
6   Zu den genannten Organisationsformen vgl. z.B. Bleicher,K.: (Organisation) S.144ff.
7   Die Vielfalt und Komplexität möglicher Schnittstellen zeigt HORVÁTH an einem Beispiel der Produktentstehung bei der Großserienfertigung. Vgl. Horváth,P.: (Schnittstellenüberwindung) S.5
8   Zur Kooperation mit unternehmensexternen Partnern vgl. auch Abschnitt 4.2.1.
9   Vgl. auch Horváth,P.: (Schnittstellenüberwindung) S.6
10   Vgl. hierzu Abschnitt 2.2.1.
11   Vgl. hierzu Abschnitt 4.3.4.
12   Vgl. dazu insbesondere Abschnitt 4.3.5.

die Einsatzmöglichkeiten von moderner Kommunikations- und Informationstechnologie.[13]

Ein weiteres bedeutsamens Aufgabengebiet des Controllings von Neuproduktprojekten betrifft die Informationsversorgung des Projektmanagements mit Leistungs-, Kosten- und Zeitinformationen. Die Anforderungen an das Informationssystem ergeben sich aus den Informationsbedarfen des Projekt-Planungs- und -Kontrollsystems. Für die Projektabwicklung sind insbesondere solche Informationen von Relevanz, die Aussagen darüber ermöglichen, wie teuer ein Vorgang, Arbeitspaket, Unter-, Teilprojekt und das gesamte Projekt sind, wieviel Zeit die einzelnen Projektleistungen benötigen und welche Auswirkungen Leistungs-, Kosten-, Zeit- und Terminabweichungen für den Projekt- bzw. Produkterfolg haben. Bezüglich der letztgenannten Informationen sind die Interdependenzen zwischen den Leistungs-, Kosten- und Terminzielen zu beachten. So kann eine ungenügende Sachleistung (z.B. falsche Konstruktionszeichnungen) nicht nur zu Terminverzögerungen führen, sondern auch einen Kostenanstieg verursachen, was je nach Zielgewichtung (z.B. höhere Priorität der Termineinhaltung vor Kosteneinhaltung) den ökonomischen Erfolg des Projektes unterschiedlich stark beeinflußt. Gefordert werden somit Informationen, die die Zusammenhänge dieser Zielgrößen berücksichtigen und verdeutlichen, um auf dieser Basis Entscheidungen für die Fortführung oder zum Abbruch des Projektes treffen zu können.[14] Dazu werden in der Literatur verschiedene Verfahren vorgestellt. Beispielhaft sei hier die Arbeitswertanalyse (earned value analysis oder performance measurement system)[15] oder das Sollkosten-Verfahren[16] genannt. Stehen derartige Informationen nicht in ausreichendem Maße zur Verfügung, muß das Controlling unter systembildenden Aspekten darauf hinwirken, daß ein entsprechendes "Projekt-Informationssystem" aufgebaut wird.

Unter einem *Projekt-Informationssystem* versteht DAENZER "die formale Versorgung der an einem Projekt beteiligten bzw. von einem Projekt betroffenen Personen und Institutionen mit den für die Tätigkeit am Projekt notwendigen Informationen"[17]. Im Zentrum des Projekt-Informationssystem steht das "Projekt-Berichtswesen".[18] Es umfaßt alle formalen Regelungen und Aktivitäten zur Informationsübermittlung für die Projektplanungen und -kontrollen im Sinne eines "internal managerial reports".[19] Für die Gestaltung des Projekt-Berichtswesens sind Fragen nach dem Zweck der Berichte (wozu soll berichtet werden?), nach dem Inhalt (Genauigkeit und Verdichtung) der Berichte (was soll berichtet werden?),

13   Vgl. Schmelzer, H.J.: (Organisation) S.31f.
14   Vgl. Schmelzer, H.J.: (Organisation) S.181
15   Vgl. Madauss,B.J.: (Projektmanagement) S.414ff.
16   Vgl. Coenenberg,A.G.: (Kostenrechnung) S.307ff.; Schmelzer,H.J.: (Organisation) S.182f.
17   Daenzer,W.F.: (Systems Engineering) S.143; zum Projekt-Informationssystem vgl. auch Madauss,B.J.: (Projektmanagement) S.285ff.
18   Vgl. Schmelzer, H.J.: (Organisation) S.184
19   Vgl. hierzu Horváth,P.: (Controlling) S.558; Schmelzer, H.J.: (Organisation) S.184; Offermann,A.: (Projekt-Controlling) S.261

nach dem Sender und Empfänger (wer soll an wen berichten?) und nach der Häufigkeit (wie oft und wann soll berichtet werden?) zu stellen.[20]

Im Hinblick auf die Projektplanungen und -kontrollen lassen sich unter anderem projektbezogene Standard-, Sonder- bzw. Abweichungs-, Fortschritts- und Abschlußberichte unterscheiden.[21] Je komplexer und risikoreicher ein Projekt ist, desto kürzer sollten die Berichtszyklen sein.[22] Die Gestaltung der Berichte ist hinsichtlich Detaillierung, Formulierung und Darstellung an die Bedürfnisse der Berichtsempfänger auszurichten. Projektberichtsempfänger ist nicht nur das Einzel-Projektmanagement. Auch das übergeordnete Multi-Projektmanagement benötigt Projektinformationen, um z.B. seinen Lenkungsfunktionen im Rahmen der Programmplanung und -kontrolle zur Neuproduktentstehung nachkommen zu können.[23] So können Zielabweichungen innerhalb eines Neuproduktprojektes Veränderungen der Erfolgspotentiale bewirken und eine Neubewertung von Projekten sowie eine Umverteilung der Ressourcen erforderlich machen.[24]

Da die Projektinformationen für ein Multi-Projektmanagement anderen Zwecken dienen als die für das Einzel-Projektmanagement, werden sich die jeweiligen Berichte in Aufbau und Detaillierung voneinander unterscheiden. Zur laufenden Überwachung auf der Multi-Projektebene reichen in der Regel wenige aggregierte Informationen, beispielsweise in Form von Kennzahlen zum Grad der Leistungser-reichung, Termin- und Kostentreue des jeweiligen Neuproduktprojektes, aus. Indessen erfordern die Leitungsfunktionen des Managements einzelner Neuprodukte detailliertere Angaben sowohl hinsichtlich des aktuellen Projektstandes in bezug auf die Abarbeitung einzelner Arbeitspakete als auch bezüglich des voraussichtlichen Projektverlaufes und der Zielerreichung.

Unabhängig von der inhaltlichen Detaillierung von Projektberichten müssen diese ein nicht voneinander abweichendes und realitätsnahes Bild über die Projektsituation vermitteln. Grundlage dafür ist eine gemeinsame Datenbasis, die durch eine zeitnahe sowie ehrliche projektbezogene Beleg-, Zeit- und Kostenerfassung zu schaffen ist. Dies setzt nicht nur eine entsprechende Gestaltung der Erfassungsbedingungen (z.B. einfaches und leicht verständliches Formularwesen), sondern auch einen kooperativen Führungsstil[25] und die Toleranz gegenüber Fehlern voraus.[26]

Vom Controlling wird im Zusammenhang mit dem Aufbau eines Projekt-Informationssystems bzw. -Berichtswesens nicht nur dessen Initiierung erwartet, sondern ebenfalls, daß eine Abstimmung zwischen Informationsbedarf, -nachfrage und -

---

20   Vgl. Offermann,A.: (Projekt-Controlling) S.261f.; Horváth,P.: (Controlling) S.558f.

21   Vgl. Schmelzer, H.J.: (Organisation) S.184; Amshoff,B.: (Controlling) S.284f.

22   Vgl. Hesse,U.: (Tehnologie-Controlling) S.316

23   Vgl. Abschnitt 3.2.5.1.

24   Vgl. Schmelzer, H.J.: (Organisation) S.183

25   Zum kooperativen Führungsstil vgl. die Ausführungen in Abschnitt 4.2.2.

26   Vgl. Schmelzer, H.J.: (Organisation) S.187

angebot unter wirtschaftlichen Aspekten erfolgt und eine Informationsflut (information overload) vermieden wird.[27]

Abschließend zu diesem Abschnitt ist in der *Abbildung 3.3.4.3./1* ein Projektbericht beispielhaft dargestellt.[28] Dieser verdeutlicht alle erforderlichen Daten in straffer Form und ist eher für eine übergeordnete Bewertung und Steuerung eines Neuprodukt-Projektes geeignet als für die Detailplanungen der Projektleitung.[29]

Der Kopfteil (A) des Projektberichtes enthält wichtige Identifizierungsdaten. Der linke Berichtsteil zeigt Kenngrößen zur Kosten-, Termin- und erwarteten Ergebnissituation im Projektfortschritt. In dem Bereich zur Kostensituation (B) werden sowohl die durch die Projektabwicklung verursachten als auch die im Projektfortschritt determinierten Kosten wiedergegeben.[30] Sie lassen sich in einem möglichen Berichtsanhang weiter konkretisieren, z.B. nach Kostenarten (Personalkosten, Fremdleistungskosten usw.). Die Terminsituation (C) läßt sich mittels der Meilenstein-Trendanalyse aufzeigen.[31] Dieses Verfahren basiert auf einer in bestimmten Zeitabständen (z.B. wöchentlichen Berichtszeitpunkten) durchgeführten Prognose von Terminen für Meilensteine.[32] Der folgende Teil (D) zeigt kumuliert die Produktumsatz- und -ergebnisprognose. Sie werden aufgrund von Wettbewerbs- oder Marktveränderungen angepaßt.[33] Ergänzend kann hier die Projektdeckungsrechnung hinzugezogen werden. Die Projektdeckungsrechnung verdeutlicht die Ergebniswirkung von zeitlichen Verzögerungen und Kostenüberschreitungen im Projekt, wie die *Abbildung 3.3.4.3./2* zeigt.[34]

---

27 Vgl. auch Amshoff,B.: (Controlling) S.182. Der "Informationsbedarf" umfaßt alle Informationen, die zur Erfüllung bestimmter Aufgaben notwendig sind. Er leitet sich aus dem Inhalt des zu lösenden Problems ab. Auf der Basis des subjektiv erkannten und noch nicht gedeckten Informationsbedarfs entsteht die "Informationsnachfrage". Ihr steht das "Informationsangebot" gegenüber, das von der Informationsversorgung bereitgestellt wird. Vgl. Witte,E.: (Informationsverhalten) S.227

28 Vgl. dazu auch Schmelzer, H.J.: (Organisation) S.184f.

29 Vgl. Brockhoff,K./Urban,C.: (Beeinflussung) S.31

30 Vgl. dazu Abschnitt 2.2.3.1.

31 Die Meilenstein-Trendanalyse ist eines der Verfahren, welche vom Projektmanagement am häufigsten zur Terminüberwachung eingesetzt werden. Vgl. dazu Hesse,U.: (Tehnologie-Controlling) S.318 sowie die dort angesprochene Literatur.

32 Eine ansteigende Kurve besagt, daß der Meilensteintermin voraussichtlich überschritten wird; eine abfallende Kurve bedeutet, daß der Termin voraussichtlich früher als geplant erreicht wird; eine horizontale Kurve beinhaltet, daß der geplante Meilensteintermin auch erreicht wird. Vgl. zur Meilenstein-Trendanalyse z.B. Albert,I.: (Meilenstein-Trendanalyse) S.155ff.; Schmelzer,H.J.: (Organisation) S.178; Brockhoff,K./Urban,C.: (Beeinflussung) S.26ff.

33 Vgl. Schmelzer,H.J.: (Organisation) S.185

34 Vgl. Hesse,U.: (Tehnologie-Controlling) S.325ff.

A	Projektname:	Projektkurzbeschreibung:		Datum: _____

Projekt-Nr.:

Ersetzt Bericht vom: _____

Projektleiter:

B Kostensituation

geplante Kosten —
voraussichtl. Kosten ·····
Ist-Kosten – –

Kostenhöhe

Determinierte Kosten

Verursachte Kosten

Berichtszeitraum

C Terminsituation ═══ Berichtszeitpunkte ═══⟹

Legende:

- ● P20 Pflichtenheft
- ■ P30 Leistungsbeschreibung
- ▲ P40 Design-Spesifikation
- × T50 Komponenten-Testbericht
- □ T60 System-Testbericht
- ○ T70 Abnahmebericht

D Umsatz-/Ergebnisprognose

Umsatz —
Gewinn ·····

Umsatz/Gewinn

Break-Even

Störgröße

Markt-
einführung

Berichtszeitraum

E

LEISTUNGSERGEBNISSE

Abweichungen:
keine/geringe: < ... % ☐
mittlere: < ... % ☐
schwerwiegende > ... % ☐

PROJEKTTERMINE

Abweichungen:
keine/geringe: < ... % ☐
mittlere: < ... % ☐
schwerwiegende > ... % ☐

PROJEKTKOSTEN

Abweichungen:
keine/geringe: < ... % ☐
mittlere: < ... % ☐
schwerwiegende > ... % ☐

PODUKTKOSTEN

Abweichungen:
keine/geringe: < ... % ☐
mittlere: < ... % ☐
schwerwiegende > ... % ☐

F Probleme, Ursachen, Risiken:

_____
(Unterschrift Projektleitung)

Abb. 3.3.4.3./1.: *Projektbericht*[35]

35   Quelle: in modifizierter Form entnommen von Schmelzer,H.J.: (Organisation) S.186;
siehe auch Brockhoff,K./Urban,C.: (Beeinflussung) S.30; Stockbauer,H.: (F&E
Controlling) S.365

Die rechte Seite des Projektberichtes ermöglicht es, Leistungs-, Termin- und Kostenabweichungen sowie spezifische Probleme, Risiken und Ursachen zu erfassen. Die Gewichtung der Leistungs-, Termin- und Kostenabweichungen (E) soll die Aufmerksamkeit auf die wesentlichen Probleme in der Projektabwicklung lenken. SCHMELZER schlägt hierzu die Klassifizierung in kleine/geringe (z.B. bis 5%), mittlere (z.B. 5 bis 15%) und schwerwiegende (>15%) Abweichungen vor.[36] Mittels des letzten Berichtsteils (F) lassen sich auch sogenannte "weiche Daten" oder "soft facts", wie z.B. Interpretationen und Meinungen verbal hinzufügen.[37]

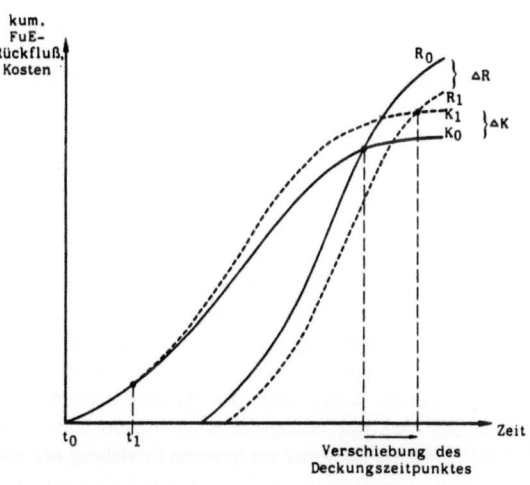

Legende: K_0 : geplante Kosten zum Zeitpunkt t_0
K_1 : neugeplante Kosten zum Zeitpunkt t_1
R_0 : kum. geplanter FuE-Rückfluß zum Zeitpunkt t_0
R_1 : kum. geplanter FuE-Rückfluß zum Zeitpunkt t_1

kum. FuE-Rückfluß = Umsatz x FuE-Kostendeckungssatz in % vom Umsatz

Abb.3.3.4.3./2.: *Projektdeckungsrechnung*[38]

36   Vgl. Schmelzer,H.J.: (Organisation) S.185
37   Vgl. Brockhoff,K./Urban,C.: (Beeinflussung) S.31; Schmelzer,H.J.: (Organisation) S.185
38   Quelle: Hesse,U.: (Tehnologie-Controlling) S.327; siehe auch die dort zitierte Literatur

4. Ziele des Managements und des Controllings der Neuproduktentstehung

4.1. Grundlagen

Während in Kapitel 3 eine Konzeption des Managements und Controllings der Neuproduktentstehung dargestellt wurde, werden in diesem Kapitel Gestaltungsempfehlungen für die Neuproduktentstehung behandelt. Alle Bemühungen um die Entwicklung von Gestaltungsempfehlungen erfordern eine Bezugnahme auf Ziele.[1] Ziele sind in Abschnitt 3.1.4. definiert worden als normative Aussagen über einen gewollten künftigen Zustand, der durch Entscheidungen und Handlungen erreicht werden soll. Mit der Neuproduktentstehung sollen neben technischen und sonstigen Erfolgszielen vor allem ökonomische Unternehmensziele erreicht werden.[2] Dazu hat die Neuproduktentstehung effektiv und effizient zu sein.[3] Folglich gilt es zu klären, welche Ziele vom Management und Controlling für eine effektive und effiziente Neuproduktentstehung anzustreben sind. Vorab ist es jedoch erforderlich, die Beziehungen zwischen den Zielen des Managements und denen des Controllings der Neuproduktentstehung darzulegen.

Ziele, die das Management der Neuproduktentstehung verfolgt, dienen dazu, daß durch die Neuproduktentstehung Unternehmensziele, wie Marktanteils-, Gewinn- oder Rentabilitätssteigerungen erreicht werden. Daraus folgt, daß die Ziele des Managements der Neuproduktentstehung Mittel zur Erreichung übergeordneter Unternehmensziele darstellen. Demgegenüber leisten die Ziele des Controllings der Neuproduktentstehung durch die Koordination der Managementaktivitäten einen Beitrag zur Erfüllung der Ziele des Managements der Neuproduktentstehung.[4] Insofern sind die Controllingziele als Mittel zur besseren Erreichung der Managementziele zu interpretieren.[5] Voraussetzung dafür ist, daß sich die Controllingziele an den Managementzielen orientieren. Hierzu ein Beispiel. Für ein Neuproduktprojekt sind Kosten- und Zeitziele (z.B. bezüglich Meilensteine) bestimmt und vorgegeben worden. Controllingziel kann es nun sein, durch eine möglichst optimale Koordination der zur Durchführung des Projektes notwendigen Planungen und Kontrollen,[6] die Kosten und Zeitdauern für notwendige Abstimmungsprozesse zu minimieren, um damit einen Beitrag zur Erreichung der Kosten- und Zeitziele des Neuproduktprojektes zu leisten.[7] Vor dem Hintergrund, daß sich die

---

1 Vgl. Kubicek,H.: (Unternehmungsziele) S.458
2 Vgl. dazu Abschnitt 2.1.2.
3 Vgl. dazu Abschnitt 2.3.
4 Zu den originären und den derivativen Controllingziel(en) vgl. Abschnitt 3.3.2.1.
5 Zur Instrumentalrelation des Controllings vgl. auch Amshoff,B.: (Controlling) S.165; es sei darauf hingewiesen, daß die Instrumentalrelation des Controllings in der Literatur nicht einheitlich gesehen wird. Zum Teil werden Controllingziele mit Managementzielen gleichgesetzt. Vgl. dazu z.B. Siegwart,H.: (Controlling-Konzepte) S.109
6 Zu den Projektplanungen und -kontrollen vgl. Abschnitt 3.2.5.2.
7 Der Grad der Erreichung der Controllingziele läßt sich auch als Gütekriterium für das Controlling nutzen und dient damit zu dessen Gestaltung. So hat OFFERMANN die Güte der Einrichtung eines Projektcontrollings anhand subjektiver Einschätzungen von Personen über den Grad ihrer Zufriedenheit mit dem Projektablauf untersucht. Vgl. Offermann,A.: (Projekt-Controlling) S.432f.

Controllingziele (genauer: die derivativen Controllingziele) an den Zielen des Managements der Neuproduktentstehung zu orientierten haben, werden in den nachstehenden Betrachtungen vornehmlich Ziele zur Gestaltung der Neuproduktentstehung diskutiert.

Um Ziele für eine effektive und effiziente Gestaltung der Neuproduktentstehung aufzuzeigen, können zwei Wege beschritten werden. Zum einen lassen sich Ziele auf der Basis von empirischen Untersuchungen (Befragungen, Fragebogenauswertungen, Literaturauswertungen usw.) ermitteln. Diese Vorgehensweise ermöglicht es, Aussagen über Ziele zur Neuproduktentstehung in der Praxis und Literatur darzulegen. Aufgrund von untersuchungs- und unternehmensindividuellen Begriffsabgrenzungen[8] dürfte dieser Weg eher zu unbefriedigenden Ergebnissen für die Angabe von allgemeingültigen zielabhängigen Gestaltungsempfehlungen führen. Zudem erscheint es kaum möglich, aus empirisch ermittelten Zielkatalogen ein auch nur annähernd vollständiges, geschlossenes und in sich konsistentes Zielsystem für die Neuproduktentstehung abzuleiten.[9] Zum anderen besteht die Möglichkeit, Ziele auf der Grundlage von plausiblen Annahmen herzuleiten. Auf diese Weise ist es möglich, ein Zielsystems zu konstruieren, welches einen systematischen Überblick über anzustrebende Ziele für eine effektive und effiziente Neuproduktentstehung vermittelt. Der zweite Weg wird in diesem Kapitel beschritten.

Die Diskussion der für die Neuproduktentstehung relevanten Ziele orientiert sich an der in Abschnitt 3.1.4. vorgenommenen Differenzierung in Ziele vor Planung einerseits und in Planziele andererseits. Ziele vor Planung werden im Rahmen der Unternehmenspolitik auf der normativen Managementebene formuliert. Wird eine Unternehmenspolitik erarbeitet, so sollten Ziele zur Neuproduktentstehung vor allem im Innovationskonzept und Managementkonzept enthalten sein.[10] In Abschnitt 4.2. werden demgemäß mögliche Ziele zur Neuproduktentstehung innerhalb des Innovationskonzeptes und des Managementkonzeptes erörtert.

Planziele werden im Rahmen von Planungsprozessen formuliert.[11] Die Untersuchung von Planzielen der Neuproduktentstehung beschränkt sich hierbei in erster Linie auf die strategische Managementebene. Im Vordergrund des Abschnittes 4.3. steht neben der Beschreibung von Zielen zur Gestaltung der Neuproduktentstehung die Frage nach der Zielstrukturierung sowie der Art und Weise, wie Ziele der Neuproduktentstehung in das Zielsystem der Unternehmung zu integrieren sind.

---

8   Vgl. hierzu auch Abschnitt 2.1.3.
9   Vgl. dazu auch Heuer,M.F.: (Kontrolle) S.142
10   Vgl. Abschnitt 3.1.3.
11   Vgl. Abschnitt 3.2.2.1.

Auf den Überlegungen in Abschnitt 4.3. aufbauend wird in Abschnitt 4.4. ein Zielsystem der Neuproduktentstehung als Teil des Zielsystems der Unternehmung formuliert. Im Anschluß dann erfolgt in Abschnitt 4.5. die Entwicklung eines Verfahrens zur Alternativenbeurteilung und zur Kontrolle der Zielerreichung.

4.2. Normative Ebene der Neuproduktentstehung

4.2.1. Innovationskonzept

Für eine gesamtunternehmensbezogene Betrachtung der Ziele der Neuproduktentstehung ist die normative Managementebene der Ausgangspunkt.[1] Die obersten
Unternehmensziele sind - wie in Abschnitt 3.1.3. erläutert - in der Unternehmenspolitik enthalten. Die Unternehmenspolitik dokumentiert den Grundzweck der
Unternehmenstätigkeit sowie die generellen Ziele und Unternehmensgrundsätze.[2]
Sie wird über ein Unternehmens- und Managementkonzept weiter spezifiziert.[3] Um
die Einbindung der Neuproduktentstehung auf der normativen Managementebene
aufzuzeigen, ist der Frage nachzugehen, in welcher Weise die Entstehung neuer
Produkte in den generellen Unternehmenszielen und Grundsatzentscheidungen
berücksichtigt werden kann.

Aufgrund des besonders starken Einflusses der individuellen Werte und Normen
von unterschiedlichen Interessengruppen auf die Unternehmenspolitik ist es nicht
möglich, ein für alle Unternehmen allgemeingültiges normatives Zielsystem zu
entwickeln.[4] Demzufolge sind das Unternehmensleitbild, das Unternehmenskonzept
und das Managementkonzept unternehmensindividuell zu formulieren. Als ein
Beispiel, welches generelle Aussagen über das Hervorbringen neuer Produkte
enthält, sei das Unternehmensleitbild von SIEMENS genannt. Darin heißt es unter
anderem:

> "Wir wollen auf dem Gebiet der Elektrotechnik und Elektronik zu den
> wettbewerbsstärksten Unternehmen der Welt gehören und Schritt-
> macher des technischen Fortschritts sein.
>
> Unser Ziel ist, unseren Kunden in aller Welt Produkte und Leistungen
> von höchsten Nutzen zu bieten."[5]

Zur Konkretisierung von derartigen allgemeinen Absichten bzw. generellen Unternehmenszielen soll im folgenden das Innovationskonzept als Teil des Unternehmenskonzeptes in bezug auf das Entstehen neuer Produkte näher untersucht
werden. Anschließend werden in Abschnitt 4.2.2. Grundsätze zum
Managementkonzept der Unternehmenspolitik erörtert.

---

1   Siehe zur hierarchischen Struktur des Managementsystems der Unternehmung die
Ausführungen in Abschnitt 3.1.2. und 3.1.4.

2   Vgl. Welge,M.K./Al-Laham,A.: (Planung) S.82; Götze,U./Rudolph,F.: (Instrumente)
S.5f.; Hopfenbeck,W.: (Managementlehre) S.688

3   Zum generellen Inhalt und Formulierungsprozeß von Unternehmensleitbild,
Unternehmens- und Managementkonzept vgl. Abschnitt 3.1.3.

4   Vgl. dazu auch Thom,N.: (Grundlagen) S.162; Hammer,R.M. (Unternehmungsplanung)
S.34

5   Zimmermann,A.: (Planung) S.983

Im Rahmen des *Innovationskonzeptes* sind die generellen Unternehmensziele hinsichtlich der Entstehung neuer Produkte weiter zu konkretisieren. Dazu sind langfristig verfolgbare Ziele zu definieren, die jedoch nicht den Charakter von verbindlichen Planzielen haben, sondern nur einen generellen Orientierungsrahmen für die Ausrichtung der Unternehmensaktivitäten angeben. Mögliche langfristige Innovationsziele sind:

- Marktanteil eigener neuer Produkte mindestens 10%;
- Umsatzrendite eigener neuer Produkte mindestens 5%;
- Durchschnittliche Neuproduktentstehungszeiten von 2 Jahren.[6]

Derartige Ziele werden durch die *Innovationspolitik* präzisiert. Diese beinhaltet nach der Definition in Abschnitt 3.1.3. alle Grundsatzentscheidungen zur Gestaltung der Innovationsbedingungen. Damit legt die Innovationspolitik auch den Entscheidungs- und Handlungsrahmen für die Neuproduktentstehung fest.

Einige wichtige Grundsatzentscheidungen zur Neuproduktentstehung zeigt die *Abbildung 4.2.1./1.* Dazu ist anzumerken, daß unter Umständen einzelne Entscheidungsphasen mehrmals durchlaufen werden, so daß es zu Mischformen der hier aufgezeigten Entscheidungskonsequenzen kommen kann (gekennzeichnet durch gestrichelte Linien). Mit der folgenden Diskussion dieser Grundsatzentscheidungen wird keine vollständige und allgemeingültige Darstellung angestrebt, vielmehr steht eine überblickartige Aufzählung der Rahmenbedingungen im Vordergrund, denen sich ein Management der Neuproduktentstehung aufgrund der Wahl einer bestimmten Variante gegenübergestellt sieht. Hervorgehoben ist das Aufgabenspektrum mit dem entsprechenden Pfad von Entscheidungen, welchem in dieser Arbeit eine besondere Aufmerksamkeit geschenkt wird.

---

6   Die Untersuchungen von GABELE und KRETSCHMER belegen, daß die obersten Unternehmensziele schwerpunktmäßig auf Rentabilitäts- und Gewinnaussagen abstellen. Zudem zeigt sich, daß die gewünschte Marktstellung oftmals explizit herausgestellt wird. Vgl. Gabele,E./Kretschmer,H.: (Unternehmensgrundsätze) S.722

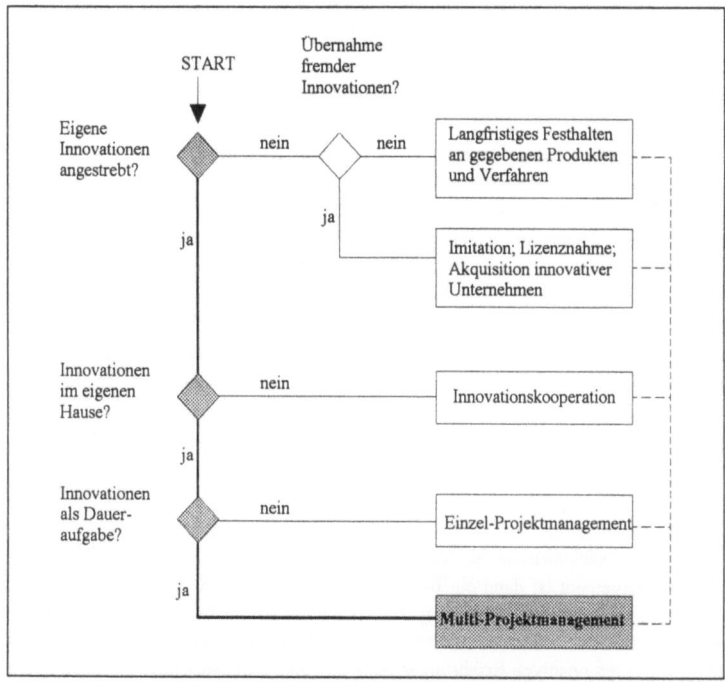

Abb. 4.2.1./1: *Grundsatzentscheidungen*[7]

Ausgehend von der Entscheidung über bestehende Produkte oder Verfahren und die bloße Imitation,[8] Lizenznahme[9] sowie Akquisition von innovativen Unternehmen[10] hinausgehen zu wollen, ist festzulegen, in welcher Weise das eigene Unter-

---

7 Quelle: in modifizierter Form entnommen von Hauschildt,J.: (Innovationsmanagement) S.30; HAUSCHILDT ordnet diese Entscheidungen allerdings der strategischen Ebene zu. Ob nun diese Entscheidungen, die ihrem Wesen nach eine Leitlinie für den Prozeß der Entwicklung und Auswahl von Strategien bilden, als separater Prozeß der normativen Ebene zugeordnet werden oder als Bestandteil der strategischen Planung anzusehen sind, ist lediglich eine Frage der darstellungsmäßigen Zweckmäßigkeit. Vgl. auch Schreyögg,G.: (Elemente) S.16

8 Mit der Grundsatzentscheidung zur Imitation werden Innovationen von Dritten bewußt in das eigene Unternehmen übernommen, wo sie dann eine Betriebsneuheit darstellen. Dies erfordert ein spezielles "Imitationsmanagement". Vgl. dazu Schewe,G.: (Imitationsmanagement)

9 Wie bei der Imitation geht auch bei der Lizenznahme die eigentliche Innovation der Übernahmeentscheidung voraus. Vgl. dazu und bezüglich den aus der Lizenznahme resultierenden Aufgaben eines "Lizenzierungsmanagements" Hauschildt,J.: (Innovationsmanagement) S.32 und 35ff.

10 In diesem Fall werden rechtlich selbständige Unternehmen mehrheitlich oder vollständig übernommen, um deren Know-How bzw. die hervorgebrachten Innovationen zur Stärkung der eigenen Wettbewerbsfähigkeit zu nutzen. Ein Vorteil dieser Maßnahme

nehmen die Initiative zum Hervorbringen von Innovationen ergreift. Zur Wahl steht auf der einen Seite das Hervorbringen von Innovationen in Kooperation mit anderen Unternehmen oder Instituten (Innovationskooperation).[11] Die Aufgabenschwerpunkte eines diesbezüglichen Kooperationsmanagements (venture managements) liegen in der Auswahl der geeigneten Kooperationspartner, der Wahl der Kooperationsform,[12] der Vertragsgestaltung, der Organisation der Schnittstellen zwischen den Kooperationspartnern, der Zieldefinition von Innovationsprojekten und der Kontrolle der Zielerreichung.[13] Auf der anderen Seite steht die Integration der Innovationsfunktion in das eigene Unternehmen (Innovation im eigenen Hause).

Bei der *Integration der Innovationsfunktion in das eigene Unternehmen* stellt sich die Frage, ob die Innovationstätigkeiten befristet oder als Daueraufgabe betrieben werden sollen. Ist die *Innovationstätigkeit befristet*, sind nur einzelne sachlich und zeitlich begrenzte Innovationsprojekte abzuwickeln. Das Management der Neuproduktentstehung ist in diesem Fall gleichzusetzen mit einem *Einzel-Projektmanagement*.[14,15]

Die *Innovationstätigkeit wird zur Daueraufgabe*, wenn mehrere neue Produkte parallel oder nacheinander im Unternehmen hervorgebracht werden sollen. Das Projektmanagement ist dann ein Bestandteil eines umfassend verstandenen Managements der Neuproduktentstehung. Es hat die Aufgabe eines *Multiprojektmanagements*, d.h. "der sachlichen und zeitlichen Verkettung der einzelnen Projekte mit dem Ziel, einen positiven Erfahrungsaustausch und eine bestmögliche Ressourcennutzung herbeizuführen."[16] In seiner umfassendsten Form kommt dabei dem Management der Neuproduktentstehung die Funktion zu, aufgrund des funktions-

---

besteht beispielsweise darin, daß nur ausgereifte Innovationen in das akquirierende Unternehmen übernommen und damit die laufenden Betriebsprozesse nur wenig durch mißlungene Innovationen gestört werden. Ferner kann bei häufigem Scheitern von Innovationen das gekaufte Unternehmen wieder veräußert werden, ohne daß ein Imageschaden bei dem akquirierenden Unternehmen entstehen muß. Vgl. Hauschildt,J.: (Innovationsmanagement) S.39ff.

11   Unter Kooperation wird im allgemeinen die Zusammenarbeit von rechtlich und wirtschaftlich selbständigen Unternehmen oder Institutionen verstanden, die sich auf die Erfüllung bestimmter Funktionen oder Teilaufgaben erstrecken. Vgl. Hopfenbeck,W.: (Managementlehre) S.147; eine ausführliche Diskussion des Kooperationsbegriffs findet sich bei Rotering,C.: (Entwicklungskooperationen) S.38ff. Bei der "Innovationskooperation" bezieht sich die Zusammenarbeit der Kooperationspartner in erster Linie auf das Hervorbringen von neuen Produkten oder Verfahren.

12   In der Praxis existieren eine Vielzahl verschiedener Erscheinungsformen der Kooperation zwischen Unternehmen. Zu einer empirischen Untersuchung auf der Basis von 135 FuE-Kooperationen vgl. Rotering,C.: (Entwicklungskooperationen). Eine besondere Bedeutung haben die zwei Kooperationsformen Auftragsforschung und Gemeinschaftsforschung. Vgl. dazu Hauschildt,J.: (Innovationsmanagement) S.53; Brockhoff,K.: (Forschung) S.47

13   Vgl. Hauschildt,J.: (Innovationsmanagement) S.53ff.

14   Zur Planung und Kontrolle von einzelnen Neuproduktprojekten vgl. Abschnitt 3.2.5.2.

15   Zur Einbindung des Projektmanagements in die Organisation des Unternehmens wird auf Abschnitt 4.3.5. verwiesen.

16   Hauschildt,J.: (Innovationsmanagement) S.73

bereichsübergreifenden Charakters der Neuproduktentstehung, ein ganzheitliches innovationsbewußtes Unternehmen zu schaffen. Es hat dann das gesamte Unternehmen auf Innovationen auszurichten.[17]

4.2.2. Managementkonzept

Das *Managementkonzept* ist als ein spezieller Teil der Unternehmenspolitik zu verstehen.[18] Es sollte eindeutige Grundsätze in prägnanter Form sowohl zu den sachaufgabenbezogenen als auch zu den personenbezogenen Managementfunktionen enthalten, um damit Rahmenbedingungen für die Gestaltung des Managementsystems der Unternehmung festzulegen.

Die Grundsätze zur *Gestaltung des Managementsystems* haben generelle Aussagen über das Organisations-, Planungs- und Kontroll-, Informations- und Personalführungssystem sowie über deren Koordination, also das Controlling, zu beinhalten.[19] Im folgenden sollen mögliche Grundsätze zur Gestaltung dieser Managementteilsysteme in bezug auf das Hervorbringen neuer Produkte erörtert werden. Diese Grundsätze bilden den generellen Rahmen für diejenigen Managementaufgaben, die in den nachgelagerten strategischen und operativen Managementstufen für ein effektives und effizientes Entstehen von neuen Produkten zu sorgen haben. Kerngedanke muß dabei die gleichzeitige Ausrichtung der Managementaufgaben auf Marktnähe und Produktentstehungsprozeßeffizienz sein. Beide Anforderungen stellen keinen Widerspruch dar; denn die Marktnähe ist erreicht, wenn die richtigen Produkte kosten- bzw. preisgünstig und zum richtigen Zeitpunkt dem Kunden zur Verfügung gestellt werden.[20]

Um marktgerecht neue Produkte hervorzubringen bedarf es einer entsprechenden Gestaltung der Unternehmensorganisation. So erfordert ein marktnahes Management auch ein adäquates *Organisationssystem* der Unternehmung.[21] Die Unternehmensorganisation muß in der Lage sein, sich auf veränderte Umweltbedingungen einzustellen. Gerade Unternehmen mit wachsender Größe tendieren jedoch zu einer innerbetrieblichen Überorganisation, wobei Marktaspekte vernachlässigt werden.[22] Zur Erreichung einer auf den Markt ausgerichteten flexiblen und anpassungsfähigen Unternehmensorganisation sollten sich die unternehmenspolitischen Grundsätze im Managementkonzept vor allem auf

17 Vgl. zum Konzept der ganzheitlichen Ausrichtung des Unternehmens auf Innovationen Hauschildt,J.: (Innovationsmanagement) S.74ff.
18 Es ist noch einmal darauf hinzuweisen, daß keine eindeutige Trennung zwischen dem Management- und dem Unternehmenskonzept existiert. Vgl. dazu Abschnitt 3.1.3.
19 Zu den Managementteilsystemen vgl. die Abschnitte 3.1.2. und 3.3.2.1.
20 Vgl. Horváth,P.: (Vorwort) S.V
21 Vgl. auch Seeberg,T./Seidenschwarz,W.: (Schritte) S.157
22 Vgl. Seeberg,T./Seidenschwarz,W.: (Schritte) S.157; Engelke,P.: (Forschung) S.102

- den Abbau von hierarchischen Strukturebenen (sog. flache Hierarchien),
- den Aufbau von kleinen marktnahen Unternehmenseinheiten,[23]
- die Bildung von Teams,
- die Ausgestaltung einer Projektorganisation,
- die Favorisierung der Prozeßorganisation vor der Strukturorganisation[24] sowie
- die Organisation der Entscheidungskompetenz in der Form: "One man, one business"[25]

beziehen. Mit Grundsätzen zur *Planung und Kontrolle* von neuen Produkten und deren Entstehung ist anzustreben, daß neue Produkte nicht das Ergebnis zufälliger Unternehmensaktivitäten, sondern zielorientierter Entstehungs-, Fertigungs- und Vermarktungsprozesse sind. Bei der Formulierung von Grundsätzen zur Planung und Kontrolle der Produktentstehung sind allerdings die Eigenheiten der Produktinnovationsprozesse zu berücksichtigen. So sind Grundsätze abzulehnen, die - ohne zu differenzieren - detaillierte und bürokratische Planungen und Kontrollen fordern. Sie wirken vor allem auf die ersten Phasen des Produktentstehungsprozesses in starkem Maße restriktiv.[26,27] Die Formulierung von Grundsätzen zur Planung und Kontrolle sollte in erster Linie dazu beitragen, daß

- Produktziele und Produktentstehungsprozeßziele explizit festgelegt und transparent gemacht werden,
- Alternativen zur Erreichung der Produkt- und Prozeßziele dokumentiert, bewertet und ausgewählt werden,
- die Realisation der ausgewählten Alternativen und der dazu erforderliche Ressourceneinsatz zielorientiert erfolgen sowie
- eine Überprüfung der Zielerreichung durchgeführt wird.

---

23   Dies ist beispielsweise durch den Aufbau von strategischen Geschäftseinheiten möglich. vgl. dazu Abschnitt 3.2.4.1.

24   WARNECKE und KIRCHHOFF konstatieren zu diesem Grundsatz "Die Anforderungen der Kunden an Flexibilität, Qualität, Termintreue und Service lassen sich nicht mehr durch zentrale hierarchische, sondern durch dezentrale prozeßorientierte Verantwortung, nicht durch Abteilen, sondern durch Mitteilen, nicht durch Informationsmonopole, sondern durch Informationsflüsse, nicht durch starre Regeln, sondern durch Regelkreise lösen." Warnecke,H.J./Kirchhoff,M.: (Navigation) S.101; im Original zum Teil hervorgehoben.

25   Seeberg,T./Seidenschwarz,W.: (Schritte) S.157

26   Zur Planbarkeit und damit auch zur Kontrolle von einzelnen Phasen der Neuproduktentwicklung vgl. die Ausführungen in Abschnitt 3.2.2.2.

27   SHEPHARD schlägt deshalb in seinem "loose-tight" Konzept vor, die Führungsform während des Innovationsprozesses zu wechseln. In den frühen vor allem durch Kreativität geprägten Phasen sollte mit viel Freiraum für die Mitarbeiter geführt werden, während in den auf die Durchsetzung ausgerichteten Phasen straff geführt werden sollte. Vgl. Shephard,H.A.: (Innovation) S.470ff.; Hauschildt,J.: (Innovationsmanagement) S.78

Informationen haben eine zentrale Bedeutung für das erfolgreiche Hervorbringen neuer Produkte. Die Unternehmen müssen bestrebt sein, ihr *Informationssystem* sowohl hinsichtlich der gegenwärtigen und zukünftigen Markterfordernisse, insbesondere der Kundenbedürfnisse, als auch in bezug auf die Machbarkeit und die Erfolgsdimensionen von neuen Produkten auf- bzw. auszubauen.[28] Die unternehmenspolitischen Grundsätze haben die Grundlage für die Erschließung möglichst relevanter unternehmensexterner und -interner Informationsquellen zu schaffen. Dazu gehört auch die Förderung der informalen Kommunikation im Unternehmen und mit den Marktpartnern. Anhaltspunkte für die angestrebte Richtung des Informationssystems geben unter anderem Unternehmensgrundsätze über:

- die Zusammenarbeit mit Universitäten und Forschungsinstituten,
- den gegenseitigen Informations-, Erfahrungs- und Meinungsaustausch im Unternehmen,
- den Informationsaustausch mit Kunden, Marktpartnern und Konkurrenten sowie
- den Einsatz von Informationstechnologie[29].

Das Hervorbringen von neuen erfolgreichen Produkten erfordert in der Regel einen hohen Arbeitseinsatz und ein hohes Engagement aller Mitarbeiter. Die unternehmenspolitischen Vorgaben im Rahmen des Managementkonzeptes sollten daher den konzeptionellen Kurs für die Ausgestaltung eines entsprechenden *Personalführungssystems* festlegen. Sie können einen Bezugsrahmen aufspannen, indem sie grundsätzliche Aussagen sowohl über materielle Anreize (Prämien, Erfolgsbeteiligungen oder Sonderurlaub, Firmenwagen usw.) als auch über immaterielle Anreize (z.B. Entwicklungsmöglichkeiten, Aus- und Weiterbildungspolitik) beinhalten.[30] Ferner lassen sich in schriftlicher Form sogenannte Führungsgrundsätze formulieren, die den Führungskräften bei ihrer Führungstätigkeit zugrundeliegen (sollten).[31] Diese Führungsgrundsätze proklamieren den im Unternehmen anzuwendenden Führungsstil. Im Hinblick auf das Hervorbringen neuer Produkte erscheint ein kooperativer Führungsstil besonders geeignet. Dieser ist gekennzeichnet durch die Beteiligung der Mitarbeiter an den Führungsentscheidungen. Diese kann dabei entweder nur beratender Art sein oder in Form eines demokratischen Willensbildungsprozesses vollzogen werden.[32] Ein solcher Führungsstil führt nicht nur zur Einbindung von Mitarbeiterwissen in den Entscheidungsprozeß, sondern fördert

28 Vgl. Pfeiffer,W.: (Theorie) S.94ff.
29 Grundsätze zum Einsatz von Informationstechnologie können beispielsweise die nationale und internationale Vernetzung von im Unternehmen angewendeten EDV-Systemen betreffen. Es sei darauf hingewiesen, daß der Einsatz von Informations- und Kommunikationstechnologie prinzipiell alle Managementteilsysteme berührt. Vgl. dazu Liedke,F.: (Controlling) S.123ff.
30 Zu einer Übersicht über betriebliche Anreizmöglichkeiten vgl. Bleicher,F.: (Forschung) S.168ff.
31 Vgl. Staehle,W.H.: (Management) S.797
32 Vgl. v.Eckardstein,D./Schnellinger,F.: (Personalpolitik) S.124ff.; Wöhe,G.: (Einführung) S.120; Grochla,E.: (Führung) Sp.551f.

auch die Motivation der Mitarbeiter, da sie aktiv an den Entscheidungen beteiligt sind.

Insbesondere für das effektive und effiziente Entstehen neuer Produkte sollten die Führungsgrundsätze darauf hinwirken, daß

- Führungskräfte - also auch das Top-Management - sich konstruktiv mit Innovationsideen und -anregungen der Mitarbeiter auseinandersetzen und diesbezüglich nicht nur Offenheit signalisieren, sondern sie auch vorleben;
- Risikobereitschaft gefördert wird, Leistungen anerkannt und Fehler toleriert werden.

Schließlich sollte im Rahmen des unternehmenspolitischen Managementkonzeptes auch auf die Koordination des Managementsystems der Unternehmung und damit auf das *Controlling* eingegangen werden. Es geht darum, eine Orientierung für ein "fit" zwischen dem Controlling und den übrigen Managementteilsystemen zu vermitteln. So sind im Hinblick auf die Neuproduktentstehung besonders solche Grundsätze zu formulieren, die

- eine umfassende Marktorientierung des Controllings hervorheben,
- eine Verantwortung des Controllings zur Überwindung von Funktionsbereichsschnittstellen akzentuieren sowie
- eine Zuordnung der Controllingfunktionen festlegen.

4.3. Strategische Ebene der Neuproduktentstehung

4.3.1. Erfolgspotentiale der Neuproduktentstehung

Das im Rahmen der Unternehmenspolitik festgelegte oberste Zielsystem der Unternehmung, das den Grundsatzentscheidungen der normativen Unternehmensebene zugrundeliegt, enthält die generellen Vorgaben für die Erarbeitung der strategischen Ziele. Die strategischen Ziele können nun zum einen aus den obersten Unternehmenszielen abgeleitet werden. Da die obersten Unternehmensziele das Ergebnis einer Kompromißlösung aus unterschiedlichen Interessen, individuellen Werten und Normen darstellen,[1] führt diese Vorgehensweise lediglich zum Aufbau von unternehmensindividuellen Zielsystemen. Eine allgemeingültige Zielstrukturierung ist damit nicht möglich.

Ein anderer Ansatz, dem auch hier gefolgt werden soll, geht von der Schaffung und Erhaltung von Erfolgspotentialen als oberste strategische Zielsetzung aus. Den obersten Unternehmenszielen kommt hierbei die Aufgabe zu, den Entscheidungs- und Handlungsrahmen vorzugeben, also Rahmenbedingungen für die strategischen Zielsetzungen zu formulieren. Für die folgenden Ausführungen sei diesbezüglich unterstellt, daß die obersten Unternehmensziele implizit bei der Zielfestlegung auf der strategischen Ebene berücksichtigt sind.

In bezug auf das strategische Management der Neuproduktentstehung stellt sich die Frage, welche Komponenten der Neuproduktentstehung die Voraussetzungen für zukünftige Erfolge schaffen oder sichern. Es haben dabei jene Erfolgspotentiale eine besondere Relevanz, die auf wettbewerbsrelevante Erfolgsfaktoren abzielen.[2] Wettbewerbsrelevante Erfolgsfaktoren, die den Erfolg von neuen Produkten bestimmen, sind beispielsweise die wirtschaftliche und technische Beherrschung der Produktinnovation, die Befriedigung von Kundenbedürfnissen, Produktpreis und -qualität, Nutzung von Synergien und Erfahrungen, Kosten und Zeitdauern der Produktentwicklung und -fertigung, die Anpassungsfähigkeit an Marktveränderungen, der Markteintrittszeitpunkt sowie die Marktbedingungen (Marktanteil und -volumen) und die Möglichkeit ihrer Beeinflussung.[3]

---

1   Vgl. dazu Abschnitt 3.1.3.

2   "Wettbewerbsrelevante Erfolgsfaktoren" sind jene Faktoren, die den Erfolg des Unternehmens langfristig beeinflussen bzw. bestimmen. Vgl. auch GABLER Wirtschaftslexikon Sp 1334; Schmelzer,H.J.: (Organisation) S.74; Zäpfel,G.: (Strategisches) S.16 und 51

3   Vgl. Schmelzer,H.J.: (Organisation) S.74f.; einen empirischen Ansatz zur Identifikation von maßgeblichen Erfolgsfaktoren des ROI (Return on Investment) verfolgt die PIMS (Profit Impact of Market Stategies)-Studie. Diese Studie basiert auf Daten aus etwa 3000 SGE von circa 450 Unternehmen. Vgl. hierzu Kreikebaum,H.: (Unternehmensplanung) S.97ff.; Zäpfel,G.: (Strategisches) S.51ff.; Coenenberg,A.G./Baum,H.-G.: (Strategisches Controlling) S.60ff.

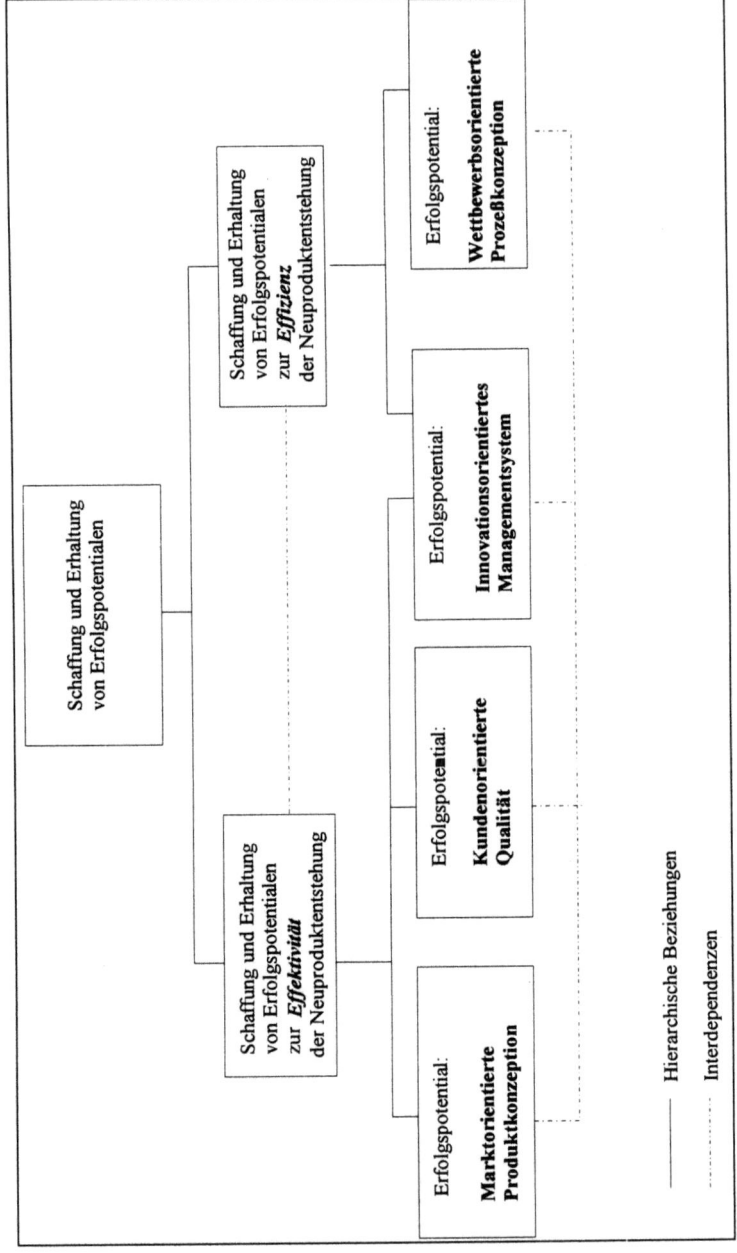

Abb.4.3.1./1: *Erfolgspotentiale der Neuproduktentstehung*

All diese beispielhaft aufgezählten Erfolgsfaktoren spiegeln sich in den in Abschnitt 2.3. vorgestellten Effektivitäts- und Effizienzkriterien wider. Es bietet sich daher an, die Erfolgspotentiale der Neuprodukentstehung im Hinblick auf ihre *Effektivitäts- und Effizienzwirkungen* zu differenzieren.[4] Die *Abbildung 4.3.1./1* enthält eine derartige Konzeption. Nach dieser Konzeption wird zwischen den Erfolgspotentialen marktorientierte Produktkonzeption, kundenorientierte Qualität, innovationsorientiertes Managementsystem sowie wettbewerbsorientierte Prozeßkonzeption unterschieden.

Die Zuordnung der Erfolgspotentiale marktorientierte Produktkonzeption und kundenorientierte Qualität zur Effektivität resultiert aus deren Beitrag zur Schaffung und Erhaltung von Fähigkeiten, die vor allem dazu beitragen sollen, neue Produkte mit dem größtmöglichen Markterfolg hervorzubringen. Ein innovationsorientiertes Managementsystem ermöglicht einerseits einen zukunftsorientierten effektiven Ressourceneinsatz und andererseits eine effiziente Durchführung der Produktinnovationsprozesse. Daher trägt ein innovationsorientiertes Managementsystem zur Schaffung und Erhaltung sowohl der Effektivität als auch der Effizienz der Neuproduktentstehung bei. Als eher effizienzbezogenes Erfolgspotential wird hier die wettbewerbsorientierte Prozeßkonzeption gesehen, weil sie vorwiegend einen Beitrag zur Schaffung und Sicherung von Fähigkeiten leistet, die es ermöglichen sollen, neue Produkte wirtschaftlich entstehen zu lassen.

Die Interdependenzen weisen darauf hin, daß die einzelnen Erfolgspotentiale nicht unabhängig voneinander sind, ja teilweise sogar Überschneidungen vorliegen. Das erreichbare Zielausmaß eines Erfolgspotentials ist davon abhängig, in welcher Höhe die anderen Erfolgspotentiale festgelegt werden und umgekehrt.[5] Dies wirft die Frage nach dem Inhalt und nach der Abgrenzung der genannten Erfolgspotentiale auf. Hierauf wird in den folgenden Abschnitten 4.3.2., 4.3.3., 4.3.4 und 4.3.5. eingegangen. Verbunden damit ist auch die Erörterung einzelner strategischer Ziele und Maßnahmen innerhalb dieser Komponenten. Die in diesem Zusammenhang angesprochenen Maßnahmen besitzen ihrerseits Zielcharakter für nachfolgende Maßnahmen, so daß der Übergang zur operativen Managementebene fließend ist. Ferner werden in Abschnitt 4.3.6. ausgewählte Rahmenbedingungen dargelegt, welche die Zielsetzungen, die zum Aufbau und Erhalt von Erfolgspotentialen führen sollen, determinieren.

---

4   Es sei angemerkt, daß diese Konzeption nur eine mögliche Art der Strukturierung von Erfolgspotentialen ist. So läßt sich beispielsweise auch eine Unterteilung in unternehmensexterne und -intere Erfolgspotentiale vornehmen.

5   Ähnlich Küpper,H.-U.: (Controlling) S.795

4.3.2. Marktorientierte Produktkonzeption

Ein wesentlicher Einfluß auf den Erfolg geht sicherlich von der Fähigkeit des Unternehmens aus, neue Produkte marktorientiert hervorzubringen. Mit der marktorientierten Produktkonzeption wird hier auf der einen Seite die Befähigung eines Unternehmens verbunden, das Marktgeschehen mit der Einführung von neuen Produkten aktiv zu beeinflussen. Auf der anderen Seite soll hierunter das Vermögen des Unternehmens verstanden werden, mit neuen Produkten die Anforderungen von Kunden wettbewerbsfähig zu erfüllen. Zwischen beiden Seiten bestehen vielfältige Beziehungen. Aufbauend auf diesen beiden Blickrichtungen ist nun der Frage nachzugehen, welche strategischen Ziele und Maßnahmen sich formulieren lassen, um dieses Erfolgspotential aufzubauen und zu sichern.[1]

Zur Beeinflussung des Marktgeschehens durch neue Produkte können sich strategische Zielsetzungen auf

- Marktanteile,
- neue Märkte bzw. Markträume,
- das Leistungsprogramm des Unternehmens sowie
- das Unternehmensprofil

beziehen. Weitestgehend übereinstimmend wird in der Literatur und Praxis das Erreichen eines bestimmten *Marktanteils* als ein zentrales strategisches Ziel gesehen.[2] Der Marktanteil gibt den Prozentsatz des Marktvolumens[3] an, der auf das eigene Unternehmen entfällt.[4] Mit neuen Produkten kann ein Unternehmen versuchen, seinen Marktanteil zu erhöhen. Dies verbessert in dem jeweiligen Markt die Marktposition des Unternehmens gegenüber seinen Konkurrenten. Die besonders große Bedeutung des Marktanteils für den ökonomischen Unternehmenserfolg, insbesondere den Return on Investment (ROI), wird vielfach hervorgehoben.[5] Diese positive Korrelation ist auch ein grundlegendes Ergebnis der Profit Impact of Market Strategies (PIMS) Studie.[6]

---

1 Grundlegend für die strategische Zielsetzung ist die Marktform. Es lassen sich sowohl für Anbieter als auch für Nachfrager monopolistische, oligopolistische und polypolistische Märkte unterscheiden. Vgl. zu den einzelnen Marktformen Schumann,J.: (Grundzüge) S.232; Ott,A.E.: (Grundzüge) S.39. Im folgenden wird angenommen, daß beide Marktseiten annähernd ausgewogen und die Unternehmen auf umkämpften Märkten tätig sind.

2 Vgl. Agthe,K./Simon,V.: (Wettbewerbsstärke) Sp.2228; Holzer,H.P.: (Planung) Sp.1194; Dunst,K.-H.: (Einflußfaktoren) Sp.1897

3 Das Marktvolumen gibt die zu erwartende Absatzmenge in einer Branche wieder. Es findet seine Obergrenze in dem Marktpotential. Vgl. Zäpfel,G.: (Strategisches) S.101

4 Es ist darauf hinzuweisen, daß die Abgrenzung des relevanten Marktes ein außerordentlich schwieriges Unterfangen darstellt, auf das hier nicht weiter eingegangen werden soll. Vgl. hierzu z.B. Kuß,A.: (Absatzpolitik) S.52ff.

5 Vgl. Dunst,K.-H.: (Einflußfaktoren) Sp.1897; Meffert,H.: (Marketing) S.82 sowie die dort zitierte Literatur.

6 Vgl. hierzu die Literaturangaben in Abschnitt 4.3.1.

Eine mögliche Maßnahme zur Erreichung dieses strategischen Ziels ist der Aufbau einer eigenen Marktforschung. Unter Marktforschung wird "die systematisch betriebene Erforschung der Märkte (Zusammentreffen von Angebot und Nachfrage), insbesondere die Analyse und Fähigkeit dieser Märkte, Umsätze hervorzubringen (Market research)"[7] verstanden. Weitere Maßnahmen können sich auf die Art und Weise der Markteinführung beziehen. So kann grundsätzlich unterschieden werden zwischen einer Produkteinführung auf dem Gesamtmarkt oder in Test- bzw. Teilmärkten.[8] PETERS und WATERMAN heben hervor, daß erfolgreiche Unternehmen nach einer knappen präzisen Marktanalyse gezielte Marktaktivitäten vornehmen, die häufig im ersten Schritt als Tests verstanden werden.[9]

Weitere strategische Zielsetzungen der Neuproduktentstehung können sich auf die Erschließung *neuer Märkte* beziehen. So begründen neue Technologien auch das Entstehen neuer Produkte, für die unter Umständen bisher noch kein Markt existierte. Ebenso kann das Ziel verfolgt werden, über neue Produkte bestehende Markträume zu erweitern oder in neue Markträume, d.h. neue geographische Gebiete,[10] einzudringen. Gerade als Folge von Marktsättigungserscheinungen[11] und im Zuge wachsender Internationalisierung der Geschäftstätigkeiten gewinnen die letztgenannten Ziele für die strategische Unternehmensführung zunehmend an Gewicht. Zur Erreichung derartiger Ziele kann neben der erwähnten Marktforschung als weitere Maßnahme eine entsprechende Produktforschung aufgebaut werden.[12] Diese hat in enger Zusammenarbeit mit der Marktforschung unter anderem den Einfluß neuer Technologien auf das Entstehen neuer Produkte zu untersuchen und spezifische Produktinformationen aufzunehmen und zu verarbeiten (z.B. über die technische Ausstattung der in anderen Markträumen angebotenen Konkurrenzprodukte oder über die in den jeweiligen Ländern geltenden gesetzlichen Regelungen zur Produktsicherheit), die benötigt werden, um in einen neuen Marktraum einzudringen oder den Marktraum zu erweitern.

Das Marktgeschehen wird ferner über das gesamte *Leistungsprogramm* des Unternehmens beeinflußt.[13] Das Leistungsprogramm enthält Aussagen sowohl über

---

7   Meffert,H.: (Marketing) S.178

8   Vgl. hierzu auch Brockhoff,K.: (Produktpolitik) S.213ff.

9   PETERS und WATERMAN haben 8 Erfolgsdimensionen formuliert (1. Primat des Handelns, 2. Nähe zum Kunden, 3. Freiraum für Unternehmertum im Management, 4. Produktivität durch Menschen, 5. Sichtbar gelebtes Wertesystem, 6. Bindung an das angestammte Geschäft, 7. Einfacher, flexibler Aufbau der Unternehmensorganisation und 8. Straff-lockere Führung). Vgl. Peters,T.J./Waterman,R.H.: (Spitzenleistungen) S.36ff.; die sich daraus ergebenden Rückschlüsse auf die Neuproduktentstehung sind im folgenden mit berücksichtigt.

10   Vgl. Ulrich,H.: (Unternehmenspolitik) S.81f.

11   Vgl. hierzu Böcker,F./Dichtl,E.: (Marketing) S.125ff.

12   Zur Produktforschung vgl. Brockhoff,K.: (Forschung) S.148

13   Synonym zu dem hier verwendeten Begriff "Leistungsprogramm" wird auch der Begriff "Produktionsprogramm" gebraucht. Vgl. Bloech,J./Bogaschewsky,R./Götze,U./Roland,F.: (Einführung) S.121ff.; Kern,W.: (Produktionswirtschaft) S.137f.; Jacob,H.: (Planung) S.405ff.; Zäpfel,G.: (Taktisches) S.75

die Anzahl (Leistungsbreite) als auch über die Ausführungsformen der Leistungsarten (Leistungstiefe), die im Planungshorizont auf dem Markt angeboten werden (sollen).[14] Eine Frage dabei ist, ob und wenn ja, wann neue Produkte mit welchem Neuheitsgrad in den Markt einzuführen sind. Strategisches Ziel kann es sein, durch die Markteinführung von neuen Produkten ein breites Spektrum an Leistungen anzubieten. Dadurch lassen sich neue Kunden in bestehenden und neuen Märkten gewinnen sowie Präferenzen gegenüber Konkurrenten schaffen.[15] Dabei ist die Wirkung auf das eigene Leistungsangebot zu berücksichtigen. So können neue Produkte einerseits in Konkurrenz mit eigenen Produkten treten (Produktsubstitution) oder sich mit diesen andererseits ergänzen. Ein weiteres strategisches Ziel für die Markteinführung einer größeren Anzahl neuer Produkte kann in dem Bestreben gesehen werden, einen Risikoausgleich herbeizuführen.[16] In diesem Fall soll der Mißerfolg eines Neuproduktes durch die Erfolge anderer Neuprodukte kompensiert werden.

Eine Maßnahme zur Beeinflussung des Marktgeschehens über neue Produkte im Leistungsprogramm ist der Aufbau von produktspezifischem Know How im Unternehmen. Die daraus resultierende fachliche Kompetenz bei Management und Mitarbeitern führt nicht nur zu einer Identifikationsmöglichkeit mit der Sachleistung des Unternehmens, sondern bildet auch die Basis für überragende Leistungen.[17]

Auch die strategische Zielsetzung der langfristigen Sicherung eines unverwechselbaren *Unternehmensprofils* durch neue Produkte hat Einfluß auf das Marktgeschehen. So können neue Produkte den Bekanntheitsgrad des Unternehmens erhöhen, Einstellungen von Käufern verändern bzw. verstärken sowie das Image eines Unternehmens verbessern.[18] Es lassen sich psychologische Wirkungen beim Käufer erzielen, die ausschlaggebend bei einer Kaufentscheidung sind.[19] In wettbewerbsintensiven Märkten zeichnen sich erfolgreiche Unternehmen vor allem auch durch ihr unverwechselbares Unternehmensprofil aus.[20] Im Zusammenhang mit der Neuproduktentstehung sollte daher die Frage gestellt werden: "Welche Vorstellungen verbindet der Kunde mit dem Markennamen bzw. mit den Produkten des Unternehmens?"

---

14   Vgl. Zäpfel,G.: (Taktisches) S.75; Bloech,J./Bogaschewsky,R./Götze,U./ Roland,F.: (Einführung) S.122
15   Vgl. Zäpfel,G.: (Taktisches) S.76
16   Vgl. Zäpfel,G.: (Taktisches) S.76
17   Vgl. Böcker,F./Dichtl,E.: (Marketing) S.123f.
18   Neue Produkte besitzen eine suggestive Eigenheit. "Wer sich nicht prinzipiell zur Innovation bekennt, kommt schnell in den Ruf, ein bloßer Verwalter zu sein, nicht aber ein kreativer Unternehmer." Hauschildt,J.: (Innovationsmanagement) S.29
19   Vgl. Meffert,H.: (Marketing) S.82f.
20   Vgl. Böcker,F./Dichtl,E.: (Marketing) S.124

Als diesbezüglich positiv wirkende Maßnahme ist der Aufbau einer neuproduktorientierten Kommunikationspolitik zu nennen.[21] Sie hat im Kern die Aufgabe, die Leistungen des neuen Produktes und die des Unternehmens bei seiner Entstehung bekannt zu machen.

Der zweite Bereich, der zum Aufbau und Erhalt des Erfolgspotentials marktorientierte Produktkonzeption beitragen soll, ist auf eine den Marktanforderungen entsprechende Konzeption neuer Produkte ausgerichtet. Der Betrachtungsschwerpunkt liegt hierbei auf der Umsetzung von Anforderungen aus dem Markt an das Neuprodukt. Strategische Zielsetzungen dazu betreffen

- die Kundenorientierung,
- die Produktkomplexität,
- die Produkttechnologie und
- ökologische Aspekte.

Die Aufgabe einer marktorientierten Unternehmensführung besteht darin, Produkte hervorzubringen, die den Anforderungen der Kunden gerecht werden.[22] Als strategische Zielsetzung dazu kann die langfristige *Kundenorientierung* genannt werden. Die sich zu diesem Ziel ergebenden Maßnahmen, wie z.B. der Aufbau von Kundenberatungsstellen, sollten darauf abzielen, Kunden nicht nur als autonome Produktabnehmer zu sehen, sondern als Partner.[23] Vorhandene und potentielle Kunden können wertvolle Hinweise geben, unter anderem für die Lastenhefterstellung[24] des neuen Produktes. Dies gilt in besonderem Maße hinsichtlich der Präferenz der Kunden für einzelne Produktmerkmale und -eigenschaften, einschließlich des Preises, den die Kunden für ein neues Produkt zu zahlen bereit sind.

Das von einem Unternehmen neu zu schaffende Produkt ist aber nicht nur an den Kundenbedürfnissen, sondern auch im Hinblick auf den Wettbewerber auszurichten. Ein daraus hervorgehendes strategisches Ziel kann die langfristige Senkung der *Produktkomplexität* sein. Die Maßnahmen hierzu erstrecken sich auf die Produktfunktionen sowie die Funktionsstruktur, die Produktkomponenten und -teile. Im einzelnen sind die Modulbauweise,[25] das Baukastensystem,[26] die

---

21 Zur Kommunikationspolitik vgl. Kuß,A.: (Absatzpolitik) S.17; Böcker,F./Dichtl,E.: (Marketing) S.144ff.

22 SCHMELZER konstatiert dazu: "Die Umsetzung dieser "Selbstverständlichkeit" bereitet in der Praxis erhebliche Probleme." Schmelzer,H.J.: (Steigerung) S.38

23 Vgl. Peters,T.J./Waterman,R.H.: (Spitzenleistungen) S.11

24 Zum Begriff und Inhalt des Lastenheftes siehe Abschnitt 2.2.3.

25 Die Modulbauweise ist vor allem ein in der Softwareentwicklung angewendetes Verfahren. Abgrenzbare Teilsysteme werden dort als Module bezeichnet. Sie repräsentieren entweder einzelne Funktionen oder mehrere Funktionen, die mit denselben Daten arbeiten, sich gegenseitig bedingen oder nacheinander ausgeführt werden. Vgl. Stahlknecht,P.: (Wirtschaftsinformatik) S.251. Die Modulbauweise erlaubt nicht nur eine Komplexitätsreduzierung, sondern auch eine je nach Markterfordernissen flexible Hinzufügung von Produktfunktionen. Vgl. Schmelzer,H.J.: (Steigerung) S40f.

Verwendung von Basiskomponenten,[27] die Standardisierung der Produkte (Typung) und der Produktteile (Normung),[28] die Anwendung der Wertanalyse bei der Produktgestaltung,[29] die Verringerung der Variantenanzahl und das Produktdesign[30] zu nennen. Eine Reduzierung der Produktkomplexität bewirkt neben einer Kostenvermeidung zugleich auch Einsparungen an Entwicklungs-, Beschaffungs-, Fertigungs- und Lieferzeiten.[31]

Die *Produkttechnologie* gewinnt durch die in Abschnitt 2.1.4. beschriebene Tendenz zur technikbedingten Verkürzung der Produktlebenszyklen zunehmend an Bedeutung. Die strategischen Zielsetzungen der Neuproduktentstehung müssen diesen Umstand berücksichtigen. Eine strategische Zielsetzung kann es sein, durch neue Produkttechnologien neue Produkte hervorzubringen, mit denen langfristig eine Führerschaft im Markt erreicht werden soll, indem im Vergleich zu den Konkurrenten ein überlegenes Preis/Leistungs-Verhältnis geschaffen wird.[32] Dies kann dadurch erfolgen, daß neue Produkte zum Preis des Vorgängerproduktes angeboten werden oder neue Produkte insgesamt durch ein höheres Preis/Leistungsniveau gekennzeichnet sind. Dazu muß die Kompetenz im Unternehmen aufgebaut werden, technische Produktinnovationen in relativ kurzer Zeit und zu wettbewerbsfähigen Kosten zu ermöglichen. Die Maßnahmen hierzu sind vor allem auf den Aufbau einer Produktforschung und -entwicklung sowie eines Patentschutzes ausgerichtet.

Die Neuproduktentstehung wird in zunehmenden Maße durch *ökologische Aspekte*[33] beeinflußt. Diese resultieren zum einen aus Gesetzen und Verordnungen[34] sowie einem Wandel der Einstellungen in der Gesellschaft und damit der Kunden

---

26   Ein Baukastensystem ermöglicht eine flexible Anpassung an Kundenwünsche und die Fertigung von Varianten in wirtschaftlichen Losgrößen. Dazu werden die zum Erzeugnisprogramm gehörigen Bauelemente derart zusammengefaßt, daß möglichst viele Bauelemente in allen Maschinentypen verwendet werden können. Vgl hierzu und zum Aufbau eines Baukastensystems Eversheim,W.: (Konstruktion) S.124f.

27   Vgl. hierzu Schmelzer,H.J.: (Steigerung) S.41

28   Vgl. Kern,W.: (Produktionswirtschaft) S.118

29   Die Wertanalyse ist ein von MILES vorgestelltes Verfahren mit dem Ziel, Kosten zu senken, ohne den Wert des Produktes aus der Sicht des Kunden zu verringern. Die Wertanalyse läßt sich unterteilen in die Wertgestaltung (Value Engineering), die sich auf noch nicht realisierte Objekte bezieht, und die Wertverbesserung (Value Analysis), die auf bereits realisierte Objekte angewendet wird. Vgl. Miles,L.D.: (Techniques); Jacob,H.: (Planung) S.453ff.; Bronner,A.: (Einsatz) S.94ff.

30   Zur Variantenvielfalt und zum Produktdesign als Komplexitätstreiber vgl. Schulz,S.: (Komplexität) S.131

31   Vgl. Schmelzer,H.J.: (Steigerung) S.40

32   Vgl. hierzu und zu den folgenden Ausführungen Zäpfel,G.: (Strategisches) S.119ff.

33   Als "Ökologie" wird die Lehre vom Gesamthaushalt der Natur und den Wechselwirkungen aller Lebewesen dieser Erde mit der natürlichen Umwelt (Umwelt als biologischer und physikalisch-chemischer Teil der Welt) verstanden. Vgl. Wiesner,J.: (Öko-Soziales) S.316; Haber,W.: (Ökosystemforschung) S.137.

34   Juristische Einflüsse auf das wirtschaftliche Handeln resultieren beispielsweise aus dem Abfallbeseitigungsgesetz, dem Altmüllgesetz und dem Bundesimmissionsschutzgesetz. Vgl. hierzu auch Kleinaltenkamp,M.: (Recycling-Strategien) S.34f.

hin zu mehr Umweltbewußtsein[35]. Zum anderen ergibt sich die Ökonomierelevanz durch begrenzte Ressourcen mit steigender Rohstoffverknappung auf der Input-Seite und eine zunehmende Umweltverschmutzung auf der Output-Seite.[36] Auch sorgt ein begrenzt vorhandener Deponieraum für zukünftig ansteigende Deponie-kosten.[37] Eine strategische Zielsetzung, die zum Aufbau und Erhalt des Erfolgspo-tentials marktorientierte Produktkonzeption dienen soll, ist es somit, langfristig umweltschonende neue Produkte zu schaffen. Dazu ist die Neuproduktentstehung als Bestandteil von wirtschaftsrelevanten Kreisläufen zu sehen, die sich grundsätz-lich auf den Prozeß Rohstoffabbau, Beschaffung, Produktion, Konsumption, Entsorgung[38] und Recycling[39] als Ganzes beziehen.[40] Daraus folgt, daß sich die Maßnahmen darauf zu beziehen haben, daß zum einen Produkte angeboten werden, deren Herstellung, Ge-/Verbrauch und Entsorgung die ökologische Umwelt so gering wie möglich belasten, und zum anderen die Recyclingfähigkeit der Produkte sowie der Produktionsfaktoren (Roh-, Hilfs-, Betriebsstoffe und Anlagen) gesteigert wird.

---

35   Zum Begriff "Umweltbewußtsein", der häufig im Zusammenhang der Wechselwirkungen zwischen Mensch und natürliche Umwelt gebraucht wird, vgl. Fietkau,H.-J.: (Umweltbewußtsein) S.293ff. sowie die dort angegebene Literatur.

36   Vgl. Kreikebaum,H.: (Unternehmensplanung) S.172;

37   Zum Anstieg der Deponierungskosten bei Shredderleichtmüllfraktion vgl. Wolf,H.-H.: (Konzept) S.3.

38   Der Begriff "Entsorgung" wird in vielen Veröffentlichungen zum Thema Umweltschutz verwendet; jedoch selten definiert. Hier ist Entsorgung in einer weiten Sichtweise zu verstehen. Danach umfaßt Entsorgung alle Maßnahmen und Tätigkeiten, die sowohl zur kontrollierten Abgabe, Vermeidung und Verminderung von Reststoffen dienen (Entsorgung i.e.S.) als auch diejenigen Maßnahmen und Tätigkeiten, die zur Beseitigung von Umweltschäden beitragen. Vgl. Domschke,W.: (Entsorgung) Sp.514f.

39   "Recycling" bedeutet in ökologischer Sichtweise eine "Rückführung der stofflichen und energetischen Rückstände in den Produktionsprozeß zur Nutzung (Verwertung oder Verwendung)." Hopfenbeck,W.: (Managementlehre) S.940 im Original teilweise hervorgehoben; siehe auch Stumm,W./Davis,J.: (Recycling) S.30; Strebel,H.: (Gründe) S.351; Jahnke,B.: (Recycling) S.12ff. Prinzipiell lassen sich vier Formen des Recycling bestimmen Wiederverwendung, Weiterverwendung, Wiederverwertung und Weiterverwertung. Vgl. Heeg,F.J.: (Recycling-Management) S.507; Hopfenbeck,W.: (Managementlehre) S.941; Kleinaltenkamp,M.: (Recycling-Strategien) S.49ff.; Pfeiffer,W./Schultheiß,B./Staudt,E.: (Recycling) Sp.4454ff.

40   Vgl. Hopfenbeck,W.: (Managementlehre) S.917, Domschke,W.: (Entsorgung) Sp.514ff.

4.3.3. Kundenorientierte Qualität

Ein weiteres Erfolgspotential umfaßt die Qualität der Neuproduktentstehung.[1]
Qualität läßt sich definieren als die "Beschaffenheit einer Einheit (Produkt, Prozeß
oder Tätigkeit; a.d.V.) bezüglich ihrer Eignung, festgelegte und vorausgesetzte
Erfordernisse zu erfüllen."[2] Neben dieser Definition existieren noch weitere, die
sich vor allem im Spannungsfeld zwischen objektiver und subjektiver Qualitätsauffassung bewegen. Mit "objektiver Qualität" oder "Kernqualität" wird ein Qualitätsverständnis gekennzeichnet, daß in erster Linie auf technisch-funktionale Merkmale
ausgerichtet ist, wie beispielsweise auf die physischen und chemischen Eigenschaften (Größe, Länge, Gewicht u.ä.) eines neuen Produktes. Zu der objektiven
Qualität tritt bei einem umfassenden Qualitätsverständnis die "subjektive Qualität",
der eher eine individuelle Bewertung zugrundeliegt.[3] Nach teleologischem Qualitätsverständnis werden Eigenschaftsbewertungen konkreter Objekte durch Subjekte im Hinblick auf bestimmte Verwendungszwecke vorgenommen.[4] Als Subjekte
sind insbesondere die Kunden des Unternehmens zu sehen, denn ihre Bewertungen
der Produkteigenschaften sind für den Absatz und damit für den Unternehmenserfolg relevant.

Ausgehend von einem umfassenden Qualitätsverständnis bezeichnet das Erfolgspotential *kundenorientierte Qualität* die Fähigkeit eines Unternehmens (neue)
Produkte hervorzubringen, die geeignet sind, Kundenbedürfnisse zu erfüllen und
dadurch eine hohe Kundenzufriedenheit sicherzustellen.[5] Zum Aufbau und Erhalt
dieses Erfolgspotentials kann die strategische Zielsetzung der langfristigen Sicherung der Kundenzufriedenheit beitragen. Folglich sind dann auch alle qualitäts-
bildenden und qualitätserhaltenden Maßnahmen bei der Neuproduktentstehung auf
die Kundenzufriedenheit auszurichten. Die Kundenzufriedenheit als ein Erfolgspotential verlangt vor allem, daß neue Produkte

- Eigenschaften beinhalten, die von den Kunden als bedeutsam erachtet werden,
- von den Kunden positiv wahrgenommen und beurteilt sowie ge-
  kauft werden,
- kundenspezifische Vorteile besitzen, die von den Wettbewerbern
  nur schwer imitierbar sind.[6]

---

1   Die Bedeutung der Qualität als strategisch wichtiger Erfolgsfaktor belegen mehrere
     Untersuchungen. Vgl. etwa Buzzell,R.D./Gale,B.T.: (PIMS-Programm) S.93f.;
     Albach,H.: (Investitionspolitik) S.650ff.
2   DIN 55350, Stand Mai 1987
3   Vgl. Kailich,N.: (Qualität) S.25 Bruhn,M.: (Qualitätssicherung) S.24; Fröhling,O.:
     (Folgekosten) S.545; Drewes,W.: (Qualitätsmanagement) S.940
4   Vgl. Brockhoff,K.:(Produktpolitik) S.28f; Lücke,W.: (Qualitätsprobleme) S.263ff.;
     Hentschel, B.: (Messung) S.315
5   Unstrittig ist, daß eine hohe Produktqualität nicht nur vor Reklamationen schützt,
     sondern auch die Kunden zufriedenstellt. Vgl. Wildemann,H.: (Qualitätsentwicklung)
     S.18
6   Vgl. Fröhling,O.: (Folgekosten) S.550; Wildemann,H.: (Qualitätsentwicklung) S.19

Auch wenn die Kundenzufriedenheit an dem am Markt abzusetzenden Produkten ansetzt, so sind für die Erreichung der angestrebten Produktqualität alle Einheiten verantwortlich, die am Entstehen eines neuen Produktes mitwirken. Betrachtungsgegenstand dieser Qualitätsauffassung ist demgemäß der Neuproduktentstehungsprozeß als Ganzes, mit allen seinen Ergebnissen, Tätigkeiten, Teilprozessen sowie Potentialen.[7] Ziel ist es dann, die Qualität als Abwesenheit von Fehlern[8] nicht nur ex post zu prüfen, sondern sie ex ante im Hinblick auf die Eignung zur erfolgreichen Lösung von Kundenproblemen zu schaffen und zu halten.[9] Qualität ergibt sich daher nicht nur aus den Gestaltungsmerkmalen eines Produktes, sondern aus der Eignung der Gesamtleistung des Unternehmens, alle an sie gerichteten Anforderungen zu erfüllen.[10] Somit ist die kundenorientierte Qualität nicht nur als alleinige Aufgabe der Fertigung anzusehen, sondern erfordert den Beitrag aller Beteiligten.[11] Sie betrifft also das gesamte Unternehmen, und auch externe Zulieferer.[12]

Im folgenden soll der Zusammenhang zwischen der kundenorientierten Qualität und dem in Abschnitt 2.2.3. abgegrenzten Objektbereich der Neuproduktentstehung weiter konkretisiert werden. Dazu werden qualitätsrelevante Aspekte und Instrumente der Produktfindung und einzelner Phasen der Produktrealisation, d.h. der Produktentwicklung im engeren Sinn und der Fertigungsvorbereitung, näher erörtert. Zuvor ist jedoch der Begriff des Kunden zu erweitern. Die bisherigen Aussagen zielten vorrangig auf den eigentlichen "*externen*" Kunden ab, der ein Gut am Markt nachfragt; zudem läßt sich der Begriff Kunde auf den "*internen*" Kunden ausweiten, der Leistungen von anderen unternehmensinternen Stellen zeitgerecht und in entsprechender Qualität erwartet.[13]

Zur Sicherung der Kundenzufriedenheit bzw. kundenorientierten Qualität kommt der *Produktfindung* die Aufgabe zu, aus einer ganzheitlichen Sicht des Produktlebenszyklusses die Markt- bzw. Kundenanforderungen in einem Lastenheft festzulegen. Die Anforderungen der externen Kunden sind dazu aus den Bedürfnissen, Wünschen und Erwartungen der in Folge von Transaktionen bestehenden Kunden-

---

7   Vgl. Specht,G./Schmelzer,H.J.: (Qualitätsmanagement) S.5

8   Ein "Fehler" ist nach DIN/ISO 8402 eine Nichterfüllung bzw. Nichtkonformität festgelegter Forderungen. Zu einer international üblichen Einteilung in die Fehlerklassen "Kritischer Fehler", "Hauptfehler" und "Nebenfehler" vgl. Hahn,D./Laßmann,G.: (Produktionswirtschaft) S.190

9   Vgl. Wildemann,H.: (Qualitätsentwicklung) S.23, Horváth,P./Urban,G.: (Qualitätscontrolling) S.4 und 7

10 Vgl. Horváth,P./Urban,G.: (Qualitätscontrolling) S.8

11 Vgl. Horváth,P./Urban,G.: (Qualitätscontrolling) S.8; Kromschröder,B./Buchwieser,S./ Gründl,H./Haindl,A.: (Qualität) S.47

12 Die Abbildung der ökonomischen Konsequenzen von Qualität ist Aufgabe der Qualitätskostenrechnung. Diese kann aufgrund ihrer spezifischen Ausrichtung als Partialkostenrechnung verstanden werden. Vgl. zur Qualitätskostenrechnung z.B. Wildemann,H.: (Qualitätssicherungssystemen)

13 Vgl. Haist,F./Fromm,H.: (Qualität) S.12; Wildemann,H.: (Qualitätssicherungssystemen) S.769; Qualitätsmängel die den externen Kunden betreffen, gefährden künftige Verkäufe, während die Qualitätsmängel bezüglich interner Kunden die Kosten ansteigen lassen. Vgl. Juran,J.M.: (Handbuch) S.14

Anbieterbeziehung abzuleiten.[14] Die Kundenanforderungen sollten möglichst vollständig, eindeutig, verständlich und zeitgemäß erfaßt und berücksichtigt werden.[15] Problematisch erweist sich jedoch die Prognose der Anforderungen an neue Produkte, die erst Jahre später auf den Markt kommen sollen, da die diesbezüglichen Kundenvorstellungen, Markterfordernissse und Marktentwicklungen nur schwer greifbar sind.[16]

Bereits bei der Produktfindung geht es darum, die Anforderungen an das neue Produkt aus "der Sprache des Kunden in die Sprache des Ingenieurs"[17] zu übersetzen.[18] Dazu sind mit Hilfe geeigneter Methoden die technisch-konstruktiven Merkmale herauszuarbeiten, die mit hoher Wahrscheinlichkeit kundenrelevante Merkmale beeinflussen.[19] Eine Methode der kundenorientierten Produktdefinition, die sich in der Praxis durchgesetzt hat,[20] ist die erstmals in den 60er Jahren auf der Schiffswerft MITSUBISHI HEAVY INDUSTRIES in Japan eingesetzte "Quality Function Development-Methode" (QFD).[21] Bei dieser Methode werden, unter Berücksichtigung aller an der Produktentstehung beteiligten Interessengruppen, zielgerichtet und systematisch die Kundenwünsche und Qualitätsanforderungen in technisch-konstruktive Spezifikationen umgesetzt. Die QFD-Methode umfaßt dabei vier Entwicklungsstufen:[22]

1. Identifizierung der kritischen Qualitätsmerkmale des Endproduktes auf der Basis von konkreten und latenten Kundenwünschen, die von der Marktforschung ermittelt wurden (Market-In Approach).[23]
2. Entwicklung von Baugruppen und Teilen nach Qualitätsmerkmalen, die aus den kritischen Qualitätsmerkmalen des Endproduktes abgeleitet sind.
3. Aufstellen von Prozeß- und Prüfablaufplänen, aus denen sowohl die kritischen Produkt- und Prozeßparameter als auch Prüfpunkte hervorgehen.
4. Erstellung der Arbeits- und Prüfanweisungen, zur Einhaltung der kritischen Produkt- und Prozeßparameter. Diese Anweisungen ergänzen die Ausfüh-

---

14   Vgl. Haist,F./Fromm,H.: (Qualität) S.34; Fröhling,O.: (Folgekosten) S.547; Qualitätsrelevanz besitzen vor allem diejenigen Kunden, die bereits im Besitz eines Produktes des Herstellers sind, aber aufgrund von Qualitätsmängeln abwandern. Potentielle Neukunden mit Kaufbereitschaft lassen sich gewinnen durch die Beseitigung eines negativen Qualitätsimages. Vgl. Wildemann,H.: (Qualitätssicherungssystemen) S.772f.
15   Vgl. Haist,F./Fromm,H.: (Qualität) S.34
16   Vgl. auch Wildemann,H.: (Qualitätsentwicklung) S.22f.
17   Oess,A.: (Quality) S.197
18   In einer Untersuchung von SPECHT und SCHMELZER über 40 deutsche Unternehmen der Branchen Elektrotechnik, Automobilbau sowie Luft- und Raumfahrttechnik zeigte sich, daß die Bemühungen zur Erfassung der Kundenzufriedenheit und zur Bewertung der Konstruktionsentwürfe zum Teil noch starke Defizite aufweisen. Vgl. Specht,G./Schmelzer,H.J.: (Qualitätsmanagement) S.118f.
19   Vgl. Oess,A.: (Quality) S.197
20   Vgl. zur Praxisentwicklung Hauser,J.R./Clausing,D.: (Stimme) S.57ff.
21   Vgl. Akoa,Y.: (Quality); Kamiske,G.F./Brauer,J.-P.: (Qualitätsmanagement) S.108; Hauser,J.R./Clausing,D.: (Stimme) S.57ff.
22   Vgl. Kamiske,G.F./Brauer,J.-P.: (Qualitätsmanagement) S.109f.; Oess,A.: (Quality) S.198ff.; Specht,G./Schmelzer,H.J.: (Qualitätsmanagement) S.16f.; Frehr,H.U.: (Qualitätsverbesserung) S.798ff.
23   Die Kundenwünsche lassen sich weiter differenzieren in primäre, sekundäre und tertiäre Anforderungen.

rungsbestimmungen der Arbeitsvorgänge und informieren das Personal über die in Form von Qualitätsmerkmalen ausgedrückten Kundenwünsche.

Die Entwicklungsstufen lassen sich mit Hilfe eines sogenannten "House of Quality" erarbeiten, das aus mehreren Tabellen und Matrizen besteht.[24]

Abbildung 4.3.3./1 zeigt eine Darstellung von Kundenanforderungen und tatsächlich berücksichtigten Eigenschaften an zwei fiktiven Produkten.

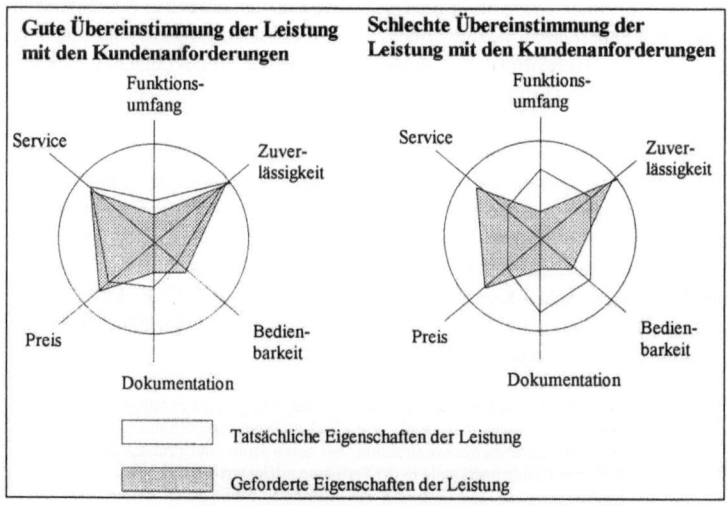

Abb.4.3.3./1: *Übereinstimmung von Leistungen und Kundenanforderungen*[25]

Zur Erzeugung eines kundenausgerichteten Qualitätsbewußtseins sind die Mitarbeiter in einem frühen Stadium über die Ziele der Neuproduktentstehung und das anzustrebende Qualitätsniveau zu informieren. Weitere Faktoren, die zur Förderung und Steigerung des kundenorientierten Qualitätsdenkens sowie zur Schaffung einer qualitätsorientierten Leistungsmotivation[26] beitragen können, ergeben sich

---

24 Zur schematischen Darstellung und exemplarischen Anwendung des House of Quality vgl. Kamiske,G.F./Brauer,J.-P.: (Qualitätsmanagement) S.111.; Oess,A.: (Quality) S.199f.

25 Quelle: in modifizierter Form entnommen von Haist,F./Fromm,H.: (Qualität) S.42

26 Die Motivation der Mitarbeiter zu qualitätsschaffenden und qualitätserhaltenden Leistungen nimmt in der Qualitätsdiskussion einen breiten Raum ein. Dabei wird unterschieden zwischen extrinsischer Motivation, die von Faktoren außerhalb der jeweiligen Arbeitsinhalte beeinflußt wird (z.B. Prämienzahlung), und intrinsischer Motivation, die aus dem Arbeitsinhalt selbst entsteht. Vgl. Wildemann,H.: (Qualitätssicherungssystemen) S.768f. sowie Sommerlatte,T.: (Qualität) S.22; zu allgemeinen Motivationstheorien vgl. z.B. Staehle,W.H.: (Management) S.200ff.; Haist,F./Fromm,H.: (Qualität) S.65ff.

aus der Mitwirkungsmöglichkeit bei der Arbeitsgestaltung, den Kenntnissen über den Wertschöpfungsprozeß und der Einstellung sowie dem Verhalten der Vorgesetzten.[27] Zudem ist es für die erfolgreiche Realisation eines neuen Produktes eine Voraussetzung, daß entsprechende Potentiale im Unternehmen vorhanden sind oder aufgebaut werden können.

Die Qualitätsverantwortung der Produktfindung hat sich bei der Aufgabendurchführung nicht nur auf die Anforderungen der externen Kunden, sondern auch auf die der internen Kunden auszurichten. Interner Kunde der Produktfindung ist die *Produktrealisation*. Diese ist für die Umsetzung einer ausgewählten Produktidee in serienreife Endprodukte verantwortlich. Für ihre effiziente Aufgabenwahrnehmung und Qualitätsverantwortung müssen die Ergebnisse der Produktfindungsphase die jeweiligen internen Qualitätsanforderungen erfüllen.

Im Rahmen der Produktrealisation ist zur Umsetzung der Vorgaben im Lastenheft in der Phase der *technisch-konstruktiven Produktentwicklung* eine Problemlösung zu erarbeiten, die sowohl eine wirtschaftliche, umweltfreundliche, fertigungs- und montagegerechte Herstellung und spätere Verwertung des Endproduktes ermöglicht als auch einen servicefreundlichen und effizienten Kundendienst erlaubt. Für die dazu erforderlichen Konstruktionen werden von WARNECKE, MELCHIOR und KRING in bezug auf die Einhaltung und Sicherung von Qualität drei Hauptgestaltungsrichtlinien angesprochen:[28]

1. Robuste Konstruktion, die berücksichtigt, daß geringfügige Parameterabweichungen im Produktionsprozeß nicht gleich zu Produktionsfehlern führen.
2. Prüfbarkeitsorientierte Konstruktion, mit deren Hilfe eine Prüfung der geforderten Kundenmerkmale in der Fertigung erleichtert wird.
3. Qualitätsgerechte Spezifizierung des Materials, damit durch dessen Verwendung ein insgesamt höheres Qualitätsniveau erreichbar wird.[79]

Weitere qualitätsverbessernde Effekte lassen sich insbesondere bei komplexer Fertigung durch die Berücksichtigung von Maßnahmen erreichen, die eine Verringerung der Teileanzahl bewirken.[30] Bei der technisch-konstruktiven Gestaltung sind zwei Prinzipien zur Schaffung und Einhaltung der Qualität von herausragender Bedeutung. Zum einen sind nach dem Grundsatz "do it right the first time" Konstruktionsfehler strikt zu vermeiden und zum anderen sind technisch nicht

---

27 Vgl. Knoblauch,R.: (Qualität) S.15; neben der Bereitschaft, das Qualitätsniveau kontinuierlich zu steigern, kommt den Vorgesetzten die Funktion zu, die Mitarbeiter hinsichtlich qualitätsgerechtem Verhalten zu motivieren.

28 Vgl. Warnecke,H.-J./Melchior,K./Kring,J.: (Produktgestaltung) S.65f.; Oess,A.: (Quality) S.205

29 In diesem Zusammenhang ist auch eine Standardisierung und Normung von Teilen zu berücksichtigen. Siehe zur Standardisierung und Normung auch Abschnitt 4.3.2.

30 In diesem Zusammenhang wird auch ein Konzept namens "Mechatronics" betrachtet. Hierbei geht es um die Elimination von möglichst vielen mechanischen Teilen durch elektronische Bauelemente. Neben der Qualitätsauswirkung kann dieses Konzept aufgrund einer verringerten Anzahl von Hilfs- und Betriebsstoffen auch zu einer Montagekostensenkung bis zu 50% führen. Vgl. Oess,A.: (Quality) S.206ff. sowie die dort angegebene Literatur.

notwendige Sicherheiten abzubauen.[31] Die Anwendung beider Prinzipien gewährleistet von Anfang an eine kundenbezogene Produktentstehung und führt zu späteren Zeit- und Kostenvorteilen.[32]

Zur Schaffung und Sicherung der Qualität von konstruktiv-technischen Arbeiten
werden mehrere einander ergänzende Verfahren und Methoden eingesetzt. Hierzu
gehören neben Checklisten, der Wertanalyse[33], und der Auswertung von Ergebnissen über Prototypen und Versuchsträger vor allem die in *Tabelle 4.3.3./1* dargestellten Instrumente, wie die "Fehler-Möglichkeits- und Einfluß-Analyse" (FMEA),
das "Design-Review" und die "Fehlerbaum-Analyse".[34]

Entsprechend der prozessualen Betrachtung des Objektbereiches der Neuproduktentstehung ist ein interner Kunde der Produktentwicklung im engeren Sinn die
Fertigungsvorbereitung, deren Kunde wiederum die Fertigung selbst ist.

Um über den Fertigungsprozeß die angestrebte Qualität des neuen Produktes
hervorzubringen, müssen die Qualitätsanforderungen bekannt sein und in entsprechender Form der Fertigungsvorbereitung vorliegen. Ihr obliegt es nun, die
Fertigung so vorzubereiten, daß das angestrebte Qualitätsniveau, in Verbindung
mit den übrigen Vorgaben, beim Fertigungsvollzug erreicht wird.[35]

---

31   OESS hebt hierzu den Abbau von "Angsttoleranzen" und "Massesicherheiten" hervor,
       mit denen Konstruktionsauswirkungen gegebenenfalls aufgefangen werden können. Vgl.
       Oess,A.: (Quality) S.206
32   Vgl. Wildemann,H.: (Qualitätsentwicklung) S.19; Schmelzer,H.J.: (Steigerung) S.39f.
33   Zur Wertanalyse siehe Abschnitt 4.3.2.
34   Zu einer Unterteilung der qualitätsorientierten Analysemethoden in induktive und
       deduktive Verfahren vgl. Peters,H.O./Meyna,A.: (Sicherheitstechnik) S.311ff.
35   Zu den Aufgabenumfängen der Fertigungsvorbereitung siehe Abschnitt 2.2.3.

Instrument	Vorgehen	Literatur
"Fehler-Möglichkeits-und Einfluß- Analyse" (FMEA)	Erfassung und Vermeidung von potentiellen Fehlern bei der Entwicklung und Fertigung oder beim Einsatz von neuen Fertigungsverfahren. Sie basiert auf einer systematischen Vorgehensweise. Ausgehend vom geplanten Endprodukt werden alle denkbaren Fehler mit deren Eintrittswahrscheinlichkeiten aufgelistet.	Franke,W.D.: (FMEA); Specht,G./Schmelzer,H.J.: (Qualitätsmanagement); Horváth,P./Urban,G.: : (Qualitätscontrolling); Zäschke,J.: (Qualitätsbewertung).
"Design-Review"	Systematische innerbetriebliche Überprüfung der Entwicklungsergebnisse zum Ende einer jeden Entwicklungsphase.	Specht,G./Schmelzer,H.J.: (Qualitätsmanagement); Seghezzi,H.D.: (Qualitätssicherung); Deixler,A.: (Zuverlässigkeitsplanung)
"Fehlerbaum-Analyse" bzw. "Gefährdungsbaum-Analyse"	Berechnung von Zuverlässigkeits- und Sicherheitskenngrößen großer komplexer Systeme. Die graphische Darstellung basiert auf der Booleschen Algebra; bei komplexeren Fehlerbäumen lassen sich z.B. Monte Carlo Simulationen anwenden.	Peters,H.O./Meyna,A.: (Sicherheitstechnik); Seghezzi,H.D.: (Qualitätssicherung)

Tab. 4.3.3./1: *Qualitätsschaffende und -sichernde Instrumente der technisch-konstruktiven Produktentwicklung*

Dazu sind beispielsweise im Rahmen der Fertigungsstrukturierung bei der Festlegung zwischen Eigenfertigung und Fremdbezug bestimmte Anforderungen an die Zulieferer und die Form der Zusammenarbeit zu berücksichtigen.[36] Auswahlkriterien, die nur auf Produktqualität oder Preise des Zulieferers abzielen, sind nicht ausreichend. Vielmehr ist eine Gesamtbetrachtung durchzuführen, die über die Produktqualität hinausgeht und die Qualitätsfähigkeit sowie die Qualitätsleistung aller Prozesse und Leistungen (materieller wie auch immaterieller Art) des Zulieferers umfaßt,[37] die Einfluß auf den Wertschöpfungsprozeß des Unternehmens haben können.[38] Auch sind für eine qualitätsorientierte Gestaltung der Fertigungsprozesse

---

36 Es sei bereits an dieser Stelle darauf hingewiesen, daß für eine erfolgreiche Neuproduktentstehung die Einbindung der Zulieferer nicht erst in der Phase der Fertigungsvorbereitung erfolgen sollte. Vgl. dazu Abschnitt 4.3.4.

37 Umfassende Zuliefererbewertungen sollten außer der Produktqualität, Termintreue und Preisgestaltung auch die Qualität des Managements, die Motivation und Qualifikation des Personals sowie die Qualität von derzeitigen und potentiellen Entwicklungsleistungen berücksichtigen.

38 Durch die Ausrichtung auf den Wertschöpfungsprozeß sind bei funktional strukturierten Unternehmen die Zulieferer möglichst nach bereichsspezifischen Kriterien zu bewerten.

die Beziehungen zwischen den Qualitätsmerkmalen des herzustellenden Produktes und den Qualitätscharakteristika der einzelnen Arbeitsoperationen herauszufinden und festzulegen. Von besonderer Bedeutung sind dabei die Beziehungen zwischen objektorientierter Arbeit, Maschinen, betrieblichen Standortbedingungen, Material, vor- und nachgelagerten Arbeitsvorgängen und gewünschten Leistungsergebnissen.[39]

Einige qualitätsschaffende und -sichernde Instrumente, die in der Phase der Fertigungsvorbereitung eingesetzt werden können, sind in der *Tabelle 4.3.3./2* enthalten.

Instrument	Vorgehen	Literatur
"Prozeßfähigkeits-Analyse"	Beurteilung der Prozeßfähigkeit nach vollständiger oder teilweiser Einrichtung der Fertigung noch vor Beginn der Serienfertigung. Zur Beurteilung wird häufig ein Prozeßfähigkeitsindex "C_{nk}" verwendet.[40]	Füller,H.A.: (Prozeßregelung); Oess,A.: (Quality)
"Qualitätskennzahlen"	Gliederungs-, Beziehungs- oder Indexzahlen, die in aggregierter Form qualitätsrelevante Aussagen ermöglichen sollen.[41]	Horváth,P./Urban,G.: (Qualitätscontrolling)

Tab. 4.3.3./2: *Qualitätsschaffende und -sichernde Instrumente der Fertigungsvorbereitung*

Zur Objektivierung und als Anreiz zur Qualitätsverbesserung sollten die Bewertungskriterien als quantitative Größen ausgedrückt werden und die Bewertungsmethoden nicht nur unternehmensintern, sondern auch vom Zulieferer bekannt und beherrschbar sein. In der Automobilindustrie entwickelte Anforderungsrichtlinien sind beispielsweise die Formel Q von Volkswagen oder die Q-101 von Ford.

39　Zur Entwicklung eines optimalen Fertigungsprozesses dient in erster Linie die Prozeßanalyse. Vgl. Oess,A.: (Quality) S.229ff.

40　Mit dem Prozeßfähigkeitsindex werden die Prozesse je nach Größe in nicht fähige (Cpk < 1), in genau fähige (Cpk = 1) und in sichere Prozesse (Cpk > 1) eingeteilt. In der europäischen und amerikanischen Automobilindustrie hat sich ein Cpk-Wert um die 1,33 entwickelt, während in Japan Werte um die 1,77 angestrebt werden. Vgl. Füller,H.A.: (Prozeßregelung) S.472; Oess,A.: (Quality) S.232

41　Beispielhaft lassen sich Kennzahlen zum Erfüllungsgrad von Meilensteinen bei der Produktentstehung oder zu den Kosten pro Prüfeinrichtung bilden.

Zur Erzeugung der Qualität im Fertigungsprozeß dienen die nach Abschluß der Fertigungsvorbereitung festgelegten Prüfmaßnahmen einschließlich der Fertigungspläne und Arbeitsanweisungen. Der Vollständigkeit halber sind in der nachstehenden *Tabelle 4.3.3./3* auch einige qualitätssichernde Instrumente für die Fertigungsphase aufgezeigt.[42]

Instrument	Vorgehen	Literatur
"Qualitätsaudits"	Systematische, unabhängige Überprüfung, Bewertung und Dokumentation von Qualitäts-Leistungsmerkmalen als Managementinformation. Es lassen sich ein Produkt-, ein Verfahrens- und ein Systemaudit unterscheiden.	Juran,J.M.: (Handbuch); Gaster,D.: (Qualitätsaudit); Kamiske,G.F./Brauer,J.-P.: (Qualitätsmanagement)
"Statistische Prozeßregelung" (SPR) bzw. "Statistical Process Control" (SPC)	Mathematisch-statistische Verfahren, die sowohl bei der gesamten Herstellung des Produktes als auch bei der Teilefertigung Messungen ermöglichen. Sie stellen Abweichungen bezüglich eines betrachteten Merkmales fest. Ein wichtiges Hilfsmittel bilden verschiedene Arten von Qualitätsregelkarten, aus denen sich Hinweise über die Eigenschaften von Prozessen gewinnen lassen.	Shewart,W.A.: (Economic); Kamiske,G.F./Brauer,J.-P.: (Qualitätsmanagement); Suzaki,K.: (Management); Rinne,H./Mittag,H.-J.: (Qualitätssicherung); Füller,H.A.: (Prozeßregelung)
"Continuous Improvement Programs" (CIP) .	Prozeßorientierte Denkweise zur ständigen bzw. kontinuierlichen Verbesserung.[43] Die prozeßorientierte ständige Verbesserung ist dabei gleichzeitig als Ziel sowie als tägliche Verhaltensweise zu begreifen. Bei diesem Konzept sollen die Mitarbeiter bewußt mit einbezogen werden und einen höheren Gestaltungs- bzw. Verbesserungsspielraum erhalten. Die Umsetzung dieses Konzeptes führte in der Praxis zum Aufbau eines unternehmensinternen Vorschlagswesens.	Kamiske,G.F./Brauer,J.-P.: (Qualitätsmanagement)

Tab. 4.3.3./3: *Qualitätsschaffende und -sichernde Instrumente in der Fertigung*

---

42   Ein weiteres Instrument zur Qualitätssicherung stellt die Automatisierung dar. Vgl. Wildemann,H.: (Qualitätsentwicklung) S.24ff.; zur Automatisierung siehe die Ausführungen in Abschnitt 4.3.4.

43   Eine solche Vorgehensweise wird in Japan auch unter dem Begriff "KAIZEN" diskutiert. Vgl. Imai,M.: (Kaizen)

Eine integrierte Betrachtung von Unternehmensbereichen zur Schaffung und Erhaltung einer kundenorientierten Qualität entlang des Wertschöpfungs- und Neuproduktentstehungsprozesses wird unter den Begriffen "Total Quality Control" (TQC),[44] "Company Wide Quality Control" (CWQC)[45] oder unter dem visionär anmutenden Ansatz des "Total Quality Management" (TQM)[46] diskutiert. Im Vordergrund des letztgenannten Ansatzes steht ein "Durchdringen der Organisation mit einem umfassenden Qualitätsbewußtsein"[47], das gestützt auf der Unternehmensphilosophie, -politik und -kultur nur durch entsprechende Motivation und Engagement der Führungskräfte und Mitarbeiter erreicht werden kann, und der Kundenzufriedenheit dienen soll.[48]

---

44 Vgl. Feigenbaum,A.V.: (Total).
45 Vgl. Ishikawa,K.: (Quality); Ishikawa,K.: (How). Ishikawa führte außerdem in den 60er Jahren die sogenannten *Qualitätssicherungs-Zirkel (Quality Control Circle)* oder einfach *Qualitätszirkel (Quality Circle)* ein.
46 Vgl. Zink,K.J.: (Qualität) S.9ff.; Oess,A.: (Quality) S.89ff.; Bösenberg,D./Metzen,H.: (Management) S.153ff.; Hosotani,K.: (Overview); Franke,W.D.: (Handbuch);
47 Sommerlatte,T.: (Qualität) S.20
48 Vgl. Hahn,D./Laßmann,G.: (Produktionswirtschaft) S.205; Imai,M.: (Kaizen) S.67ff.

4.3.4. Wettbewerbsorientierte Prozeßkonzeption

Wettbewerbsvorteile können ihren Ursprung grundsätzlich in allen Teilfunktionen (Marketing, Beschaffung, Forschung und Entwicklung etc.) des Neuproduktentstehungsprozesses haben.[1] Es ist daher ein Erfolgspotential aufzubauen, das eine *wettbewerbsorientierte Prozeßkonzeption* bei der Neuproduktentstehung berücksichtigt.

Ansatzpunkte für die strategischen Zielsetzungen zur Schaffung und Sicherung einer wettbewerbsorientierten Prozeßkonzeption ergeben sich aus der Steigerung der Flexibilität des Neuproduktentstehungsprozesses und einer Kostensenkungsstrategie, die preispolitische Spielräume für die Vermarktung der neuen Produkte ermöglichen soll. Die Notwendigkeit zur Flexibilitätssteigerung resultiert vor allem aus den sich verkürzenden Produktlebenszyklen[2] und dem Anspruch der Kunden nach individuellen Problemlösungen bei zunehmenden Produktanforderungen. Der Forderung nach einer Senkung der Kosten liegt die Annahme zugrunde, daß sich die Produktqualität der Wettbewerber auf vielen Märkten angeglichen hat und nun Wettbewerbsvorteile in erster Linie kosten- und preisseitig aufzubauen sind.[3] Die Maßnahmen zur Erreichung derartiger Zielrichtungen können

- die Vorentwicklung,[4]
- die Entwicklungs- und Fertigungstiefe,
- das Versorgungssystem des Unternehmens,
- die Entwicklungsstandorte,
- den Einsatz geeigneter Prozeß- und Informationsverarbeitungstechnologien

betreffen. Indem diese Maßnahmen auf die Gestaltung bestimmter Teilfunktionen des Neuproduktentstehungsprozesses ausgerichtet sind, üben sie auch einen Einfluß auf die Organisation der Neuproduktentstehung und damit auf das Managementsystem aus.[5] Zur Illustration des Aufbaus und der Sicherung des Erfolgspotentials wettbewerbsorientierte Prozeßkonzeption werden im folgenden die oben genannten Bereiche herangezogen.

Die produktunabhängigen *Vor- bzw. Vorfeldentwicklungen* stellen erprobte Lösungsprinzipien bereit, die für eine wettbewerbsorientierte Herstellung von neuen Produkten erforderlich sind.[6] Gegenstände der Vorentwicklungen können neue Produkt- oder Prozeßtechnologien, aber auch neuartige Werkstoffe sein. Neue Werkstoffe führen auf der einen Seite zur Substitution bisher eingesetzter

---

1   Zu einzelnen Funktionen im Neuproduktentstehungsprozeß vgl. Abschnitt 2.2.1. und 2.2.3.
2   Vgl. Abschnitt 2.1.4.
3   Vgl. Seidenschwarz,W.: (Costing) S.3
4   Zur Vorentwicklung vgl. Abschnitt 2.2.3.2.
5   Zum "innovationsorientiertem Managementsystem" vgl. Abschnitt 4.3.5.
6   Vgl. Schmelzer,H.J.: (Organisation) S.28

Werkstoffe. Als Beispiel sei hierzu die zunehmende Verwendung von Kunststoffen anstelle von Metallen angeführt.[7] Auf der anderen Seite können neue Werkstoffe auch einen erheblichen Einfluß auf den späteren Fertigungsprozeß haben. So kann z.B. die bisher in der Automobilindustrie übliche Fertigungsfolge Preßwerk, Rohbau und Lackiererei durch den Einsatz von vorlackierten Blechen in der Weise verändert werden, daß auf eine Lackiererei vollständig verzichtet wird. Die Ergebnisse der Vorentwicklungen können daher nachhaltig den Unternehmenserfolg bestimmen.

Zur Steigerung der Flexibilität der Neuproduktentstehung sind die Vorentwicklungen zu intensivieren. Dadurch können Lösungsprinzipien angeboten werden, die den zunehmenden Kundenanforderungen gerecht werden und ggfs. sogar ein Neuproduktprojekt initiieren. Gleichzeitig eröffnen intensive Vorentwicklungen Kostensenkungspotentiale vor allem für die Produktion der neuen Produkte. Folglich sollten die strategischen Maßnahmen darauf ausgerichtet sein, die Vorentwicklungen zu verstärken und fest in den Prozeß der Neuproduktentstehung zu integrieren. Eine markt- bzw. wettbewerbsorientierte Prozeßkonzeption der Neuproduktentstehung verlangt insbesondere eine enge Zusammenarbeit sowohl zwischen der produktunabhängigen Vorentwicklung und der produktspezifischen Neuproduktentwicklung und -fertigungsvorbereitung als auch zwischen Vorentwicklung und Marketing.

Um die Flexibilität zu erhöhen und die Kosten der Neuproduktentstehung zu senken, erfährt die Gestaltung der *Entwicklungs- und Fertigungstiefe* (out - und insourcing) zunehmend an Bedeutung. Eine Vorreiterrolle hierzu nimmt die Automobilindustrie ein.[8] Ziel ist es dabei, die Ressourcen des Hersteller auf seine Stärken, d.h. auf wenige Kerngebiete des Unternehmens zu konzentrieren.[9] Damit sollen Kapazitätsengpässe beseitigt, Synergieeffekte genutzt, Kapitalbindungskosten gesenkt und Zeitvorteile erlangt werden.[10] Zudem kann mit einer Auslagerung von Aktivitäten der innerbetriebliche Komplexitätsgrad verringert werden, sofern nicht die erhöhten Beschaffungs- und Logistikaktivitäten diesen Effekt überkompensieren. Eine parallele Ausrichtung sowohl auf die Entwicklungs- als auch auf die Fertigungstiefe erschließt auch Optimierungsmöglichkeiten im Sinne einer fertigungsgerechten Konstruktion (Design to Cost, Design to Manufacturing), deren Kostensenkungspotential auf mindestens 10 bis 15% der Produktionskosten geschätzt wird.[11] Im Ergebnis determinieren die "Make or Buy" Entscheidungen zur Entwicklungs- und Fertigungstiefe diejenigen Funktionen bzw.

---

7   Vgl. Brankamp,K.: (Planung) S.101f.

8   Vgl. Wildemann,H.: (Entwicklungsstrategien) S.391

9   Vgl. Gruschwitz,A.: (Global-Sourcing) S.52; die verstärkte Konzentration auf Kerngeschäfte des Unternehmens erfolgt in Anlehnung an die japanische Produktionsgestaltung in Form einer "lean production". Vgl. dazu Womack,J.P./Jones,D.T./Roos,D.: (Revolution); Lietz,J.H.: (Lean); Jungmann,E.J.: (Lean); Bogaschewsky,R.: (Lean Production)

10 Vgl. Wildemann,H.: (Just-In-Time) S.1258; Wildemann,H.: (Entwicklungsstrategien) S.392

11 Vgl. Wildemann,H.: (Just-In-Time) S.1258

Komponenten und zugehörigen Kapazitäten im Neuproduktentstehungsprozeß, die ein Unternehmen durch seine eigenen Aktivitäten im Verhältnis zu den insgesamt erforderlichen Aktivitäten für das Entstehen eines neuen Produktes erbringt. Dazu ist die Make or Buy-Analyse in einem ersten Schritt auf die vom Unternehmen noch wahrzunehmenden Aktivitäten auszurichten. Im zweiten Schritt geht es dann um die Bestimmung der erforderlichen Kapazitäten. Beispielsweise kann eine Funktion (z.b. Konstruktionsarbeiten) im Neuproduktentstehungsprozeß anteilig sowohl von eigenen Mitarbeitern als auch von Fremdfirmen erfüllt werden.

Unter transaktionskostenorientierten Gesichtspunkten[12] sollten nach PICOT vor allem dann Leistungen fremdbezogen werden, wenn die Spezifizität einer Leistung niedrig,[13] die strategische Bedeutung gering, die Unsicherheiten in bezug auf qualitative, quantitative, terminliche und technische Änderungen kaum vorhanden sowie die Häufigkeit der Leistungserbringung gering ist.[14] Basis für Transaktionskostenansätze sollte jedoch nicht die isolierte Betrachtung einer einzelnen Leistung, sondern eine integrative Sichtweise aller Leistungen im gesamten Neuproduktentstehungsprozeß sein, da nur so die Interdependenzen der Leistungen adäquat berücksichtigt werden können.

Mit der Entwicklungs- und Fertigungstiefenreduktion wird der Zulieferersektor und damit auch das Versorgungssystem des Endproduktherstellers in seiner Bedeutung für eine erfolgreiche Neuproduktentstehung aufgewertet. Im Mittelpunkt des *Versorgungssystems* steht die Versorgung des Unternehmens mit Inputfaktoren. Es umfaßt die Komponenten Beschaffung, Materialwirtschaft und Logistik. Die Abgrenzung dieser Komponenten ist in der Literatur nicht einheitlich. Eine mögliche Abgrenzung zeigt die *Abbildung 4.3.4./1.*

---

12   Die Transaktionskostentheorie setzt sich mit Austauschbeziehungen sowohl auf Märkten als auch innerhalb des Unternehmens auseinander. Vgl. hierzu Picot,A.: (Transaktionskostenansatz) S.267ff.; Windsperger,J.: (Transaktionskosten) S.199ff.; Barzel,Y.: (Transaction Costs) S.4ff.; Weber,J.: (Transaktionskostenorientierung); Bössmann,E.: (Transaktionskosten) S.105ff.

13   Die Spezifizität einer Leistung tritt in Form von spezifischen Werkzeugen oder Anlagen auf, aber auch Know How, Personalqualifikation, Logistik, Fertigungsverfahren und Qualitätseigenschaften können spezifisch sein. Vgl. Picot,A.: (Ansatz) S.345

14   Vgl. Picot,A.: (Ansatz) S.345ff.

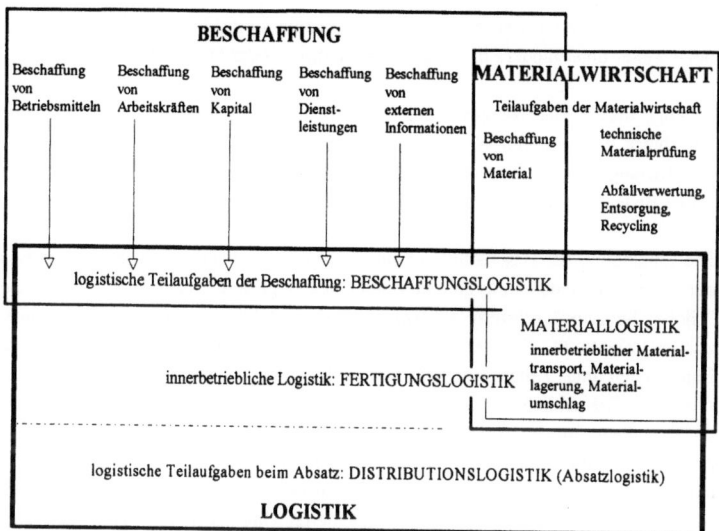

Abb. 4.3.4./1: *Abgrenzung der Komponenten des Versorgungssystems der Unternehmung*[15]

Der "Beschaffung" als eine Hauptfunktion der betrieblichen Tätigkeit obliegt die Aufgabe, die für den Leistungserstellungsprozeß erforderlichen Inputfaktoren im Unternehmen zur Verfügung zu stellen.[16] Sie steht in unmittelbarer Verbindung zu den Beschaffungsmärkten, auf denen das Unternehmen als Nachfrager auftritt. Inputfaktoren, die ein Unternehmen benötigt, sind im wesentlichen Betriebsmittel, Arbeitskräfte, Dienstleistungen, Material, Kapital und externe Informationen.[17] Die Materialwirtschaft und die Beschaffung überschneiden sich in der Funktion der Materialbeschaffung.[18] Zur "Materialwirtschaft" zählen neben der Materialbeschaffung auch die Aufgaben der Materialprüfung und -bevorratung, des Materialtransportes und der Entsorgung sowie des Recyclings.[19] Die Materialwirtschaft ist objektbezogen, d.h. auf das Objekt "Material" ausgerichtet, und unterscheidet sich hierdurch von der Logistik.[20] "Logistik" ist eine Querschnittsfunktion, die als übergreifende Aufgabe dadurch entsteht, daß aus den Leistungserstellungsprozessen die Aktivitäten zur physischen Raum- und Zeitüberbrückung herausgenommen und zusammengefaßt werden.[21] Nach den Gegenständen der logistischen Funktionen kann zwischen einer Material-, Fertigungs-, Distributions- und Beschaffungs-

---

15   Quelle: in modifizierter Form entnommen von Troßmann,E.: (Beschaffung) S.17
16   Vgl. Theisen,P.: (Beschaffung) Sp. 494
17   Vgl. Wöhe,G.: (Einführung) S.420; Gruschwitz,A.: (Global-Sourcing) S.32 sowie die dort angegebene Literatur
18   Vgl. Troßmann,E.: (Beschaffung) S.12
19   Vgl. Heuer,M.F.: (Kontrolle) S.33 Troßmann,E.: (Beschaffung) S.12f
20   Vgl. Gruschwitz,A.: (Global-Sourcing) S.35
21   Vgl. Troßmann,E.: (Beschaffung) S.15

logistik differenziert werden.[22] Der letztgenannte Logistikbereich läßt sich dann noch weiter untergliedern in z.B eine Informations- oder Dienstleistungslogistik.

Bedingt durch eine Neugestaltung der Arbeitsteilung zwischen Zulieferer und Abnehmer im gesamten Neuproduktentstehungsprozeß kommt vornehmlich der Beschaffung und der Logistik für eine wettbewerbsfähige Prozeßkonzeption eine große Bedeutung zu. Dies soll im folgenden kurz aufgezeigt werden.

Die Einbindung der Beschaffung in eine wettbewerbsorientierte Prozeßkonzeption der Neuproduktentstehung läßt sich unter den Begriffen "Forward Sourcing" und "Global Sourcing" erörtern. *Forward Sourcing* steht für eine vorausschauende, zukunftsorientierte Beschaffung von neuen Produktkomponenten, Modulen, Baugruppen und Teilen innerhalb der frühen Phasen des Produktentstehungs-prozesses. Die zeitliche Verlagerung der Beschaffungsaktivitäten nach vorn schafft die Grundlage für eine frühzeitige Integration von Zulieferern in die Neuprodukt-entstehung. Dies erlaubt Zulieferern nicht nur im Sinne einer verlängerten Werk-bank, sondern als langfristige Geschäftspartner für komplette Komponenten, Module und Baugruppen mit maßgeschneiderter Qualität in den Neuproduktent-stehungsprozeß einzubeziehen.[23] Die Übertragung der Entwicklung und Fertigung von kompletten Produktelementen auf einen Zulieferer entlastet den Hersteller und hilft ihm, durch die exklusive Belieferung mit innovativen Zulieferkomponenten Wettbwerbsvorteile zu erzielen. Dem Zulieferer entstehen daraus zusätzliche Kosten für Forschung, Entwicklung, fertigungstechnische Infrastruktur und Quali-tätssicherung. Diese lassen sich durch erhöhte Absatzmengen auf der Basis von längerfristigen Verträgen decken. Voraussetzung für ein Forward Sourcing des Herstellers sind Zulieferer, die entsprechende Kompetenzen und Problemlösungs-kapazitäten besitzen und in der Lage sind, das entsprechende Risiko zu tragen.

Im Zuge einer verstärkten internationalen Arbeitsteilung gewinnt auch die interna-tionale Beschaffung an Bedeutung.[24] So kennzeichnet der Begriff *Global Sourcing* eine weltweite Beschaffung von bereits im Produktentstehungsprozeß festgelegten Komponenten, Modulen und Teilen. Damit lassen sich Kostenvorteile durch den Zukauf in Ländern mit niedrigen Produktionsfaktorkosten erzielen.[25] Gleichzeitig eröffnet die Streuung des Zulieferumfanges auf mehrere internationale Bezugsquel-len die Möglichkeit einer Innovations- und Wachstumspartizipation auf vielen

22   Vgl. zu diesen Logistikformen z.B. Ihde,G.B. (Logistikplanung) Sp.985f.
23   Vgl. hierzu und zu den nachfolgenden Ausführungen Wildemann,H.: (Entwicklungs-strategien) S.397
24   Vgl. Gruschwitz,A.: (Global Sourcing) S.82ff.; so ist in der amerikanischen Automobilindustrie der Auslandsbezug in den letzten 20 Jahren von 5% auf 40% gestiegen. Vgl. Wildemann,H.: (Entwicklungsstrategien) S.396
25   Vgl. Dellmann,K./Pedell,K.L.: (Controlling) S.87; das Einsparungspotential der Bezugskosten durch eine internationale Marktbearbeitung der Beschaffung wird auf 10 bis 20% der Einstandspreise geschätzt. Vgl. Wildemann,H.: (Entwicklungsstrategien) S.396

regionalen Teilmärkten.[26] Auch das Währungsrisiko läßt sich verringern, und zwar dann, wenn Kursschwankungen durch die weltweiten Bezugsquellen umgangen werden. Um die Zielerreichung der Erhöhung der Flexibilität und der Senkung der Kosten in der Neuproduktentstehung durch die Ausgestaltung der Beschaffung als Global Sourcing zu fördern, sind die Beschaffungsaktivitäten mit den anderen Wertaktivitäten, insbesondere mit denen des Marketing, der Forschung und Entwicklung, der Produktion und der Finanzierung abzustimmen.[27]

Eng verbunden mit der Neuordnung der Beschaffung als Forward bzw. Global Sourcing ist die Gestaltung der *Logistik*. Sie dient als Mittel, um die Flexibilität und Kostenreduzierung bei der Neuproduktentstehung zu unterstützen. So führt eine bedarfsgerechte Bereitstellung von benötigten Ressourcen nicht nur zu einem störungsfreien Produktentstehungsprozeß, sondern vermindert auch die Kapitalbindung. Ein Ansatz zur Gestaltung der Logistik für eine wettbewerbsorientierte Prozeßkonzeption der Neuproduktentstehung ist in der *Abbildung 4.3.4./2* dargestellt. War bisher der funktionsübergreifende Logistikprozeß allein auf das eigene Unternehmen beschränkt, so führt die Einbindung von Zulieferern im Rahmen des Out-, Forward- und Global-Sourcing zu einer unternehmensübergreifenden Logistikkette.[28]

Die Flexibilität und die Kosten der Neuproduktentstehung können für Unternehmen, die ihre Produkte in verschiedenen Ländern herstellen und vermarkten, in hohem Maße von den *Entwicklungsstandorten* abhängen.[29] Gerade im Zuge der zunehmenden Internationalisierung und Globalisierung der wirtschaftlichen Aktivitäten sollte die Frage gestellt werden, ob der gegebene Entwicklungsstandort oder die Verteilung der Entwicklungsstandorte unter wirtschaftlichen Aspekten beizubehalten oder zu revidieren ist.[30] Um die Zielsetzungen der Flexibilitätserhöhung und der Kostenreduzierung im Rahmen einer wettbewerbsorientierten Prozeßkonzeption der Neuproduktentstehung durch Wahl von Entwicklungsstandorten zu unterstützen, sind insbesondere folgende Standortfaktoren[31] von Relevanz:[32]

---

26   Vgl.   hierzu   und   zu   den   folgenden   Ausführungen   Wildemann,H.:
      (Entwicklungsstrategien) S.396
27   Vgl. dazu Gruschwitz,A.: (Global Sourcing) S.86ff.
28   Vgl. Binner,H.: (Auswirkungen) S.8
29   Vgl. hierzu und zu den folgenden Ausführungen Schmelzer,H.J.: (Organisation) S.86f.
30   SCHMELZER konstatiert dazu: "Die Internationalisierung von Produktentwicklungen ist
      bei den meisten Unternehmen relativ schwach ausgeprägt." Schmelzer,H.J.:
      (Organisation) S.87. Auch in der betriebswirtschaftlichen Standortforschung wird die
      Standortwahl von Entwicklungsstandorten vernachlässigt. Vgl. zur Standortforschung
      z.B. Bloech,J.: (Industrieller Standort); Bloech,J.: (Standort); Lüder,K.: (Standortwahl);
      Lüder,K./Küpper,W.:   (Standortplanung);   Kaiser,K.-H.:   (Standortplanung);
      Lüder,K./Küpper,W.: (Standort-Unternehmen)
31   "Der Begriff Standortfaktor stellt eine Eigenschaft dar, die bei einigen oder allen
      potentiellen Standorten unterschiedlich ausgeprägt ist, und deren Ausprägung sich ferner
      auf die der Standortentscheidung zugrundegelegte Zielgröße auswirkt." Lüder,K.:
      (Standortwahl) S.34
32   Vgl. Schmelzer,H.J.: (Organisation) S.86f. sowie die dort angegebene Literatur. Eine
      Übersicht über verschiedene Untersuchungen zur Bedeutung von unterschiedlichen
      Standortfaktoren findet sich bei Kaiser,K.-H.: (Standortfaktoren) S.42ff.

- Markt-, Kundennähe und Nähe zu den Wettbewerbern,
- länder- und kundenspezifische Produktanforderungen,
- Nähe zu den eigenen Fertigungs- und Vertriebsstätten,
- Nähe zur Vorentwicklung und zu Kooperationspartnern,
- Nutzung von Synergieeffekten,
- Ressourcenverfügbarkeit,
- Kosten (Steuern, Personalkosten, Betriebsmittel),
- politisches Umfeld (z.B. politische Stabilität),
- volkswirtschaftliche Größen (z.B. Bruttosozialprodukt),
- Kulturschranken (z.B. Religionen),
- Kommunikationsmöglichkeiten (z.B. Einsatz von Kommunikationstechnologien),
- Infrastruktur (z.B. Verkehrssystem).

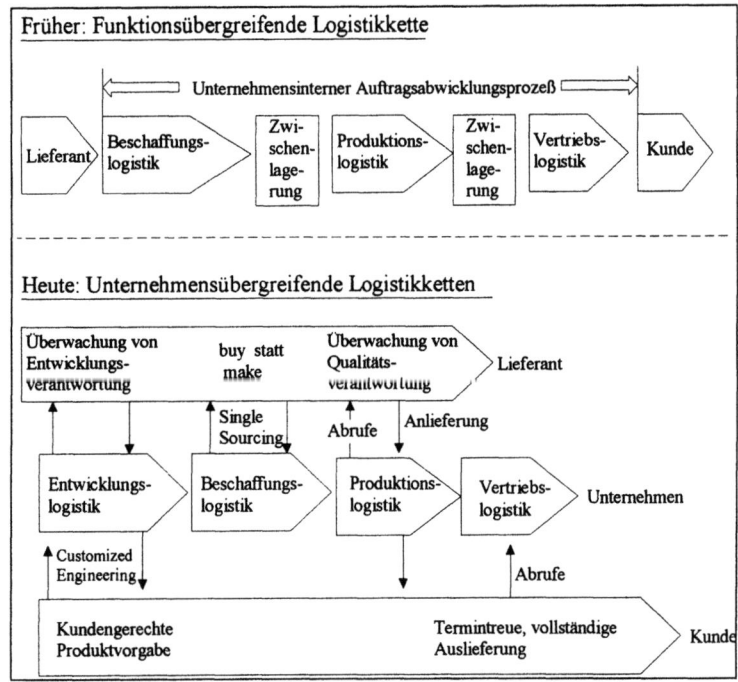

Abb. 4.3.4./2.: *Unternehmensübergreifende Logistik*[33]

Eine wettbewerbsorientierte Prozeßkonzeption der Neuproduktentstehung hat auch die technologischen Entwicklungen hinsichtlich der *Prozeßtechnologien* mit

---

33   Quelle: in leicht modifizierter Form entnommen von Binner,H.: (Auswirkungen) S.7

einzubeziehen. Diese haben zusammen mit der Produkttechnologie[34] einen erheblichen Einfluß auf die Durchlauf- und Fertigungszeiten sowie Produktkosten.[35] So können neue Fertigungsverfahren beispielsweise die Komplexität von Fertigungsprozessen reduzieren, Materialien substituieren bzw. einen effizienteren Faktorverbrauch bewirken.[36] Weiterhin ist auch der Einsatz von flexiblen automatisierten[37] Fertigungsanlagen zu erwägen. Das Flexibilitätspotential derartiger Anlagen besteht im wesentlichen in der Vielseitigkeit ihres Einsatzes.[38] Flexible Fertigungsanlagen ermöglichen zudem eine Fertigungssegmentierung[39] in der Weise, daß der Organisationstyp der Fließfertigung an die Stelle der Werkstattfertigung treten kann.[40]

Voraussetzung einer flexiblen und kostengünstigen Neuproduktentstehung ist nicht nur eine flexible Automatisation der Fertigung, vielmehr sind alle mit der Produktion verbundenen Funktionen und Informationsflüsse mit Hilfe der *Informationstechnologie* im Sinne eines "Computer Integrated Manufacturing" (CIM) zu

---

34   Zur Produkttechnologie vgl. Abschnitt 4.3.2.

35   Der zeitliche Zusammenhang zwischen der Einführung eines neuen Produktes und dem Einsatz neuer Fertigungstechnologien läßt sich mit Hilfe eines "Technologiekalenders" aufzeigen. Ein Beispiel für einen solchen Technologiekalender enthält Eversheim,W.: (Fertigung) S.20

36   Die damit ebenfalls einhergehenden Änderungen der Faktorkombinationen, z.B. Substitution menschlicher durch maschinelle Arbeit, wird auch unter dem Begriff "mutative Betriebsgrößenvariation" diskutiert. Vgl. Gutenberg,E.: (Grundlagen) S.428ff.; v.Busse Colbe,W./Laßmann,G.: (Betriebswirtschaftstheorie) S.245ff.; Kern,W.: (Produktionswirtschaft) S.59f.

37   Die Begriffe "Mechanisierung" und "Automatisierung" werden in der Literatur nicht einheitlich verwendet. Vgl. Zäpfel,G.: (Taktisches) S.107ff. sowie die dort aufgeführte Literatur. Im allgemeinen wird unter "Mechanisierung" das Ersetzen von menschlicher Arbeitskraft durch technische Mittel verstanden. Bei der "Automatisierung" werden zudem noch steuernde und lenkende Verrichtungen durch technische Mittel ersetzt. Vgl. Drumm,H.J.: (Automatisierung) Sp.286ff.; Warnecke,H.J.: (Automatisierung) Sp. 267; Zäpfel,G.: (Taktisches) S.107; Kupsch,P.U./Marr,R.: (Personalwirtschaft) S.702f.

38   Die Flexibilität dieser Anlagen läßt sich im Hinblick auf verschiedene Flexibilitätsarten näher spezifizieren. Produktflexibilität: Anpassung der Fertigungsanlagen an individuelle Fertigungsaufgaben, Typenflexibilität: Vielseitigkeit und Umrüstbarkeit eines Betriebsmittels, Anpassungsflexibilität: Integration der Umrüstvorgänge in den Fertigungsprozeß, Erweiterungsflexibilität: Aufwand für nachträgliche Erweiterungen, Stückzahlenflexibilität: kapazitätsmäßige Erweiterungs- und Speicherfähigkeit der Anlage, Störflexibilität: Kompensation von Funktionsstörungen durch alternative Ausfallösungen. Zu flexiblen Fertigungsanlagen vgl. Spur,G./Mertins,K.:(Fertigungssysteme); Backhaus,K./Weiss,P.A.: (Integration) S.54; Wiendahl,H.-P.: (Fertigungssteuerung) S.53. Zu den verwendeten Begriffen vgl. beispielsweise Scheer,A.-W.: (CIM); Wildemann,H.: (Wirtschaftlichkeitsrechnung); Nieß,P.S.: (Fertigungssysteme); Spur,G./Feldmann,K./Mathes,H.: (Entwicklungsstand) S.299ff.

39   Unter einem "Fertigungssegment" wird ein Fertigungsbereich verstanden, der nach einer produktspezifischen Wettbewerbsstrategie aufgebaut wurde, auf spezifische Produkte ausgerichtet ist, mehrere Wertschöpfungsstufen umfaßt, Mitarbeiter mit objektbezogener und dispositiver Arbeit beschäftigt und sich aufgrund der höheren Integration von Wertschöpfungsstufen gegenüber traditionellen Fertigungsstrukturen kostenverantwortlich in Form eines Cost Centers führen läßt. Vgl. Zäpfel,G.: (Strategisches) S.147f.; Wildemann,H.: (Fabrik) S.54f.

40   Vgl. Frese,E.: (Produktion) Sp.2052ff.; Graumann, M.: (Produktion) S.447

verknüpfen.[41] Die *Abbildung 4.3.4./3.* zeigt die Komponenten des CIM-Konzeptes. CIM beinhaltet vor allem die Integration von technischen und betriebswirtschaftlichen Funktionen durch entsprechende Datenverbindungen.[42] Unter den betriebswirtschaftlichen Funktionen werden die Produktionsplanung und -steuerung (Planung des Primärbedarfs, Materialwirtschaft, Kapazitätsterminierung, Kapazitätsabgleich) betrachtet. Primär technische Funktionen sind Produktentwurf: "Computer Aided Engineering" (CAE), Konstruktion: "Computer Aided Design" (CAD), Arbeitsplanung mit NC-Programmierung: "Computer Aided Planning" (CAP), rechnergestützte Fertigung: "Computer Aided Manufacturing" (CAM) und Qualitätssicherung "Computer Aided Quality Assurance" (CAQ).

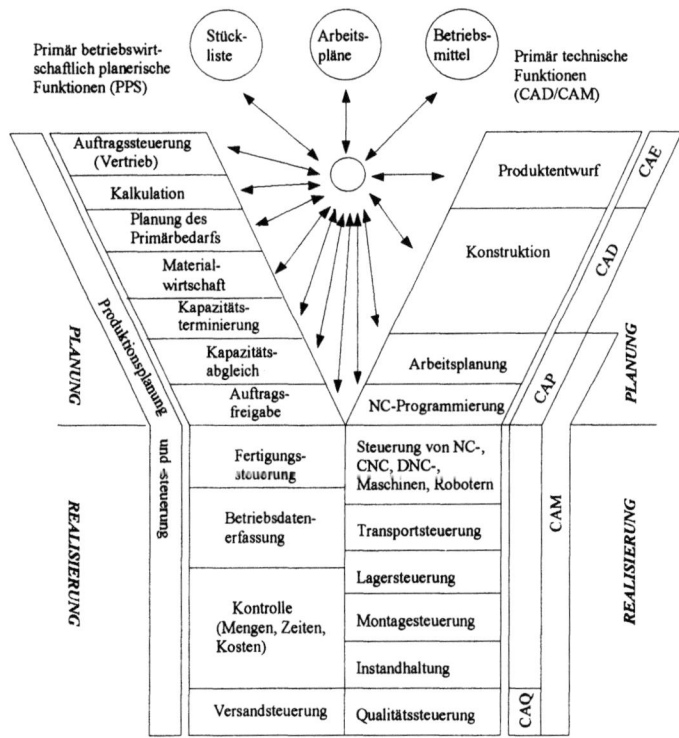

Abb. 4.3.4./3.: *CIM-Konzeption*[43]

---

41 Vgl. Scheer,A.-W.: (CIM) S.19ff.; Pleschak,F.: (CIM) S.14ff. Anzumerken ist, daß diese Begriffe nicht eindeutig definiert sind. Vgl. Eversheim,W.: (Fertigung) S.2 sowie die dort angegebene Literatur.

42 Es sei darauf hingewiesen, daß CIM als Informations- und Kommunikationswerkzeug eine besondere Bedeutung in dem von WARNECKE vorgestellten Ansatz der "Fraktalen Fabrik" zukommt. Vgl. dazu Warnecke,H.-J.: (Fraktale Fabrik)

43 Quelle: Scheer,A.-W.: (CIM) S.2

4.3.5. Innovationsorientiertes Managementsystem

Das vierte in dieser Arbeit herausgestellte Erfolgspotential ist das *innovations-orientierte Managementsystem*. Hierunter soll die Gestaltung des Managementsystems (genauer: eines Teilbereiches des Managementsystems der Unternehmung) in bezug auf eine effektive und effiziente Neuproduktentstehung verstanden werden.

Die strategischen Zielsetzungen und Maßnahmen dazu beziehen sich auf eine dauerhafte Sicherung von erfolgschaffenden und -erhaltenden Fähigkeiten durch die Organisation, Koordination, Informationsversorgung, Planung und Kontrolle der Neuproduktentstehung sowie eine entsprechende Personalführung. Auf einige dieser Komponenten wurde bereits eingegangen. In Abschnitt 3.2. ist ein Planungs- und Kontrollkonzept zur Neuproduktentstehung vorgestellt worden; im Rahmen des gewählten Controllingansatzes wurden in Abschnitt 3.3. Aspekte der Koordination und der Informationsversorgung von Aktivitäten zur Neuproduktentstehung diskutiert; Inhalt des Abschnittes 4.2.2. waren Grundsätzen zur Gestaltung des Managementsystems. Offen ist demnach noch die Organisation der Neuprodukt-entstehung, also die Frage, in welcher Weise

    a. die Aktivitäten zur Neuproduktentstehung in die Gesamtorgani-sation des Unternehmens einzuordnen sind und

    b. die Prozeßorganisation der Neuproduktentstehung zu gestalten ist,

um das Erfolgspotential innovationsorientiertes Managementsystem aufzubauen und zu erhalten.

(a.) Bei der *Einordnung der Management-, Controlling- und Ausführungsaktivitä-ten zur Neuproduktentstehung in die Gesamtorganisation des Unternehmens* geht es zum einen um die aufbauorganisatorische Strukturierung, welche die funktionale und institutionale Anbindung der Aktivitäten zur Neuproduktentstehung an die einzelnen Unternehmenseinheiten beinhaltet. Zum anderen gilt es die Informations-flüsse, die Planungs- und Kontrollprozesse sowie die Weisungsbefugnisse zu strukturieren und über alle Hierarchiestufen in das Managementsystem der Unter-nehmung zu integrieren. Da der letztgenannte Aufgabenkomplex Gegenstand des Controllings der Neuproduktentstehung ist,[1] setzen sich die folgenden Ausführun-gen zur Organisation der Neuproduktentstehung in erster Linie mit dem erstge-nannten Teilgebiet auseinander.

Die aufbauorganisatorische Strukturierung eines Unternehmens entsteht aus der Zerlegung der Gesamtfunktion des Unternehmens in einzelne Teilfunktionen und

---

1   Vgl. Abschnitt 3.3.4.

deren Zuordnung zu einzelnen Stellen bzw. Unternehmenseinheiten.[2] Eine Strukturierung der Teilfunktionen hinsichtlich eines gleichartigen Merkmales wird auch als Spezialisierung im Sinne von Arbeitsteilung bezeichnet.[3] Grundsätzlich kann zwischen zwei Formen der Spezialisierung unterschieden werden:[4]

- Spezialisierung nach der Art der Verrichtung und
- Spezialisierung nach Objekten.

Die *Spezialisierung nach der Art der Verrichtung* impliziert die Zusammenfassung von gleichartigen Verrichtungen (Funktionen) in einer Unternehmenseinheit (z.B. Abteilung, Hauptabteilung, Funktions- oder Vorstandsbereich). Die Folge ist eine verrichtungsorientierte oder funktionale Organisationsstruktur. In diesem Falle könnten, wie *Abbildung 4.3.5./1* zeigt, alle im Zusammenhang mit der Neuproduktentstehung stehenden Funktionen in einer speziellen Stelle zusammengefaßt und gleichzeitig alle anderen Stellen von der Verpflichtung, sich mit Innovationen zu beschäftigen, entlastet werden.[5]

Im Gegensatz dazu bilden bei der *Spezialisierung nach Objekten* nicht die Funktionen, sondern die Aufgabenobjekte die Grundlage für die Unternehmensorganisation. Die Organisationsstruktur orientiert sich hierbei an Produkten, Produktgruppen oder regionalen Kriterien. Es entsteht eine divisionale Aufgliederung des Unternehmens (Spartenorganisation). *Abbildung 4.3.5./1* enthält auch eine mögliche Einbindung der Neuproduktentstehung in die Unternehmensorganisation bei divisionaler Strukturierung.

---

2   Vgl. Wöhe,G.: (Einführung) S.157; Frese,E.: (Grundlagen) S.115; Bleicher,K.: (Unternehmungsentwicklung) S.74f.; Laux,H./Liermann,F.: (Grundlagen) S.19ff.; Grochla,E.: (Unternehmungsführung) S.19
3   Vgl. Staehle,W.H.: (Management) S.632
4   Vgl. Grochla,E.: (Unternehmungsführung) S.22
5   Vgl. hierzu auch Hauschildt,J.: (Innovationsmanagement) S.61

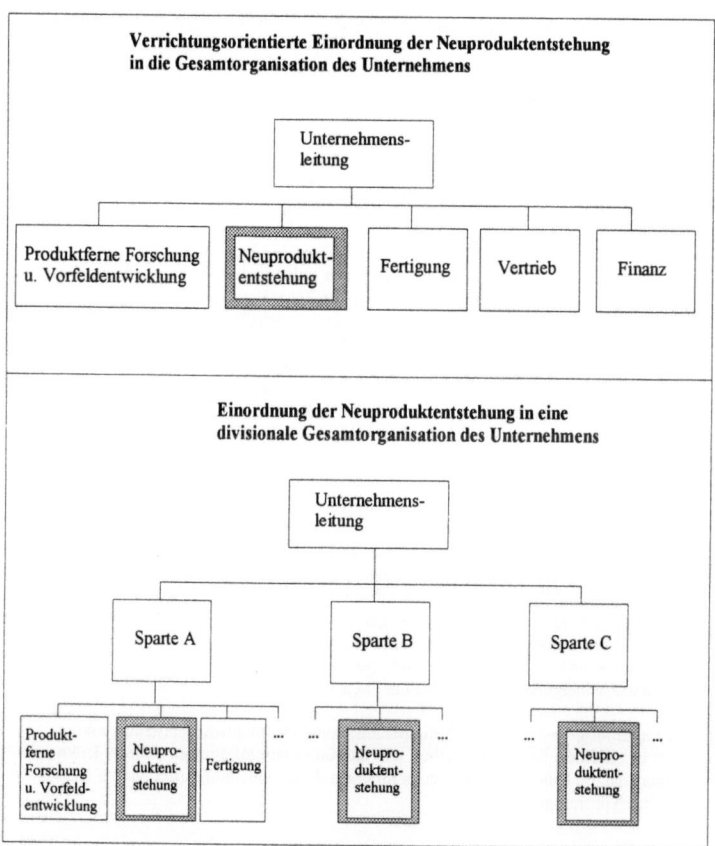

Abb. 4.3.5./1: *Eindimensionale verrichtungs- und objektorientierte
Spezialisierung der Neuproduktentstehung*

Beide Arten der Spezialisierung in ihrer eindimensionalen Ausprägung erscheinen
wegen der Zusammenfassung der Aktivitäten zur Neuproduktentstehung ungeeig-
net für den Aufbau und Erhalt eines innovationsorientierten Managementsystems:[6]

(1) *Kompetenzgrund*: Die Spezialisierung der Aktivitäten zur Neuproduktentstehung
entweder in den Sparten oder in einer Unternehmenseinheit innerhalb der Gesamtorganisation verlangt von den Stelleninhabern, daß sie nicht nur alle technischen,
sondern gleichzeitig auch alle administrativen, behördlichen und absatzbezogenen
Prozesse kennen sowie kompetent beherrschen. Ein derartig umfassendes Wissen zu
zentralisieren stößt allein schon aufgrund der hohen Innenkomplexität[7] von Industrie-

---

6   Vgl. zu den nachfolgenden Ausführungen auch Hauschildt,J.: (Innovationsmanagement)
       S.66

7   Die Innenkomplexität von Unternehmen ist eine Folge der Reduzierung der
       Außenkomplexität (Umweltkomplexität) durch die Bildung von Subsystemen im

unternehmen und der Komplexität und Dynamik der Umweltentwicklungen auf Grenzen.

(2) *Kooperationsgrund*: Durch die Zentralisation der Neuproduktentstehungsaktivitäten in eigenen Organisationseinheiten werden die anderen Instanzen von der Verpflichtung freigestellt, über Innovationen nachzudenken. Dies kann dazu führen, daß in den Instanzen, die nicht für die Neuproduktentstehung zuständig sind, Widerstände gegen Neuerungen aufgebaut und die Kommunikationsbeziehungen zu den Innovationsspezialisten abgebaut werden sowie ein konservatives Verhalten gefördert wird.

(3) *Synergiegrund*: Synergetische Vorteile lassen sich aus dem Zusammenfassen von gleichartigen Aufgaben nutzen. Bedingt durch die Zuordnung von Aktivitäten aus den anderen Organisationseinheiten (z.B. FuE, Finanz, Beschaffung) zur Neuproduktentstehung, entsteht die Gefahr, daß Synergieeffekte, wie beispielsweise zwischen der Vorfeldentwicklung und der produktbezogenen Entwicklung, nicht genutzt werden. Ein weiteres synergiebezogenes Problem ist der Spartenorganisation immanent. Diese Organisationsform beinhaltet in ihrer idealtypischen Ausprägung keine spartenübergreifende Zentralisation von Aufgaben, wodurch auch die Aktivitäten zur Neuproduktentstehung keine spartenübergreifenden Synergieeffekte aufweisen.

(4) *Durchsetzungsgrund*: Die Durchsetzung von Innovationen erfordert neben den entsprechenden Macht- und Weisungsbefugnissen auch die Mitarbeit der anderen Instanzen. Werden die Stelleninhaber der Innovationseinheit mit Weisungsbefugnis gegenüber den anderen Instanzen ausgestattet, so kann dies zur Demotivation und zu einer mangelnden Übernahme von Verantwortung der übrigen Stelleninhaber bei der Umsetzung der Innovationen führen. Weiterhin ist für eine schnelle und kostengünstige Neuproduktrealisation eine möglichst frühzeitige Einbindung aller anderen Funktionsbereiche und Zulieferer erforderlich, wodurch eine Institutionalisierung der Neuproduktentstehungsaktivitäten generell in Frage gestellt wird.

(5) *Kapazitätsgrund*: Bei einer Institutionalisierung der Neuproduktentstehungsaktivitäten ist außerdem davon auszugehen, daß die Kapazitätsauslastungen schlecht kalkulierbar sind. So kann diese Stelle zu bestimmten Zeiten unterausgelastet und zu anderen Zeiten überausgelastet sein.

Erfolgversprechender für den Aufbau und Erhalt eines innovationsorientierten Managementsystems durch die Organisation der Neuproduktentstehungsaktivitäten scheint die Kombination von verrichtungs- und objektorientierten Kriterien in einer mehrdimensionale Organisationsstruktur als sogenannte *Matrixorganisation* (Dualstruktur) zu sein.[8] Bei dieser Organisationsstrukturierung wird, wie in *Abbildung 4.3.5./2* exemplarisch veranschaulicht, die gesamte funktionale Unternehmensorganisation horizontal von einer neuprodukt- oder projektbezogenen Organisation überlagert.

Unternehmen. Sie ist besonders hoch bei der nachfolgend dargestellten Matrixorganisation. Vgl. Schreyögg,G.: (Organisation II) S.3

[8]   Zur Matrixorganisation vgl. z.B. Staehle,W.H.: (Management) S.665ff.; Frese,E.: (Grundlagen) S.444f.; Bleicher,K.: (Unternehmungsentwicklung) S.98f.; Laux,H./Liermann,F.: (Grundlagen) S.202ff. u. 312ff.; Grochla,E.: (Unternehmungsführung) S.48f.; Schreyögg,G.: (Organisation II) S.76ff.

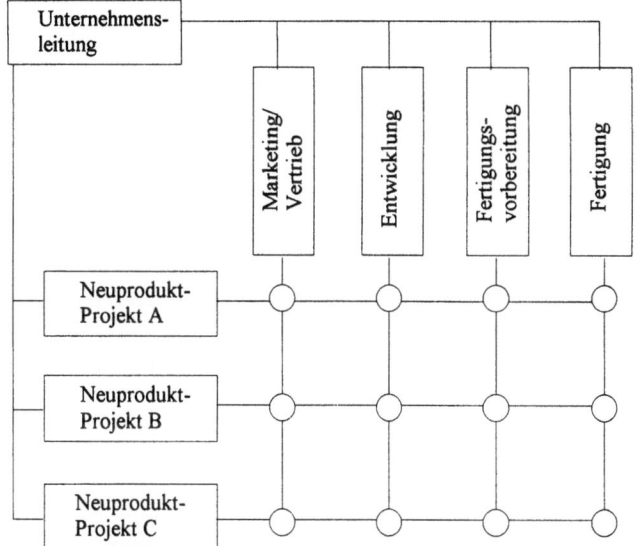

Abb. 4.3.5./2: *Einbindung der Neuproduktentstehung in die Matrixorganisation*

Der Vorteil dieser Organisationsform besteht vor allem darin, daß das vorhandene Spezialwissen der Funktionsbereiche für den Prozeß der Neuproduktentstehung genutzt werden kann. Empirische Untersuchungen und Befragungen bestätigen die Vorteilhaftigkeit der Einbindung eines Projekt- bzw. Produktmanagements in die Gesamtorganisation in der Form einer Matrixorganisation gegenüber anderen Organisationsstrukturen.[9]

Die Umsetzung der Matrixorganisation in der Praxis stößt insbesondere deshalb auf Probleme, da sie mit gravierenden Veränderungen des traditionellen Positions- und Kompetenzgefüges verbunden ist. Die Matrixorganisation bedeutet eine Abkehr von dem Prinzip der "Einheit der Auftragserteilung"[10] und damit gleichzeitig ein Abwenden vom Einlinien- zum Mehrliniensystem.[11] Konflikte zwischen dem Projekt- bzw. dem Produktmanagement auf der einen Seite und dem Funktional-Management auf der anderen Seite werden allerdings bei dieser Organisationsform nicht mehr als Bedrohung einer Ordnung verstanden, sondern als ein produktives Element, durch das Abstimmungsprobleme argumentativ ausgetragen werden.

---

9   Vgl. hierzu die Aufbereitung von mehreren empirischen Untersuchungen in Hauschildt,J.: (Innovationsmanagement) S.63f.

10   Vgl. Hauschildt,J.: (Innovationsmanagement) S.62; Schreyögg,G.: (Organisation II) S.77

11   Vgl. Staehle,W.H.: (Management) S.665; Schreyögg,G.: (Organisation II) S.77; charakteristisches Merkmal eines Mehrliniensystems ist, daß eine hierarchisch untergeordnete Stelle durch mehrere Weisungslinien mit mehreren hierarchisch übergeordneten Stellen verbunden ist. Dadurch ergibt sich eine Mehrfachunterstellung. Vgl. dazu z.B. Grochla,E.: (Unternehmungsführung) S.27f.

Die mit einer Matrixorganisation einhergehende Neudefinition von Positionen des Managements spiegelt sich auch in dem von WITTE 1973 entwickelten *Promotorenmodell* wider.[12] Promotoren sind "Personen, die einen Innovationsprozeß aktiv und intensiv fördern".[13] Während WITTE lediglich zwischen den Grundtypen Machtpromotor, der die Widerstände des "Nicht-Wollens" zu überwinden hat, und Fachpromotor, der zur Überwindung von Widerständen des "Nicht-Wissens" beizutragen hat, differenziert, erweitert HAUSCHILDT dieses Promotorenmodell um einen Prozeßpromotor.[14] Dem Prozeßpromotor kommt die Aufgabe zu, die Verbindung zwischen Macht- und Fachpromotor herzustellen. Er konzentriert sich dabei auf die Steuerung von Innovationsprozessen, analog der Aufgabenstellung des Projekt-Managers. Dazu unterbreitet er dem Machtpromotor Ideen, sorgt für die Freigabe von finanziellen Mitteln, bestimmt die Ablauffolge der Entscheidungsprozesse und legt die Termine und Reihenfolge der notwendigen Aktivitäten fest.[15] Demgegenüber befassen sich die Aufgaben des Fachpromotor vor allem mit den technologischen Fragestellungen innerhalb des Projektes; sie entsprechen im wesentlichen denen des Funktional-Managers.[16]

Die funktionsübergreifende Zusammenarbeit bei der Projektdurchführung in einer Matrixorganisation läßt sich durch die Bildung von *Teams* organisieren,[17] die sich aus Mitarbeitern der verschiedenen Funktionsbereiche zusammensetzen.[18] Die Teammitglieder können entweder für die gesamte Dauer des Projektes von ihren Linienaufgaben freigestellt werden oder nur zur Lösung von einzelnen Teilproblemen (Teil-Projektmitgliedschaft). Die Vorteile einer Teamorganisation werden insbesondere in der hohen integrativen Kraft von Gruppen gesehen, sowie in der Effektivität der Willensbildung und der Effizienz der Willensdurchsetzung.[19]

Eine weitere Ausgestaltungsform von Gruppen ist die Bildung von *Gremien* (Ausschüssen, Kommissionen). Bei dieser organisatorischen Form der Gestaltung der Zusammenarbeit sind die Gremienmitglieder nur für die Zeit der Gremienarbeit von ihren Hauptaufgaben im Unternehmen entbunden.[20] Die Gremienbildung erscheint gerade bei der parallelen Verfolgung von mehreren Projekten (Multiprojektmanagement) zweckmäßig. Werden nämlich derartige "steering committees" mit hochrangigen Mitgliedern der Unternehmensführung besetzt, welche die finanziellen, technischen und personellen Potentiale des Unternehmens kennen, so lassen sich die Innovationsprojekte im einzelnen sowie in ihrer Gesamt-

---

12	Vgl. Witte,E.: (Innovationsentscheidungen)
13	Vgl. Witte,E.: (Organisation) S.151
14	Vgl. Hauschildt,J.: (Innovationsmanagement) S.122
15	Vgl. Hauschildt,J.: (Innovationsmanagement) S.124
16	Vgl. Hauschildt,J.: (Innovationsmanagement) S.65
17	Die Teamtheorie ist ein ursprünglich von MARSCHAK aufgestellter Ansatz zur Optimierung von arbeitsteiligen Entscheidungssystemen. Vgl. Frese,E.: (Grundlagen) S.134
18	Ein Team stellt eine formale Arbeitsgruppe von Personen dar, die in einer Organisation zusammenarbeiten und ein gemeinsames Ziel verfolgen. Vgl. Laux,H./Liermann,F.: (Grundlagen) S.26
19	Vgl. Staehle,W.H.: (Management) S.702
20	Vgl. Staehle,W.H.: (Management) S.702

heit hinsichtlich der Feasibility (Machbarkeit), strategischen Übereinstimmung sowie ihres Starts, Abbruchs oder ihrer Fortführung beurteilen.[21]

Neben der Einordnung der Aktivitäten zur Neuproduktentstehung in die Gesamtorganisation des Unternehmens trägt - wie oben bereits erwähnt - die Zielsetzung der effektiven und effizienten Gestaltung der Prozeßorganisation der Neuproduktentstehung zum Aufbau und Erhalt des Erfolgspotential innovationsorientiertes Managementsystems bei.

(b) Mit der aufbauorganisatorischen Strukturierung ist der generelle Rahmen für die Aktivitäten der Personen im Unternehmen festgelegt. Die Steuerung dieser Aktivitäten erfolgt dann im Rahmen der Ablauf- bzw. *Prozeßorganisation der Neuproduktentstehung*, wobei die Aufbaustruktur die Nebenbedingungen beschreibt, denen die Prozeßorganisation genügen muß.[22] Unter Beachtung der funktionsbereichsübergreifenden Zusammenarbeit (Schnittstellenproblematik[23]) bedeutet die Prozeßorganisation eine bewußte Gestaltung der Beziehungen zwischen Personen, Objekten und Verrichtungen. Gleichzeitig hat eine Konzentration auf diejenigen Aktivitäten zu erfolgen, die erforderlich sind, um unter zeitlichen und kostenbezogenen Restriktionen die Kundenzufriedenheit zu erfüllen.[24]

Die sich aus dem Ziel der langfristigen Sicherung einer effektiven und effizienten Prozeßorganisation der Neuproduktentstehung ergebenden Maßnahmen beinhalten Konzepte wie das Reverse Engineering, das Simultaneous Engineering, das Just-in-Time und das Lean Management. Gemeinsames Merkmal dieser Konzepte ist eine integrative Sichtweise von Aktivitäten. Daraus ergeben sich Auswirkungen auf die in Abschnitt 4.3.4. dargelegte Gestaltung einer wettbewerbsfähigen Prozeßkonzeption. Im folgenden werden in einem kurzen Überblick diese Konzepte in bezug auf ihren Beitrag zur Erreichung einer effektiven und effizienten Prozeßorganisation der Neuproduktentstehung erörtert.

Das Konzept des *Reverse Engineering* verfolgt das Ziel, die gesamte Wertschöpfungskette der Produkte und Dienstleistungen eines Unternehmens vom Markt ausgehend zu reorganisieren und auf die spezifischen Anforderungen des Markt- bzw. Wettbewerbsumfeldes auszurichten.[25] Das Grundprinzip kann der *Abbildung 4.3.5./3* entnommen werden. Es besagt im übertragenen Sinn, daß die Produkte und deren Fertigungsprozesse vom Markt her zu entwickeln sind. Organisationskriterien sind jedoch nicht die Funktionen der Organisationseinheiten, sondern die Prozesse insgesamt, mit den entsprechenden Planungs- und Steuerungsfunktionen. Reverse Engineering folgt dabei einem kundenorientierten ganzheitlichen Organi-

---

21   Vgl. Hauschildt,J.: (Innovationsmanagement) S.66ff.
22   Vgl. auch Laux,H./Liermann,F.: (Grundlagen) S.19 und Abschnitt 3.1.2.
23   Vgl. dazu Abschnitt 4.3.4
24   Vgl. Horváth,P.: (Schnittstellenüberwindung)14f.; zur Kundenzufriedenheit vgl. Abschnitt 4.3.3.
25   Vgl. hierzu und zu den folgenden Ausführungen Wildemann,H.: (Lean Management) S.1ff.; Wildemann,H.: (Labor) S.612ff.

sationsansatz, bei dem eine Leistung aus einer abteilungsübergreifenden zusammenhängenden Aktivitätenfolge entsteht und ein vom Markt bestimmtes Leistungsniveau zu erfüllen hat.

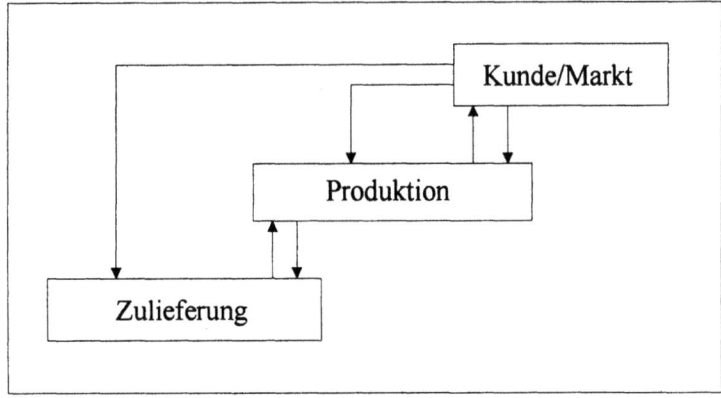

Abb. 4.3.5./3: *Ansatz des Reverse Engineering*[26]

Eine funktionsübergreifende Optimierung zur Erschließung von vor allem Zeit- und Kostenpotentialen wird dagegen mit dem Konzept des Concurrent bzw. *Simultaneous Engineering* angestrebt.[27] Gegenüber einem traditionellen sukzessiven Ansatz steht beim Simultaneous Engineering das gleichzeitige Entwickeln von Produkt und Fertigungseinrichtungen unter der Einbeziehung von Zulieferern im Vordergrund, wie *Abbildung 4.3.5./4* verdeutlicht.

---

26   Quelle: Wildemann,H.: (Labor) S.613

27   Zum Konzept des Simultaneous Engineering vgl. z.B. Eversheim,W.: (Simultaneous Engineering) S.1ff.; Bösenberg,D./Metzen,H.: (Management) S.166ff.

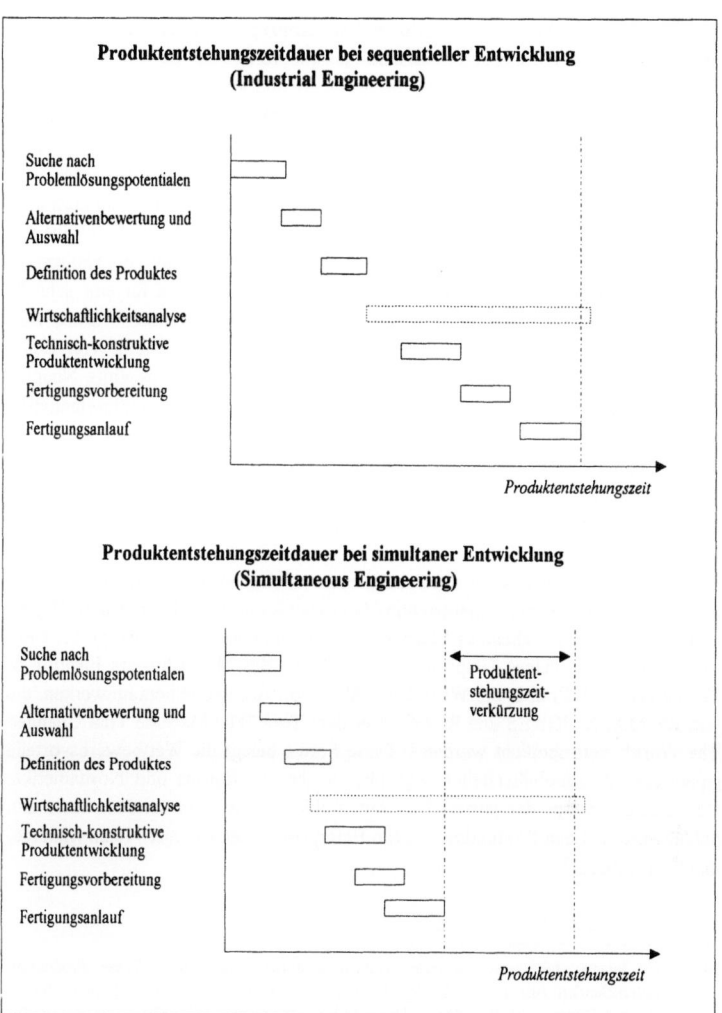

Abb. 4.3.5./4: *Simultaneous Engineering*

Charakteristisches Merkmal des *Just-in-Time* Konzeptes ist, daß Leistungen erst unmittelbar vor ihrem Einsatztermin bereitgestellt werden. Im Bereich der Produktion sollen dadurch die Lagerbestände verringert und kurze Auftragsdurchlaufzeiten realisiert werden.[28] Unter der Forderung, das Material bzw. eine Leistung zum richtigen Zeitpunkt, am richtigen Ort, in der erforderlichen Qualität und Menge bereitzustellen, erfolgt eine Neuorganisation der betrieblichen Prozesse. Die Neuorganisation umfaßt nicht nur den Material- bzw. Leistungsfluß, sondern auch die Informationsflüsse und gegebenenfalls auch die Weisungsflüsse. Eine Übertragung der Just-in-Time Grundsätze auf den gesamten Neuproduktentstehungsprozeß eröffnet über den Produktionsbereich hinaus die Möglichkeit für eine schnelle Auftragsabwicklung sowie zur Beschleunigung des Auftragsflusses.[29] Dazu wird jeder Neuproduktentstehungsschritt unter frühzeitiger Einbeziehung von Zulieferern gleichzeitig als "Lieferant" und "Kunde" betrachtet. Der gesamte Neuproduktentstehungsprozeß läuft dann in einem termin- und qualitätsorientierten Rahmen ab, mit sich selbst regulierenden Etappen.[30] Der sich daraus ergebende direkte Kontakt zwischen den an der Neuproduktentstehung beteiligten Stellen, Mitarbeitern und Zulieferern schafft die Grundlage für eine Synchronisation der unternehmensinternen Abläufe und die Beseitigung von Hemmnissen.

Ein letztes Konzept, das zur Erreichung einer effektiven und effizienten Prozeßorganisation der Neuproduktentstehung beitragen kann, läßt sich mit dem Begriff *Lean Management* (Schlankes Management) umschreiben. Das Konzept des Lean Managements hat seinen Ursprung in einer Studie des Massachusetts Institute of Technologie (MIT) über die Wirtschaftlichkeit von Automobilmontagewerken, die von WOMACK, JONES und ROOS unter dem Titel "The Machine That Changed The World" veröffentlicht wurden.[31] Diese Studie belegt die Wettbewerbsvorteile japanischer Automobilhersteller gegenüber denen aus Europa und Nordamerika. Das Erfolgskonzept der japanischen Automobilindustrie wird seitdem unter den Schlagworten "Lean Production", "Lean Enterprise" oder wie hier "Lean Management" diskutiert.[32,33]

---

28 Es lassen sich zwei spezielle Ausprägungsformen der Just-in-Time Produktion unterscheiden: Just-in-Time bei Synchronfertigung einerseits und Just-in-Time nach dem Kanban-Prinzip. Vgl. dazu Heuer,M.F.: (Kontrolle) S.252ff.; Troßmann,E.: (Beschaffung) S.36f.; Schweitzer,M.: (Fertigungswirtschaft) S.673ff.

29 Vgl. Wildemann,H.: (Produktion) S.61

30 Vgl. Bösenberg,D./Metzen,H.: (Management) S.150

31 Im Rahmen des "International Motor Vehicle Programm" (IMVP) am MIT wurden von 1986 an, in einem Zeitraum von 5 Jahren, 90 Automobilmontagewerke in 17 Ländern untersucht. Dies entsprach zum damaligen Zeitpunkt etwa der Hälfte der Montagekapazität der ganzen Welt. Vgl. Womack,J.P./Jones,D.T./Roos,D.: (Revolution) S.79

32 Vgl. Lietz,J.H.: (Lean) S.68ff.; Jungmann,E.J.: (Lean) S.155ff.; Bogaschewsky,R.: (Lean Production) S.275ff.; Bösenberg,D./Metzen,H.: (Management); Wildemann,H.: (Lean Management) S.9ff.

33 Die Bezeichnung "Lean Management" ist hier gewählt worden, um die über den Produktionsbereich hinausgehende Bedeutung dieses Konzeptes hervorzuheben.

Lean Management stellt ein ganzheitliches Konzept zur Unternehmungsgestaltung dar, welches eine optimale Abstimmung sowohl zwischen den betrieblichen Funktionsbereichen (Marketing, FuE, Beschaffung und Fertigung) als auch zwischen dem Unternehmen und seinen Zulieferern anstrebt. Es beinhaltet grundlegend andere Prinzipien als sie der arbeitsteiligen Organisationsform von TAYLOR zugrunde liegen.[34] Lean Management basiert vor allem auf einer Team- und Gruppenorganisation mit hoher Entscheidungskompetenz entlang des gesamten Innovations- bzw. Wertschöpfungsprozesses, einer maximalen Mitarbeiterqualifikation und -motivation, einer Vermeidung von Verschwendungen sowie einem kontinuierlichen Verbesserungsprozeß (Kaizen).[35] Zur Umsetzung des Lean Managements kommen viele der bereits aufgeführten Konzepte zum Einsatz; es sind dies das Simultaneous Engineering, das Just-in-Time Prinzip, die Verringerung der Fertigungstiefe, die Fertigungssegmentierung, die frühzeitige und langfristige Einbindung von Zulieferern sowie die Ansätze zur Qualitätssicherung.[36] Hinzu kommt noch der Aufbau einer intensiven Kundenbeziehung, indem sich der Kundenkontakt nicht nur auf den Zeitraum bis zum Abschluß eines Kaufvertrages beschränkt, sondern über die gesamte Nutzungsdauer des Fahrzeuges erstreckt. Dadurch lassen sich unter anderem die Daten der Kunden aktualisieren und Wünsche frühzeitig identifizieren, die in zukünftige Neuprodukte einfließen können.[37]

Neue organisatorische Gestaltungskonzepte sind aus zwei Gründen auch für das Controlling der Neuproduktentstehung[38] von Bedeutung.[39] Zum einen können neue Organisationskonzepte dazu führen, daß auch die Controllingfunktion neu zu organisieren ist; z.B. durch die Integration des Controllers als ein ständiges Team-Mitglied. Zum anderen können sie die Controllingaufgaben inhaltlich verändern und bedingen dann auch den Einsatz neuer Instrumente, wie z.B. der Prozeß-kostenrechnung,[40] des Target Costing[41] oder des Benchmarking[42].

Abschließend sei darauf hingewiesen, daß um das Ziel einer effektiven und effizienten Prozeßorganisation der Neuproduktentstehung zu erreichen, ein Lernen des Unternehmens als Ganzes (organizational learning) erforderlich ist, welches Zeit erfordert, die auch mit Crash-Programmen nicht beliebig reduzierbar ist.[43]

---

34   Vgl. zur arbeitsteiligen Organisation nach TAYLOR z.B. Staehle,W.H.: (Management) S.22f.
35   Vgl. Imai,M.: (Kaizen)
36   Vgl dazu die Abschnitte 4.3.4. und 4.3.3.
37   Vgl. Bogaschewsky,R.: (Lean Production) S.283f.
38   Zum Controlling der Neuproduktentstehung vgl. Abschnitt 3.3.
39   Vgl. Horváth,P.: (Schnittstellenüberwindung) S.15
40   Vgl. zu Prozeßkostenrechnung z.B. Franz,K.-P.:(Prozeßkostenrechnung) S.195ff.; Fröhling,O.: (Thesen) S.723ff.; Götze,U./Meyerhoff,J.C.: (Prozeßkostenrechnung) S.65ff.; Mayer,R.: (Prozeßkostenrechnung) S.274ff.; Mayer,R.: (Prozeßkosten-management)S.75ff.; Mayer,R./Glaser,H.: (Prozeßkostenrechnung)
41   Zum Target Costing vgl die Ausführungen in Abschnitt 4.4.2.
42   Zum Benchmarking vgl. Camp,R.C.: (Benchmarking)
43   Vgl. Wildemann,H.: (Lean Management) S.4

4.3.6. Rahmenbedingungen für die strategischen Zielsetzungen der Neuproduktentstehung

Die strategischen Ziele und Maßnahmen zum Aufbau und Erhalt von Erfolgspotentialen lassen sich nicht losgelöst von den Rahmenbedingungen der Unternehmung festlegen. Rahmenbedingungen stecken das Handlungsfeld auf der strategischen Managementebene ab und beeinflussen damit auch die strategischen Entscheidungen zur Neuproduktentstehung. In Abschnitt 3.2.4.2. sind die Rahmenbedingungen in unternehmensexterne und -interne Prämissen unterteilt worden. Unternehmensexterne Rahmenbedingungen resultieren aus der Unternehmensumwelt. Unternehmensinterne Rahmenbedingungen, welche die strategischen Zielsetzungen zur Neuproduktentstehung beeinflussen, ergeben sich unter anderem aus der Unternehmenskultur, der Unternehmenspolitik und der Unternehmensgröße.[1] Im folgenden werden in allgemeiner Form zum einen Rahmenbedingungen aus der Unternehmensumwelt und zum anderen aus der Unternehmensgröße näher betrachtet.

Der Entscheidungs- und Handlungsrahmen auf der strategischen Managementebene wird nicht durch die gesamte Entwicklung der Umwelt, sondern nur durch die der relevanten Umwelt eines Unternehmens determiniert. Aus diesem Grund resultieren die *Rahmenbedingungen der Unternehmensumwelt* nur aus der relevanten Umwelt des Unternehmens. Es bereitet jedoch große Schwierigkeiten, die relevante Unternehmensumwelt zu bestimmen, da zwischen ihr und der übrigen bzw. weiteren Umwelt vielfältige Beziehungen mit dynamischen Charakter bestehen. Hinzu kommt das Problem, operationale Abgrenzungskriterien zu entwickeln. Um nun die Rahmenbedingungen des Unternehmens zu beschreiben und zu analysieren, wird in der Literatur häufig zwischen einer globalen Umwelt (general environment) und einer aufgaben- bzw. unternehmensspezifischen Umwelt (task environment) differenziert.[2]

Die *globale Umwelt* wird im allgemeinen weiter untergliedert in die folgenden fünf Sektoren:[3]

- Ökonomischer Sektor (Einflußfaktoren: z.B. Entwicklung des Bruttosozialproduktes, Wachstumsrate der industriellen Produktion; Einkommensentwicklung und -verwendung),
- Technologischer Sektor (Einflußfaktoren: z.B. Staatliche Technologieförderung, Technologischer Wandel),

---

1   Die Klassifizierung einer Variablen als Rahmenbedingung stellt nach FRESE ein empirisches Problem dar. Allgemeingültige Kataloge lassen sich daher nicht aufstellen. Vgl. dazu Frese,E.: (Grundlagen) S.317f.; Heuer,M.F.: (Kontrolle) S.196

2   Vgl. Dunst,K.H.: (Portfolio) S.21; Götze,U.: (Szenario-Technik) S.18f.

3   Vgl. Götze,U.: (Szenario-Technik) S.19; Kreikebaum,H.: (Unternehmensplanung) S.34ff.; Dunst,K.H.: (Portfolio) S.21ff.; Zäpfel,G.: (Strategisches) S.40ff.; unternehmensindividuell lassen sich durchaus noch weitere relevante Sektoren identifizieren. Beispielsweise umfaßt die globale Umweltanalyse bei GENERAL ELECTRIC 9 Sektoren. Vgl. dazu Schreyögg,G.: (Elemente) S.33

- Rechtlich-politischer Sektor (Einflußfaktoren: z.B. Arbeitsge-
  setze, Umweltschutzrecht, Verfassung),
- Sozio-kultureller Sektor (Einflußfaktoren: z.B. gesellschaftli-
  che Strömungen, kulturelle Normen, Religion) und
- Ökologischer Sektor (Einflußfaktoren: z.B. Umweltbela-
  stung).

Rahmenbedingungen der aufgabenspezifischen Umwelt beinhalten Institutionen
oder Gruppen, die einen direkten Einfluß auf das Unternehmen ausüben. Es handelt
sich dabei z.B. um Kunden, Lieferanten, Konkurrenten, staatliche Institutionen,
Banken und Gewerkschaften. Eine besondere Bedeutung kommt den Rahmenbedingungen aus der Entwicklung des Branchenwettbewerbs zu.

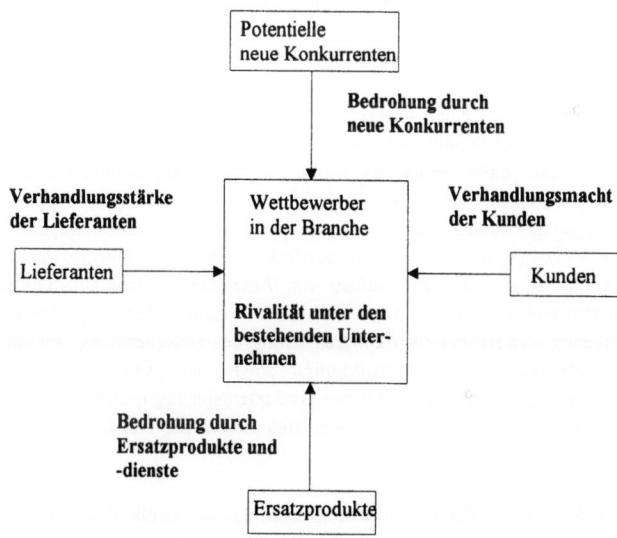

Abb. 4.3.6./1: *Rahmenbedingungen des Branchenwettbewerbs*[4]

Der Branchenwettbewerb wird nach PORTER in erster Linie durch die fünf in
Abbildung 4.3.6./1 enthaltenen Faktoren bestimmt.[5] Es sind dies die Verhand-
lungsmacht der Kunden und der Lieferanten, die Bedrohung durch neue Konkurrenten und Ersatzprodukte sowie die Rivalität zwischen bestehenden Wettbewerbern.

Die Einflüsse aus der Entwicklung sowohl der globalen als auch der aufgabenspezifischen Unternehmensumwelt haben nicht nur eine große Bedeutung für die

---

4   Quelle: in modifizierter Form entnommen von Porter,M.E.: (Wettbewerbsvorteile) S.26
5   Vgl. Porter,M.E.: (Wettbewerbsvorteile) S.26

strategische Ziel- und Mittelbestimmung, sondern auch für die Wirkung von Strategien im Rahmen des Strategieumsetzungsprozesses. Die Berücksichtigung von Umweltbedingungen wird durch die Vielzahl und Vielfalt der Einflußfaktoren sowie ihre gegenseitige Beeinflussung erheblich erschwert.[6] Diese Problematik ist angesichts des langfristigen Wirkungszeitraumes einer Strategie der Neuproduktentstehung sowie der zunehmenden Komplexität und Dynamik von Umweltveränderungen besonders schwerwiegend.

Eine interne Rahmenbedingung, welche die Zielsetzung und die Gestaltung der Neuproduktentstehung beeinflußt, stellt die *Unternehmensgröße* dar. Viele empirische Untersuchungen haben die Unternehmensgröße als Determinante der Innovationsaktivitäten zum Gegenstand.[7] Die Ergebnisse dieser Untersuchungen weichen zum Teil erheblich voneinander ab. Aus diesem Grund lassen sich daraus keine endgültigen Erkenntnisse darüber gewinnen, ob nun Großunternehmen eine höhere Innovationsbereitschaft als kleine oder mittlere Unternehmen aufweisen.[8] Zudem sind die Unternehmensgrößenkategorien in den Studien unterschiedlich.

Positive Einflüsse aus einer wachsenden Unternehmensgröße[9] auf die Gestaltung der Neuproduktentstehung ergeben sich insbesondere dadurch, daß mehr Mitarbeiter und mehr finanzielle Mittel für die Neuproduktentstehung zur Verfügung stehen, ab einer bestimmten Größe hoch spezialisierte Ausrüstungsgegenstände eingesetzt werden sowie ein umfassendes Aufgabengebiet mit einer Vielzahl von FuE-Projekten abgedeckt werden kann. Gleichzeitig geht die Entwicklung jedoch mit dem Aufbau von Abteilungen, Hauptabteilungen und Vorstandsbereichen einher, d.h. mit einer zunehmenden organisatorischen Arbeitsteilung und strukturellen Differenzierung des Unternehmens, wodurch die Gefahr aufkommt, daß Machtstrukturen sowie eine Überorganisation und Bürokratisierung die Flexibilität der Neuproduktentstehung einschränken und den Koordinationsaufwand sowie die Kosten und Zeiten der Neuproduktentstehung erhöhen.

Die Berücksichtigung der Rahmenbedingungen aus der Größe des Unternehmens und deren Auswirkungen auf den Aufgabenbereich der Neuproduktentstehung ist im allgemeinen ebenfalls mit großen Schwierigkeiten verbunden, da eine Veränderung der Unternehmensgröße auch andere betriebliche Funktionsbereiche tangiert, so daß hieraus weitere Einflußeffekte entstehen, die in ihrer Gesamtheit nicht bestimmbar sind.

---

6   Vgl. Hopfenbeck,W.: (Managementlehre) S.428f.; Götze,U.: (Szenario-Technik) S.27f.
7   Vgl. z.B. Corsten,H.: (Unternehmensgröße) S.224ff.; Kantzenbach,E.: (Innovation) S.220ff.; Jüttner-Kramny,L.: (Bedeutung)
8   Vgl. Corsten,H.: (Unternehmensgröße) S.227
9   Eine Größenklassifizierung enthält beispielsweise § 267 HGB. Darin wird anhand von drei Merkmalen (Bilanzsumme, Umsatzerlöse, durchschnittliche Anzahl der im Geschäftsjahr Beschäftigten) zwischen Kleinen, Mittelgroßen und Großen Kapitalgesellschaften unterschieden.

4.4. Zielsystem der Neuproduktentstehung

4.4.1. Grundstruktur des Zielsystems der Neuproduktentstehung

In diesem Abschnitt soll ein mehrstufiges hierarchisch strukturiertes Zielsystem für eine effektive und effiziente Neuproduktentstehung formuliert werden. Zwischen den Ober- und Unterzielen des Zielsystems bestehen Zweck-Mittel Relationen.[1]

Eine Grundstruktur des Zielsystems, die den Beitrag der Neuproduktentstehung am Aufbau und Erhalt von Erfolgspotentialen des Unternehmens enthält, ist bereits in Abschnitt 4.3.1. aufgezeigt worden. Hierauf aufbauend soll im folgenden ein Zielsystem der Neuproduktentstehung entwickelt werden. Dazu wird die in Abschnitt 4.3.1. diskutierte Zielhierarchie, wie die *Abbildung 4.4.1./1* zeigt, um eine Zielebene erweitert, die jedem Erfolgspotential zwei Unterziele zuordnet: unmittelbar neuproduktbezogene Erfolgsvoraussetzungen auf der einen Seite und neuproduktunabhängige Erfolgsvoraussetzungen auf der anderen Seite.[2] Die Teilziele dieser beiden Zielbereiche werden sachlich und zeitlich aus den strategischen Zielsetzungen abgeleitet. Der Übergang von der strategischen zur operativen Managementebene ist dabei fließend.

Die Differenzierung in einen unmittelbar neuproduktbezogenen bzw. in einen neuproduktunabhängigen Zielbereich ist notwendig, da sich die Erfolgspotentiale nicht nur durch Ziele aufbauen und sichern lassen, die im unmittelbaren Zusammenhang mit einem Neuproduktvorhaben stehen.[3] Mit den neuproduktunabhängigen Zielen werden daher auch jene Ziele im Zielsystem berücksichtigt, die zwar weitestgehend losgelöst von einem konkreten Neuproduktvorhaben sind, deren Realisation jedoch in enger Verbindung mit einem erfolgreichen Hervorbringen von neuen Produkten zu sehen ist. Die Einzelziele des unmittelbar neuproduktbezogenen und des neuproduktunabhängigen Zielbereiches bilden den Gegenstand der nachfolgenden Abschnitte.

---

1   Zu Merkmalen von Zielsystemen vgl. Heinen,E.: (Grundlagen); Kubicek,H.: (Unternehmungsziele) S.459ff.; Hauschildt,J.: (Zielsysteme) Sp.2419ff.

2   Zu einer ähnlichen Zielsystemstrukturierung für die Materialwirtschaft vgl. Heuer,M.F.: (Kontrolle) 265ff.

3   Vgl. dazu auch Abschnitt 3.2.3.

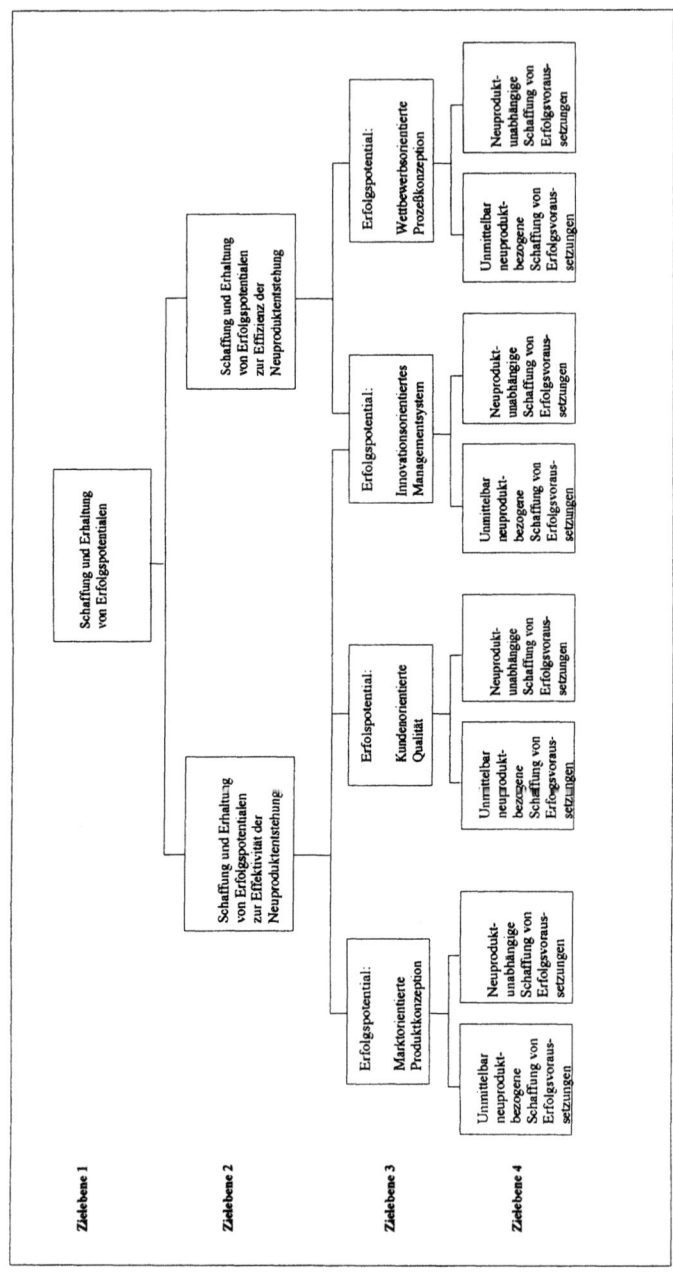

Abb. 4.4.1./1   *Grundstruktur des Zielsystems der Neuproduktentstehung*

4.4.2. Unmittelbar neuproduktbezogene Erfolgsvoraussetzungen

Die Einzelziele zur Schaffung von *unmittelbar neuproduktbezogenen Erfolgs-voraussetzungen* beziehen sich auf Anforderungen an die zur marktgerechten Produktentstehung notwendigen Unternehmensaktivitäten.

Ausgangspunkt der Überlegung ist, daß mit dem Entstehen eines neuen Produktes die Erfolgspotentiale "Marktorientierte Produktkonzeption", Kundenorientierte Qualität", "Wettbewerbsorientierte Prozeßkonzeption" und "Innovationsorien-tiertes Managementsystem" aufgebaut bzw. gehalten werden können. Dies ist beispielsweise möglich, indem im Hinblick auf das Erfolgspotential "Marktorientierte Produktkonzeption" durch ein entsprechendes Produktdesign die Produktkomplexität gesenkt wird. Auch kann durch die Berücksichtigung von kundenrelevanten Qualitätsmerkmalen bei der Produktkonstruktion eine "Kunden-orientierte Qualität" und durch frühzeitiges Einbeziehen von Zulieferern in den Produktentstehungsprozeß (Forward Sourcing) eine "Wettbewerbsorientierte Prozeßkonzeption" geschaffen werden. Ebenso kann die Benennung von Macht-promotoren und der Einsatz eines Projektleiters für das Neuproduktprojekt dazu beitragen, ein "Innovationsorientiertes Managementsystem" aufzubauen.

Aus dieser Überlegung folgt, daß die einzelnen Aktivitäten im Rahmen eines Neuproduktentstehungsprozesses den entsprechenden Erfolgspotentialen zuzuord-nen sind. Eine derartige Zuordnung kann mit Hilfe einer aktivitätsorientierten Leistungszuordnung erfolgen. Als ein Beispiel hierfür sei die Kostenstelle "Fertigungsvorbereitung" herausgegriffen, für welche die *Abbildung 4.4.2./1* wich-tige neuproduktbezogene Aktivitäten und deren Beziehungen zu einzelnen Neuproduktprojekten sowie Erfolgspotentialen enthält.

Einzelziele zur Schaffung von unmittelbar neuproduktbezogenen Erfolgsvorausset-zungen lassen sich z.B. in bezug auf die verursachten Kosten und Zeiten der entsprechenden Aktivitäten festlegen. Anhaltspunkte für anzustrebende Zielauspä-gungen ergeben sich aus den Produktzielen. Der Zusammenhang zwischen Kosten- und Zeitzielen der unmittelbar neuproduktbezogenen Erfolgsvoraussetzungen und den Produktzielen soll im folgenden kurz skizziert werden. Im Hinblick auf die Produktzielbestimmung sei dabei angenommen, daß unter anderem das Target Costing genutzt wird.

Fertigungsvorbereitung							
Leistungen (Aktivitäten)	Maßgröße	Anzahl der ...	Neuprodukt-projekt-Nr.:	Erfolgspotentiale *)			
				MP	KQ	WP	IM
Arbeitspläne erstellen	Arbeitsplan	2	001	1,0	-	1,2	-
		4	002	1,0	-	1,5	-
		3	003	1,0	-	1,2	-
Fertigungs-anlauf betreuen	Variante	2	001	1,0	1,1	1,0	-
		5	004	1,0	1,2	1,0	-
.	.	.	.	.	.	.	.
.	.	.	.	.	.	.	.
.	.	.	.	.	.	.	.

*) Mit den Gewichtungsfaktoren wird der Einfluß einer Aktivität auf das entsprechende Erfolgspotential festgelegt. Dadurch trägt man auch den individuellen Gegebenheiten eines Projektes (z.B. Neuheitsgrad) Rechnung.

MP: Marktorientierte Produktkonzeption
KQ: Kundenorientierte Qualität
WP: Wettbewerbsorientierte Prozeßkonzeption
IM: Innovationsorientiertes Managementsystem

Abb. 4.4.2./1: *Neuproduktbezogene Leistungen der Fertigungsvorbereitung*

Das *Target Costing* (japan.: Genka-Kikaku) ist ein vorrangig in japanischen Unternehmen entwickeltes strategisches Kostenmanagementkonzept,[4] das dazu dient, bei steigender Wettbewerbsintensität über eine zielorientierte Kostenbeeinflussung Wettbewerbsvorteile zu halten bzw. zu schaffen. Target Costing zielt auf eine vom Markt ausgehende, kostenorientierte Steuerung aller Unternehmensaktivitäten ab, insbesondere derjenigen, die zur Neuproduktentstehung beitragen. Vor allem in der Ausprägung als "Market into Company" Verfahren[5] werden auf der Basis der Unternehmensgesamt- und Geschäftsfeldstrategien ausgehend von den ermittelten subjektiven Kundenwünschen die Zielkosten für das Produkt, die Produktfunktionen, -komponenten und -teile festgelegt. *Abbildung 4.4.2./2* veranschaulicht die

---

4   Vgl. Seidenschwarz,W.: (Target) S.5ff.; ein strategisches Kostenmanagement dient der langfristigen Beeinflussung von Kostenstrukturen und Kostenniveau. Zur Bezeichnung "strategisches Kostenmanagement" vgl. Holzwarth,J.: (Kostenrechnung).

5   Weitere Verfahren zur Zielkostenbestimmung sind das Out of Company (Zielkosten werden aus dem Unternehmen heraus bestimmt), Into and Out of Company (Kombination der Verfahren Market into Company und Out of Company), Out of Competitor (Ableitung der Zielkosten aus den Kosten der Konkurrenten), Out of Standard Costs (Zielkostenableitung aus den Standardkosten des Unternehmens). Vgl. dazu Seidenschwarz,W.: (Target) S.127ff.; Seidenschwarz,W.: (Target Costing) S.199f.

Vorgehensweise beim Target Costing. Zu den einzelnen Schritten der Zielkosten-
findung und -spaltung sei auf die entsprechende Literatur verwiesen.[6]

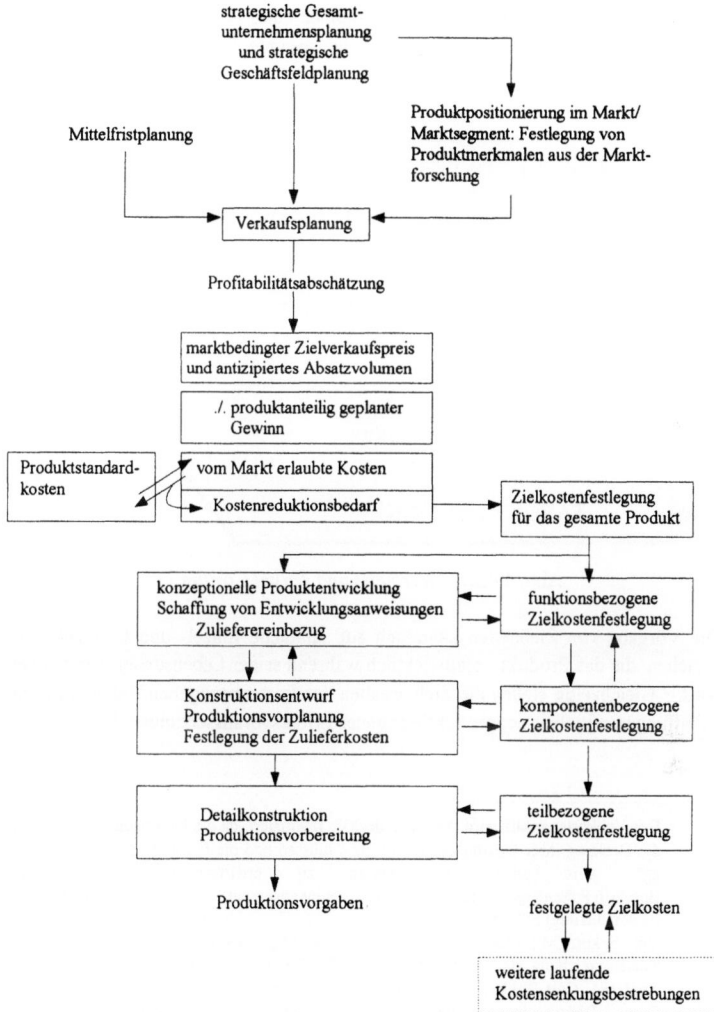

Abb. 4.4.2./2.: *Vorgehensweise beim Target Costing*[7]

---

6   Zur Zielkostenbestimmung und -spaltung vgl. Horváth,P./Seidenschwarz,W.:
(Zielkostenmanagement) S.145ff.; Tanaka,M.: (Cost Planning) S.49ff.; Rummel,K.D.:
(Zielkosten-Management) S.234ff.; Götze,U.: (Target Costing) S.383ff.

7   Quelle: in modifizierter Form entnommen von Horváth,P./Seidenschwarz,W.:
(Zielkostenmanagement) S.149

Target Costs oder Zielkosten werden als Plankosten im Rahmen einer Vollkosten-betrachtung definiert,[8] die nur bei höchster Anstrengung aller im Unternehmen Beteiligten erreicht werden können.[9] Die Zielkostenbestimmung wird für die geschätzte Lebensdauer und das Absatzvolumen eines Produktes vorgenommen.[10] Der Ansatz des Target Costing umfaßt die gesamte Wertkette, wie *Abbildung 4.4.2./3* zeigt.

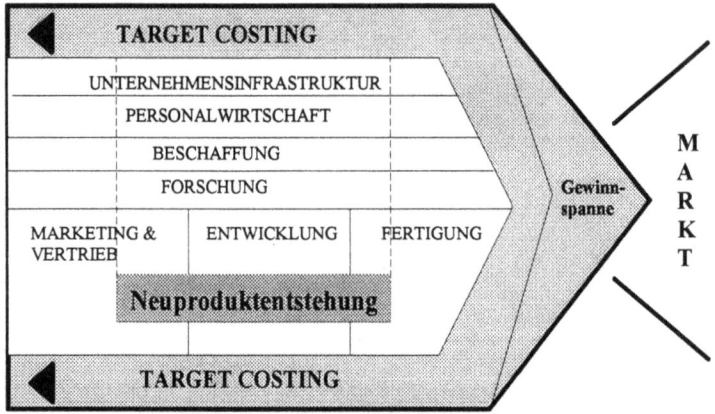

Abb. 4.4.2./3: *Wertkette und Target Costing*[11]

Die Vorgabe von Zielkosten kann sich auf sämtliche Einzel- und Gemeinkosten beziehen, die das Produkt voraussichtlich während seiner Lebensdauer verursachen wird.[12] Gleichzeitig stellen die Zielvorgaben den kostenbezogenen Rahmen für die Schaffung unmittelbar neuproduktbezogener Erfolgsvoraussetzungen dar.

---

8   Der Vollkostenansatz wird vor allem deshalb favorisiert, da die Unternehmen langfristig die Deckung ihrer Gesamtkosten anstreben müssen und die Produkte die vollen Kosten ggf. plus einer Gewinnspanne zu erwirtschaften haben. Vgl. Horvárth,P./Seidenschwarz,W.: (Zielkostenmanagement) S.144; Freidank,C.-C.: (Unterstützung) S.211f.

9   Vgl. Sakurai,M.: (Target Costing) S.253; wichtige Instrumente und Konzepte zur Kostenerreichung sind Wertgestaltung (Value Engineering), Wertverbesserung (Value Analysis), Cost Tables, Value Control Charts, Simultaneous Engineering, Design to Costs, Design to Manufacturing, Cost Benchmarking, Prozeßkostenrechnung, Präventives Qualitätsmanagement, Time Based Management, Erfahrungskurvenkonzept. Vgl. Seidenschwarz,W.: (Target Costing) S.201; Freidank,C.-C.: (Unterstützung) S.210

10   Es sei darauf hingewiesen, daß zur Zielkostenbestimmung oftmals auf ein Referenzmodell (Vorgängermodell) zurückgegriffen wird. Vgl. z.B. Rummel,K.D.: (Zielkosten-Management) S.239

11   Quelle: in modifizierter Form entnommen von Seidenschwarz,W.: (Costing) S.5; zur Wertkette vgl. Abschnitt 2.2.1.

12   Die Vorgabe von Zielkosten stellt eine spezifische Form der Budgetierung dar. Vgl. dazu Horvárth,P./Seidenschwarz,W.: (Zielkostenmanagement) S.143; Götze,U./Rudolph,F.: (Instrumente) S.47f.

Der Unterschied zwischen den Target Costs und den Zielvorgaben zur Schaffung von unmittelbar neuproduktbezogenen Erfolgsvoraussetzungen liegt in der Zuordnung der Ziele. Dies sei an einem Beispiel verdeutlicht.

Ein Unternehmen der Elektroindustrie beabsichtigt ein neues Produkt A (bsw. eine elektronische Datenbank) hervorzubringen. Für die Lebensdauer des Produktes wird ein Absatzvolumen von 100.000 Stück geschätzt. Die im Rahmen des Target Costing bestimmten Zielkosten für dieses Produkt sollen 500 GE pro Stück betragen, d.h. während des gesamten Lebenszyklusses wird dieses Produkt voraussichtlich 50 Millionen GE an Kosten verursachen. Um die Zielkosten von 500 GE pro Stück zu erreichen, kann beispielsweise die Produktkomplexität verringert werden, indem die Anzahl der Teile und die Dichte der Platinenbestückung reduziert wird.[13] Damit werden zugleich auch die Voraussetzungen geschaffen, um das Erfolgspotential "Marktorientierte Produktkonzeption" aufzubauen. Als weitere Maßnahme zur Zielkostenerreichung soll eine Reduzierung der Fertigungstiefe erfolgen, wodurch sich die Voraussetzungen für eine "Wettbewerbsorientierte Prozeßkonzeption" schaffen lassen.[14] Im Hinblick auf die Kostenzielbestimmung zur Schaffung von neuproduktbezogenen Erfolgsvoraussetzungen könnten nun die geschätzten Gesamtkosten, die das Produkt A während seines Lebenszyklusses verursacht, gewählt und den Erfolgspotentialen zugeordnet werden. Dies könnte auf der Grundlage der Unternehmensfunktionen (z.B. Marketing/Vertrieb, Entwicklung, Fertigungsvorbereitung, Fertigung) erfolgen. Die erfolgspotentialbezogene Bewertung der Unternehmensfunktionen, wie Marketing/Vertrieb, Entwicklung, Fertigungsvorbereitung läßt sich auf der Basis der oben dargestellten aktivitätsorientierte Leistungszuordnung vornehmen. Für die Funktion Fertigung Produktes A sind zusätzlich noch die Einzelkosten den Erfolgspotentialen zuzuweisen. Gemäß einer derartigen Zuordnung der Kosten zu den Erfolgspotentialen sind für das hier betrachtete Beispiel folgende in der *Tabelle 4.4.2./1* aufgeführte Kostenziele denkbar:

Erfolgspotential	Maßnahme	Kostenziel	Anteil an Gesamtkosten
Marktorientierte Produktkonzeption	Senkung der Produktkomplexität	20 Mio. GE	40 %
Wettbewerbsorientierte Prozeßkonzeption	Verringerung der Fertigungstiefe	30 Mio. GE	60 %
	Gesamt:	50 Mio. GE	100 %

Tab. 4.4.2./1: *Kostenzielausprägungen zur Schaffung unmittelbar neuprodukt-bezogener Erfolgsvoraussetzungen*

---

[13]   Anzahl der Teile und die Dichte der Platinenbestückung stellen bei Computerbauteilen komplexitätstreibende Faktoren dar. Vgl. Schulz,S.: (Komplexität) S.132

[14]   Weitere Maßnahmen zur Errichtung der anderen Erfolgspotentiale sollen in diesem Beispiel zur besseren Übersichtlichkeit nicht berücksichtigt werden.

Für eine Steuerung der Kostenzielerreichung lassen sich die Kostenziele aufteilen z.B. in bezug auf einzelne Aktivitäten, Tätigkeitsfelder oder Unternehmensfunktionen. Für die weiteren Untersuchungen wird eine Aufteilung der erfolgspotentialbezogenen Kostenziele nach Kostenarten zugrundegelegt. Die unmittelbar neuproduktbezogenen Erfolgsvoraussetzungen für das jeweilige Erfolgspotential lassen sich dann durch die Zielausprägung z.B. der nachstehenden Kostenarten beschreiben:

- Gehaltskosten,
- Fremdleistungskosten,
- Kalk. Abschreibungen,
- Kalk. Zinsen,
- Kalk. Wagniskosten,
- Fertigungslohnkosten,
- Materialkosten.[15]

Außer durch Kostenziele werden unmittelbar neuproduktbezogene Erfolgsvoraussetzungen auch durch Zeitziele geschaffen. Wie in Abschnitt 2.1.4. gezeigt, wird der Markterfolg neuer Produkte erheblich durch kurze Produktentstehungszeiten verbessert. Zudem ermöglichen kurze Fertigungszeiten eine hohe Kundenzufriedenheit. Zeitzielen im Sinne eines marktorientierten "Target Timing" kommt deshalb für das Erreichen von Wettbewerbsvorteilen eine hohe Bedeutung zu. Die Zeitzielbestimmung für ein neues Produkt kann sich beispielsweise auf

- die Produktentstehungszeit und
- die Fertigungszeit

beziehen. Dabei sind die Interdependenzen zu den Produktkosten- und Produktqualitätszielen zu berücksichtigen.[16] Da auch die zeitreduzierenden Maßnahmen, wie z.B. das "Simultaneous Engineering", Erfolgspotentiale errichten, lassen sich analog der Vorgehensweise bei der Kostenzielbestimmung Zeitziele für die Schaffung von unmittelbar neuproduktbezogenen Erfolgsvoraussetzungen festlegen.

---

15   Da die Kostenartengliederung als bekannt vorausgesetzt werden darf, sei hier lediglich auf die einschlägige Literatur verwiesen. Vgl. z.B. Coenenberg,A.G.: (Kostenrechnung) S.48ff.; Däumler,K.-G./Grabe,J.: (Grundlagen) S.95ff.; Olfert,K.: (Kostenrechnung) S.78ff.

16   Zu den Zusammenhängen zwischen Zeit-, Kosten- und Qualitätsgrößen vgl. Nippa,M./Reichwald,R.: (Grundüberlegungen) S.94ff.

4.4.3. Neuproduktunabhängige Erfolgsvoraussetzungen

Einzelziele zur Schaffung von *neuproduktunabhängigen Erfolgsvoraussetzungen* beziehen sich auf den Beitrag von neuproduktunabhängigen Projektergebnissen für eine marktgerechte Produktentstehung.

Ausgangspunkt der Überlegung ist hierbei, daß sich die Erfolgsvoraussetzungen für das Entstehen neuer Produkte auch unabhängig von einem konkreten Neuprodukt-vorhaben schaffen lassen. Mithin wird unterstellt, daß keine direkte Verbindung zwischen der neuproduktunabhängigen Projektdurchführung und einzelnen Neuproduktprojekten besteht. Die Realisation neuproduktunabhängiger Projekte kann demzufolge nur mittelbar über die Erfüllung eigenständiger Projektziele zur Erreichung der allgemeinen Neuproduktentstehungsziele (Effektivität und Effizienz) beitragen. Dies soll beispielhaft an dem Projekt "Einführung von CIM" veranschaulicht werden.[17]

Die Einführung von CIM kann dazu beitragen, die Kosten und Zeiten der Neuproduktentstehung zu reduzieren, indem die Informationsflüsse durch entsprechende Datenverbindungen beschleunigt und bedarfsgerechte Informationen zur Verfügung gestellt werden. Zur Realisation der CIM-Einführung sind eigenständige abgrenzbare Projektziele zu formulieren. Die Einführung von CIM kann nun mittelbar durch die Realisation der eigenständigen Projektziele einen Beitrag zur Kosten- und Zeitreduzierung bei der Neuproduktentstehung leisten. In welcher Weise jedoch die CIM-Realisation auf eine Kosten- und Zeitreduzierung bei der Neuproduktentstehung eingewirkt hat, ist quantitativ i.d.R. nicht abbildbar.[18] Es sind folglich qualitative Zielausprägungen erforderlich, die den Ziel- oder Nutzenbeitrag von CIM zur Schaffung von neuproduktunabhängigen Erfolgsvoraussetzungen angeben.

Es wird des weiteren davon ausgegangen, daß sich die neuproduktunabhängigen Projekte jeweils einem der hier differenzierten Erfolgspotentiale ("Marktorientierte Produktkonzeption", "Kundenorientierte Qualität", "Innovationsorientiertes Managementsystem" und "Wettbewerbsorientierte Prozeßkonzeption") zuordnen lassen, so daß der Beitrag eines jeden neuproduktunabhängigen Projektes zur Schaffung von Erfolgsvoraussetzungen für die Neuproduktentstehung erfolgspotential-bezogen zu bestimmen ist.

---

17 Zum CIM-Konzept vgl. Abschnitt 4.3.4.
18 Auf eine mögliche Quantifizierung in der Form, daß z.B. den durch die CIM-Realisation verursachten Kosten positive Kosteneffekte bei der Neuproduktentstehung gegenübergestellt werden, soll hier nicht eingegangen werden. Es sei dazu lediglich kritisch angemerkt, daß Kostensenkungen bei der Hervorbringung von neuen Produkten im allgemeinen auf einer Vielzahl von Entscheidungen und Maßnahmen beruhen, die sich oftmals gegenseitig beeinflussen. Infolgedessen erscheint eine quantitative Erfolgsbeurteilung einzelner Maßnahmen sehr problematisch.

4.4.4. Formulierung des Zielsystems der Neuproduktentstehung

Nachdem die Einzelziele sowohl des neuprodukunabhängigen als auch des unmittelbar neuproduktbezogenen Zielbereiches inhaltlich konkretisiert wurden, kann im folgenden das Zielsystem der Neuproduktentstehung vollständig beschrieben werden. Dazu wird jedes Zielelement der in Abschnitt 4.4.1. dargestellten Grundstruktur des Zielsystems der Neuproduktentstehung mit einem Symbol versehen, welches der *Abbildung 4.4.4./1* entnommen werden kann.

Die oberste hierarchische Zielebene enthält als strategisches Oberziel die "Schaffung und Erhaltung von Erfolgspotentialen". Diesem Oberziel sind auf der zweiten Ebene die Ziele "Schaffung und Erhaltung von Erfolgspotentialen zur Effektivität der Neuproduktentstehung" sowie "Schaffung und Erhaltung von Erfolgspotentialen zur Effizienz der Neuproduktentstehung" zugeordnet worden. Diese Zuordnung läßt sich unter Verwendung der jeweils den Zielen beigefügten Symbole wie folgt darstellen:[1]

(1) $\qquad I \Leftarrow II + III$

Das Ziel "Schaffung und Erhaltung von Erfolgspotentialen zur Effektivität der Neuproduktentstehung" wird auf der dritten Hierarchieebene durch die Ziele "Kundenorientierte Qualität", "Marktorientierte Produktkonzeption" und "Innovationsorientiertes Managementsystem" konkretisiert. Letzteres bestimmt zusammen mit dem Ziel "Wettbewerbsorientierte Prozeßkonzeption" auch das Ziel "Schaffung und Erhaltung von Erfolgspotentialen zur Effizienz der Neuproduktentstehung". Es lassen sich folgende Beziehungen aufstellen:

(2) $\qquad II \Leftarrow IV + \overset{.}{V} + \overset{.}{VI}$

(3) $\qquad III \Leftarrow VI + VII$

---

[1] Es sei darauf hingewiesen, daß mit dieser Darstellung lediglich die Zuordnung der einzelnen Ziele abgebildet ist und keine mathematische Gleichung. Zur Formulierung einer mathematischen Gleichung dürften nicht Ziele, sondern müßten die Zielausprägungen miteinander verknüpft werden. Die additive Verknüpfung verlangt ferner eine einheitliche Dimensionierung der Zielausprägungen. Vgl. dazu Abschnitt 4.5.

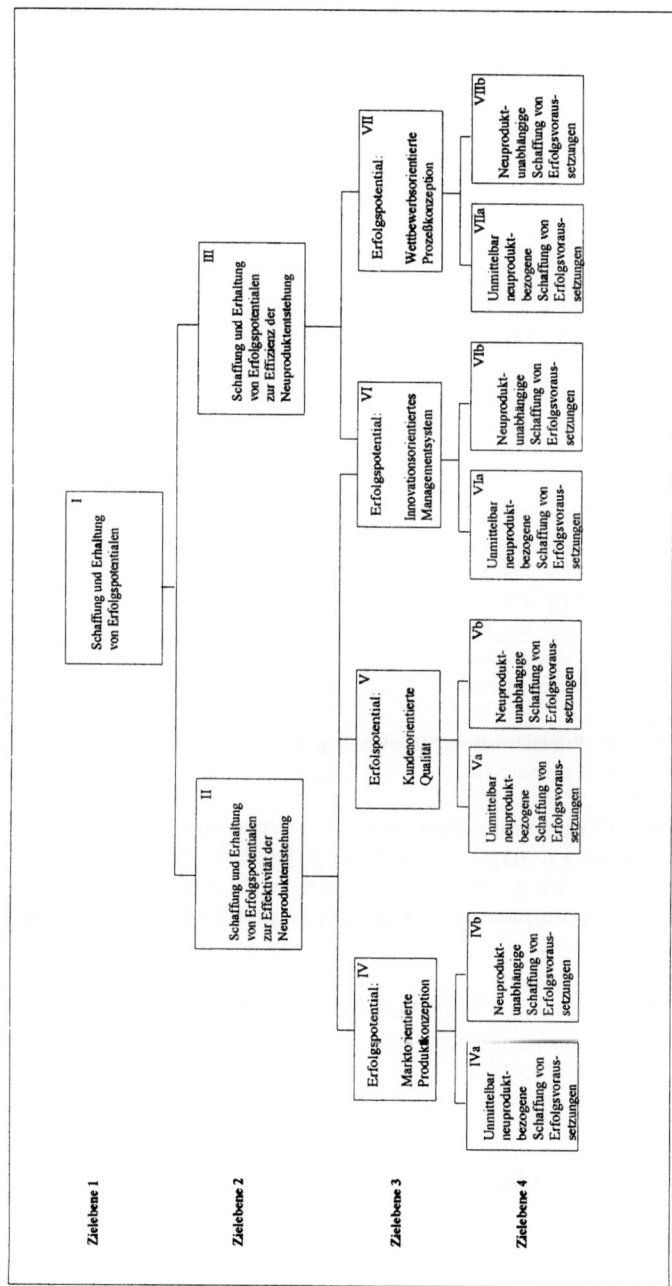

Abb. 4.4.4./1: Zielsystem der Neuproduktentstehung mit Symbolen

Die Ziele der dritten Zielebene werden entweder durch "unmittelbar neuprodukt-bezogene Zielsetzungen" oder durch "neuproduktunabhängige Zielsetzungen" weiter konkretisiert. Diesen Zusammenhang bilden die nachstehenden vier Zuord-nungsfunktionen ab.

(4) $\qquad$ $IV \Leftarrow IV_a + IV_b$

(5) $\qquad$ $V \Leftarrow V_a + V_b$

(6) $\qquad$ $VI \Leftarrow VI_a + VI_b$

(7) $\qquad$ $VII \Leftarrow VII_a + VII_b$

Die *unmittelbar neuproduktbezogenen Erfolgsvoraussetzungen* lassen sich gemäß den Ausführungen in Abschnitt 4.4.2. durch folgende Zielgrößen beschreiben:

Kostengrößen:
- Gehaltskosten $\qquad$ (k_{h1}),
- Fremdleistungskosten, $\qquad$ (k_{h2}),
- Kalk. Abschreibungen $\qquad$ (k_{h3}),
- Kalk. Zinsen $\qquad$ (k_{h4}),
- Kalk. Wagniskosten $\qquad$ (k_{h5}),
- Fertigungslohnkosten $\qquad$ (k_{h6}),
- Materialkosten $\qquad$ (k_{h7}).

Termingrößen:
- Produktentstehungszeiten $\qquad$ (t_{h1}),
- Fertigungszeiten $\qquad$ (t_{h2}).

Die Kostengrößen k mit den Kostenarten i (i=1(1)7) und die Termingrößen t mit den Terminarten j (j=1(1)2) werden den jeweiligen Zielen h der nächsthöheren Hierarchieebene - hier der Ebene 4 - zugeordnet. Für die unmittelbar neuprodukt-bezogenen Erfolgsvoraussetzungen lassen sich demgemäß folgende Zuordnungen vornehmen:

(8) $\qquad$ $IV_a \Leftarrow k_{IV_a1} + k_{IV_a2} + k_{IV_a3} + k_{IV_a4} + k_{IV_a5} + k_{IV_a6} + k_{IV_a7} + t_{IV_a1} + t_{IV_a2}$

(9) $\qquad$ $V_a \Leftarrow k_{V_a1} + k_{V_a2} + k_{V_a3} + k_{V_a4} + k_{V_a5} + k_{V_a6} + k_{V_a7} + t_{V_a1} + t_{V_a2}$

(10) $\qquad$ $VI_a \Leftarrow k_{VI_a1} + k_{VI_a2} + k_{VI_a3} + k_{VI_a4} + k_{VI_a5} + k_{VI_a6} + k_{VI_a7} + t_{VI_a1} + t_{VI_a2}$

(11) $\qquad$ $VII_a \Leftarrow k_{VII_a1} + k_{VII_a2} + k_{VII_a3} + k_{VII_a4} + k_{VII_a5} + k_{VII_a6} + k_{VII_a7} + t_{VII_a1} + t_{VII_a2}$

Im Gegensatz zu den unmittelbar neuproduktbezogenen Zielgrößen, deren Zielerreichungsgrad quantitativ bestimmt werden kann, lassen sich die Teilziele des Bereiches der *neuproduktunabhängigen Erfolgsvoraussetzungen* lediglich qualitativ formulieren.[2]

Zur Konkretisierung der Teilziele, die zur Schaffung von neuproduktunabhängigen Erfolgsvoraussetzungen beitragen sollen, werden im folgenden einige mögliche Ziele entsprechend der Gliederung der Erfolgspotentiale genannt und in Form von Zuordnungsfunktionen abgebildet.

Für das in Abschnitt 4.3.2. erörterte Erfolgspotential "Marktorientierte Produktkonzeption" können beispielsweise als neuproduktunabhängige Teilziele

- der Aufbau einer Produktforschung $(m_{IV_b 1})$,
- die Schaffung von produktspezifischem Know How $(m_{IV_b 2})$,
- der Aufbau von Kundenberatungsstellen $(m_{IV_b 3})$

verfolgt werden, so daß sich nachstehende Zuordnungsfunktion aufstellen läßt:

$$(12) \qquad IV_b \Leftarrow m_{IV_b 1} + m_{IV_b 2} + m_{IV_b 3}$$

Aus der in Abschnitt 4.3.3. geführten Diskussion zum Erfolgspotential "Kundenorientierte Qualität" ergeben sich als mögliche neuproduktunabhängige Ziele:

- der Aufbau eines kundenorientierten Qualitätsbewußtseins $(m_{V_b 1})$,
- die vollständige Erfassung aller relevanten Kundenbedürfnisse $(m_{V_b 2})$,
- die Einführung der FMEA[3] $(m_{V_b 3})$.

Daraus resultiert die Zuordnungsfunktion:

$$(13) \qquad V_b \Leftarrow m_{V_b 1} + m_{V_b 2} + m_{V_b 3}$$

Zum Aufbau und Erhalt des Erfolgspotentials "Innovationsorientiertes Managementsystem" können nach den Ausführungen in Abschnitt 4.3.5. folgende mögliche neuproduktunabhängige Ziele identifiziert werden:

- Aufbau einer projektorientierten Matrixorganisation $(m_{VI_b 1})$,
- Bildung von Teams für die funktionsübergreifende Zusammenarbeit bei der Projektdurchführung $(m_{VI_b 2})$,
- Einführung des Reverse Engineering $(m_{VI_b 3})$,
- Einführung von Just-in-Time in der Entwicklung $(m_{VI_b 4})$.

---

2   Vgl. dazu Abschnitt 4.4.3.
3   Das Akronym "FMEA" steht für Fehler-Möglichkeits- und Einflußanalyse. Vgl. dazu Abschnitt 4.2.2.

Die diesbezügliche Zuordnungsfunktion lautet:

(14) $\qquad VI_b \Leftarrow m_{VI_b1} + m_{VI_b2} + m_{VI_b3} + m_{VI_b4}$

Das Erfolgspotential "Wettbewerbsorientierte Prozeßkonzeption" kann entsprechend den Ausführungen in Abschnitt 4.3.4. als neuproduktunabhängige Ziele möglicherweise

- den Ausbau von Vorentwicklungen $\qquad (m_{VII_b1})$,
- den Aufbau eines Versorgungssystems $\qquad (m_{VII_b2})$,
- die Programmierung und Implementierung von CIM $\qquad (m_{VII_b3})$,
- die langfristige Integration von Zulieferern $\qquad (m_{VII_b4})$

umfassen. Die Zielzuweisung ist dann in folgender Weise darstellbar:

(15) $\qquad VII_b \Leftarrow m_{VII_b1} + m_{VII_b2} + m_{VII_b3} + m_{VII_b4}$

4.5. Verfahren zur Zielerreichung

4.5.1. Verfahrensdarstellung

In diesem Abschnitt soll ein Verfahren entwickelt werden, das zum einen eine Beurteilung der Zielerreichung durch verschiedene Alternativen erlaubt, und zum anderen die Durchführung einer zukunftsorientierten Kontrolle ermöglicht.[1] Die Anforderungen an ein solches Verfahren ergeben sich insbesondere aus

- der Berücksichtigung mehrerer Zielgrößen und
- der Einbeziehung von Unsicherheit aufgrund unvollkommener Informationsstände.

In der betriebswirtschaftlichen Literatur existieren verschiedene Verfahren zur *Berücksichtigung von mehreren Zielgrößen*. Beispielhaft sei die "Nutzwertanalyse",[2] der "Analytisch Hierarchische Prozeß" (AHP)[3] und die "Multi Attributive Nutzentheorie" (MAUT)[4] genannt. Charakteristisches Merkmal dieser Verfahren ist, daß sie verschiedene Zielausprägungen zu einem Gesamtwert verdichten. Eine derartige Vorgehensweise soll auch hier sowohl zur Alternativenbeurteilung als auch zur Kontrolle der Zielerreichung herangezogen werden. Bevor jedoch hierauf eingegangen wird, ist noch darzulegen, wie die Unsicherheit in das Verfahren mit einbezogen werden kann.

Der *Unsicherheit aufgrund unvollkommener Informationsstände* kommt gerade in bezug auf Innovationen und damit auch hinsichtlich der Neuproduktentstehung eine große Bedeutung zu.[5] Eine adäquate Berücksichtigung der Unsicherheit ist daher ein entscheidendes Gütekriterium für die Aussagekraft des Verfahrens. Die Einbeziehung von unvollkommenen Informationsständen kann einerseits hinsichtlich der Unsicherheit über den Eintritt von Ereignissen oder andererseits bezüglich der Unsicherheit der Daten über Ereignisse erfolgen.[6]

Die Ansätze zur Berücksichtigung von unvollkommenen Informationsständen bezüglich des Eintretens von Ereignissen zielen in erster Linie auf eine zufallsbedingte Unsicherheit ab, die mittels wahrscheinlichkeitstheoretischer Aussagen

---

1   Zum Begriff und Inhalt zukunftsorientierter Kontrollen vgl. Abschnitt 3.2.4.2.
2   Zur Nutzwertanalyse vgl. Zangemeister,C.: (Nutzwertanalyse) sowie Rürup,B.: (Nutzwertanalyse); Blohm,H./Lüder,K.: (Investition) S.174ff.; Götze,U./Bloech,J.: (Investitionsrechnung) S.133ff.
3   Zum "AHP" vgl. Saaty,T.L.: (Process); Saaty,T.L.: (Method) S.234ff.; Wind,Y./ Saaty,T.L.: (Applications) S.641ff.; Haedrich,G./Kuß,A./Kreilkamp,E.: (Process) S.120ff.; Götze,U./Bloech,J.: (Investitionsrechnung) S.141ff.
4   MAUT steht für Multi Attribute Utility Theory. Vgl. dazu z.B. Götze,U./Bloech,J.: (Investitionsrechnung) S.159ff.
5   Vgl. dazu Abschnitt 2.1.3.
6   Vgl. hierzu Abschnitt 3.2.2.1.; insbesondere die Ausführungen zu Abbildung 3.2.2.1./2

abgebildet wird. Zur Beherrschung dieser Form der Unsicherheit stehen Verfahren, wie die Risikoanalyse[7] und die Portfolio-Selection-Methode[8] zur Verfügung.

Im Gegensatz dazu kommen bei der Unsicherheit bezüglich der Daten von Ereignissen Verfahren zur Anwendung, die vage oder unscharfe Aussagen explizit erfassen und in der Modellauswertung berücksichtigen. Die diesbezüglichen Verfahren oder formalen Modelle[9] basieren auf der Erkenntnis, daß der Mensch über sog. mentale Modelle verfügt, die auf ein bestimmtes individuelles Bild von der Realität aufbauen.[10] Mentale Modelle sind im allgemeinen gekennzeichnet durch Unvollkommenheit, Ungenauigkeit, Inkonsistenz und Instabilität.[11] Trotz dieser Unzulänglichkeiten besitzt der Mensch die Fähigkeiten zu sinnvollen Entscheidungen zu gelangen. Seine Gedankenmuster oder Denkmodelle erlauben es, vage definierte bzw. unscharfe Zustände zu beschreiben und so zu operationalisieren. Es lassen sich z.B. folgende Arten der Unschärfe unterscheiden:[12]

> "Informationale Unschärfe": Sie ist begründet durch die begrenzte menschliche Wahrnehmungsfähigkeit und die sich daraus ergebenden unscharfen Reduzierung von komplexen Systemen.

> "Intrinsische Unschärfe": Sie entsteht durch die Verwendung von Begriffen als unscharfer Ausdruck menschlicher Empfindungen sowie des Denk- und Urteilsvermögens. Als Beispiel sei hierzu "annehmbarer" oder "hoher" Umsatz genannt.

> "Unscharfe Relationen": Sie sind Ausdruck unscharfer Vergleiche zwischen Komponenten, die nicht dichotom beschreibbar sind und mit Hilfe von nicht eindeutigen Beziehungen dargestellt werden. Beispiele hierzu sind "wesentlich besser als" oder "ungefähr so gut wie".

> "Unschärfe aus unterschiedlichen Begriffsauffassungen": Sie ergibt sich vor allem aus dem Gebrauch desselben Begriffes in verschiedenen Zusammenhängen.

Die Notwendigkeit zur Berücksichtigung von Unschärfen bei dem in dieser Arbeit zu entwickelnden Verfahren resultiert nicht allein daraus, daß die im Rahmen von Planungsprozessen zu treffenden Entscheidungen von menschlichen Wahrnehmungen und Fähigkeiten abhängen, sondern auch aus den unterschiedlichen Zieldimensionen der in Abschnitten 4.4.2. und 4.4.3. erörterten neuproduktbezogenen und neuproduktunabhängigen Zielgrößen.

---

7 Vgl. zur Risikoanalyse z.B. Blohm,H./Lüder,K.: (Investition) S.240ff.; Götze,U./ Bloech,J.: (Investitionsrechnung) S.317ff.; Lüder,K.: (Risikoanalyse) S.224ff.

8 Vgl. Götze,U./Bloech,J.: (Investitionsrechnung) S.364ff.

9 Ein Modell ist eine vereinfachte, homomorphe Abbildung der Realität. Von den mentalen Modellen, die ein personenbezogenes individuelles Denkmodell von der Realität beinhalten, sind die formalen Modelle abzugrenzen. Letztgenannte sind expilizit darstellbar und somit kommunizierbar und überprüfbar. Vgl. Milling,P.: (Unternehmenspolitik) S.13; Götze,U./ Bloech,J.: (Investitionsrechnung) S.37; zum Modellbegriff vgl. auch Grochla,E.: (Modelle) S.384; Müller-Merbach,H.: (Research) S.14

10 Vgl. Götze,U.: (Szenario-Technik) S.9

11 Vgl. hierzu Brunner,J.: (Interaktive) S.16

12 Vgl. Zimmermann,H.-J.: (Fuzzy-Sets); Brunner,J.: (Interaktive) S.45f.; Schoppe,A.: (Behandlungsmöglichkeiten) S.18ff.

Die unmittelbar neuproduktbezogenen Zielwerte sind quantitative Größen. Sie resultieren aus den Werten der einzelnen Kosten- und Zeitarten. Dagegen stellen die neuproduktunabhängigen Zielsetzungen in erster Linie qualitative Größen dar. Die qualitative Ausprägung der neuproduktunabhängigen Ziele beinhaltet zudem noch das Problem der eindeutigen Bewertung der Zielsetzungen, da sie oftmals nur vage definiert sind. Zur Lösung dieser Probleme kann die erstmals von ZADEH vorgestellte Theorie der Unscharfen Mengen (Fuzzy-Sets) beitragen.[13] Sie ermöglicht es, wie im folgenden noch zu zeigen ist, sowohl quantitative als auch qualitative Größen mathematisch abzubilden und zu bewerten.[14]

Charakteristisch für die klassische bzw. scharfe Mengenbetrachtung ist die strikte Trennung nach der Zugehörigkeit (Wert 1) und der Nicht-Zugehörigkeit (Wert 0) von Elementen zu einer Menge. Im Gegensatz zur klassischen Mengenbetrachtung umfaßt der unscharfe Mengenbegriff auch Elemente, bei denen die Zugehörigkeit bzw. Nicht-Zugehörigkeit nicht eindeutig festgestellt werden kann.[15] Eine unscharfe Menge beinhaltet deshalb auch Werte zwischen 1 und 0; also einen Übergangsbereich, der eine mehrwertige, graduelle Zugehörigkeit zuläßt (Fuzzy Set-Logic).[16] Dadurch lassen sich unscharfe Aussagen formal abbilden und quantitativ erfassen.

Eine unscharfe Menge A läßt sich allgemeingültig definieren durch die Anzahl der Elemente x, die Bestandteil einer Grundmenge X sind, und eine endliche nichtnegative Zugehörigkeitsfunktion $Z_A(x)$, die den Zugehörigkeitsgrad jedes Elementes zur unscharfen Menge angibt.

(16) $\qquad A = \{(x, Z_A(x)); x \in X \}$ mit $Z_A \in [0,1]$

Die Theorie der unscharfen Mengen bietet nun die Möglichkeit, einerseits die unmittelbar neuproduktbezogenen und andererseits die neuproduktunabhängigen Zielausprägungen über Zugehörigkeitsfunktionen auf eine gemeinsame Basis zu transformieren. Hierauf wird im Rahmen der Beispielrechnungen in Abschnitt 4.5.2. noch näher eingegangen.

Aufbauend auf der Vorgehensweise des von ZANGEMEISTER zur Entscheidungsfindung bei mehrfacher Zielsetzung entwickelten Verfahrens der Nutzwertanalyse soll nun unter Berücksichtigung der Theorie der unscharfen Mengen ein Verfahren formuliert werden, das es erlaubt, auf der einen Seite sowohl Neupro-

13   Vgl. Zadeh,L.A.: (Fuzzy); Zadeh,L.A.: (Sets); siehe auch Wolf,J.: (Fuzzy-Modelle);
      Zimmermann,H.-J.: (Fuzzy Sets); Zimmermann,H.-J.: (Description); Zimmermann,H.-
      J./Werners,B.: (Planungsentscheidungen) Sp.2053ff.;
14   Vgl. Heuer,M.F.: (Kontrolle) S.284; Platt,A.: (Entscheidungsmodelle) S.116f.
15   Soll beispielsweise die Menge R alle runden Objekte umfassen, so gehört der Kreis
      eindeutig zu dieser Menge (Wert gleich 1), ein Viereck hingegen nicht (Wert gleich 0).
      Schwieriger wird es bei der Zuordnung eines Ovals. Vgl. Heuer,M.F.: (Kontrolle) S.284
16   Vgl. Buscher,U./Roland,F.: (Fuzzy-Sets)

duktprojekte als neuproduktunabhängige Projekte im Hinblick auf die Schaffung sowie Erhaltung von Erfolgspotentialen zu beurteilen und auszuwählen, und auf der anderen Seite eine antizipierende Kontrolle der Zielerreichung durchzuführen.[17]

Ausgangspunkt ist das in Abschnitt 4.4.4. formulierte Zielsystem. Zur Überführung der Zielausprägungen der untersten Zielhierarchieebene (4. Ebene) auf eine gemeinsame Bezugsbasis ist die unscharfe Menge M zu bilden, die alle Elemente umfaßt, welche nach Einschätzung des Entscheidungsträgers zur Zielerreichung beitragen.[18] Durch die Zugehörigkeitsfunktion Z_M ergibt sich dann für jedes Element der Grundmenge ein Wert der Zugehörigkeit zur unscharfen Menge M zwischen 1 und 0. Diese Zugehörigkeitswerte sind anschließend zu gewichten, womit aus Sicht des Entscheidungsträgers der Beitrag eines jeden Elementes zur Zielerreichung festgelegt wird. Hinzu kommt die Gewichtung der Ziele der übrigen Hierarchieebenen. Dabei erfolgt eine Normierung der jeweiligen Gewichtungen auf die Summe 1. Es läßt sich damit das folgende algebraische Modell aufstellen:

Erreichung des Oberzieles "Schaffung und Erhaltung von Erfolgspotentialen":

(17) $I = q_{II} \cdot II + q_{III} \cdot III$, mit den Gewichtungsfaktoren $q_{II} + q_{III} = 1$

Erreichung des Ziels "Schaffung und Erhaltung von Erfolgspotentialen zur Effektivität der Neuproduktentwicklung und -fertigung":

(18) $II = q_{IV} \cdot IV + q_V \cdot V + q_{VI,1} \cdot VI$, mit den Gewichtungen $q_{IV} + q_V + q_{VI,1} = 1$

Erreichung des Ziels "Schaffung und Erhaltung von Erfolgspotentialen zur Effizienz der Neuproduktentstehung":

(19) $III = q_{VI,2} \cdot VI + q_{VII} \cdot VII$, mit den Gewichtungsfaktoren $q_{VI,2} + q_{VII} = 1$
          sowie $q_{VI,1} + q_{VI,2} = 1$

Mit der Forderung, daß $q_{VI,1} + q_{VI,2} = 1$ sein soll, determiniert das Erfolgspotential "Innovationsorientiertes Managementsystem" sowohl die Schaffung und Erhaltung der Effektivität als auch der Effizienz der Neuproduktentstehung. Damit soll die besondere Bedeutung des Managements für eine effektive und effiziente Neuproduktentstehung herausgestellt werden.

---

17   Zu einem ähnlichen Modell für die Materialwirtschaft vgl. Heuer,M.F.: (Kontrolle) S.286f.

18   Es ist darauf hinzuweisen, daß mit der Bezugnahme auf den Entscheidungsträger unterstellt wird, daß das Problem divergierender Präferenzen mehrerer Entscheidungsträger gelöst ist und damit keine Relevanz für die Modellbildung besitzt.

Aufbau des Ziels "Marktorientierte Produktkonzeption":

(20) $IV = q_{IVa} \cdot IV_a + q_{IVb} \cdot IV_b$, mit der Gewichtung $q_{IVa} + q_{IVb} = 1$

Das Erreichen des Ziels "Marktorientierte Produktkonzeption" wird im Bereich der "unmittelbar neuproduktbezogenen Zielsetzungen" bestimmt aus der Summe der gewichteten und über die jeweilige Zugehörigkeitsfunktion Z_M transformierten Zielbeitragswerte der Kosten- und Terminarten.

(21) $IV_a = \sum_{i=1}^{7} Z_M(k_{IVa,i}) \cdot p_{IVa,i} + \sum_{j=1}^{2} Z_M(t_{IVa,j}) \cdot p_{IVa,j}$, mit den Gewichtungen

$\sum_{i=1}^{7} p_{IVa,i} + \sum_{j=1}^{2} p_{IVa,j} = 1$

Für die "neuproduktunabhängige Ziele" zur marktorientierten Produktkonzeption gilt:

(22) $IV_b = \sum_{r=1}^{3} Z_M(m_{IVb,r}) \cdot p_{IVb,r}$, mit der Gewichtung $\sum_{r=1}^{3} p_{IVb,r} = 1$

Die Zielerreichung der übrigen Erfolgspotentiale läßt sich in gleicher Weise abbilden. So gilt für das Erfolgspotential "Kundenorientierte Qualität":

(23) $V = q_{Va} \cdot V_a + q_{Vb} \cdot V_b$, mit der Gewichtung $q_{Va} + q_{Vb} = 1$

Die unmittelbar neuproduktbezogenen und die neuproduktunabhängigen Ziele werden durch folgende zwei Gleichungen beschrieben.

(24) $V_a = \sum_{i=1}^{7} Z_M(k_{Va,i}) \cdot p_{Va,i} + \sum_{j=1}^{2} Z_M(t_{Va,j}) \cdot p_{Va,j}$, mit den Gewichtungen

$\sum_{i=1}^{7} p_{Va,i} + \sum_{j=1}^{2} p_{Va,j} = 1$

(25) $V_b = \sum_{r=1}^{3} Z_M(m_{Vb,r}) \cdot p_{Vb,r}$, mit der Gewichtung $\sum_{r=1}^{3} p_{Vb,r} = 1$

Für den Aufbau des Erfolgspotentials "Innovationsorientiertes Management-system" ergibt sich die Gleichung:

$$(26) \quad VI = q_{VIa} \cdot VI_a + q_{VIb} \cdot VI_b \text{ , mit der Gewichtung } q_{VIa} + q_{VIb} = 1$$

Dazu lassen sich folgende zwei Gleichungen für die unmittelbar neuproduktbezo-gene und die neuproduktunabhängige Zielerreichung formulieren:

$$(27) \quad VI_a = \sum_{i=1}^{7} Z_M(k_{VIa,i}) \cdot p_{VIa,i} + \sum_{j=1}^{2} Z_M(t_{VIa,j}) \cdot p_{VIa,j} \text{ , mit den Gewichtungen}$$

$$\sum_{i=1}^{7} p_{VIa,i} + \sum_{j=1}^{2} p_{VIa,j} = 1$$

$$(28) \quad VI_b = \sum_{r=1}^{4} Z_M(m_{VIb,r}) \cdot p_{VIb,r} \text{ , mit der Gewichtung } \sum_{r=1}^{4} p_{VIb,r} = 1$$

Dementsprechend ergibt sich die Erreichung des Ziels "Wettbewerbsorientierte Prozeßkonzeption" durch:

$$(29) \quad VII = q_{VIIa} \cdot VII_a + q_{VIIb} \cdot VII_b \text{ , mit der Gewichtung } q_{VIIa} + q_{VIIb} = 1$$

Die unmittelbar neuproduktbezogenen und die neuproduktunabhängigen Ziele sind dazu durch die zwei nachstehenden Gleichungen beschreibbar.

$$(30) \quad VII_a = \sum_{i=1}^{7} Z_M(k_{VIIa,i}) \cdot p_{VIIa,i} + \sum_{j=1}^{2} Z_M(t_{VIIa,j}) \cdot p_{VIIa,j} \text{ , mit den Gewichtungen}$$

$$\sum_{i=1}^{7} p_{VIIa,i} + \sum_{j=1}^{2} p_{VIIa,j} = 1$$

$$(31) \quad VII_b = \sum_{r=1}^{4} Z_M(m_{VIIb,r}) \cdot p_{VIIb,r} \text{ , mit der Gewichtung } \sum_{r=1}^{4} p_{VIIb,r} = 1$$

4.5.2. Beispielrechnungen

4.5.2.1. Alternativenbeurteilung

In diesem Abschnitt soll das dargestellte Verfahren anhand von zwei aufeinander aufbauenden Beispielrechnungen verdeutlicht werden. Die erste Beispielrechnung zeigt die Anwendung des Verfahrens zur Beurteilung der relativen Vorteilhaftigkeit von alternativen Neuproduktprojekten sowie nicht unmittelbar neuproduktbezogenen Projekten. Ausgehend von den Ergebnissen der Alternativenbeurteilung wird in Abschnitt 4.5.2.2. eine zukunftsorientierte Kontrolle in Form eines Soll/Wird-Vergleiches beispielhaft vorgestellt.

Basis ist das bereits in Abschnitt 4.4.4.. aufgestellte mehrstufige Zielsystem der Neuproduktentstehung mit seinen vier hierarchischen Zielebenen. Um die Bedeutung der einzelnen Zielelemente im Zielsystem aufzuzeigen, sind die Zielkriterien für alle Hierarchieebenen zu gewichten.[1] *Abbildung 4.5.2.1./1* zeigt eine mögliche Gewichtung, die für die weiteren Berechnungen zugrundegelegt wird. Ihr ist zu entnehmen, daß, um die oberste strategische Zielsetzung zu erreichen, der Aufbau und Erhalt der Effektivität und der Effizienz der Neuproduktentstehung gleich wichtig ist.[2] Der Beitrag, den die Erfolgspotentiale "Marktorientierte Produktkonzeption", "Kundenorientierte Qualität" und "Innovationsorientiertes Managementsystem" zur Erreichung der Effektivität leisten, ist im Beispiel annähernd gleich bedeutsam. Im Gegensatz dazu wird hier hinsichtlich der Erreichung der Effizienz der Neuproduktentstehung der Einfluß des "Innovationsorientierten Managementsystems" als wesentlich höher eingestuft als derjenige aus der "Wettbewerbsfähigen Prozeßkonzeption".

Im folgenden soll das Vorgehen zur Beurteilung der relativen Vorteilhaftigkeit alternativer Projekte aufgezeigt werden, die zur Schaffung sowohl der unmittelbar neuproduktbezogenen als auch der neuproduktunabhängigen Erfolgsvoraussetzungen dienen und damit zur Schaffung und Erhaltung der Erfolgspotentiale beitragen sollen. Dazu erfolgt eine Aufgliederung in

    a. die Beurteilung von alternativen Neuproduktprojekten
    b. die Beurteilung von neuproduktunabhängigen Projekten.

Im Anschluß daran soll, ausgehend von den Zielbeiträgen der sich als relativ vorteilhaften Projekte die Formulierung des Zielsystems der Neuproduktentstehung mit Soll-Größen vorgenommen werden.

---

1   Zur Bestimmung von Zielgewichtungen existieren verschiedene Verfahren. Vgl. z.B. Rürup,B.: (Nutzwertanalyse) S.110; Blohm,H./Lüder,K.: (Investition) S.178ff.; Götze,U./Bloech,J.: (Investitionsrechnung) S.134f.

2   Vgl. hierzu auch Abschnitt 2.3.

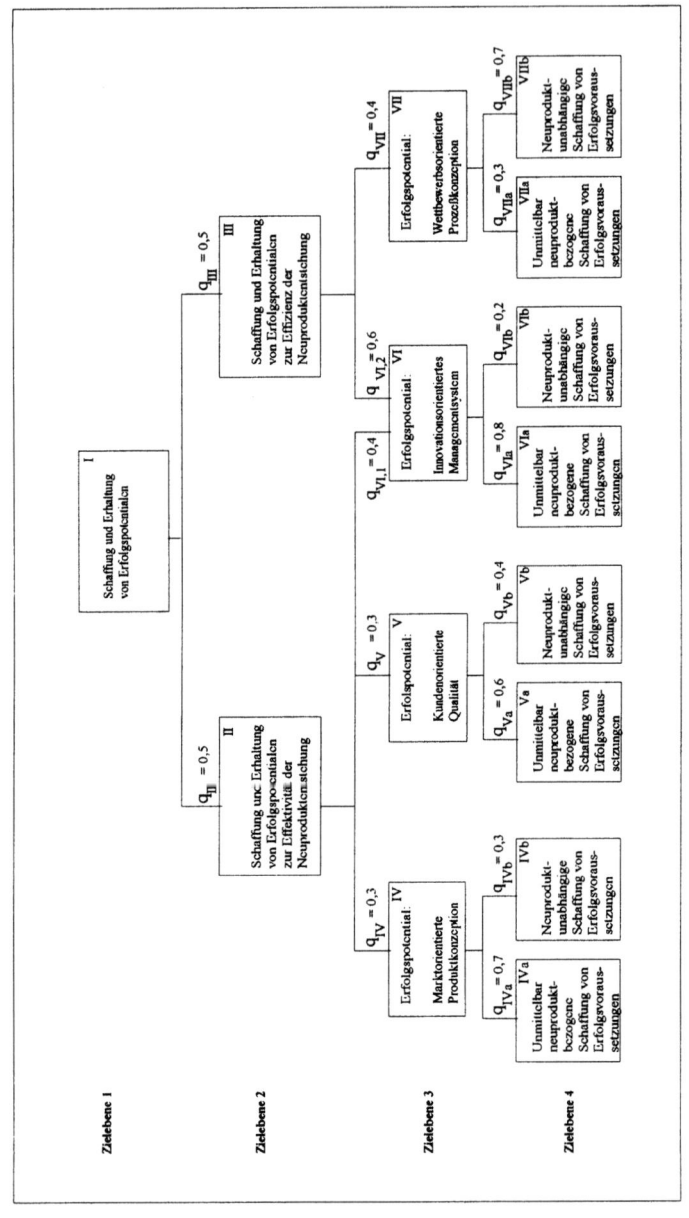

Abb. 4.5.2.1./1: *Zielsystem mit Gewichtungen*

a. Beurteilung von alternativen Neuproduktprojekten

Ausgangspunkt für die Beurteilung der relativen Vorteilhaftigkeit alternativer Neuproduktprojekte sind die Zielkriterien auf der 4. Zielebene für den Bereich der unmittelbar neuproduktbezogenen Erfolgsvoraussetzungen. In Abschnitt 4.4.2. wurden als unmittelbar neuproduktbezogene Zielkriterien ausgewählte Kosten- und Zeitgrößen genannt. Diesen Zielkriterien lassen sich für jedes Neuproduktprojekt spezifische Zielausprägungen zuweisen. Für den unmittelbar neuproduktbezogenen Bereich des Erfolgspotentials "Marktorientierte Produktkonzeption" enthält die *Tabelle 4.5.2.1./1* für eine Neuprodukt-Alternative 1 die entsprechenden Ausprägungen der Zielkriterien als Planwerte. Während die Kostengrößen der Dimension Million Geldeinheiten entsprechen, stellen die Zeitgrößen Stundenangaben dar.

Die Gewichtung der einzelnen Zielkriterien zeigt, daß die Gehaltskosten, die kalkulatorischen Wagniskosten und vor allem die Produktentstehungszeit als besonders wichtig angesehen werden.[3]

Kosten- / Zeitarten (Zielkriterien)	Variable	Neuprodukt-Alternative 1			
		Planwert (Zielausprägung)	Zugehörigkeitswert $Z_M(k_{IVa,i})/$ $Z_M(k_{IVa,j})$	Gewichtung $q_{IVa,i} / q_{IVa,j}$	Einzelbeitrag
Gehaltskosten	$k_{IVa,1}$	40	0,7	0,15	0,105
Fremdleistungskosten	$k_{IVa,2}$	12	0,54	0,1	0,054
Kalk. Abschreibungen	$k_{IVa,3}$	30	0,85	0,05	0,0425
Kalk. Zinsen	$k_{IVa,4}$	50	0,48	0,1	0,048
Kalk. Wagniskosten	$k_{IVa,5}$	80	0,63	0,15	0,0945
Fertigungslohnkosten	$k_{IVa,6}$	120	0,82	0,1	0,082
Materialkosten	$k_{IVa,7}$	300	0,77	0,1	0,077
Produktentstehungszeit	$t_{IVa,1}$	5000	0,76	0,2	0,152
Fertigungszeit	$t_{IVa,2}$	30	0,67	0,05	0,0335
				Gesamtbeitrag:	0,6885

Tab. 4.5.2.1./1.: *Beitrag der Neuprodukt-Alternative 1 zur Schaffung von unmittelbar neuproduktbezogenen Erfolgsvoraussetzungen des Erfolgspotentials "Marktorientierte Produktkonzeption"*

Die Ableitung der Zuordnungswerte, die den Grad der Zugehörigkeit der jeweiligen Zielausprägung zur Schaffung der unmittelbar neuproduktbezogenen Erfolgs-

---

3   Die besondere Relevanz der Produktentstehungszeit ergibt sich aus der Problematik sinkender Produktlebenszyklen bei gleichzeitiger Zunahme der Produktentstehungszeit. Vgl. dazu Abschnitt 2.1.4.

voraussetzungen angeben, soll am Beispiel der Gehaltskosten und der Produktent-stehungszeit veranschaulicht werden.

Eine mögliche Zugehörigkeitsfunktion bezüglich der Gehaltskosten ist der *Abbildung 4.5.2.1./2.* zu entnehmen.[4] Das darin enthaltene Intervall von 10 bis 120 Mio. Geldeinheiten gibt den von den Entscheidungsträgern für möglich gehaltenen Bereich der Ausprägungen der Gehaltskosten von Neuproduktprojekten wieder.[5] Wenn erwartet wird, daß ein Neuproduktprojekt 120 Mio. Geldeinheiten oder mehr verursacht, so ist der Zugehörigkeitswert 0. Dies bedeutet, daß derartig hohe Ausprägungen der Gehaltskosten nicht zu der Menge gehören, die für den Aufbau der unmittelbar neuproduktbezogenen Erfolgsvoraussetzungen in Frage kommt. Aus der linearen Zuordnungsfunktion läßt sich auch der Zuordnungswert von 0,7 für die geplanten Gehaltskosten von 40 Mio. Geldeinheiten ablesen. Über die Gewichtung von 0,15 wird der Einzelbeitrag der Gehaltskosten berechnet, der in den Gesamtbeitrag der Neuprodukt-Alternative 1 zur Schaffung der unmittelbar neuproduktbezogenen Erfolgsvoraussetzungen der "Marktorientierten Produkt-konzeption" eingeht. Er hat in diesem Fall den Wert 0,105.

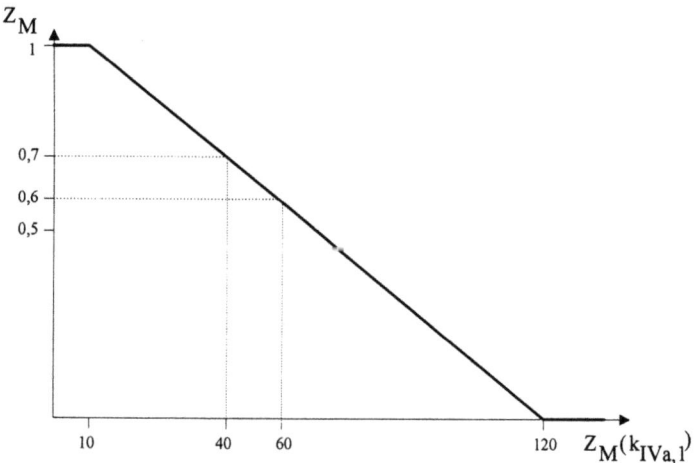

Abb. 4.5.2.1./2: *Zugehörigkeitsfunktion Gehaltskosten $Z_M(k_{IVa,1})$*

---

4   Eine Zugehörigkeitsfunktion läßt sich als spezifische Form der Transformationsfunktion interpretieren. Transformationsfunktionen dienen im Rahmen der Nutzwertanalyse zur Überführung der Zielerreichungsgrade in Teilnutzenwerte. Vgl. dazu z.B. Götze,U./Bloech,J.: (Investitionsrechnung) S.135f.

5   Der lineare Verlauf der Zugehörigkeitsfunktion ist hier aus Gründen der vereinfachten Darstellung und Berechnung gewählt worden. Vgl. hierzu auch Heuer,M.F.: (Kontrolle) S.295

Die gleiche Vorgehensweise liegt auch der Ableitung der Zugehörigkeitswerte bei den übrigen Kostenarten zugrunde. Für die Terminarten soll dieses Vorgehen noch einmal für die Produktentstehungszeiten anhand der *Abbildung 4.5.2.1./3.* verdeutlicht werden. So gibt auch hier das Intervall von 2.500 bis 10.000 Stunden mögliche Ausprägungen der Produktentstehungszeiten an. Für eine geschätzte Produktentstehungszeit von 5.000 Stunden ergibt sich ein Zuordnungswert von 0,76. Dieser wird durch die Gewichtung von 0,2 zum Einzelbeitrag von 0,152 relativiert.

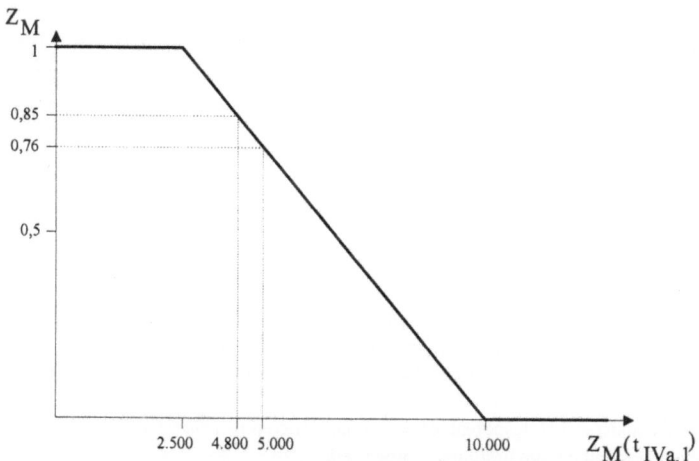

Abb. 4.5.2.1./3: *Zugehörigkeitsfunktion Produktentstehungszeit $Z_M(t_{IVa,1})$*

Die Summe der Einzelbeiträge ist der Gesamtbeitrag, den die Neuprodukt-Alternative 1 voraussichtlich zur Schaffung und Erhaltung einer "Marktorientierten Produktkonzeption" leistet. Er hat hier den Wert 0,6885. Eine Neuprodukt-Alternative 2, deren Werte in der *Tabelle 4.5.2.1./2* dargestellt sind, hat in bezug auf dieses Erfolgspotential den Wert 0,747.

Kosten- / Zeitarten (Zielkriterien)	Neuprodukt-Alternative 2				
	Variable	Planwert (Zielausprägung)	Zugehörig-keitswert $Z_M(k_{IVa,i})/$ $Z_M(k_{IVa,j})$	Gewichtung $q_{IVa,i}/q_{IVa,j}$	Einzelbeitrag
Gehaltskosten	$k_{IVa,1}$	60	0,6	0,15	0,09
Fremdleistungskosten	$k_{IVa,2}$	18	0,54	0,1	0,054
Kalk. Abschreibungen	$k_{IVa,3}$	25	0,9	0,05	0,045
Kalk. Zinsen	$k_{IVa,4}$	43	0,56	0,1	0,056
Kalk. Wagniskosten	$k_{IVa,5}$	68	0,73	0,15	0,1095
Fertigungslohnkosten	$k_{IVa,6}$	110	0,9	0,1	0,09
Materialkosten	$k_{IVa,7}$	250	0,84	0,1	0,084
Produktentstehungszeit	$t_{IVa,1}$	4800	0,85	0,2	0,17
Fertigungszeit	$t_{IVa,2}$	24	0,97	0,05	0,0485
				Gesamtbeitrag:	0,747

Tab. 4.5.2.1./2.: *Beitrag der Neuprodukt-Alternative 2 zur Schaffung von un-mittelbar neuproduktbezogenen Erfolgsvoraussetzungen des Erfolgspotentials "Marktorientierte Produktkonzeption"*

Für die anderen Erfolgspotentiale sollen die weiteren in *Tabelle 4.5.2.1./3* angegebenen Gesamtbeiträge bestimmt worden sein.

Neuprodukt-Alternativen \ Unmittelbar neu-produktbezogene Zielkriterien	IVa	Va	VIa	VIIa
1	0,6885	0,8596	0,7778	0,9224
2	0,747	0,8332	0,9254	0,9003

Tabelle 4.5.2.1./3: *Zielbeiträge alternativer Neuproduktprojekte zur 4. Zielebene*

Gemäß der Gleichungen (20), (23), (26) und (29) werden die unmittelbar neuproduktbezogenen Zielbeiträge mit den Gewichtungen des zugehörigen Zielkriteriums der nächsthöheren Zielebene bewertet. Der Ergebnisbeitrag der Neuprodukt-Alternative 1 für das Zielkriterium "Marktorientierte Produktkonzeption" errechnet sich beispielsweise aus dem kriteriumsbezogenen Gesamtbeitrag von 0,6885 multipliziert mit dem Gewichtungsfaktor $q_{IV_a} = 0,7$. Daraus ergibt sich der Wert 0,48195. Dieser Wert gibt den erwarteten Zielbeitrag der Neuprodukt-Alternative 1 im Hinblick auf die Zielsetzung Schaffung und Erhaltung des Erfolgspotentials "Marktorientierte Produktkonzeption" an. Für die anderen Zielkriterien der dritten Zielebene enthält die *Tabelle 4.5.2.1./4* die entsprechenden Werte.

Zielkriterien Neuprodukt-Alternativen	IV	V	VI	VII
1	0,48195	0,51576	0,62224	0,27672
2	0,5229	0,49992	0,74032	0,27009

Tab. 4.5.2.1./4: *Zielbeiträge alternativer Neuproduktprojekte zur 3. Zielebene*

Gleichermaßen lassen sich die Zielbeiträge entsprechend der Gleichungen (18) und (19) für die zweite Zielebene aggregieren. Die diesbezüglichen Werte zeigt die *Tabelle 4.5.2.1./5*.

Zielkriterien Neuprodukt-Alternativen	II	III
1	0,548209	0,484032
2	0,602974	0,552228

Tab. 4.5.2.1./5: *Zielbeiträge alternativer Neuproduktprojekte zur 2. Zielebene*

Über die Berechnung der Zielbeiträge für die erste Zielebene nach der Gleichung (17) läßt sich die relative Vorteilhaftigkeit beider Neuprodukt-Alternativen bestimmen. Danach weist die Neuprodukt-Alternative 1 einen Ergebnisbeitrag von 0,5161205 und die Neuprodukt-Alternative 2 einen Ergebnisbeitrag von 0,577601 aus. Da die Neuprodukt-Alternative 2 den größten Ergebnisbeitrag ausweist, ist sie relativ vorteilhaft.

b. Beurteilung alternativer neuproduktunabhängiger Projekte

Für die Beurteilung alternativer neuproduktunabhängiger Projekte kann weitgehend auf dieselbe Vorgehensweise zurückgegriffen werden, wie sie für die Beurteilung der Neuproduktprojekte vorgestellt wurde. Der Unterschied liegt allein in den Zielkriterien auf der 4. Zielebene. Als Beispiel hierzu sei der Bereich der neuproduktunabhängigen Erfolgsvoraussetzungen der "Marktorientierten Produktkonzeption" näher betrachtet. Diesem Zielbereich wurden in Abschnitt 4.4.4. die möglichen Teilziele Aufbau einer Produktforschung, Schaffung von produktspezifischem Know How und Aufbau von Kundenberatungsstellen zugeordnet. Die Erreichung dieser Teilziele kann über verschiedene Konzepte erfolgen. Diese Konzepte - so die Annahme - sind zu zwei alternativen neuproduktunabhängigen Projekten zusammengefaßt. Einige wichtige Angaben zum neuproduktunabhängigen Projekt 1 sind in der *Tabelle 4.5.2.1./6* wiedergegeben.

Neuproduktunab-	Projekt-Alternative 1			
hängige Teilziele (Zielkriterien)	Variable	Zugehörig-keitswert $Z_M(m_{IVb,r})$	Gewichtung $q_{IVb,r}$	Einzelbeitrag
Aufbau einer Produktforschung	$m_{IVb,1}$	0,8	0,3	0,24
Schaffung von produkt-spezifischem Know How	$m_{IVb,2}$	0,9	0,4	0,36
Aufbau von Kunden-beratungsstellen	$m_{IVb,3}$	0,6	0,3	0,18
			Gesamtbeitrag:	0,78

Tabelle 4.5.2.1./6: *Beitrag der neuproduktunabhängigen Projekt-Alternative 1 zur Schaffung der neuproduktunabhängigen Erfolgsvoraussetzungen des Erfolgspotentials "Marktorientierte Produktkonzeption"*

Da die Ausprägung der Zielerreichung im neuproduktunabhängigen Bereich vorwiegend qualitativ beschreibbar ist, kommt der Zugehörigkeitsfunktion neben der Bestimmung der Zugehörigkeitswerte auch die Aufgabe zu, die qualitativen Zielausprägungen zu quantifizieren. Eine Zugehörigkeitsfunktion, die diese Anforderungen erfüllt, ist für das Zielkriterium Aufbau einer Produktforschung der *Abbildung 4.5.2.1./4* zu entnehmen. Aus ihr wird ersichtlich, daß mit der Projekt-Alternative 1 ein guter Zielerreichungsgrad zu erreichen ist.

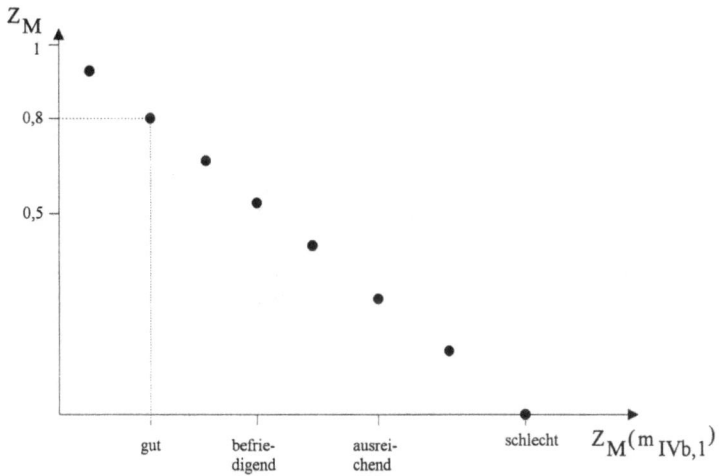

Abb. 4.5.2.1./4:   *Zugehörigkeitsfunktion Aufbau einer Produktforschung*
                     $Z_M(m_{IVb,1})$

Der Gesamtbeitrag der neuproduktunabhängigen Projekt-Alternative 1 zur Schaffung von neuproduktunabhängigen Erfolgsvoraussetzungen der Marktorientierten Produktkonzeption beläuft sich auf einen Wert von 0,78 (vgl. Tabelle 4.5.2.1./6). Diesem Wert steht der Zielbeitragswert von 0,8 der Projekt-Alternative 2 gegenüber, wie die *Tabelle 4.5.2.1./7* zeigt.

Neuproduktunab- hängige Teilziele (Zielkriterien)	Projekt-Alternative 2			
	Variable	Zugehörig- keitswert $Z_M(m_{IVb,r})$	Gewichtung $q_{IVb,r}$	Einzelbeitrag
Aufbau einer Produktforschung	$m_{IVb,1}$	0,9	0,3	0,27
Schaffung von produkt- spezifischem Know How	$m_{IVb,2}$	0,8	0,4	0,32
Aufbau von Kunden- beratungsstellen	$m_{IVb,3}$	0,7	0,3	0,21
			Gesamtbeitrag:	0,8

Tabelle 4.5.2.1./7:   *Beitrag der neuproduktunabhängigen Projekt-Alternative 2*
                        zur Schaffung der neuproduktunabhängigen Erfolgs-
                        voraussetzungen des Erfolgspotentials "Marktorientierte
                        Produktkonzeption"

Ebenso wie bei der Berechnung der Zielwerte der Neuproduktprojekte können nun die Zielbeiträge der 4. Zielebene mit den entsprechenden Gewichtungen der nächsthöheren Zielebenen bewertet und aggregiert werden. Da jedoch die neuproduktunabhängigen Zielkriterien erfolgspotentialsbezogen sind,[6] läßt sich die relative Vorteilhaftigkeit von neuproduktunabhängigen Projekt-Alternativen bereits aus den Zielbeiträgen zur Schaffung der neuproduktunabhängigen Erfolspotentiale feststellen. In dem hier erörterten Beispiel ist aufgrund des höheren Zielbeitrages die neuproduktunabhängige Projekt-Alternative 2 relativ vorteilhaft.

Im Hinblick auf die Bestimmung der erwarteten Ausprägung aller Zielkriterien in der Form von Soll-Größen sind auch die Zielbeiträge der neuproduktunabhängigen Projekte für die übrigen Zielkriterien zu berechnen. Hierzu beschränkt sich im folgenden die Berechnung der Zielbeiträge auf die relativ vorteilhaften neuproduktunabhängigen Projekte. Die *Tabelle 4.5.2.1./8* enthält die Zielbeiträge dieser Projekte für die anderen Zielkriterien auf der 4. Zielebene.

Neuproduktunabhängige Zielkriterien	IVb	Vb	VIb	VIIb
Zielausprägung	0,8	0,76	0,9	0,8

Tabelle 4.5.2.1./8: *Zielbeiträge relativ vorteilhafter neuproduktunabhängiger Projekte zur 4. Zielebene*

In gleicher Weise, wie die Bestimmung der Ausprägung der Oberzeile durch die Neuproduktprojekte erfolgte, wird auch hier im Fall der neuproduktunabhängigen Projekte vorgegangen. Die entsprechenden Zielbeiträge für die 3. Zielebene können der nachstehenden *Tabelle 4.5.2.1./9* entnommen werden.

Neuproduktunabhängige Zielkriterien	IV	V	VI	VII
Zielausprägung	0,24	0,304	0,18	0,56

Tabelle 4.5.2.1./9: *Zielbeiträge relativ vorteilhafter neuproduktunabhängiger Projekte zur 3. Zielebene*

---

6   Vgl. dazu Abschnitt 4.4.3.

Für die 2. Zielebene ergeben sich die in der *Tabelle 4.5.2.1./10* wiedergegebenen Werte.

Neuproduktunabhängige Zielkriterien	II	III
Zielausprägung	0,2352	0,332

Tabelle 4.5.2.1./10: *Zielbeiträge relativ vorteilhafter neuproduktunabhängiger Projekte zur 2. Zielebene*

Im Ergebnis leisten die relativ vorteilhaften neuproduktunabhängigen Projekte einen Zielerreichungsbeitrag von 0,2836.

Für eine ganzheitliche Sichtweise des Zielsystems der Neuproduktentstehung sind beide Bereiche, die Neuproduktprojekte und die neuproduktunabhängigen Projekte, gemeinsam zu betrachten. Die Integration soll hier in der Weise erfolgen, daß die jeweiligen Zielbeiträge sowohl der relativ vorteilhaften Neuproduktprojekte als auch der relativ vorteilhaften neuproduktunabhängige Projekte für die entsprechenden Zielkriterien zusammengefaßt und als Soll-Größen formuliert werden. Das Ergebnis dieser Vorgehensweise ist in der *Abbildung 4.5.2.1./5* ausgewiesen. Die dort ausgewiesene Soll-Größe von 0,861201 für die oberste strategische Zielsetzung der Schaffung und Erhaltung von Erfolgspotentialen gibt den erwarteten Zielerreichungsgrad bei Durchführung der relativ vorteilhaften Projekte an.

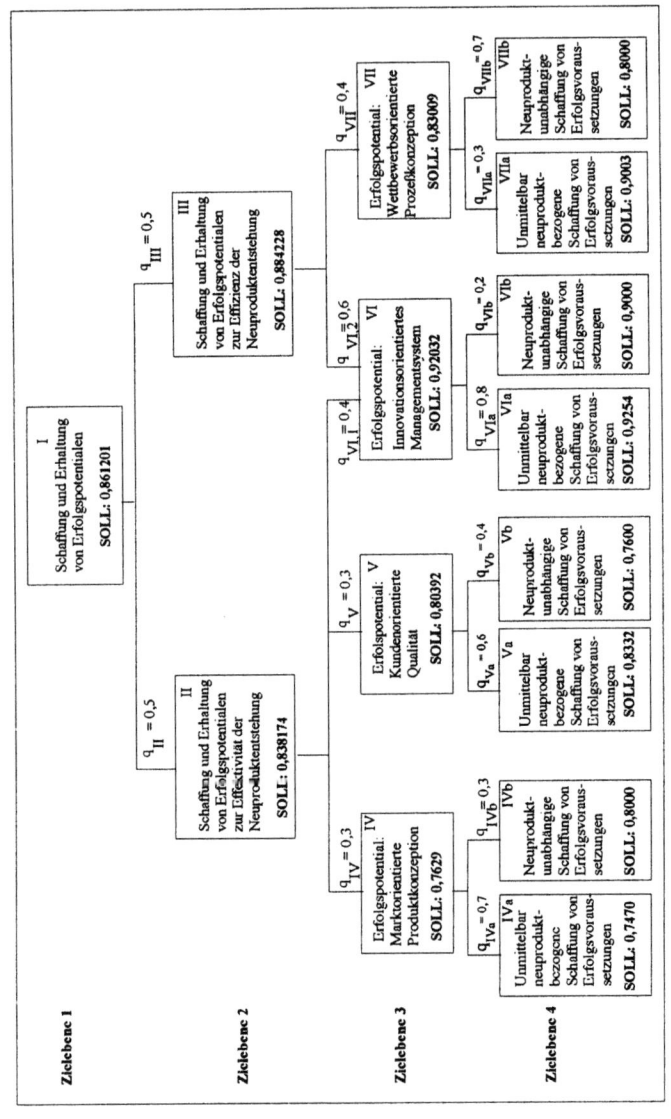

Abb. 4.5.2.1./5: *Zielsystem mit SOLL-Größen*

4.5.2.2. Soll/Wird-Vergleich

Die Formulierung von Soll-Größen für die Zielkriterien des Zielsystems der Neuproduktentstehung allein reicht nicht aus, um Erfolgspotentiale aufzubauen und zu halten. Es muß gemessen werden, ob und wie die erwarteten Zielausprägungen erreicht werden. Hieraus folgt die Aufgabe, Kontrollen der Zielerreichung durchzuführen. Zur Erreichung des strategischen Oberzieles "Erhaltung und Schaffung von Erfolgspotentialen" muß die Kontrolle unter anderem die Voraussetzung erfüllen, aus erkannten Abweichungen möglichst frühzeitig Handlungserfordernisse zu identifizieren. Eine Kontrollart, die diese Anforderung erfüllt, ist die Kontrolle in Form eines Soll/Wird-Vergleiches (Planfortschrittskontrolle).[1]

Der Soll/Wird-Vergleich stellt den Soll-Größen der Zielkriterien korrespondierende Wird-Größen gegenüber. Diese Wird- oder Prognosegrößen basieren zumeist auf Ergebnissen bereits eingeleiteter Handlungen (Ist-Größen).[2] Die aus der Gegenüberstellung von Soll- und Wird-Größen generierten Abweichungsinformationen lassen den Handlungsbedarf erkennen, um die angestrebte Zielwerte im Planungszeitraum noch zu erreichen oder um die Zielverfehlungen möglichst klein zu halten. Die folgende Beispielrechnung soll einen Soll/Wird-Vergleich in bezug auf die Erreichung der im vorangegangenen Abschnitt festgelegten Soll-Größen der Zielkriterien des Zielsystems der Neuproduktentstehung verdeutlichen.[3]

Ausgangspunkt seien wieder die Zielkriterien auf der 4. Zielebene. Entsprechend der Beispielwahl in Abschnitt 4.5.2.1. sollen im ersten Schritt die prognostizierten Zielausprägungen der Teilzielkriterien zur Schaffung von unmittelbar neuproduktbezogenen Erfolgsvoraussetzungen für das Erfolgspotential "Marktorientierte Produktkonzeption" betrachtet werden. Die entsprechenden Wird-Größen können der *Tabelle 4.5.2.2./1* entnommen werden. Der Ermittlung der Zugehörigkeitswerte, der Einzelbeiträge und des Gesamtbeitrages liegt dieselbe Vorgehensweise, wie bei der Bestimmung der Soll-Größen zugrunde.[4]

---

1   Vgl. hierzu auch Abschnitt 3.2.4.2.

2   Vgl. z.B. Brockhoff, K.: (Prognosen) S.552f.

3   Zu einer ähnlichen Beispielrechnung für den Bereich der Materialwirtschaft vgl. Heuer, M.F.: (Kontrolle) S.289ff.

4   Aus Gründen der einfacheren Vorgehensweise und Interpretation wird unterstellt, daß sich keine Veränderungen der Gewichtungen ergeben haben.

Kosten- / Zeitarten (Zielkriterien)	Neuprodukt-Alternative 2				
	Variable	Wird-Wert (Zielausprägung)	Zugehörig-keitswert $Z_M(k_{IVa,i})/$ $Z_M(k_{IVa,j})$	Gewichtung $q_{IVa,i} / q_{IVa,j}$	Wird-Einzelbeitrag
Gehaltskosten	$k_{IVa,1}$	80	0,4	0,15	0,06
Fremdleistungskosten	$k_{IVa,2}$	15	0,6	0,1	0,06
Kalk. Abschreibungen	$k_{IVa,3}$	25	0,9	0,05	0,045
Kalk. Zinsen	$k_{IVa,4}$	43	0,56	0,1	0,056
Kalk. Wagniskosten	$k_{IVa,5}$	68	0,73	0,15	0,1095
Fertigungslohnkosten	$k_{IVa,6}$	110	0,9	0,1	0,09
Materialkosten	$k_{IVa,7}$	220	0,88	0,1	0,088
Produktentstehungszeit	$t_{IVa,1}$	5200	0,62	0,2	0,124
Fertigungszeit	$t_{IVa,2}$	26	0,92	0,05	0,046
				Wird-Gesamtbeitrag:	0,6835

Tab. 4.5.2.2./1.: *Wird-Größen für die Teilziele des Zielkriteriums IVa*

Um die Abweichungen zwischen den Soll- und Wird-Größen der Einzelbeiträge der Teilzielkriterien besser erkennen zu können, ist die Gegenüberstellung beider Größen in der *Abbildung 4.5.2.2./1* visualisiert worden.

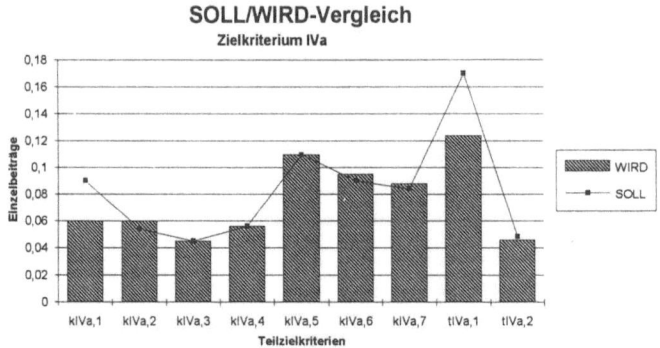

Abb. 4.5.2.2./1.:   *Gegenüberstellung von Soll- und Wird-Größen für die Teilziele des Zielkriteriums IVa*

Aus der Abbildung 4.5.2.2./1 wird deutlich, daß bei den Gehaltskosten (Soll: 0,09 zu Wird: 0,06) und den Produktentstehungszeiten (Soll: 0,17 zu Wird: 0,124) erheblich geringere Einzelbeiträge prognostiziert werden, als ursprünglich erwartet wurde. Die Ursache dafür ist eine Abweichung bei den Zielausprägungen. So wird angenommen, daß die Gehaltskosten von 60 auf 80 Mio. Geldeinheiten steigen und sich die Produktentstehungszeit von 4.800 auf 5.200 Stunden verlängert. Diese relativ großen Abweichungen können auch nicht durch die besseren Ergebnisbeiträge bei den Fremdleistungs-, Fertigungslohn- und Materialkosten kompensiert werden. Folglich wird auch der Gesamtbeitrag (Soll: 0,747 zu Wird: 0,6835) des Neuproduktprojektes für die Schaffung von unmittelbar neuproduktbezogenen Erfolgsvoraussetzungen der "Marktorientierten Produktkonzeption" geringer, wenn nicht frühzeitig gegensteuernde Maßnahmen eingeleitet werden.

Im zweiten Schritt sind nun die Zielausprägungen der Teilziele zur Schaffung von neuproduktunabhängigen Erfolgsvoraussetzungen des Erfolgspotentials "Marktorientierte Produktkonzeption" zu untersuchen. Die Wird-Größen der einzelnen Zielkriterien sind in der *Tabelle 4.5.2.2./2* enthalten.

Neuproduktunab-	Projekt-Alternative 2			
hängige Teilziele (Zielkriterien)	Variable	Zugehörig- keitswert $Z_M(m_{IVb,r})$	Gewichtung $q_{IVb,r}$	Wird- Einzelbeitrag
Aufbau einer Produktforschung	$m_{IVb,1}$	0,8	0,3	0,24
Schaffung von produkt- spezifischem Know How	$m_{IVb,2}$	0,6	0,4	0,24
Aufbau von Kunden- beratungsstellen	$m_{IVb,3}$	0,7	0,3	0,27
			Wird- Gesamtbeitrag:	0,75

Tab. 4.5.2.2./2.: *Wird-Größen für die Teilziele des Zielkriteriums IVb*

Der prognostizierte Gesamtbeitrag (Soll: 0,8 zu Wird: 0,75) des neuproduktunabhängigen Projektes erweist sich als nur unwesentlich geringer, als anfänglich geplant. Grund dafür ist eine weitgehende Kompensation der unterschiedlichen Zielausprägungen der drei Teilziele, wie der Abbildung 4.5.2.2./2 entnommen werden kann. Während bei den Teilzielkriterien $m_{IVb,1}$ (Soll: 0,27 zu Wird: 0,24) und insbesondere $m_{IVb,2}$ (Soll: 0,32 zu Wird: 0,24) eine Verfehlung gegenüber den Soll-Größen auftritt, führt der Aufbau von Kundenberatungsstellen zu einem deutlich besseren Einzelbeitrag (Soll: 0,21 zu Wird: 0,27), so daß der Gesamtzielbeitrag zur Schaffung von neuproduktunabhängigen Erfolgsvoraussetzungen durch dieses Projekt nur knapp unter dem geplanten Wert liegt.

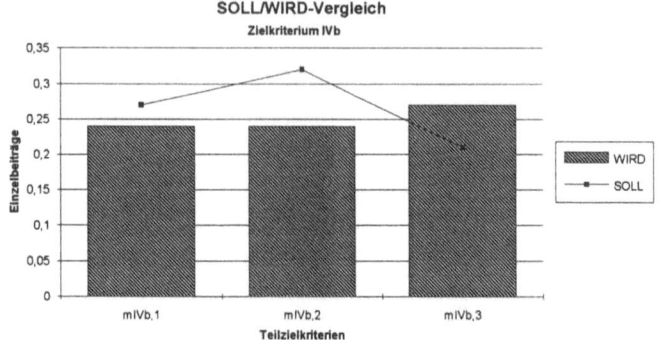

Abb. 4.5.2.2./2.:   *Gegenüberstellung von Soll- und Wird-Größen für die Teilziele des Zielkriteriums IVb*

Für die anderen Zielkriterien der 4. Zielebene sei unterstellt, daß sich die in der nachstehenden *Tabelle 4.5.2.2./3* aufgeführten Wird-Werte ergeben. Die Analysen der Abweichungen zwischen Soll- und Wird-Größen kann analog erfolgen, wie dies für die Zielkriterien IVa und IVb gezeigt wurde.

Zielkri-terien	IVa	IVb	Va	Vb	VIa	VIb	VIIa	VIIb
Wird-Größen	0,6835	0,7500	0,8552	0,8200	0,8005	0,9000	0,7800	0,7000

Tab. 4.5.2.2./3.: *Wird-Größen der Zielkriterien der 4. Zielebene*

Durch die Multiplikation mit den Gewichtungen für die 3. Zielebene lassen sich die Wird-Werte für die Zielkriterien der 3. Zielebene bestimmen. Sie sind in der *Tabelle 4.5.2.2./4* wiedergegeben.

Zielkriterium	IV	V	VI	VII
Wird-Größen	0,7034	0,8413	0,8204	0,7240

Tab. 4.5.2.2./4.: *Wird-Größen der Zielkriterien der 3. Zielebene*

Die graphische Darstellung der Abweichungen in *Abbildung 4.5.2.2./3* zeigt, daß sich die Zielverfehlungen der Projekte negativ auf den Aufbau und Erhalt der Erfolgspotentiale "Marktorientierte Produktkonzeption" (Soll: 0,7629 zu Wird: 0,7034), "Innovationsorientiertes Managementsystem" (Soll: 0,92032 zu Wird: 0,8204) und "Wettbewerbsorientierte Prozeßkonzeption" (Soll: 0,83009 zu Wird: 0,7240) auswirken. Besser als erwartet erscheint dagegen die Schaffung und Sicherung des Erfolgspotential "Kundenorientierte Qualität" (Soll: 0,80392 zu Wird: 0,841312) zu erfolgen.

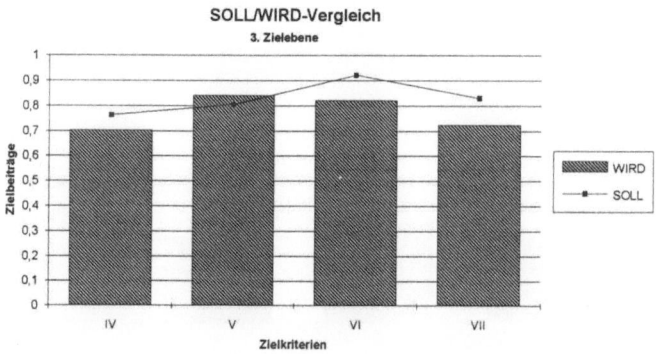

Abb. 4.5.2.2./3.:   *Gegenüberstellung von Soll- und Wird-Größen für die Zielkriterien der 3. Zielebene*

Als Wird-Größen für die 1. und 2. Zielebene ergeben sich nach Berechnung der entsprechenden Produkte und deren Addition die in der *Tabelle 4.5.2.2./5* enthaltenen Werte.

Zielkriterien	I	II	III
Wird-Größen	0,78999	0,79158	0,7884

Tab. 4.5.2.2./5.: *Wird-Größen der Zielkriterien der 1. und 2. Zielebene*

Die Abweichungen für die 1. und 2. Zielebene sind in der *Abbildung 4.5.2.2./4* dargestellt. Ihr ist zu entnehmen, daß nach dieser Beispielrechnung kein Zielkriterium erreicht wird. Die Abweichung bei der Schaffung und Erhaltung von Erfolgspotentialen zur Effizienz der Neuproduktentstehung liegt mit circa 11% unter den geplanten Zielwert (Soll: 0,884228 zu Wird: 0,7884). Bei der Schaffung und Erhaltung von Erfolgspotentialen zur Effektivität der Neuproduktentstehung beträgt die Differenz etwa 5,5% (Soll: 0,838174 zu Wird: 0,79158). Dies führt zu einer Verfehlung der obersten Zielsetzung um mehr als 8% (Soll: 0,861201 zu Wird: 0,78999).

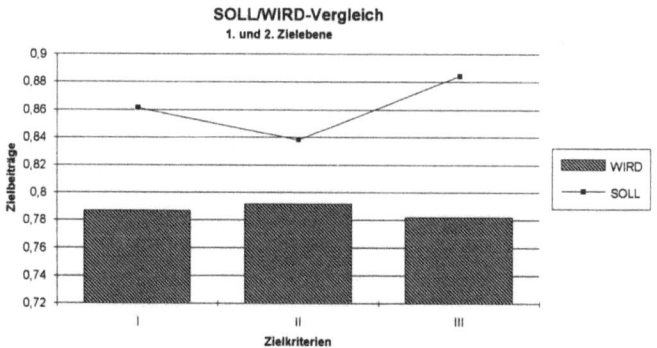

Abb. 4.5.2.2./4.:   *Gegenüberstellung von Soll- und Wird-Größen für die Zielkriterien der 1. und 2. Zielebene*

Nachdem nun die Anwendung des in Abschnitt 4.5.1. entwickelten Verfahrens beispielhaft dargestellt wurde, ist noch kurz eine abschließende Bewertung vorzunehmen.[5] Als Vorteile des hier vorgestellten Verfahrens lassen sich nennen:

- Bereitstellung von aggregierten Kennzahlen zur Steuerung der Zielerreichung,
- relativ einfache und gut nachvollziehbare Ermittlung der Kennzahlen,
- leicht verständliche Interpretation von Ergebnissen,
- die integrierte Betrachtung von Ursachen für Zielverfehlungen und deren Auswirkungen,
- Handlungserfordernisse werden schnell sichtbar.

---

5   Für die Beurteilung des Verfahrens gelten weitgehend die gleichen Aussagen, wie für die Nutzwertanalyse. Vgl. dazu z.B. Götze,U./Bloech,J.: (Investitionsrechnung) S.140f.; Rürup,B.: (Nutzwertanalyse) S.112

Probleme dürften sich insbesondere aus der Zuordnung der Kosten- und Zeitarten zu den einzelnen Erfolgspotentialen, der Gewichtung der Zielkriterien sowie der Bestimmung der Zugehörigkeitsfunktionen ergeben. Die Problematik der Kosten- und Zeitzuordnung ist in Folge einer stärker prozeßorientierten Gestaltung der Unternehmensaktivitäten vor allem mit Hilfe einer Prozeßkostenrechnung relativ leicht zu lösen. Da die Nutzwertanalyse ein in der Praxis bereits häufig angewandtes Verfahren ist,[6] scheint auch die Bewältigung der verbleibenden Problembereiche ohne große Schwierigkeiten möglich zu sein.[7]

---

6   Vgl. Schneeweiß,C.: (Planung) S.120
7   Es ist zur Anwendung der Nutzwertanalyse allerdings darauf hinzuweisen, daß aus nutzentheoretischer Sicht kritisiert wird, daß die Bestimmung der Transformationsfunktionen und möglicherweise auch die Gewichtung verschiedener Attribute unabhängig von einander erfolgt, so daß Inkonsistenzen auftreten können, die unter anderem die Bedingungen für die Anwendung einer additiven Gesamtnutzenfunktion in Frage stellen. Vgl. hierzu Götze,U./Bloech,J.: (Investitionsrechnung) S.141 u. 170; Schneeweiß,C.: (Planung) S.148f.

5. Schlußbetrachtung

Ziel der vorliegenden Arbeit war es, eine Management- und Controllingkonzeption zu entwickeln, die dazu beiträgt, neue industrielle Produkte effektiv und effizient hervorzubringen. Nach einer einleitenden Abgrenzung des Neuproduktbegriffs wurden im ersten Hauptteil der Arbeit zunächst die Chancen und Risiken der industriellen Neuproduktentstehung sowie die Ursachen für Mißerfolge herausgearbeitet. Dabei zeigte sich, daß Mißerfolge vielfach auf Managementfehler zurückzuführen sind. Anschließend wurde die Neuproduktentstehung als phasenstrukturierter Entscheidungsprozeß dargestellt.

Im Hinblick auf eine effektive und effiziente Gestaltung der Neuproduktentstehung wurde im zweiten Hauptteil eine Management- und Controllingkonzeption der Neuproduktentstehung als Teil des Führungssystems der Unternehmung vorgestellt. Der Untersuchungsschwerpunkt lag dabei auf ein neuproduktentstehungsbezogenes Planungs- und Kontrollsystem, das der vorausschauenden zielorientierten Gestaltung der Neuproduktentstehung dienen soll. Es folgte eine ausführliche Diskussion möglicher Ziele zur Gestaltung der Neuproduktentstehung. Darauf aufbauend wurde ein Zielsystem der Neuproduktentstehung zur Schaffung und Sicherung von Erfolgspotentialen formuliert. Mit der Nutzwertanalyse und der Fuzzy-Set-Theorie ist dann ein Verfahren erörtert worden, das den Aufbau des Zielsystems und die Kontrolle der Zielerreichung unterstützt. In welcher Weise sich dieses Verfahren in der Praxis anwenden läßt, kann hier nicht allgemeinverbindlich geklärt werden. Offensichtlich ist jedoch, daß in diesem Zusammenhang auch andere Verfahren und Instrumente zum Einsatz kommen müssen, die auch zur Ergänzung des hier vorgestellten Verfahrens beitragen können. So erscheint z.B. eine kombinierte Anwendung der Nutzwertanalyse mit Fuzzy-Set-Logic und den Verfahren der Investitionsrechnung unter Unsicherheit sinnvoll.[1]

Weitere Forschungsgebiete im Hinblick auf eine Konzeption des Managements der Neuproduktentstehung könnten sich auf die organisatorische Zuordnung der strategischen Planung und Kontrolle der Neuproduktentstehung beziehen. Insbesondere die organisatorische Gestaltung der Abstimmung zwischen der neuproduktentstehungsbezogenen Umwelt- und Unternehmensanalyse und der allgemeinen strategischen Unternehmensplanung sollten aufgegriffen werden. Hinsichtlich des Controllings im allgemeinen und des Controllings der Neuproduktentstehung im besonderen erscheint eine Analyse von Controllingzielen in der Praxis und die Ausarbeitung von Gütekriterien des Controllings noch weitgehend zu fehlen.

Forschungsarbeiten in diesem Bereich können Hilfestellungen zur systematischen Erschließung von Erfolgspotentialen für die Unternehmen bieten und zur Sicherung des Wirtschaftsstandortes Bundesrepublik Deutschland beitragen.

---

1   Vgl. dazu bsw. Rürup,B.: (Nutzwertanalyse) S.112; Götze,U./Bloech,J.: (Investitionsrechnung) S.140

Literaturverzeichnis

Abell,D.F.: Defining the Business: The starting Point of (Strategic Planning). Englewood, Cliffs-New Jersey, 1980

Abernathy,W.J./Utterback,J.M.: (Patterns) of Industrial Innovation. In: Tushman,M.L./Moore,W.L. (Hrsg.): Readings in the Management of Innovation. London u.a., S.97-108

Ackoff,R.L.: Beyond (prediction) and preparation. In: JoMS, Vol.20., 1983, S.59-69

Adam,D.: Kurzlehrbuch (Planung). Wiesbaden, 1980

Agthe,K./Simon,V.: (Wettbewerbsstärke), Einflußfaktor der strategischen Planung. In: Szyperski,N. unter Mitarbeit von Winand,U. (Hrsg.): Handwörterbuch der Planung. Stuttgart, 1989, Sp.2228-2234

Agthe,K.: (Controller). In: Grochla,E. (Hrsg.): Enzyklopedie der Betriebswirtschaftslehre. Bd. II, Handwörterbuch der Organisation, Stuttgart, 1969, Sp.351-362

Akoa,Y.: (Quality) Function Development.Wie die Japaner Kundenwünsche in Qualitätsprodukte umsetzen. Landsberg, 1992

Albach,H./de Pay,D./Rojas,R./Albruschat,J.:(Quellen), Zeiten und Kosten von Innovationen. In: ZfB, 61.Jg., 1991, S.309-324

Albach,H.: (Innovationsstrategien) zur Verbesserung der Wettbewerbsfähigkeit. In: ZfB, 59.Jg., 1989, S.1338-1352

Albach,H.: (Investitionspolitik) erfolgreicher Unternehmen. In: ZfB, 57.Jg., 1987, S.636-661

Albach,H.: (Ungewißheit) und Unsicherheit. In: Grochla,E. und Wittmann,W. (Hrsg.): Handwörterbuch der Betriebswirtschaft. 4.Aufl., Stuttgart, 1976, Sp. 4036-4041

Albach,H.: Die (Innovationsdynamik) der mittelständischen Industrie. In: Albach,H./Held,T. (Hrsg.): Betriebswirtschaftslehre mittelständischer Unternehmen. Stuttgart, 1984, S.35-50

Albert,I.: (Meilenstein-Trendanalyse), Terminüberwachung von Entwicklungsprojekten. In: Innovation, 3.Jg., H.2, 1985, S.155-160

Albrecht,B.: (Produktpositionierung). In: Marketing-Enzyklopädie, Bd.3, München, 1975

Allaire,Y./Firsirotu,M.E.: Theories of (organisational culture). In: Organisation Studies 5, Nr.3, S.193-226

Allesch,J./Klasmann,G.: PRIMA - (Produktinnovationsmanagement) in technologieintensiven kleinen und mittleren Unternehmen. 18 praxisorientierte Fallstudien. Köln, 1989

Amshoff,B.: (Controlling) in deutschen Unternehmungen. Realtypen, Kontext und Effizienz. 2.Aufl., Wiesbaden, 1993

Ansoff,H.I./Declerck,R.P./Hayes,R.L. (Hrsg.): From (strategic planning) to strategic management. London u.a., 1976

Ansoff,H.I./Steward,M.: (Strategies) for a technology-based business. In: Rothberg,R.R. (Hrsg.): Corporate strategy and product innovation. New York-London, 1981, S.81-97

Ansoff,H.I.: (Management) Strategien (deutsche Übersetzung: Corporate strategy. An Analytic Approach to Business Policy for Growth and Expansion. New York, u.a. 1965, München, 1966

Ansoff,H.I.: (Management-Strategie). München, 1966

Ansoff,H.I.: (Strategic Issue Management). European Institute for Advanced Studies in Management. Brüssel, 1979

Ansoff,H.I.: (Strategic management). London-Basingstoke, 1979

Ansoff,H.I.: Corporate capability for (managing change). SRI-International-Business Intelligence Program Research-Report No.610, 1978

Ansoff,H.I.: Die Bewältigung von Überraschungen und Diskontinuitäten durch die (Unternehmensführung)- Strategische Reaktionen auf schwache Signale - In: Steinmann,H. (Hrsg.): Planung und Kontrolle. München, 1981, S.233-264

Ansoff,H.I.: Managing Surprise and (Discontinuity-Strategic) Response to weak Signals. In: ZfbF, 28.Jg., 1976, S.129-152

Ansoff,H.I.: Strategies for (Diversification). In HBR, Vol.35, 1957, S.113-124

Anthony,R.N.: (Management) Accounting Principles. Homewood, 1964

Arbeitskreis (Integrierte Unternehmungsplanung) der Schmalenbach-Gesellschaft/Deutsche Gesellschaft für Betriebswirtschaft e.V., Grenzen der Planung -Herausforderung an das Management. In: ZfbF, 43.Jg., 1991, S.811-829

Arbeitskreis Hax der Schmalenbachgesellschaft: (Forschung und Entwicklung) als Gegenstand unternehmerischer Entscheidungen. In: ZfbF, 20.Jg., 1968, S.549-580

Arbeitskreis Krähe der Schmalenbach-Gesellschaft - Deutsche Gesellschaft für Betriebswirtschaft e.V.: (Unternehmensorganisation). 5.Aufl., Stuttgart, 1985

Backhaus,K./Weiss,P.A.: (Integration) von betriebswirtschaftlich und technisch orientierten Systemtechnologien in der Fabrik der Zukunft. In: Adam,D.: Fertigungssteuerung I. Grundlagen der Produktionsplanung und -steuerung. Wiesbaden, 1988, S.49-72

Baetge,J./Fischer,T.: (Simulationstechniken). In: Szyperski,N. unter Mitarbeit von Winand,U. (Hrsg.): Handwörterbuch der Planung, Stuttgart, 1989, Sp.1782-1795

Baetge,J./Fischer,T.: (Systemanalyse). In: Szyperski,N. unter Mitarbeit von Winand,U. (Hrsg.): Handwörterbuch der Planung. Stuttgart, 1989, Sp.1944-1952

Bamberg,G./Coenenberg,A.G.: (Entscheidungstheorie). In: HdWW, Bd 2, Stuttgart-New York-Tübingen-Göttingen-Zürich, 1980

Bamberg,G./Coenenberg,A.G.: betriebswirtschaftliche (Entscheidungslehre). 5. Aufl. München, 1989

Bamberger,I.: Commitment und (Willensbildung). In: Szyperski,N. unter Mitarbeit von Winand,U. (Hrsg.): Handwörterbuch der Planung. Stuttgart, 1989, Sp.199-209

Barzel,Y,: (Transaction Costs): Are They Just Costs? In: JoITE. Vol.141, S.4-16

BATTELLE-Institut: (Forschung) und Entwicklung in der Bundesrepublik Deutschland - Analysen und Vorschau für das Jahr 1987

Baumgartner,B.: Die (Controller-Konzeption). Theoretische Darstellung und praktische Anwendung. Bern-Stuttgart, 1980

Bea,F.X.: (Entscheidungen) des Unternehmens. In: Bea,F.X./Dichtl,E./Schweitzer,M. (Hrsg.): Allgemeine Betriebswirtschaftslehre, Bd.1: Grundfragen, 4.Aufl., Stuttgart, 1988

Becker,J.: (Grundlagen) des Marketing-Managements.23. Aufl., München, 1988

Beckurts,K.H.: (Forschungs- und Entwicklungsmanagement) - Mittel zur Gestaltung der Innovation. In: Blohm,H./ Danert,G. (Hrsg.): Forschungs- und Entwicklungsmanagement S.15-39

Bellmann,R./Zadeh,L.A.: Decision -Making in a (Fuzzy Environment). In: MS, Vol.16, 1970, S.141-164

Bertalanffy v.,L.: General (systems) theory: A new approach to the unity of science. In: Human Biology, Vol.23, 1951, S.302-361

Berthel,J.: Betriebliche (Informationssysteme). Stuttgart, 1975

Berthel,J.: Verhindern (Führungsdefizite) Innovationen? Innovationsorientierung in der Unternehmensführung. In: ZfO, Jg.56, 1987, S.5-13

Berthold,K.: (Grundlagenforschung) industrieller Großunternehmen in der Bundesrepublik Deutschland. Berlin, 1969

Beyer,H.-T.: Die Lehre der (Unternehmensführung). Berlin, 1970

Binner,H.: (Auswirkungen) der Lean Production auf bestehende Logistik-Strukturen. In: Logistik im Unternehmen, 6.Jg., 1992, S.6-14

Bircher,B.: (Planungssystem). In: Szyperski,N. unter Mitarbeit von Winand,U. (Hrsg.): Handwörterbuch der Planung. Stuttgart, 1989, Sp.1503-1515

Bircher,B.: Langfristige (Unternehmensplanung) - Konzepte, Erkenntnisse und Modelle auf systemtheoretischer Grundlage. Bern-Stuttgart, 1976

Birkigt,K./Stadtler,M./Funck,H.J. (Hrsg.): (Corporate Identity): Grundlagen, Funktionen, Fallbeispiele. 4.Aufl., Landsberg, 1988

Bitz,M.: (Entscheidungstheorie). Grundbegriffe und -probleme. Hagen, 1985

Bitz,M.: (Strukturierung) ökonomischer Entscheidungsmodelle. Wiesbaden, 1977

Bleicher,F.: Effiziente (Forschung) und Entwicklung. Personelle, organisatorische und führungstechnische Instrumente. Diss., Wiesbaden, 1990

Bleicher,K./Meyer,E.: (Führung) in der Unternehmung - Formen und Modelle. Reinbeck bei Hamburg, 1976

Bleicher,K.: (Führung). In: Grochla,E. (Hrsg.): Handwörterbuch der Organisation. 2.Aufl., Stuttgart, 1980, Sp.729-744

Bleicher,K.: (Grenzen) des Rechnungswesens für die Lenkung der Unternehmensentwicklung. In: Lücke,W. (Hrsg.): Betriebswirtschaftliche Steuerungs- und Kontrollprobleme. Wiesbaden, 1988, S.33-47

Bleicher,K.: (Metaplanung) In: Szyperski,N. unter Mitarbeit von Winand,U. (Hrsg.): Handwörterbuch der Planung. Stuttgart, 1989, Sp. 1119-1129

Bleicher,K.: (Organisation). In: Bea,F.X./Dichtl,E./Schweitzer,M. (Hrsg.): Allgemeine Betriebswirtschaftslehre, Bd.2: Führung, 5.Aufl., Stuttgart, 1991, S.101-184

Bleicher,K.: (Unternehmenskultur) und strategische Unternehmensführung. In: Hahn,D./Taylor,B. (Hrsg.): Strategische Unternehmensplanung. Stand und Entwicklungstendenzen. 4.Aufl., Heidelberg-Wien, 1986, S.757-797

Bleicher,K.: (Unternehmungsentwicklung) und organisatorische Gestaltung. Stuttgart-NewYork, 1979

Bleicher,K.: Organisation. (Strategien) - Strukturen - Kulturen. 2.Aufl., Wiesbaden, 1991
Bleicher,K.: Strukturen und (Kulturen) der Organisation im Umbruch. In: Zeitschrift für Führung und Organisation 55, Nr.2, 1986, S.97-108
Bloech,J./Bogaschewsky,R./Götze,U./ Roland,F.: (Einführung) in die Produktion. Heidelberg, 1992
Bloech,J./Lücke,W.: (Fertigungswirtschaft) In: Bea,F.X./Dichtl,E./Schweitzer,M. (Hrsg.): Allgemeine Betriebswirtschaftslehre, Bd.3: Leistungsprozeß. Stuttgart-New York, 1985, S.47-90
Bloech,J./Lücke,W.: (Produktionswirtschaft). Stuttgart-New York, 1982
Bloech,J./Pinkas,W.: (Graphentheorie) und Netzplantechnik. Göttingen, 1989
Bloech,J./Rottenbacher,S. (Hrsg.): (Materialwirtschaft) - Kostenanalyse, Ergebnisdarstellung und Planungsansätze - Eine komplexe Aufgabenstellung. Stuttgart, 1986
Bloech,J.: (Einführung) in die Unternehmensforschung für Wirtschaftsstudenten. Göttingen, 1989
Bloech,J.: (Industrieller Standort). In: Schweitzer,M. (Hrsg.): Industriebetriebslehre. München, 1990, S.61-145
Bloech,J.: (Standort), betrieblicher. In: Handwörterbuch der Produktionswirtschaft. Stuttgart, 1979, Sp.1875-1885
Bloech,J.: Lineare (Optimierung) für Wirtschaftswissenschaftler. Opladen, 1974
Bloech,J/Götze,U./Sierke,B.R.A.: Vom Entscheidungsorientierten (Rechnungswesen) zum Managementorientierten Rechnungswesen. In: Bloech,J/Götze,U./Sierke,B.R.A. (Hrsg.): Managementorientiertes Rechnungswesen. Konzepte und Analysen zur Entscheidungsvorbereitung. Wiesbaden, 1993, S.1-20
Blohm,H./Beer,T./Seidenberg,U./Silber,H.: (Produktionswirtschaft). 2.Aufl., Herne-Berlin, 1988
Blohm,H./Lüder,K.: (Investition). 7.Aufl., München, 1991
Blohm,H.: (Berichtswesen), betriebliches. In: Management Enzyklopädie, Bd.1, München, 1982, S.866-876
Blum,E.: (Betriebsorganisation). Methoden und Techniken. 3.Aufl., Wiesbaden, 1991
Böcker,F./Dichtl,E.: (Marketing). In: Bea,F.X./Dichtl,E./Schweitzer,M. (Hrsg.): Allgemeine Betriebswirtschaftslehre, Bd.3:Leistungsprozeß, 5.Aufl.,Stuttgart, 1991, S.121-182
Böcker,F./Dichtl,E.: (Produktpolitik) In: Bea,F.X./Dichtl,E./Schweitzer,M. (Hrsg.): Allgemeine Betriebswirtschaftslehre, Bd.3:Leistungsprozeß, 2.Aufl., Stuttgart, 1985, S.102-112
Boetticher,K.W.: Unternehmer oder Manager: (Grundprobleme) industrieller Führerschaft. Köln-Berlin, 1963
Bogaschewsky,R.: (Lean Production). In: ZP, H.3, 1992, S.275-298
Böhler,H.: (Portfolio-Analysetechniken). In: Szyperski,N. unter Mitarbeit von Winand,U. (Hrsg.): Handwörterbuch der Planung. Stuttgart, 1989, Sp.1548-1559
Bohr,K.: Zum Verhältnis von klassischer Investitions- und kostenorientierter (Kostenrechnung). In: ZfB, 58.Jg., 1988, S.1171-1180
Booz, Allen und Hamilton: (Diversifikation) in neue Produkte. Wien, 1983
Booz, Allen und Hamilton: (Management) of New Products. New York, 1968
Bösenberg,D./Metzen,H.: Lean (Management). Landsberg am Lech, 1992
Bösherz,F.: Die (Arbeitsvorbereitung). Aufgabe und Gestaltung in einer sich wandelnden Wirtschaft. Grafenau/Württ., 1981
Bössmann,E.: Unternehmungen, Märkte, (Transaktionskosten): Die Koordination ökonomischer Aktivitäten. In: WiSt, 12.Jg., 1983, S.105-111
Böttcher,H.D.: (Instrumente) zur Fertigungsstrategiebildung. Eine theoretisch-empirische Untersuchung am Beispiel der deutschen Automobilzulieferindustrie. Diss., Bergisch Gladbach-Köln, 1990
Bracker,J.: The (historical development) of strategic management concepts. In: AMR 5, 1980, S.219-224
Braess,H.-H.: (Konstruktion), Berechnung und Versuch - zunehmende Partnerschaft auch in der Automobiltechnik. In: Automobiltechnische Zeitschrift 87, H.7/8, 1985, S.327-333
Bramsemann,R.: Handbuch (Controlling). 2.Aufl., München-Wien, 1990
Brankamp,K./Barz,E./Keukler,K.: Der (Betriebsmittelbau) - ein Schwerpunkt der Organisationsmaßnahmen im Unternehmen. MFF-Bericht, Nr. 6, Hannover, 1980
Brankamp,K.: (Planung) und Entwicklung neuer Produkte. Berlin, 1971
Braun, v., C.-F.: Die (Beschleunigungsfalle). In: ZP, H.1, 1991, S.51-70
Braun, v., C.-F.: Die Beschleunigungsfalle in der (Praxis). In: ZP, H.3, 1991, S.267-289
Braverman,H.: Die Arbeit im modernen (Produktionsprozeß). Frankfurt-New York, 1977
Braybrooke,D./Lindblom,C.E.: A (strategy) of decision: Policy evolution as a social process. New York, 1963
Breitschwerdt,W.: Von der Idee zum (Produkt), Forschung und Entwicklung im Großunternehmen. Stuttgart-Kiel, 1988
Brenken,D.: Strategische (Unternehmensführung) und Ökologie. Bergisch Gladbach-Köln, 1988
Brink,H.-J.: (Planung). In: Gabler Wirtschaftslexikon, 11.Aufl., Wiesbaden, 1984, Sp.731-740
Brink,H.-J.: Die (Koordination) funktionaler Teilbereiche der Unternehmung: Die rekursive Abstimmung der Beschaffungsplanung mit der Produktions- und Absatzplanung. Stuttgart, 1981

- 252 -

Brockhoff, K.: (Prognosen). In: Bea,F.X./Dichtl,E./Schweitzer,M. (Hrsg.): Allgemeine Betriebswirtschaftslehre, Bd.2: Führung, 5.Aufl., Stuttgart, 1991, S.551-592

Brockhoff,K./Ghyczy v.,T.G.J./Wilhelm,W.: (F&E-Enquete). In: Manager Magazin, 1988, S.218-229

Brockhoff,K./Urban,C.: Die (Beeinflussung) der Entwicklungsdauer. In: ZfbF, Sonderheft 23, 40.Jg., 1988, S.1-42

Brockhoff,K.: Technologischer (Wandel) und Unternehmenspolitik. In: ZfbF. 36.Jg., H.8/9, 1984, S.619-635

Brockhoff,K.: (Effizienz) von Forschung und Entwicklung. In: Staudt,E. (Hrsg.): Das Management von Innovationen. Frankfurt, 1986, S.343-355

Brockhoff,K.: (Forschung und Entwicklung). In: Baetge,J. u.a. (Hrsg.): Vahlens Kompendium der BWL. Bd.1, München, 1984, S.159-186

Brockhoff,K.: (Forschung) und Entwicklung. Planung und Kontrolle. München, 1992

Brockhoff,K.: (Forschungsprojekte) und Forschungsprogramme: ihre Bewertung und Auswahl. 2.Aufl. Wiesbaden, 1973

Brockhoff,K.: (Funktionsbereichsstrategien), Wettbewerbsvorteile und Bewertungskriterien. In: ZfB, 60.Jg., 1990, S.451-472

Brockhoff,K.: (Produktpolitik). 2.Aufl., Stuttgart, 1988

Brockhoff,K.: (Schnittstellenmanagement). Abstimmungsprobleme zwischen Marketing und Forschung und Entwicklung. Stuttgart, 1989

Brockhoff,K.: (Stärken) und Schwächen industrieller Forschung und Entwicklung: Umfrageergebnisse aus der Bundesrepublik Deutschland. Stuttgart, 1990

Brockhoff,K.: (Stärken) und Schwächen industrieller Forschung und Entwicklung. In: Mazanec,J./Scheuch,F. (Hrsg.): Marktorientierte Unternehmensführung: Wissenschaftliche Tagung an der Wirtschaftsuniversität Wien, 1983, Wien, 1984, S.337-374

Brockhoff,K.: (Wettbewerbsfähigkeit) und Innovation. In: Dichtl,E./Gerke,W./Kieser,A. (Hrsg.): Innovation und Wettbewerb. Wiesbaden, 1987, S.53-74

Brockhoff,K.: Die (Produktinnovationsrate) als Instrument der strategischen Unternehmensplanung. In ZfB, 55.Jg., 1985, S.451-476

Brockhoff,K.: Die Produktinnovationsrate im (Lagebericht). In: DB, 34.Jg., 1981, S.433-437

Brockhoff,K.: Technologischer (Wandel) und Unternehmenspolitik. In: ZfbF, 36.Jg., 1984, S.539-572

Bronner,A.: (Einsatz) der Wertanalyse in Fertigungsbetrieben. Köln, 1989

Bronner,R./Wossidlo,P.R.: (Experimente) zum Informationsverhalten. In: Witte,E./Hauschildt,J./Grün,O.: Innovative Entscheidungsprozesse. Die Ergebnisse des Projektes "Columbus". Tübingen, 1988, S.241-267

Bronner,R,: (Grenzen) der Planung und Planungszwänge. In: Szyperski,N. unter Mitarbeit von Winand,U. (Hrsg.): Handwörterbuch der Planung. Stuttgart, 1989, Sp.590-598

Brose,P.: (Planung), Bewertung und Kontrolle technologischer Innovationen. Diss., Berlin, 1982

Bruhn,M./Stauss,B.: (Dienstleistungsqualität). Wiesbaden, 1991

Bruhn,M.: (Qualitätssicherung) im Dienstleistungsmarketing - eine Einführung in die theoretischen und praktischen Probleme. In Bruhn,M./Stauss,B. (Hrsg.): Dienstleistungsqualität. Konzepte - Methoden - Erfahrungen. Wiesbaden, 1991, S.19-47

Brunner,J.: (Interaktive) Fuzzy Optimierung. Entwicklung eines Entscheidungsunterstützungssystems. In: Achterhagen,F./Biethahn,J./Bloech,J./Faßheber,P./Gabisch,G./Hesse,H./Lüer,G./Scholl,W. (Hrsg.): Handeln und Entscheiden in komplexen ökonomischen Situationen. Bd.11, Heidelberg, 1994

Buchner,M.: (Controlling)- Ein Schlagwort? Eine kritische Analyse der betriebswirtschaftlichen Diskussion um die Controlling-Konzeption. Europäische Hochschulschriften, Reihe V Volks- und Betriebswirtschaft, Bd.317, Frankfurt am Main-Bern, 1981

Bühner,R.: (Strategie) und Organisation. Wiesbaden, 1985

Bullinger,H.-J.: IAO-Studie F&E-heute: Industrielle (Entwicklung) in der Bundesrepublik Deutschland. München, 1990

Bullinger,H.J.: (Technologiemanagement) als Führungsaufgabe. In: FhG-Berichte, H.2, 1988

Bundesverband Deutscher Unternehmensberater BDU e.V. Fachverband Unternehmensführung und Controlling (Hrsg.): (Controlling). Ein Instrument zur ergebnisorientierten Unternehmenssteuerung und langfristigen Existenzsicherung. Leitfaden für Controllingpraxis und Unternehmensberatung. Berlin, 1989

Bürgel,H.D.: (Projektcontrolling). Planung, Steuerung und Kontrolle von Projekten. In: Controlling, 1/1989, S.4-9

Burger,A.: Entscheidungsorientierte Kostenrechnung für die flexibel automatisierte (Fertigung). Stuttgart, 1992

Burkert,W.: (Zielsystem). In: Platz,J./Schmelzer,H.J. (Hrsg.): Projektmanagement in der industriellen Forschung und Entwicklung. Berlin-Heidelberg-New York-London-Paris-Tokyo, 1986, S.89-106

Buscher,U./Roland,F.: (Fuzzy-Sets) in der Linearen Optimierung. In: WiSt, 22.Jg., 1993, S.313-317
Busse v. Colbe,W./Laßmann,G.: (Betriebswirtschaftstheorie). Bd.I: Grundlagen, Produktions- und Kostentheorie. 4.Aufl., Berlin-Heidelberg u.a., 1988
Busse v. Colbe,W.: (Budgetierung) und Planung. In: Szyperski,N. unter Mitarbeit von Winand,U. (Hrsg.): Handwörterbuch der Planung. Stuttgart, 1989, Sp.176-182
Buttlar,A.: "(Made in Germany) noch in ?". In: Interview Analyse Nr.8, 1981
Buzzell,R.D./Gale,B.T.: Das (PIMS-Programm). Strategien und Unternehmenserfolg. Wiesbaden, 1989
Calantone,R./Cooper,R.G.: New (Product) Scenarios: Prospects of Success In: JoM. Vol.45, 1981, S.48-60
Camp,R.,C.: (Benchmarking). The Search for Industry Best Practices that lead to Superior Performance. New York, 1989
Cecchini,P.: (Europa '92) - Der Vorteil des Binnenmarktes. Baden-Baden, 1988
Chandler,A.D. jr.: (Strategy) and Structure. Chapter in the History of Industrial Enterprise. 3.Aufl., Cambridge Massachusetts-London, 1966
Chandler,A.D. jr.: The visible hand: The (managerial) revolution in American business. Cambridge Massachusetts, 1977
Chin,R.: The (utility) of system models and development models for practitioners. In: Bennis,G./Benne,K.D./Chin,R. (Hrsg.): The planning of change. 2.Aufl., New York u.a., 1969
Christensen,C.R./Andrews,K.R./Bower,J.L./Hamermesh,R.G./ Porter,M.E.: Business (policy): Text ans cases. 5.Aufl. Homewood/Ill. 1982
Coenenberg,A.G./Baum,H.-G.: (Strategisches Controlling). Grundfragen der strategischen Planung und Kontrolle. Stuttgart, 1987
Coenenberg,A.G./Hille,K.: (Revision) und Planung. In: Szyperski,N. unter Mitarbeit von Winand,U. (Hrsg.): Handwörterbuch der Planung. Stuttgart, 1989, Sp.1731-1743
Coenenberg,A.G.: (Kostenrechnung) und Kostenanalyse. Landsberg am Lech, 1992
Cooper,R.G.: The (Dimensions) of Industrial New Products Success and Failure. In: JoM, Vol.43, 1979, S.93-103
Cooper,R.G.: The (Performance) of Prouct Innovation Strategies. In: EJM, Vol.18, 1984, S.5-54
Cooper,R.G.: Why New Industrial (Products) Fail. In: Industrial Marketing Management. 1975, S.315-326
Corsten,H.: (Produktionswirtschaft). Einführung in das industrielle Produktionsmanagement. München, 1990
Corsten,H.: (Überlegungen) zu einem Innovationsmanagement - organisationale und personale Aspekte. In: Corsten,H. (Hrsg.): Die Gestaltung von Innovationsprozessen. Hindernisse und Erfolgsfaktoren im Organisations-, Finanz- und Informationsbereich. Berlin, 1989
Corsten,H.: Der nationale (Technologietransfer). Formen - Elemente - Gestaltungsmöglichkeiten - Probleme. Berlin, (1982)
Corsten,H.: Die (Unternehmensgröße) als Determinante der Innovationsaktivitäten. In: WiSt, 13.Jg., 1984, S.224-228
Cother,R.F..:(Assembly) Line Sequencing for Product Mix. Melbourne, 1971
Crawford,C.M.: (Neuproduktmanagement). Ein strategisches Gesamtkonzept. Frankfurt am Main, 1992
Crawford,C.M.: New (Product) Failure Rates - Facts and Fallacies. In: RM. Sept. 1979, S.9-13
Crawford,C.M.:New (Product) Failure Rates - A (Reprise). In: RM. Jul.-Aug. 1987, S.20-24
Crosby,P.B.: (Qualität) ist machbar. Hamburg, 1986
Crosby,P.B.: Qualität bringt (Gewinn).Frankfurt am Main, 1976
Daenzer,W.F.: (Systems Engineering) Leitfaden zur methodischen Durchführung umfangreicher Planungsvorhaben. 2.Aufl., Zürich, 1979
Danert,G.: Elektrotechnische (Industrie), Planung in der. In: Szyperski,N. unter Mitarbeit von Winand,U. (Hrsg.): Handwörterbuch der Planung. Stuttgart, 1989, Sp.325-334
Däumler,K.-G./Grabe,J.: Kostenrechnung 1 (Grundlagen). 5.Aufl., Herne-Berlin, 1991
Däumler,K.-G./Grabe,J.: Kostenrechnung 3 (Plankostenrechnung). 2.Aufl., Berlin-Herne, 1991
Davidson,R.: Unscharfe (Clustermethoden): Eine problemorientierte Darstellung zur unscharfen Klassifizierung gemischter Daten. Idenstein, 1986
Deal,T.B./Kennedy,A.A.: Corporate (Cultures). 2.Aufl., London u.a., 1982
Deixler,A.: (Zuverlässigkeitsplanung) In: Masing,W. (Hrsg.): Handbuch der Qualitätssicherung. 2.Aufl., München-Wien, 1988, S.361-382
Delfmann,W.: (Pläne), Gestaltungsvarianten der . In: Szyperski,N. unter Mitarbeit von Winand,U. (Hrsg.): Handwörterbuch der Planung. Stuttgart, 1989, Sp.1370-1380
Dellmann,K./Pedell,K.L.: (Controlling) von Produktivität, Wirtschaftlichkeit und Ergebnis.Stuttgart, 1994
Dellmann,K.: Eine (Systematisierung) der Grundlagen des Controlling. In: Spremann,K./Zur,E. (Hrsg.): Controlling. Grundlagen-Informationssysteme-Anwendungen. Wiesbaden, 1992, S.113-140

Deming,W.E.: (Quality), Productivity and Competitive Position. MIT Center for Advanced Engineering Study, Cambridge Massachusetts, 1982

Deming,W.E.: Out of (Crisis). MIT Center for Advanced Engineering Study, Cambridge Massachusetts, 1986

Dernburg,T.F./McDougall,D.M.: Lehrbuch der makroökonomischen (Theorie). 3.Aufl., Stuttgart, 1981. Deutsche Übersetzung der 5.Aufl.: Dernburg,T.F./McDougall,D.M.: Macroeconomics: the measurement, analysis, and control of aggregate economic activity. New York u.a., 1976

Diez,W.: (Modellzyklen) als produktpolitisches Entscheidungsproblem. In: ZfbF, 42.Jg., 1990, S.263-275

Dinkelbach,W./Piro,A.: Entsorgung und Recycling in der betriebswirtschaftlichen Produktions- und Kostentheorie. (Gutenberg-Technologien (I)). In: WISU, 20.Jg., 1990; S.640-645

Dinkelbach,W./Piro,A.: Entsorgung und Recycling in der betriebswirtschaftlichen Produktions- und Kostentheorie. (Gutenberg-Technologien (II)). In: WISU, 20.Jg., 1990; S.700-705

Dlugos,G.: (Unternehmenspolitik) und -planung. In: Szyperski,N. unter Mitarbeit von Winand,U. (Hrsg.): Handwörterbuch der Planung. Stuttgart, 1989, Sp.2116-2127

Dolezalek,C.M./Warnecke,H.-J.: Planung von (Fabrikanlagen). , 2.Aufl. unter Mitarbeit von W.Dangelmaier, Berlin-Heidelberg, 1981

Domschke,W.: (Entsorgung) In: Kern,W. (Hrsg.): Handwörterbuch der Produktion. Stuttgart, 1979, Sp.514-519

Dorbandt,J./Fröhlich,J./Schmelzer,H.J./Schnopp,R.: Ausgewählte (Projektbeispiele) zur Reduzierung der Entwicklungszeit. In: Reichwald,R./Schmelzer,H.J. (Hrsg.): Durchlaufzeiten in der Entwicklung. Praxis des industriellen F&E-Managements. München, 1990, S.157-187

Dreger,W.: (Produktplanung) verlangt auch Recycling-Denken!. In: io Management Zeitschrift, 54.Jg., Nr.11, 1985, S.498-502

Drewes,W.: (Qualitätsmanagement) in Kreditinstituten. In: ZfB, 62.Jg., 1992, S.937-956

Drexl,A.: (Controlling) als wirksames Führungsinstrument für mittelständische Unternehmen. In: DB, 39.Jg., 1986, S.2091-2093

Drucker,P.F.: (Innovations-Management) für Wirtschaft und Politik. Düsseldorf, 1985

Drumm,H.J.: (Automatisierung), Mechanisierung und. In: Kern,W. (Hrsg.): Handwörterbuch der Produktion. Stuttgart, 1979, Sp.286 ff.

Dunst,K.-H.: Strategische (Einflußfaktoren). In: Szyperski,N. unter Mitarbeit von Winand,U. (Hrsg.): Handwörterbuch der Planung. Stuttgart, 1989, Sp.1893-1903

Dunst,K.H.: (Portfolio) Management. Konzeption für die strategische Unternehmensplanung. 2.Aufl., Berlin, 1983

Dyckhoff,H.: Betriebliche (Produktion). Theoretische Grundlagen einer umweltorientierten Produktionswirtschaft. Berlin u.a., 1992

Dyer, W.G. jr : The cycle of (culture) evolution in organisations. In: Kilmann,R.H./ Saxton,M.J./Serpa,R. (Hrsg.): Gaining control oft the Corporate culture. San Francisco, 1985

Ebert,G./Koinecke,J./Peemöller,V.H.: (Controlling). 4.Aufl., Landsberg, 1990

Ebert,K.: (Wirtschaftssysteme) und Warenwirtschafts-Controlling. In: Ahlert,D. (Hrsg.): Schriften zur Distrubution und Handel. Bd. 1, Mainz-Bern-New York, 1986

Echterhoff-Severitt,H./Bordemann,H.-G./Marquardt,R./Wudtke,J.: (Forschung) u. Entwicklung in der Wirtschaft. Essen, 1977

Echterhoff-Severitt,H.: (Kennzahlen) und Daten für den Umfang von Forschung und Entwicklung bezüglich Personal, Finanz und Ressourcen unter besonderer Berücksichtigung des Wirtschaftssektors. In: Moll,H.H./Warnecke,H.J. (Hrsg.): RKW-Handbuch Forschung, Entwicklung (F+E), 3.Bd., Berlin, 1976, S.1-27

Eckardstein v.,D./Schnellinger,F.: Betriebliche (Personalpolitik). 3.Aufl., München, 1978

Eckert,D.: (Risikostrukturen) industrieller Forschung und Entwicklung. Berlin, 1985

Eells,R.: The meaning of modern (business). New York, 1960

Ehmer,H.-J./Eversheim,W./Müller,W.: (Fabrikplanung). In: Szyperski,N. unter Mitarbeit von Winand,U. (Hrsg.): Handwörterbuch der Planung. Stuttgart, 1989, Sp.487-497

Eisele,W.: Das (Rechnungswesen) als Informationssystem. In: Bea,F.X./Dichtl,E./Schweitzer,M. (Hrsg.): Allgemeine Betriebswirtschaftslehre, Bd.2: Führung, 5.Aufl., Stuttgart, 1991, S.290-300

Engelhardt,W.H.: (Produktplanung). In: Szyperski,N. unter Mitarbeit von Winand,U. (Hrsg.): Handwörterbuch der Planung. Stuttgart, 1989, Sp.1619-1628

Engelke,P.: Integration von (Forschung) und Entwicklung in die unternehmerische Planung und Steuerung. Diss., Heidelberg, 1991

Erichson,B./Hammann,P.: (Grundlagen) der Informationsbeschaffung und -aufbereitung. In: Bea,F.X./Dichtl,E./Schweitzer,M. (Hrsg.): Allgemeine Betriebswirtschaftslehre, Bd.2: Führung, 5.Aufl., 1991, S.185-221

Eversheim,W.: (Simultaneous Engineering). In: VDI Berichte 758, Simultaneous Engineering. Neue Wege des Projektmanagements. Düsseldorf, 1989, S.1-27

Eversheim,W.: Organisation in der Produktionstechnik. Bd. 4: (Fertigung) und Montage. 2.Aufl., Düsseldorf, 1989

Eversheim,W.: Organisation in der Produktionstechnik. Bd.2 (Konstruktion). 2.Aufl., Düsseldorf, 1990

Eversheim,W.: Organisation in der Produktionstechnik. Bd.3 (Arbeitsvorbereitung). 2.Aufl., Düsseldorf, 1989

Fandel,G./Fischer,G./Prasiswa,A./Reese,J.: (Industriebetriebslehre). Hagen, 1977

Fandel,G.: (Produktion) I. Produktions- und Kostentheorie. 2.Aufl., Berlin-Heidelberg-New York, 1989

Farny,D.: (Risk-Management) und Planung. In: Szyperski,N. unter Mitarbeit von Winand,U. (Hrsg.): Handwörterbuch der Planung. Stuttgart, 1989, Sp. 1749-1758

Faust,K.: (Plandaten) als Frühwarnungsindikatoren der technologischen Position konkurrierender Industrieländer. In: Ifo-Schnelldienst Nr. 27, München, 1981

Feigenbaum,A.V.: (Total) Quality Control. 3.Aufl., McGraw Hill, 1986

Felbecker,O.: Ein (Beitrag) zur Reihenfolgeplanung bei Mehrprodukt-Linienfertigung. Diss., Aachen, 1980

Fennenberg,G.: Kosten- und (Terminabweichungen) im Entwicklungsbereich. Eine empirische Analyse. Berlin, 1979

Fiedler,F.E.: A (theory) of leadership effectiveness. New York u.a., 1967

Fietkau,H.-J.: (Umweltbewußtsein). In: Calließ,J/Lob,R.E. (Hrsg.): Handbuch Praxis der Umwelt- und Friedenserziehung. Bd 1, Düsseldorf, 1987, S.293-299

Financial Executives Institute (Hrsg.): (Controllership) and Treasurership Functions defined by FEI. In: The Controller, 1962; deutsch: Agthe,K.: (Controller) Sp. 353ff.

Forster,R.N.: (Innovation) - Die technologische Offensive. Wiesbaden, 1986

Foster,R.N.: (Innovation). Die technische Offensive. Wiesbaden, 1986

Franke,W.D.: (FMEA) Fehlermöglichkeits- und einflußanalyse in der industriellen Praxis. 2.Aufl., Landsberg, 1990

Franke,W.D.: (Handbuch) der modernen Qualitätssicherung. Landsberg, 1992

Franken,R./Frese,E.: (Kontrolle) und Planung. In: Szyperski,N. unter Mitarbeit von Winand,U. (Hrsg.): Handwörterbuch der Planung. Stuttgart, 1989, Sp.888-898

Franken,R.: (Materialwirtschaft). Stuttgart, 1984

Franz,K.-P.: Die (Prozeßkostenrechnung) im Vergleich mit der Grenzplankosten- und Deckungsbeitragsrechnung. In: Horvàth,P. (Hrsg.): Strategieunterstützung durch das Controlling: Revolution im Rechnungswesen?. Stuttgart, 1990, S.195-210

Franz,S.: (Controlling) und effiziente Unternehmensführung. Diss.,Wiesbaden, 1989

Freeman,R.E.: Strategic (management): A steakholder approach. Bosten u.a., 1984

Frehr,H.U.: Unternehmensweite (Qualitätsverbesserung). In: Masing,W. (Hrsg.): Handbuch der Qualitätssicherung. 2.Aufl., München-Wien, 1988, S.797-814

Freidank,C.-C.: (Unterstützung) des Target Costing mit Hilfe der Prozeßkostenrechnung. In: Horváth,P. (Hrsg.): Marktnähe und Kosteneffizienz schaffen. Stuttgart, 1993, S.207-232

Freiling,C.: (Aufgaben) der Internen Revision aus der Sicht der Unternehmensleitung. In: ZfbF, 40.Jg., 1988, S.191-203

Freimuth,J.: (Organisationskultur) - Ihre Bedeutung für den Erfolg von Unternehmungen. In: WiSt, 14.Jg., 1985, S.89-92

Frerichs,W./Kübler,K.: Gesamtwirtschaftliche (Prognoseverfahren). München 1980

Frese,E.: (Grundlagen) der Organisation. 2.Aufl., Wiesbaden, 1984

Frese,E.: (Kontrolle) und Unternehmensführung. Wiesbaden, 1968

Frese,E.: (Koordinationskonzepte). In: Szyperski,N. unter Mitarbeit von Winand,U. (Hrsg.): Handwörterbuch der Planung. Stuttgart, 1989, Sp.913-923

Frese,E.: (Produktion), Organisation der. In: Frese,E. (Hrsg.): Handwörterbuch der Organisation. 3.Aufl., Stuttgart, Sp.2039

Frese,E.: (Projektorganisation). In: Grochla,E. (Hrsg.): Handwörterbuch der Organisation. Stuttgart, 2.Aufl., Stuttgart, 1980, Sp.1960-1974

Fritz,W.: Determinants of Product (Innovation) Activities. In: EJM, Vol.23, 1989, S.32-43

Fröhling, O.: (Thesen) zur Prozeßkostenrechnung. In: ZfB, 62.Jg., 1992, S.723-741

Fröhling,O./Spilker,D.: (Life) Cycle Costing. In: io Management Zeitschrift, 59.Jg., 1990, S.74-78

Fröhling,O.: (Folgekosten) aufgrund von Qualitätsmängeln. In: Zfb, 63.Jg., H.6, 1993, S.543-568

Fulda,E./Härter,M./Lenk,H.: (Prognoseprobleme). In: Szyperski,N. unter Mitarbeit von Winand,U. (Hrsg.): Handwörterbuch der Planung. Stuttgart, 1989, Sp.1637-1645

Füller,H.A.: Statistische (Prozeßregelung). In: Masing,W. (Hrsg.): Handbuch der Qualitätssicherung. 2.Aufl., München-Wien, 1988, S. 467-483

Fürtjes,H.-T.: (Planungsorgane).In: Szyperski,N. unter Mitarbeit von Winand,U. (Hrsg.): Handwörterbuch der Planung. Stuttgart, 1989, Sp.1464-1468

Gabele,E./Kretschmer,H.: Unternehmensgrundsätze als (Instrument) der Unternehmensführung. In ZfbF, 35.Jg., 1983, S.716-726

Gabele,E./Kretschmer,H.: (Unternehmensgrundsätze): Empirische Erhebung und praktische Erfolgsberichte zur Konzeption, Einrichtung und Wirkungsweise eines modernen Führungsinstrumentes. Frankfurt am Main, 1985

GABLER Wirtschaftslexikon. 11.Aufl., Wiesbaden, 1984

Gaiser,B.: (Bewältigung) der Schnittstelle zwischen F&E und Marketing durch entscheidungsorientierte Informationen. In : Horváth,P. (Hrsg.): Synergien durch Schnittstellen-Controlling. Stuttgart, 1991, S.123-143

Gaitanides,M./Wicher,H.: (Strategien) und Strukturen innovationsfähiger Organisationen. In: ZfB, Jg.56., 1986, S.385-403

Gal,T./Gehring,H.: Planungs- und (Entscheidungstechniken). Berlin, 1981

Gälweiler,A.: (Erfahrungen) mit der strategischen Planung. In: Koch,H. (Hrsg.): Unternehmensstrategien und strategische Planung. ZfbF, Sonderheft 15, 35.Jg., 1983, S.52-59

Gälweiler,A.: (Portfolio-Management). In: Szyperski,N. unter Mitarbeit von Winand,U. (Hrsg.): Handwörterbuch der Planung. Stuttgart, 1989, Sp.1559-1568

Gälweiler,A.: Strategische (Unternehmensführung). Frankfurt am Main-New York, 1987

Gälweiler,A.: Strategische (Unternehmensplanung). In: Steinmann,H. (Hrsg.): Planung und Kontrolle. München, 1981, S.84-99

Gälweiler,A.: Strategische Geschäftseinheiten (SGE) und (Aufbau-Organisation) der Unternehmung. In: ZfO, 48.Jg., 1979, S.252-260

Gälweiler,A.: Zur (Kontrolle) strategischer Pläne. In: Steinmann,H. (Hrsg.): Planung und Kontrolle. München, 1981, S.383-399

Garvin,D.A.: Product (Quality) an Important Strategic Weapon. Business Horizons, March-April, 1984, S.40-43

Garvin,D.A.: What does (Product) Quality Really mean?. In: SMR, 1984, S. 25-43

Gaster,D.: (Qualitätsaudit). In: Masing,W. (Hrsg.): Handbuch der Qualitätssicherung. 2.Aufl., München, 1988, S.901-921

Gaub,H.: Taguchi (Quality) Engineering - Diskussionsstand in den USA. In: Kaminske,G.F. (Hrsg.): Tagungsband: Die Hohe Schule der Qualitätstechnik. Berlin, 1990, S.129-162

Gaugler,E.: (Personalplanung). In: Szyperski,N. unter Mitarbeit von Winand,U. (Hrsg.): Handwörterbuch der Planung. Stuttgart, 1989, Sp.1350-1362

Gebert,D. (Innovation) - organisationsstrukturelle Bedingungen innovatorischen Verhaltens. In: ZfO, 48.Jg., 1979, S.283-292

Gerjets,J.: (Forschungspolitik) in der Bundesrepublik Deutschland: Kritische Analyse ihrer Zielsetzungen und Instrumente. Köln, 1982

Gerpott,T.J./Wittkemper,G.: (Verkürzung) von Produktentwicklungszeiten. Vorgehensweise und Ansatzpunkte zum Erreichen technologischer Sprintfähigkeit. In: Booz Allen & Hamilton (Hrsg.): Integriertes Technologie- und Innovationsmanagement. Konzepte zur Stärkung der Wettbewerbskraft von High-Tech-Unternehmen. Berlin, 1991, S.117-145

Gerstenfeld,A.: A (Study) of Successful Projects, Unsuccessful Projects, and Projects in Process in West Germany. In: IEEE-Transaction on Engineering Management, Vol.3, 1976, S.116-123

Gerybadze,A.: (Strategisches Management) und Controlling von Technologien. In Lücke,W./Dietz,J.-W. (Hrsg.): Innovation und Controlling. Wiesbaden. 1989, S.29-63

Geschka,H./Hammer,R.: Die (Szenario-Technik) in der strategischen Unternehmensplanung. In: Hahn,D./Taylor,B. (Hrsg.): Strategische Unternehmensplanung. 4.Aufl., Heidelberg-Wien, 1986, S.238-263

Geschka,H.: (Kreativitätstechniken). In: Staudt,E. (Hrsg.): Das Management von Innovationen. Frankfurt am Main, 1986, S.147-160

Geschka,H.: (Wettbewerbsfaktor) Zeit. Beschleunigung von Innovationsprozessen. Landsberg am Lech, 1993

Geschka,H: (Forschung) und Entwicklung als Gegenstand betrieblicher Entscheidungen. Meisenheim am Glan, 1970

Gilmore,H.L.: Continuous Incremental (Improvement): An Operations Strategy for Higher Quality, Lower Costs, and Global Competitiveness. In: Sam Advanced Management Journal, 1, 1990, S.21-25

Glaser,H./Geiger,W./Rohde,V.:(PPS) Produktionsplanung und -steuerung. Grundlagen - Konzepte - Anwendungen. Wiesbaden, 1991

Glaser,H.: (Rationalisierungsplanung). In: Szyperski,N. unter Mitarbeit von Winand,U. (Hrsg.): Handwörterbuch der Planung. Stuttgart, 1989, Sp.1697-1707

Görke,M.: (Entwicklungen) von Verfahren zur Taktabstimmung bei gemischter Fließmontage. DFG-bericht des Forschungsvorhabens WA 270/18. Stuttgart, 1978

Götze,U./Bloech,J.: (Investitionsrechnung). Modelle und Analysen zur Beurteilung von Investitionsvorhaben. Berlin-Heidelberg-New York-Tokio, 1993

Götze,U./Meyerhoff,J.C.: Die (Prozeßkostenrechnung) - Stand und Entwicklungstendenzen. In: ZP, H.1, 1993, S.65-96

Götze,U./Rudolph,F.: (Instrumente) der strategischen Planung. In: Bloech,J./Götze,U./Huch,B./Lücke,W./Rudolph,F. (Hrsg.): Strategische Planung. Instrumente, Vorgehensweisen und Informationssysteme. Heidelberg, 1994, S.1-56

Götze,U.: (Szenario-Technik) in der strategischen Unternehmensplanung. Diss., Wiesbaden, 1991

Götze,U.: (Target Costing). In: ZP, H.4, 1993, S.381-389

Götzen,G./Kirsch,W.: (Problemfelder) und Entwicklungstendenzen der Planungspraxis. In: ZfbF, 31.Jg., 1979, S.162-194

Graumann, M.: (Produktion) und Logistik bei deutschen Herstellern von Personenkraftwagen. In: ZfB, 63.Jg., 1993, S.443-470

Greenley, G.E.: Does (Strategic Planning) Improve Company Performance? In: LRP, No.2, Vol.19, 1986, S.101-109

Grefermann,K./Röthlingshöfer,K.C.: (Patentwesen) und technischer Fortschritt - Kritische Würdigung der Zusammenhänge in ausgewählten Branchen der Bundesrepublik Deutschland anhand empirischer Untersuchungen. Göttingen, 1974

Greiner,L.E./Barnes,L.B.: Änderungs- und (Entwicklungsprozesse) in Organisationen. In: Grochla,E. (Hrsg.): Management. Aufgaben und Instrumente. Düsseldorf-Wien, 1974, S.171-184

Grimm,U.:(Analyse) strategischer Faktoren. Ein Beitrag zur Theorie der strategischen Unternehmensplanung. Wiesbaden, 1983

Grochla,E.: (Führung), Führungskonzeptionen und Planung. In: Szyperski,N. unter Mitarbeit von Winand,U. (Hrsg.): Handwörterbuch der Planung. Stuttgart, 1989, Sp. 542-554

Grochla,E.: (Modelle) als Instrumente der Unternehmensführung. In: ZfbF, 21.Jg., 1969, S.382-397

Grochla,E.: (Organisationsplanung). In:Szyperski,N. unter Mitarbeit von Winand,U. (Hrsg.): Handwörterbuch der Planung, Stuttgart. 1989, Sp.1321-1329

Grochla,E.: (Organisationstheorie). Bd.1, Stuttgart, 1975

Grochla,E.: (Unternehmungsführung). Organisation - Theoretische Grundlagen. Hagen, 1982

Grün,O.: (Materialwirtschaftspolitik). In: Schweitzer,M. (Hrsg.): (Industriebetriebslehre). München, 1990, S.441-559

Grün,O.: Das (Konzept) der Dualen Organisation. In: Szyperski,N. unter Mitarbeit von Winand,U. (Hrsg.): Handwörterbuch der Planung. Stuttgart, 1989, Sp.304-316

Grün,O.: Das (Lernverhalten) in Entscheidungsprozessen der Unternehmung. In: Witte,E./Hauschildt,J./Grün,O.: Innovative Entscreidungsprozesse. Die Ergebnisse des Projektes "Columbus". Tübingen, 1988, S.268-298

Grünewald,H.-G.: (Informationssysteme) für Planung. In: Szyperski,N. unter Mitarbeit von Winand,U. (Hrsg.): Handwörterbuch der Planung. Stuttgart, 1989, Sp.692-708

Gruschwitz,A.: (Global-Sourcing) - Konzeptionen einer internationalen Beschaffungsstrategie. Diss. Stuttgart, 1993

Gümbel,R.: Neue (Produkte) als unternehmerische Chance. In: ZfbF, Sonderheft 11, 32.Jg., 1980, S.48-69

Günther,T.: (Erfolg) durch strategisches Controlling? Diss., München, 1991

Gutenberg,E.: (Grundlagen) der Betriebswirtschaftslehre. Bd. I: Die Produktion. 23.Aufl., Berlin-Heidelberg-New York, 1979

Gutenberg,E.: (Unternehmensführung) - Organisation und Entscheidung. In: Gutenberg,E. (Hrsg.):Die Wirtschaftswissenschaften. Wiesbaden, 1962

Haas,M.O.: (Planungskonzeptionen) schweizerischer Unternehmungen - Versuch einer Darstellung. Bern-Stuttgart, 1976

Haber,W.: Über den Beitrag der (Ökosystemforschung) zur Entwicklung der menschlichen Umwelt. In: Bier-felder,W./Höcker,K.H. (Hrsg.): Systemforschung und Neuerungsmanagement. München-Wien, 1980, S.135-159

Haberfellner,R.: Die (Unternehmung) als dynamisches System - Der Prozeßcharakter der Unternehmensaktivi-täten. 2.Aufl., Zürich, 1975

Hackstein,R./Felbecker,O.: (Bedeutung) der Reihenfolgeplanung bei Varianten-Linienfertigung. In: Arbeits-vorbereitung, 18, H. 3, S.76-82

Hackstein,R.: (Einführung) in die technische Ablauforganisation. 2.Aufl., München, 1988

Hackstein,R.: (Produktionsplanung) und Steuerung (PPS). Düsseldorf, 1984

Haedrich,G./Kuß,A./Kreilkamp,E.: Der Analytic Hierarchy (Process). In: Wist, 15.Jg., 1986, S.120-126

Hahn,D. (Hrsg.): Planungs- und Kontrollrechnung (PuK). Wiesbaden, 1974

Hahn,D./Arbeitskreis "Langfristige Unternehmungsplanung" der Schmalenbach-Gesellschaft: Strategische (Planung). In: Hahn,D./Taylor,B. (Hrsg.): Strategische Unternehmungsplanung. 2.Aufl. Heidelberg-Wien, 1983, S.19-39

Hahn,D./Laßmann,G.: (Produktionswirtschaft) - Controlling industrieller Produktion. Bd.1, 2.Aufl., Heidel-berg-Wien, 1990

Hahn,D.: (Charakterisierung) der integrierten ergebnis- und liquiditätsorientierten Planungs- und Kontrollrechnung-PuK. In: Hahn,D. (Hrsg.).: PuK, Planung und Kontrolle, Planungs- und Kontrollsysteme, Planungs- und Kontrollrechnung. Controllingkonzepte. Wiesbaden, 1994, S.111-173

Hahn,D.: (Grundlegung). In: Hahn,D. (Hrsg.).: PuK, Planung und Kontrolle, Planungs- und Kontrollsysteme, Planungs- und Kontrollrechnung. Controllingkonzepte. Wiesbaden, 1994, S.3-108

Hahn,D.: (Integrierte) ergebnis- und liquiditätsorientierte Planungs- und Kontrollrechnung (PuK) im Planungs- und Kontrollsystem für Unternehmungen mit primär verrichtungsorientierter (funktionaler) Aufbauorganisation. In: Hahn,D. (Hrsg.).: PuK, Planung und Kontrolle, Planungs- und Kontrollsysteme, Planungs- und Kontrollrechnung. Controllingkonzepte. Wiesbaden, 1994, S.189-608

Hahn,D.: (Prozeßwirtschaft) - Grundlegung. In: Hahn,D./Laßmann,G. (Hrsg.): Produktionswirtschaft. Control-ling industrieller Produktion. Bd.2, Heidelberg, 1989, S.5-237.

Hahn,D.: (PuK). Planung und Kontrolle, Planungs- und Kontrollsysteme, Planungs- und Kontrollrechnung. Controllingkonzepte. Wiesbaden, 1994

Hahn,D.: (Stand) und Entwicklungstendenzen der strategischen Planung. In: Hahn,D./Taylor,B. (Hrsg.): Stra-tegische Unternehmungsplanung. Stand und Entwicklungstendenzen. 4.Aufl., Heidelberg-Wien, 1986, S.1-30

Hahn,D.: (Zweck) und Standort des Portfolio-Konzeptes.In: Hahn,D./Taylor,B. (Hrsg.): Strategische Unterneh-mungsplanung. Stand und Entwicklungstendenzen. 4.Aufl., Heidelberg-Wien, 1986, S.128-148

Hahn,D.: Planungs- und Kontrollrechnung - (PuK).Integrierte ergebnis- und liquiditätsorientierte Planungs-und Kontrollrechnung als Führungsinstrument in Industriebetrieben mit Massen- und Serienproduktion. 3.Aufl., Wiesbaden, 1985

Hahn,D.: Stand und (Entwicklungstendenzen) des Controlling in der Industrie. In: Gaugler,E./Meissner,H.G./Thom,N. (Hrsg.): Zukunftsaspekte der anwendungsorientierten Betriebswirt-schaftslehre. Stuttgart, 1986, S.267-287

Hahn,D.: Strategische (Unternehmensführung). Stand und Entwicklungstendenzen. 1.Teil. In: ZfO, 58.Jg., 1989, S.159-166

Hahn,D.: Strategische (Führung) und strategisches Controlling. In: Horváth,P./Gassert,H./Solaro,D. (Hrsg.): Controlling-Konzeptionen für die Zukunft. Trends und Visionen. Stuttgart 1991, S.1-27

Hahn,D.: Strategische (Unternehmungsführung). In: Hahn,D./Taylor,B. (Hrsg.): Strategische Unternehmens-planung / Strategische Unternehmensführung. Stand und Entwicklungstendenzen. 6.Aufl., Heidelberg, 1992, S.31-51

Hahn,D.: Zweck und Entwicklung der (Portfolio-Konzepte) in der strategischen Unternehmensplanung. In: Hahn,D./Taylor,B. (Hrsg.): Strategische Unternehmensplanung-Strategische Unternehmensführung. 5.Aufl., Heidelberg, 1990, S.221-253

Hahn,D.: Zweck und Standort des Portfolio-Konzeptes in der (strategischen Unternehmungsplanung). In: Hahn,D./Taylor,B. (Hrsg.): Strategische Unternehmensplanung. Stand und Entwicklungstendenzen. 4.Aufl., Heidelberg-Wien, 1986, S.128-148

Haist,F./Fromm,H.: (Qualität) im Unternehmen. Prinzipien-Methoden-Techniken.2.Aufl.,München-Wien, 1991

Hallbauer,A.: (Ansätze) zur Verbesserung der Effizienz von Produktinnovationsprozessen. Zürich-Frankfurt am Main u.a., 1978

Hamel,W.: (Zielvariation) in innovativen Entscheidungsprozessen. In: Witte,E./Hauschildt,J./Grün,O.: Innovative Entschreidungsprozesse. Die Ergebnisse des Projektes "Columbus". Tübingen, 1988, S.79-96

Hammer,R.M.: (Unternehmungsplanung). 4.Aufl., München 1991

Harbert,L.: (Controlling-Begriffe) und Controlling-Konzeptionen. Frankfurt, 1982

Hartwich,G.: (CIM) in der Automobilindustrie - dargestellt am Beispiel des Großpreßwerks der Volkswagen AG, Wolfsburg. In:Hahn,D./Laßmann,G. (Hrsg.): Produktionswirtschaft. Controlling industrieller Produktion. Bd.2, Heidelberg, 1989, S.301-320

Haß,H.-J.: Die Messung des technischen (Fortschritts). München, 1983

Haufs,P.: (DV-Controlling). Konzeption eines operativen Instrumentariums aus -Budget,-Verrechnungspreisen,-Kennzahlen.Diss., Heidelberg, 1989

Hauschildt,J.: (Einführung). In: Witte,E./Hauschildt,J./Grün,O.: Innovative Entscheidungsprozesse. Die Ergebnisse des Projektes "Columbus". Tübingen, 1988, S.55-58

Hauschildt,J.: (Entscheidungsziele). Tübingen, 1977

Hauschildt,J.: (Innovationsmanagement). München, 1993

Hauschildt,J.: (Negativ-Kataloge) in Entscheidungszielen. In: Witte,E./Hauschildt,J./Grün,O.: Innovative Entscheidungsprozesse. Die Ergebnisse des Projektes "Columbus". Tübingen, 1988, S.109-124

Hauschildt,J.: (Wider) die Gleichmacherei der Organisation von Führungsaufgaben. In: WiSt, 20.Jg., 1991, S.2-7

Hauschildt,J.: (Ziel-Klarheit) oder kontrollierte Ziel-Unklarheit. In: Witte,E./Hauschildt,J./Grün,O.: Innovative Entscheidungsprozesse. Die Ergebnisse des Projektes "Columbus". Tübingen, 1988, S.97-108

Hauschildt,J.: (Zielbildung) und Problemlösung. In: Witte,E./Hauschildt,J./Grün,O.: Innovative Entscheidungsprozesse. Die Ergebnisse des Projektes "Columbus". Tübingen, 1988, S.59-78

Hauschildt,J.: (Zielsysteme). In Grochla,E. (Hrsg.):HWO. 2.Aufl., Stuttgart, 1980, Sp.2419-2430

Hauschildt,J.: Zur (Artikulation) von Unternehmenszielen. In: ZfbF, 22.Jg., 1970, S.545-559

Hauschildt,J.: Zur (Messung) des Innovationserfolgs. In: ZfB, 61.Jg., 1991, S.451-476

Hauser,J.R./Clausing,D.: The (House) of Quality. In: HBR, Vol.66, 1988, S.63-74

Hauser,J.R./Clausing,D.: Wenn die (Stimme) bis in die Produktion vordringen soll. Qualität erfordert enges Zusammenspiel von Produktentwicklung, Fertigung und Marketing. In: Harvard Manager, H.4, 1988, S.57-70

Häusler,J.:(Führungssysteme) und -modelle. Köln, 1977

Heeg,F.J.: (Recycling-Management). Eine Gesamtaufgabe von der Produktentwicklung bis zur Produktverwertung. In: io Management Zeitschrift, H.11, Jg.53, 1984

Heigl,A.: (Controlling) - Interne Revision. 2.Aufl., Stuttgart-New York, 1989

Heinemeyer,W.: Die (Planung) und Steuerung des logistischen Prozesses mit Fortschrittskennzahlen. In: Adam,D.: Fertigungssteuerung II. Systeme zur Fertigungssteuerung. Wiesbaden, 1988, S.5-32

Heinen,E./Dill,P.: (Unternehmenskultur) - Überlegungen aus betriebswirtschaftlicher Sicht. In: ZfB, 56.Jg., 1986, S.202-218

Heinen,E.: (Grundlagen) betriebswirtschaftlicher Entscheidungen. Das Zielsystem der Unternehmung. 3.Aufl., Wiesbaden, 1976

Heinen,E.: (Grundtatbestände) betrieblicher Entscheidungen. In: Jacob,H. (Hrsg.): Industriebetriebslehre. Handbuch für Studium und Praxis. 4.Aufl., Wiesbaden, 1990, S.318-380

Heinen,E.: (Industriebetriebslehre) als Entscheidungslehre. In: Heinen,E. (Hrsg.): Industriebetriebslehre. Entscheidungen im Industriebetrieb. 8.Aufl.,Wiesbaden, 1985, S.5-75

Heinen,E.: (Industriebetriebslehre) als entscheidungsorientierte Unternehmensführung. In: Heinen,E. (Hrsg.): Industriebetriebslehre. Entscheidungen im Industriebetrieb. 9.Aufl.,Wiesbaden, 1991, S 1-71

Heinen,E.: (Unternehmenskultur) als Gegenstand der Betriebswirtschaftslehre. In Heinen,E. (Hrsg.): Unternehmenskultur. 1987, S.1-48

Heinen,E.: Betriebswirtschaftliche (Führungslehre). Grundlagen-Strategien-Modelle. 2.Aufl., Wiesbaden, 1984

Heinen,E.: Betriebswirtschaftliche (Kostenlehre). Kostentheorie und Kostenentscheidungen. 5.Aufl., Wiesbaden, 1978

Heinrich,L.J./Burgholzer,P.: (Informationsmanagement). 2.Aufl., München-Wien, 1988

Henderson,B.D.: Die (Erfahrungskurve) in der Unternehmensstrategie. 2.Aufl., Frankfurt am Main, 1984

Hennigs,R.: (Entwicklung) und Deckung des Kapitalbedarfs kleiner und mittlerer Unternehmen im Innovationsprozeß. Frankfurt am Main, 1983

Hentschel, B.: Multiattributive (Messung) von Dienstleistungsqualität. In Bruhn,M./Stauss,B. (Hrsg.): Dienstleistungsqualität. Konzepte - Methoden - Erfahrungen. Wiesbaden, 1991, S.311-343

Henzler,H.: Der (Januskopf) muß weg. In: Wirtschaftswoche, H.38, 1974, S.60-63

Henzler,H.: Kritische (Würdigung) der Debatte um den Wirtschaftsstandort Deutschland. In: Zfb, 63.Jg., 1993, S.5-21

Hesse,U.: (Technologie-Controlling). Frankfurt am Main, 1990

Heuer,M.F.: Kontrolle und Steuerung der (Materialwirtschaft). Diss., Wiesbaden, 1988

Heyde,W./Laudel,G./Pleschak,F./Sabisch,H.: (Innovationen) in Industrieunternehmen. Prozesse, Entscheidungen und Methoden. Wiesbaden, 1991

Hicks,H.G./Gullett,C.R.: (Organisations): Theory and behavior. New York u.a., 1975

Hill,W.: (Marketing) I. 2.Aufl., Bern-Stuttgart, 1972

Hill,W.: (Planungsmanagement). In: Szyperski,N. unter Mitarbeit von Winand,U. (Hrsg.): Handwörterbuch der Planung. Stuttgart, 1989, Sp.1457-1463

Hinterhuber, H.H.: (Wettbewerbsstrategie). Berlin-New York, 1982

Hinterhuber,H.H./Hammer,R.: (Organisation) und Implementierung des Strategischen Controlling in Unternehmen. In: Horváth,P./Reichmann,T. (Hrsg.): Controlling. Zeitschrift für erfolgsorientierte Unternehmenssteuerung. 3.Jg., Juli/August 1991, S.190-197

Hinterhuber,H.H.: (Innovationsdynamik) und Unternehmensführung. Wien-New York, 1975

Hinterhuber,H.H.: (Planung) im Managementprozeß. In: Szyperski,N. unter Mitarbeit von Winand,U. (Hrsg.): Handwörterbuch der Planung. Stuttgart, 1989, Sp. 1419-1426

Hinterhuber,H.H.: (Struktur) und Dynamik der strategischen Unternehmensführung. In: Hahn,D./Taylor,B. (Hrsg.): Strategische Unternehmensplanung. Stand und Entwicklungstendenzen. 4.Aufl., Heidelberg-Wien, 1986, S.31-52

Hinterhuber,H.H.: Strategische (Unternehmensführung). 2.Aufl., Berlin-New York, 1982

Hinterhuber,H.H.: Strategische Unternehmensführung. I. Strategisches (Denken), 4.Aufl., Berlin-New York, 1989

Hinterhuber,H.H.: Strategische Unternehmensführung. II. Strategisches (Handeln), 4.Aufl., Berlin-New York, 1989

Hintz,G.-W.: Ein wissensbasiertes System zur (Produktionsplanung) und -steuerung für flexible Fertigungssysteme. Düsseldorf, 1987

Hoffmann,F.: (Merkmale) der Führungsorganisation amerikanischer Unternehmen - Auszüge aus den Ergebnissen einer Forschungsreise 1970. In: ZfO, 41.Jg., 1972, S.3-8,85-89,145-148

Hoffmann,F.: Kritische (Erfolgsfaktoren) - Erfahrungen in großen und mittelständischen Unternehmen. In: ZfbF, 38.Jg., 1986, S.831-843

Hoffmann,F.: Unternehmungs- und (Führungsgrundsätze). Ergebnisse einer empirischen Untersuchung. In ZfbF, 41.Jg., 1989, S.167-185

Hofmann,M.: (Informationsverhalten) von Planern und Planungsempfängern. In: Szyperski,N. unter Mitarbeit von Winand,U. (Hrsg.): Handwörterbuch der Planung. Stuttgart, 1989, Sp.708-725

Hoitsch,H.-J.: (Produktionswirtschaft). München, 1985

Holzer,H.P.: Motivations- und Anreizsysteme für (Planung). In: Szyperski,N. unter Mitarbeit von Winand,U. (Hrsg.): Handwörterbuch der Planung. Stuttgart, 1989, Sp.1190-1198

Holzwarth,J.: Strategische (Kostenrechnung)? Diss., Stuttgart, 1993

Hopfenbeck,W.: Allgemeine Betriebswirtschafts- und (Managementlehre). Das Unternehmen im Spannungsfeld zwischen ökonomischen, sozialen und ökologischen Interessen. Landsberg am Lech, 1989

Hopkins,D.S.: New (Product) Winners and Losers. The Conference Board Report, No.773, New York, 1980

Horvárth,P./Seidenschwarz,W.: (Zielkostenmanagement). In: Controlling, 3/1992, S.142-150

Horváth,P./Gleich,R.: (Wettbewerbsorientierung) im Controlling durch strategisches Kostenmanagement. In: Risak,J./Deyhle,A.: (Hrsg.): Controlling. State of the Art und Entwicklungstendenzen. 2.Aufl., Wiesbaden, 1992, S.134-155

Horváth,P./Urban,G.: (Qualitätscontrolling). Stuttgart, 1991

Horváth,P.: (Controlling). 3.Aufl., München, 1990

Horváth,P.: (Effektives) und schlankes Controlling - Herausforderung an den Controller. In: Horváth,P. (Hrsg.): Effektives und schlankes Controlling. Stuttgart, 1992, S.1-9

Horváth,P.: (Hierarchiedynamik). In: Szyperski,N. unter Mitarbeit von Winand,U. (Hrsg.): Handwörterbuch der Planung. Stuttgart, 1989, Sp. 640-648

Horváth,P.: (Schnittstellenüberwindung) durch das Controlling. In: Horváth,P. (Hrsg.): Synergien durch Schnittstellen-Controlling. Stuttgart, 1991, S.1-23

Horváth,P.: (Vorwort). In: Horváth,P. (Hrsg.): Marktnähe und Kosteneffizienz schaffen. Stuttgart, 1993

Horváth,P.: Controlling in der (Informationsverarbeitung). In: Handbuch der modernen Datenverarbeitung. DV-Controlling und DV-Revision, H. 124, Jg.22, 1985

Hosotani,K.: (Overview) of Japanese Quality Concepts. New York, 1991

Hürlimann,W.: (Methodenkatalog). Ein systematisches Inventar von über 3000 Problemlösungsmethoden. Bern u.a., 1981

Ihde,G.B.: (Logistikplanung) In: Szyperski,N. unter Mitarbeit von Winand,U. (Hrsg.): Handwörterbuch der Planung. Stuttgart, 1989, Sp.984-992

Ihlau,T./Rall,L.: Die (Messung) des technischen Fortschritts. Tübingen, 1970

Imai,M.: (Kaizen). Der Schlüssel zum Erfolg der Japaner im Wettbewerb. München, 1992

Ishikawa,K.: (How) to Apply Company-Wide Quality Control in foreign Countries. In: Quality Progress, September 1989, S.70-74

Ishikawa,K.: The (Quality) Control Audit. In: Quality Progress, Januar 1987, S.39-41

Jacob,H.: Die (Planung) des Produktions- und Absatzprogramms. In: Jacob,H. (Hrsg.): Industriebetriebslehre. Handbuch für Studium und Praxis. 4.Aufl., Wiesbaden, 1990 S.401-590

Jahnke,B.: Betriebliches (Recycling). Wiesbaden, 1986

Jaspersen,T.: (Produkt-Controlling). München, 1992

Johne,F.A.: How (Experienced) Product Innovators Organize. In: JoPIM, Vol.1, 1984, S.210-223

Johnson,G.: Rethinking (Incrementalism). In: Strategic Management Journal, Vol.9, 1988, S.75-91

Jones,D.T.: (Structural Adjustment) in the Automobile Industry. In: OECD (Hrsg.):STI review, No.3, April 1988, S.7-64

Jugel,S.: Ansatzpunkte einer Marketingkonzeption für technische (Innovationen). Diss., Stuttgart, 1991

Jungmann,E.J.: (Lean) Production - neue Konzepte zur Produktivitätssteigerung. In: Burckhardt,W.: (Hrsg.): Schlank, intelligent und schnell - so führen Sie Ihr Unternehmen zu Höchstleistung. Wiesbaden, 1992, S.155-171

Juran,J.M.: (Handbuch) der Qualitätsplanung. 2.Aufl., Landsberg am Lech, 1990

Juran,J.M.: (Quality) Control Handbook. 3.Aufl., New York, 1974

Juran,J.M.: Upper (Management)and Quality. New York, 1982

Jüttner-Kramny,L.: Zur (Bedeutung) der Unternehmensgröße für den technischen Fortschritt. Köln u.a., 1970

Kailich,N.: (Qualität) der Bankberatung im Firmenkundengeschäft. Bergisch Gladbach, 1990

Kaiser,K.-H.: (Standortplanung). In: Szyperski,N. unter Mitarbeit von Winand,U. (Hrsg.): Handwörterbuch der Planung. Stuttgart, 1989, Sp.1839-1849

Kaiser,K.-H.: Industrielle (Standortfaktoren) und Betriebstypenbildung. Berlin, 1979

Kamiske,G.F./Brauer,J.-P.: (Qualitätsmanagement) von A-Z. Erläuterungen moderner Begriffe des Qualitätsmanagements.

Kamiske,G.F.: (Qualität) = Technik + Geisteshaltung. In: Qualität und Zuverlässigkeit (QZ), 35.Jg., H.5, 1990, S.251-252

Kantzenbach,E.: (Innovation) und Unternehmensgröße. In: IFO-Institut (Hrsg.): Innovation und Wirtschaft, München, 1970, S.220-228

Kaplan,R.S./Johnson,,H.T.: (Relevance) lost. The Rise and Fall of Management Accounting. Boston, 1987

Kaplaner,K.: Betriebliche Voraussetzungen erfolgreicher (Produktinnovationen). Diss., München, 1987

Kaufer,E.: (Industrieökonomik). München, 1980

Kern,W./Schröder,H.-H.: (Forschung) und Entwicklung in der Unternehmung. Reinbeck bei Hamburg, 1977

Kern,W.: Industrielle (Produktionswirtschaft). 5.Aufl., Stuttgart, 1992

Kettner,H./Schmidt,J./Greim,H.R.: (Leitfaden) der systematischen Fabrikplanung. München-Wien, 1984;

Kieser,A./Kubicek,H.: (Organisation). Berlin-New York, 2.Aufl., 1983

Kilger,W.: Flexible (Plankostenrechnung) und Deckungsbeitragsrechnung. Bearbeitet durch Vikas,K.; 10. Aufl., Wiesbaden, 1993

Kirsch,W./Müller,G./Trux,W.: Das (Management) strategischer Programme. München, 1985

Kirsch,W./Trux,W.: (Strategisches Management). In: Szyperski,N. unter Mitarbeit von Winand,U. (Hrsg.): Handwörterbuch der Planung. Stuttgart, 1989, Sp.1924-1935

Kirsch,W./Trux,W.: Strategische (Frühaufklärung) und Portfolio-Analyse. In: ZfB, Ergänzungsheft 2/79, 49.Jg., 1979, S.47-69

Kirsch,W.: (Planung) - Kapitel einer Einführung. In: Kirsch,W./Maaßen,H. (Hrsg.): Managementsysteme. Planung und Kontrolle. München, 1989, S. 23-127

Kirsch,W.: (Unternehmenspolitik): von der Zielforschung zum strategischen Management. München, 1981

Kirschling,G.: (Qualitätsregelkarten). In: Masing,W. (Hrsg.): Handbuch der Qualitätssicherung. 2.Aufl., München-Wien, 1988, S.171-207

Kistner,K.-P.: Zur (Erfassung) von Umwelteinflüssen der Produktion in der linearen Aktivitätsanalyse. In: WiSt, 12.Jg., 1983; S.389-395

Kleinaltenkamp,M.: (Recycling-Strategien). Berlin, 1985

Kline,J.M.: (International) codes and multinational business. Westport-London, 1985

Klingebiel,N.: (Prozeßinnovationen) als Instrumente der Wettbewerbsstrategie. Berlin, 1989

Knight,F.H.: (Risk), Uncertainly, and Profit. Boston-New York, 1971

Knoblauch,R.: Durch (Qualität) gemeinsam zum Erfolg - Total Quality Management (TQM) und Mitarbeiter-führung. In: Ebert,G. (Hrsg.): Controlling. Managementfunktion und Führungskonzeption. 4.Aufl., Landsberg/Lech, 7.Nachlieferung, 9/1992

Koch,H. Aufbau der (Unternehmensplanung). Wiesbaden, (1977)

Koch,H.: (Aufbau) der Unternehmensplanung. Wiesbaden, 1977

Kocka,J./Siegrist,H.: Die hundert größten deutschen (Industrieunternehmen) im späten 19. und frühen 20. Jahrhundert. In: Horn,N./Kocka,J. (Hrsg.): Recht und Entwicklung der Großunternehmen im 19. und 20. Jahrhundert. S.55-122, Göttingen, 1979

Koether,R.: (Verfahren) zur Verringerung von Modell-Mix-Verlusten in Fließmontagen. Diss., Berlin-Heidel-berg-New York-Tokyo, 1986

Köhler,R.: (Informationssytem) für die Unternehmensführung. In: ZfB, 41.Jg., 1971, S.27-58

Köhler,R.: (Planungstechniken), Einsatzbedingungen von. In: Szyperski,N. unter Mitarbeit von Winand,U. (Hrsg.): Handwörterbuch der Planung. Stuttgart, 1989, Sp. 152-1541

Koontz,H./O'Donnell,C.: (Principles) of Management: An analysis of managerial functions. New York, 1955

Koreimann,D.S.: (Architektur) und Planung betrieblicher Informationssysteme. In: Hansen,H.R./Wahl,M.P. (Hrsg.): Probleme beim Aufbau betrieblicher Informationssysteme. München, 1973, S.49-82

Koreimann,D.S.: (Management). 2.Aufl., München, 1986

Koreimann,D.S.: (Methoden) der Informationsbedarfsanalyse. Berlin-New York, 1976

Korndörfer,W.: (Unternehmensführungslehre). 6.Aufl., Wiesbaden, 1988

Kortzfleisch v.,G.:(Systematik) der Produktionsmethoden. In Jacob,H. (Hrsg.): Industriebetriebslehre. Handbuch für Studium und Praxis. 4.Aufl., Wiesbaden, 1990 S.107-175

Kosiol,E.: (Einführung) in die Betriebswirtschaftslehre. Die Unternehmung als wirtschaftliches Aktionszen-trum. Wiesbaden, 1968

Kosiol,E.: (Organisation) der Unternehmung. 2.Aufl., Wiesbaden, 1976

Kosiol,E.: Die (Unternehmung) als wirtschaftliches Aktionszentrum. Hamburg, 1972

Kosiol,E: Zur Problematik der (Planung) in der Unternehmung. In: ZfB, 37.Jg., 1967, S.77-96

Kossbiel,H.: (Personalwirtschaft). In: Bea,F.X./Dichtl,E./Schweitzer,M. (Hrsg.): Allgemeine Betriebswirt-schaftslehre, Bd.3: Leistungsprozeß, 5.Aufl., Stuttgart, 1991, S.339-415

Kotler,P.: (Marketing-Management). 4.Aufl., Stuttgart, 1989

Kramer,F.:Problemlösungs-, Zielsetzungs- und Entscheidungssystematik in der (Führungspraxis). Die Orientie-rung Nr. 90, Bern, 1987

Kreikebaum,H · Industrielle (Unternehmungsorganisation). In: Schweitzer,M. (Hrsg.): (Industriebetriebslehre), München, 1990, S.147-218

Kreikebaum,H.: Strategic Issue (Analysis). In: Szyperski,N. unter Mitarbeit von Winand,U. (Hrsg.): Handwör-terbuch der Planung. Stuttgart, 1989, Sp.1876-1885

Kreikebaum,H.: Strategische (Führung). In: Kieser,./Reber,./Wunderer,. (Hrsg.): Handwörterbuch der Führung. Stuttgart, 1987, S.1898-1906

Kreikebaum,H.: Strategische (Unternehmensplanung). 4.Aufl., Stuttgart-Berlin-Köln, 1991

Kreilkamp,E.: Praxisbezogene (Entwicklung) eines Scoring-Modells. In: Haedrich,G. (Hrsg.): Operationale Entscheidungshilfen für die Marketingplanung. Berlin-New York, 1977

Kremer,H.-H.: Die (Bestimmung) von Produkt-Markt-Feldern als Kernproblem bei der Bildung strategischer Geschäftseinheiten. Frankfurt am Main-Bern-New York, 1986

Kromschröder,B./Buchwieser,S./Gründl,H./Haindl,A.: (Qualität) und Qualitätsmanagement in der Versiche-rungswirtschaft. In: ZfB, 62.Jg., 1992, S.43-74

Krüger,S.: (Similation). Grundlagen, Techniken, Anwendungen. Berlin-New York, 1975

Krüger,W.: Die Erklärung von (Unternehmenserfolg): Theoretischer Ansatz und empirische Ergebnisse. In: DBW, 48.Jg., 1980, S.27-43

Krystek,U.: (Frühwarnung)vor Insolvenzrisiken: Controlling-Aufgabe auch im Bankenbereich. In: Spremann,K./Zur,E. (Hrsg.): Controlling. Grundlagen-Informationssysteme-Anwendungen. Wiesbaden, 1992, S.307-332

Krystek,U.: (FuE) und Frühwarnsysteme. In: Hahn,D./Taylor,B. (Hrsg.): Strategische Unternehmensplanung. Stand und Entwicklungstendenzen. 4.Aufl., Heidelberg-Wien, 1986, S.281-305

Krystek,U.: (Krisenbewältigungsmanagement) und Unternehmensplanung. Wiesbaden, 1981

Kuba,R.: (Pflichtenheft) für Entwicklungsaufgaben. In: CM, 2/1988, S.64-70

Kubasik,E.: (Technologiemanagement) für überlegene Innovationsstrategien. In:Henzler,H.A.: Handbuch Stra-tegische Führung. S. 443-461, Wiesbaden, 1988

Kubicek,H.: (Unternehmungsziele), Zielkonflikte und Zielbildungsprozesse. Kontroverse und offene Fragen in einem Kernbereich betriebswirtschaftlicher Theoriebildung. In: WiSt, 10.Jg., 1981, S.458-466

Kuhn,A.: (Unternehmensführung). München, 1982

Kulicke,M.: Technologieorientierte (Unternehmen) in der Bundesrepublik Deutschland. Eine empirische Untersuchung der Strukturbildungs- und Wachstumsphase von Neugründungen. Diss., Saarbrücken, 1987

Kumar,B.N.: (Unternehmensethik) im Kontext internationaler Unternehmensführung. In Steinmann,H./Löhr,A. (Hrsg.): Unternehmensethik. Stuttgart, 1989, S.215-231

Küpper,H.-U./Weber,J./Zünd,A: Zum Verständnis und Selbstverständnis des (Controlling) . In ZfB, 60.Jg., 1990, S.281-293

Küpper,H.-U.: (Gegenstand), theoretische Fundierung und Instrumente des Investitions-Controlling. In:ZfB, Ergänzungsheft 3/91, 61.Jg., 1991, S.167-192

Küpper,H.-U.: (Konzeption) des Controlling aus betriebswirtschaftlicher Sicht. In: Scheer,A.-W. (Hrsg.): Rechnungswesen und EDV. Heidelberg, 1987, S.82-116

Küpper,H.-U.: (Koordination) und Interdependenz als Baustein einer konzeptionellen und theoretischen Fundierung des Controlling. In: Lücke,W. (Hrsg.): Betriebswirtschaftliche Steuerungs- und Kontrollprobleme. Wiesbaden, 1988, S.163-183

Küpper,H.-U.: (Koordination) und Interdependenz als Bausteine einer konzeptionellen und theoretischen Fundierung des Controlling. In: Lücke,W. (Hrsg.): Betriebswirtschaftliche Steuerungs- und Kontrollprobleme. Wiesbaden, 1988, S.163-183

Küpper,H.-U.: (Rechnungswesen) und Allgemeine Betriebswirtschaftslehre. In: Kirsch,W./Picot,A. (Hrsg.): Die Betriebswirtschaftslehre im Spannungsfeld zwischen Generalisierung und Spezialisierung. Wiesbaden, 1989, S.215-233

Küpper,H.-U.: Industrielles (Controlling). In: Schweitzer,M. (Hrsg.): (Industriebetriebslehre). München, 1990, S.780-891

Küpper,H.-U.: Investitionstheoretische (Fundierung) der Kostenrechnung. In: ZfbF, 37.Jg., 1985, S.26-46

Kupsch,P.: (Unternehmungsziele). Stuttgart-New York, 1979

Kupsch,P.U./Marr,R.: (Personalwirtschaft). In: Heinen,E. (Hrsg.): Industriebetriebslehre. Entscheidungen im Industriebetrieb. 8.Aufl., Wiesbaden, 1985, S.627-767

Kuß,A.: (Absatzpolitik). Grundprobleme der Absatzpolitik. Hagen, 1988

Lammermeyer,H.U.: (Human) Relations. The Key to Quality. New York, 1990

Lange,E.C.: (Abbruchentscheidung) bei F&E-Projekten. Diss., Wiesbaden, 1993

Laux,H./Liermann,F.: (Grundlagen) der Organisation. Steuerung von Entscheidungen als Grundproblem der Betriebswirtschaftslehre. 2.Aufl., Berlin-Heidelberg, 1990

Laux,H.: (Entscheidungstheorie). Bd 1: Grundlagen. Berlin-Heidelberg-New York, 1982

Leder,M.: (Innovationsmanagement). In: Albach,H. (Hrsg.): Innovationsmanagement. Theorie und Praxis im Kulturvergleich. Wiesbaden, 1990, S.1-54

Lehmann,F.-O.: Zur (Entwicklung) eines koordinationsorientierten Controlling-Paradigmas. In: ZfbF, 44.Jg., 1992, S.45-61

Leist,G.: (Nutzwertanalyse). In: Szyperski,N. unter Mitarbeit von Winand,U. (Hrsg.): Handwörterbuch der Planung. Stuttgart, 1989, Sp.1259-1266

Levitan,K.B.: (Information) Ressources as "Goods" in the Life Cycle of Information Production. In: Journal of the American Society for Information, Vol.33, 1982, S.44-54

Liebl,W.F.: (Marketing-Controlling). Wiesbaden, 1989

Liedke,U.: (Controlling) und Informationstechnologie. Auswirkungen auf die organisatorische Gestaltung. Diss., München, 1991

Liessmann,K.: Strategisches (Controlling). In: Mayer,E. (Hrsg.): Controlling-Konzepte. Perspektiven der 90er Jahre. Wiesbaden, 1986, S.85-133

Lietz,J.H.: (Lean) Production - Realität und Herausforderung. In: io Management Zeitschrift. 61, Nr. 6/7, 1992, S.68-72

Lindblom,C.E.: Still (muddling), not jet through. In: Public Administration Review. 1979, 39, S.517-526

Lindblom,C.E.: The (Intelligence) of Democracy. Decision Making Through Mutual Adjustment. New York-London, 1965

Lindblom,C.E.: The (science) of "muddling through". In: Public Administration Review No.19, S.78-88, 1959

Link,J.: (Organisation) der strategischen Planung. Heidelberg-Wien, 1985

Link,J.: Die methodologischen, informationswirtschaftlichen und führungspolitischen (Aspekte) des Controlling. In: ZfB, 52.Jg., 1982, S.261-280

Lisowsky,A.: (Qualität) und Betrieb. Ein Beitrag zum Problem des wirtschaftlichen Wertens. Stuttgart, 1928

Little,A.D.: (Innovation) als Führungsaufgabe. Frankfurt am Main-New York, 1988

Lorenzen,P.: Philosophische (Fundierungsprobleme) einer Wirtschafts- und Unternehmensethik. In Steinmann,H./Löhr,A. (Hrsg.): Unternehmensethik. Stuttgart, 1989, S.25-57

Lücke,W. (Hrsg.): (Investitionslexikon). München, 1975

Lücke,W.: (Dispositiver Faktor) - Management. Ein Vergleich. Arbeitsbericht 2/91, Göttingen, 1991

Lücke,W.: (Fristigkeit) der Pläne. In: Szyperski,N. unter Mitarbeit von Winand,U. (Hrsg.): Handwörterbuch der Planung. Stuttgart, 1989, Sp.535-542

Lücke,W.: (Qualitätsprobleme) im Rahmen der Produktions- und Absatztheorie. In: Koch,H. (Hrsg.): Zur Theorie des Absatzes. Festschrift zum 75.Geburtstag von Erich Gutenberg. Wiesbaden, 1973, S.263-299

Lücke,W.: (Umsetzungen) und Auswirkungen des technischen Fortschritts aus betriebswirtschaftlicher Sicht. In: Gabisch,G. (Hrsg.): Technischer Fortschritt, Beschäftigung und wirtschaftliches Gleichgewicht. Berlin, 1988, S.88-166

Lücke,W.: Der (Integrationsgedanke) im Rechnungswesen des Unternehmens und des Betriebes. In: Delfmann,W., ... (Hrsg.): Der Integrationsgedanke in der Betriebswirtschaftslehre. H. Koch zum 70. Geburtstag. Wiesbaden, 1993, S.221-253

Lücke,W.: Die kalkulatorischen (Zinsen) im betrieblichen Rechnungswesen. In: ZfB, Ergänzungsheft, 35.Jg., 1965, S.3-28

Lüder,K./Küpper,W.: Standortplanung industrieller (Großunternehmen). Speyerer Arbeitshefte 41, Speyer, 1982

Lüder,K./Küpper,W.: Unternehmerische (Standortplanung) und Wirtschaftsförderung. Göttingen, 1983

Lüder,K.: (Risikoanalyse) bei Investitionsentscheidungen. In: Angewandte Planung, Bd. 3, Würzburg-Wien, 1979, S.224-233

Lüder,K.: (Standortwahl). Verfahren zur Planung betrieblicher und innerbetrieblicher Standorte. In: Jacob,H. (Hrsg.): Industriebetriebslehre. Handbuch für Studium und Praxis. 4.Aufl., Wiesbaden, 1990 S.29-100

Lüdke Schwienhorst,R.: Strategische (Kontrolle). Rahmenbedingungen, Aufgaben und Methoden. Diss.,Wiesbaden, 1989

Luhmann,N.: (Soziale Systeme). Frankfurt am Main, 1984

Luhmann,N.: (Zweckbegriff) und Systemrationalität. Tübingen, 1968

Lyles,M.A.: (Formulating) strategic problems: Empirical analysis and modell development. In: Strategic Management Journal (SMJ), 2, 1981, S.61-75

Macharzina,K. (Hrsg.): (Diskontinuitätenmanagement) - Strategische Bewältigung von Strukturbrüchen bei internationaler Unternehmenstätigkeit. Berlin, 1984

Madauss,B.J.: Handbuch (Projektmanagement). 4.Aufl., Stuttgart, 1991

Mann,R · (Praxis) strategisches Controlling mit Checklisten und Arbeitsformularen. Von der strategischen Planung zur ganzheitlichen Unternehmensführung. 4.Aufl., Landsberg am Lech, 1987

Männel,W.: (Eigenfertigung) und Fremdbezug. 2.Aufl., Stuttgart, 1981

Mansfield,E./Rapoport,J./Schnee,J./Wagner,S/Hamburger,M.: (RESEARCH) AND INNOVATION IN THE MODERN CORPORATION. New York, 1971

Mansfield,E.: The (Speed) and Cost of Industrial Innovation in Japan and the United States: External vs Internal Technology. In: MS, Vol.34, 1988, S.1157-1168

March,J.G.: (Entscheidung) und Organisation [deutsche Übersetzung: Decisions and Organisations. Oxford, 1988]. Wiesbaden, 1990

Marr,R.: (Innovation). In: Grochla,E. (Hrsg.): Handwörterbuch der Organisation. 2.Aufl., Stuttgart, 1980, Sp.947-959

Marschak,J.: (Remarks) on the Economics of Information. In: Contributions to Scientific Research-Management. Los Angeles, 1959, S.79-98

Matschke,M.J./Kolf,J.: Historische Entwicklung, Begriff und organisatorische Probleme des (Controlling). In: DB, 33.Jg., 13,1980, S.601-607

Maune,R.: (Planungskontrolle). Die Kontrolle des Planungssystems der Unternehmung. Frankfurt am Main, 1980

Mauthe,K.D.: (Strategische Analyse). In: Kirsch,W. (Hrsg.): Planungs- und Organisationswissenschaftlichen Schriften. Nr. 33, München, 1981

Mauthe,K.D.: Strategische (Exploration)und Analyse als Basis der Planung strategischer Programme. In: Kirsch,W./Müller,G./Trux,W.: Das Management strategischer Programme. 1.Halbband S.37-206

Mayer, E.: (Controlling) als Führungskonzept. In: Mayer, E. (Hrsg.): Controlling-Konzepte - Perspektiven für die 90er Jahre, Wiesbaden, 1986

Mayer,R./Glaser,H.: Die (Prozeßkostenrechnung) als Controllinginstrument. Pro und Contra. In: Controlling, 3.Jg., 6/1991, S.296-303

Mayer,R.: (Prozeßkostenrechnung) - Rückschritt oder neuer Weg? In: Controlling, 5/1990, S.274-275

Mayer,R.: Prozeßkostenrechnung und (Prozeßkostenmanagement): Konzept, Vorgehensweise und Einsatzmöglichkeiten. In: IFUA Horvàth & Partner GmbH Stuttgart (Hrsg.): Prozeßkostenmanagement - Methodik, Implementierung, Erfahrungen, München, 1991, S.75-99

Meffert,H.: (Marketing) und strategische Unternehmensführung - ein wettbewerbsorientierter Kontingenzansatz. In: Hahn,D./Taylor,B. (Hrsg.): Strategische Unternehmensplanung. Stand und Entwicklungstendenzen. 4.Aufl., Heidelberg-Wien 1986, S.660-683

Meffert,H.: (Marketing). Grundlagen der Absatzpolitik. 7., überarbeitete und erweiterte Aufl., Wiesbaden, 1986

Meffert,H.: (Systemtheorie) aus betriebswirtschaftlicher Sicht. In: Schenk,K.-E. (Hrsg.): Systemanalyse in Wirtschafts- und Sozialwissenschaften. Berlin, 1971, S.174-206

Meffert,H.: Die (Wertkette) als Instrument einer integrierten Unternehmensplanung. In: Defmann,W. (Hrsg.): Der Integrationsgedanke in der Betriebswirtschaftslehre. Wiesbaden, 1989, S.255-278

Meffert,H.: Marketing und strategische Unternehmensführung - ein wettbewerbsorientierter (Kontingenzansatz). In: Henzler,H.A.: Handbuch Strategische Führung. Wiesbaden, 1988, S.660-683

Meissner,H.G.: Strategisches Internationales (Marketing). Berlin-Heidelberg, 1987

Mellerowicz,K.: Forschungs- und (Entwicklungstätigkeit) als betriebswirtschaftliches Problem. Freiburg im Breisgau, 1958

Mellerowicz,K.: Forschungs- und (Entwicklungstätigkeit) als betriebswirtschaftliches Problem. Freiburg (1958)

Mensch,G.: (Basisinnovationen) und Verbesserungsinnovationen. In ZFB, Nr.2, Jg 42, S.291-297 (1972)

Mensch,G.: Das technologische (Patt). Innovationen überwinden die Depression. Frankfurt am Main, 1977

Mertens,P./Griese,J.: Integrierte (Informationsverarbeitung 2). Planungs- und Kontrollsysteme in der Industrie. 6.Aufl., Wiesbaden, 1991

Mertens,P.: (Simulation). 2.Aufl., Stuttgart, 1982

Messinger,H./Rüdenberg,W.: Langenscheidts Handwörterbuch (Englisch). Berlin-München-Wien-Zürich, 1981

Meyer zu Selhausen,H.: Inkrementale (Planung) In: Szyperski,N. unter Mitarbeit von Winand,U. (Hrsg.): Handwörterbuch der Planung. Stuttgart, 1989, Sp.746-753

Meyer-Krahmer,F.: Der (Einfluß) staatlicher Technologiepolitik auf industrielle Innovationen. Baden Baden, 1989

Meyer-Piening,A.: (Zero-Base-Budgeting). In: Szyperski,N. unter Mitarbeit von Winand,U. (Hrsg.): Handwörterbuch der Planung, Stuttgart, 1989, Sp.2277-2296

Michel,K.: Technologie und (Strategisches Management). Ein Portfolio-Ansatz zur integrierten Technologie- und Marktplanung. Berlin, 1987

Milberg,J./Geyer,W.: Leitfaden des VDI-Gemeinschaftsausschusses CIM. Rechnerintegrierte Konstruktion und Produktion. Bd.1: (CIM-Management). Düsseldorf, 1990

Miles,L.D.: (Techniques) of Value Analysis and Engineering. New York-Toronto-London, 1961

Miles,R.E.: (Theories) of management. New York, 1975

Miles,R.E.: Human relations or (human resources)? In: HBR, Vol.43, 1965, S.148-163

Miller,D./Toulouse,J.M.: (Chief) Executive Personality and Corporate Strategy and Structure in Small Firms. In: MS, Vol.32, 1986, S.1389-1409

Milling,P.: (Diffusionstheorie) und Innovationsmanagement. In: Zahn,E. (Hrsg.): Innovations- und Technologiemanagement. Berlin, 1986, S.49-70

Milling,P.: Systemtheoretische Grundlagen der (Unternehmenspolitik). Berlin, 1981

Mintzberg ,H./Raisinghani,D./Théorèt,A.: The (Structure) of "Unstructured" Decision Process. In: ASQ, Vol.21, 1976, S.246-275

Mintzberg,H.: The (Myths) of MIS. In: California Management Review 15, 1972, S.92-97

Molitor,B.: (Wirtschaftsethik). München, 1989

Mössner,G.U.: (Planung) flexibler Unternehmensstrategien. München, 1982

Müller,W.: (Kontrolle), Organisation der. In: Grochla,E. (Hrsg.): Handwörterbuch der Organisation. 2.Aufl., Stuttgart, 1980, Sp.1082-1091

Müller,W.: Die (Koordination) von Informationsbedarf und Informationsbeschaffung als zentrale Aufgabe des Controlling. In: ZfbF, 26.Jg., 1974, S.683-693

Müller-Hagedorn,L.: Grundlagen der (Personalbestandsplanung). Opladen, 1970

Müller-Merbach,H.: Operations (Research). 3.Aufl., Berlin, 1983

Munari,S./Naumann,C.: (Strategische Steuerung) - Bedeutung im Rahmen des Strategischen Management. In: ZfbF, 36.Jg., 1984, S.371-384

Munari,S./Naumann,C.: Strategische (Steuerung)-Bedeutung im Rahmen des Strategischen Management.In: Hahn,D./Taylor,B. (Hrsg.): Strategische Unternehmensplanung. Stand und Entwicklungstendenzen. 4.Aufl., Heidelberg-Wien, 1986, S.701-716

Naumann,C.: Strategische (Steuerung) und integrierte Unternehmensplanung. München, 1982

Nieschlag,R./Dichtl,E./Hörschgen,H.: (Marketing). 15.Aufl., Berlin, 1988

Nieß,P.S.: Flexible (Fertigungssysteme). In: Kern,W. (Hrsg.): Handwörterbuch der Produktionswirtschaft. Stuttgart, 1984, Sp.595-604

Nippa,M./Reichwald,R.: Theoretische (Grundüberlegungen) zur Verkürzung der Durchlaufzeit in der industriellen Entwicklung. In: Reichwald,R./Schmelzer,H.J. (Hrsg.): Durchlaufzeiten in der Entwicklung. Praxis des industriellen F&E-Managements. München, 1990, S.65-114

Nippa,M./Schnopp,R.: Ein praxiserprobtes (Konzept) zur Gestaltung der Entwicklungszeit. In: Reichwald,R./Schmelzer,H.J. (Hrsg.): Durchlaufzeiten in der Entwicklung. Praxis des industriellen F&E-Managements. München, 1990, S.115-155

o.V.: (Grenzen) der Planung - Herausforderung an das Management. Arbeitskreis "Integrierte Unternehmensplanung" der Schmalenbach-Gesellschaft - Deutsche Gesellschaft für Betriebswirtschaft e.V..In: ZfbF, 43.Jg., 1991, S.811-829

o.V.: (SzU-Kurzlexikon). In: Adam,D.: Fertigungssteuerung I. Grundlagen der Produktionsplanung und -steuerung. Wiesbaden, 1988, S.174-177

o.V.: Das (Geschäft) mit den Genen. In: VuB, Nr. 4, Juli/August 1992, S.30-31

o.V.: Der weite (Weg) zu lean production. In: Automobil-Produktion, August, 1991

o.V.: Einleitung: (Führung). In: Bea,F.X./Dichtl,E./Schweitzer,M. (Hrsg.): Allgemeine Betriebswirtschaftslehre, Bd.2: Führung, 5.Aufl., Stuttgart, 1991, S.1-16

o.V.: Einleitung: (Leistungsprozeß). In: Bea,F.X./Dichtl,E./Schweitzer,M. (Hrsg.): Allgemeine Betriebswirtschftslehre, Bd.3: Leistungsprozeß, 5.Aufl., Stuttgart, 1991, S.1-6

o.V.: Zwanzig Jahre (Innovationsforschung) im Ifo-Institut und zehn Jahre Ifo-Innovationstest. In Ifo-Schnelldienst, Nr.14, S.14-22

Oess,A.: Total (Quality) Management. Eine ganzheitliche Qualitätsstrategie. 2.Aufl., Wiesbaden, 1991

Oettle,K.: (Grenzen) der erwerbswirtschaftlichen und der öffentlich wirtschaftlichen Planung. In: Bergner,H. (Hrsg.): Planung und Rechnungswesen der Betriebswirtschaftslehre. Festgabe für G.v.Kortzfleisch zum 60. Geburtstag. Berlin, 1981, S.283-308

Offermann,A.: (Projekt-Controlling) bei der Entwicklung neuer Produkte. Diss.Frankfurt amMain, 1985

Olfert,K.: (Kostenrechnung). 7.Aufl., Ludwigshafen (Rhein), 1987

Olschowy, : Externe Einflußfaktoren im strategischen Innovationsmanagement ..

Osterloh,M.: Unternehmensethik und (Unternehmenskultur) In Steinmann,H./Löhr,A. (Hrsg.): Unternehmensethik. Stuttgart, 1989, S.143-161

Ott,A.E.: (Grundzüge) der Preistheorie. 3.Aufl., Göttingen, 1979

Ott,A.E.: Technischer (Fortschritt). In: Handwörterbuch der Sozialwissenschaft. Vol.10

Pedell,K.L.: (Analyse) und Planung von Produktivitätsveränderungen. In: ZfbF, 37.Jg., 1985, S.1078-1097

Pedell,K.L.: (Produktivitätsveränderungen) und Ergebnisanalyse. Erfahrungen aus der Unternehmenspraxis. In. ZfbF, 37.Jg., 1985, S.810-824

Peemöller,V.H.: (Controlling). Grundlagen und Einsatzgebiete. 2.Aufl., Berlin-Herne, 1992

Perillieux,R./Wittkemper,G.: (Ziele) und Module eines integrierten Technologie- und Innovationsmanagements. In: Booz Allen & Hamilton (Hrsg.): Integriertes Technologie- und Innovationsmanagement. Konzepte zur Stärkung der Wettbewerbskraft von High-Tech-Unternehmen. Berlin, 1991, S.13-20

Perillieux,R.: (Zeitfaktor) im strategischen Technologiemanagement. Berlin, 1987

Perillieux,R.: Strategisches (Timing) von F&E und Markteintritt bei innovativen Produkten. In: Booz Allen & Hamilton (Hrsg.): Integriertes Technologie- & Innovationsmanagement. Konzepte zur Stärkung der Wettbewerbskraft von High-Tech-Unternehmen. Berlin, 1991, S.21-48

Peters,H.O./Meyna,A.: (Sicherheitstechnik). In: Masing,W. (Hrsg.): Handbuch der Qualitätssicherung. 2.Aufl., München-Wien, 1988, S.301-329

Peters,T.J./Waterman,R.H.: Auf der Suche nach (Spitzenleistungen). Was man von den bestgeführten US-Unternehmen lernen kann. 15.Aufl., Landsberg am Lech, 1993

Petersen,K.: Der (Verlauf) individueller Entscheidungsprozesse - Eine empirische Untersuchung am Beispiel der Bilanzanalyse. Frankfurt-Bern-New York-Paris, 1988

Pfeiffer,W./Bischof,P.: (Produktlebenszyklen) - Instrument der strategischen Produktplanung. In: Steinmann,H. (Hrsg.): Planung und Kontrolle. München, 1981, S.133-165

Pfeiffer,W./Bischof,P.: Produktlebenszyklen als Basis der (Unternehmensplanung). In: Zfb, 44.Jg., H.10, 1974, S.635-666

Pfeiffer,W./Dögle,R./Schneider,W.: (Denkperspektiven) und Grundhaltungen zur strategischen Technologieplanung. In: WISU, 19.Jg., 1989, S.99-104

Pfeiffer,W./Metze,G./Schneider,W./Amler,R.: (Technologie-Portfolio) zum Management strategischer Zukunftsgeschäftsfelder. In: Pfeiffer,W. (Hrsg.): Innovative Unternehmensführung. Bd. 7, Göttingen, 1982

Pfeiffer,W./Metze,G.: (Technologische Analyse). In: Szyperski,N. unter Mitarbeit von Winand,U. (Hrsg.): Handwörterbuch der Planung. Stuttgart, 1989, Sp.2002-2015

Pfeiffer,W./Randolph,R.: (Rationalisierung), betriebliche. In: Kern,W. (Hrsg.): Handwörterbuch der Produktionswirtschaft. Stuttgart, 1979

Pfeiffer,W./Schultheiß,B./Staudt,E.: Wiederverwendungskreisläufe ((Recycling)). In: Grochla,E. und Wittmann,W. (Hrsg.): Handwörterbuch der Betriebswirtschaft. 4.Aufl., Stuttgart, 1976, Sp. 4453-4462

Pfeiffer,W./Staudt,E.: (Innovation). In: Handwörterbuch der Betriebswirtschaft I/2, Stuttgart, 1975, Sp. 1943-1953

Pfeiffer,W./Staudt,E.: Betriebliche (Forschung) und Entwicklung. In: Grochla,E./Wittmann,W. (Hrsg.): Handbuch der Betriebswirtschaft. Bd.I$_1$, 4.Aufl., Stuttgart, 1975, Sp.1521-1530

Pfeiffer,W.: (Innovationsmanagement) als Know-How-Management. In: Hahn,D.: Führungsprobleme industrieller Unternehmen, F.Thomée zum 60. Geburtstag. Berlin-New York, 1980, S.421-452

Pfeiffer,W.: (Technologie-Portfolio) zum Management strategischer Zukunftsgeschäftsfelder. 2. Aufl., Göttingen, 1983

Pfeiffer,W.: Allgemeine (Theorie) der technischen Entwicklung als Grundlage einer Planung und Prognose des technischen Fortschritts. Göttingen, 1971

Pfeiffer,W.: Strategisch orientiertes (Forschungs- und Entwicklungsmanagement) - Probleme und Lösungsansätze aus der Sicht der Wissenschaft. In Blohm,H./ Danert,G. (Hrsg.): Forschungs- und Entwicklungsmanagement S. 57-84

Pfohl,H.-C./Wübbenhorst,K.L. (Lebenszykluskosten). In: JfB, H.3, 1983, S.142-155

Pfohl,H.-C./Zettelmeyer,B.: Strategisches (Controlling)? In: ZfB, 57.Jg., 1987, S.145-175

Pfohl,H.-C.: (Entwicklungen) im strategischen Controlling. In: Reichwald,T. (Hrsg.): Controlling-Praxis. Erfolgsorientierte Unternehmenssteuerung. München, 1988, S.68-86

Pfohl,H.-C.: (Planung) und Kontrolle. Stuttgart-Berlin-Köln-Mainz, 1981

Pfohl,H.-C.: (Strategische Kontrolle). In: Henzler,H.A.: Handbuch Strategische Führung. Wiesbaden, 1988, S.801-824

Pfohl,H.C./Drünkler,W.: Stand der (Anwendung)moderner Planungs- und Entscheidungstechniken in Betriebswirtschaften. In: Pfohl,H.-C./Rürup,B. (Hrsg.): Anwendungsprobleme moderner Planungs- und Entscheidungstechniken. Königstein/Ts, 1979, S. 99-112

Pfohl,H.C.: Problemorientierte (Entscheidungsfindung) in Organisationen. Berlin-New York, 1977

Phyrr,P.A.: (Zero-Based-Budgeting). In: HBR, Vol.48, 1970, S.111-121

Picot,A./Reichwald,R./Nippa,M.: Zur Bedeutung der (Entwicklungsaufgabe) für die Entwicklungszeit - Absätze zu ihrer Verkürzung. In: ZfbF, Sonderheft 23, 40.Jg., 1988, S.112-137

Picot,A./Reichwald,R.: (Informationswirtschaft). In: Heinen,E. (Hrsg.): Industriebetriebslehre. Entscheidungen im Industriebetrieb. 9.Aufl.,Wiesbaden, 1991, S.241-393

Picot,A.: (Organisation). In: Vahlens Kompendium der Betriebswirtschaftslehre. Bd.2., 2.Aufl., München, 1990, S.99-163

Picot,A.: (Transaktionskostenansatz) in der Organisationstheorie: Stand der Diskussion und Aussagewert. In: DBW, 42.Jg., 1982, S.267-284

Picot,A.: (Unternehmungsphilosophie) und Planungsbewußtsein. In: Szyperski,N. unter Mitarbeit von Winand,U. (Hrsg.): Handwörterbuch der Planung. Stuttgart, 1989, Sp.2089-2100

Picot,A.: Ein neuer (Ansatz) zur Gestaltung der Leistungstiefe. In: ZfbF, 43.Jg., 1991, S.336-357

Pieper,A.: Einführung in die philosophische (Ethik). KE 1: Gegenstand und Aufgabe der Ethik. Hagen, 1988

Platt,A.: Ein (Entscheidungsmodell) für das Beschaffungsverhalten einer Großbetriebsform des Handels. Lösung eines schlechtstrukturierten, komplexen Problemes durch den Analytischen Hierarchieprozeß. Diss., Wien, 1984

Platz,J./Schmelzer,H.J.: (Projektmanagement) in der industriellen Forschung und Entwicklung. Einführung anhand von Beispielen aus der Informationstechnik. Berlin-Heidelberg-New York, 1986

Platz,J.: (Projektplanung). In: Platz,J./Schmelzer,H.J. (Hrsg.): Projektmanagement in der industriellen Forschung und Entwicklung. Berlin-Heidelberg-New York-London-Paris-Tokyo, 1986, S.131-159

Pleschak,F.: (CIM)-Management. Stuttgart, 1991

Podolsky,J.P.: (Flächenkennzahlen) für die Fabrikplanung. Berlin-Köln, 1977

Poensgen,O.H./Hort,H.: (F&E-Aufwand), Firmensituation und Firmenerfolg. In: ZfbF, 35.Jg., 1983, S.73-93

Porter,M.E.: (Wettbewerbsstrategie). Methoden zur Analyse von Branchen und Konkurrenten. 7.Aufl., Frankfurt am Main, 1992

Porter,M.E.: (Wettbewerbsvorteile): Spitzenleistungen erreichen und behaupten. Frankfurt am Main, 1986

Porter,M.E.: Changing Patterns of International (Competition). In: CMR (California Management Review), Vol.28, No.2, (1986)

Preissler,P.: (Controlling). München-Wien, 1985

Prieske,R.: (Flexibilität) von Maschinensystemen im Rahmen der Investitionsvorbereitung. In: ZfB, 60.Jg., 1990, S.1045-1063

Pugh,D.S./Hickson,D.J.: Eine dimensionale (Analyse) bürokratischer Strukturen. In: Mayntz,R. (Hrsg.): Bürokratischer Organisation. Köln-Berlin, 1968

Pümpin,C./Prange,J.: Dynamisches Management und (Controlling). In: Horváth,P. (Hrsg.): Synergien durch Schnittstellen-Controlling. Stuttgart, 1991, S.25-49

Pümpin,C.: (Management) strategischer Erfolgspositionen.3.Aufl., Bern-Stuttgart, 1986

Pumpin,C.: (Unternehmenskultur), Unternehmensstrategie und Unternehmenserfolg. In: ATAG (Hrsg.): Die Bedeutung der Unternehmenskultur für den künftigen Erfolg ihres Unternehmens. Zürich, 1984, S.11-26

Pümpin,C.: Strategische (Erfolgspositionen). Methodik der dynamischen strategischen Unternehmensführung. Bern-Stuttgart-Wien, 1992

Qualls,W./Olshavsky,R.W./Michaels,R.E.: (Shortening)oft the PLC - An Empirical Test. In: JoM, Vol.45, 1981, S.76-80

Quinn,J.B.: (Innovationsmanagement): Das kontrollierte Chaos. In: Harvard Manager, 4, 1985, S.24-32

Quinn,J.B.: (Strategies) for change: logical incrementalism. Homewood/I11, 1980

Rabethge,C.: (Ansätze) einer expliziten Berücksichtigung der Datenunschärfe beim Zeitaspekt in der Betriebswirtschaftslehre. Göttingen, 1990

Rabl,K.: Strukturierung strategischer (Planungsprozesse). Diss., Wiesbaden, 1990

Rathe,A.W.: (Management) controls in business. In: Malcolm,D.G./ Rowe, A.J. (Hrsg.): Management Control Systems. New York-London, 1963, S. 28-62

Reese,J.: (Perspektiven) der Unternehmensführung. In: ZfB, 60.Jg., 1990, S.523-532.

Reichmann,T./Lange,C.: (Aufgaben) und Instrumente des Investitions-Controlling. In: DBW, 45.Jg., 1985, S.454-466

Reichmann,T.: (Controlling) mit Kennzahlen. Grundlagen einer Systemgestützten Controlling-Konzeption. München, 1985

Reichmann,T.: (Controlling-Konzeptionen) in den 90er Jahren. In: Horváth,P./Gassert,H./Solaro,D. (Hrsg.): Controlling-Konzeptionen für die Zukunft. Trends und Visionen. Stuttgart, 1991, S.47-70

Reichmann,T.: (Entwicklungen) und Trends im Controlling. In: Reichmann,T. (Hrsg.): Controlling-Praxis. Erfolgsorientierte Unternehmenssteuerung. München, 1988, S.1-15

Reichmann,T.: (Grundlagen) einer systemgestützten Controlling-Konzeption mit Kennzahlen. In: ZfB, 55.Jg., 1985, S.887-898

Reichmann,T/Kleinschnittger,U./Kemper,W.: Empirische (Untersuchung) zur Funktionsbestimmung und Funktionsabgrenzung des Controlling. In: Reichmann,T. (Hrsg.): Controlling-Praxis. Erfolgsorientierte Unternehmenssteuerung. München, 1988, S.16-59

Reichwald,R./Mrosek,D.: (Produktionswirtschaft). In: Heinen,E. (Hrsg.): Industriebetriebslehre. Entscheidungen im Industriebetrieb. 8.Aufl.,Wiesbaden, 1985, S.360-503

Reichwald,R./Nippa,M.: (Grundlagen) und Instrumentarien zur Durchlaufzeitverkürzung im industriellen Fertigungsbereich. München, 1988

Reichwald,R./Schmelzer,H.J. (Hrsg.): (Durchlaufzeiten) in der Entwicklung. Praxis des industriellen F&E-Managements. München, 1990

Reichwald,R.: (Entwicklungszeiten) als wettbewerbsentscheidender Faktor für den langfristigen Erfolg eines Industriebetriebes. In: Reichwald,R./Schmelzer,H.J. (Hrsg.): Durchlaufzeiten in der Entwicklung. Praxis des industriellen F&E-Manmagments. München, 1990, S.9-25

Reinschmidt,J.: (Beschaffungs-Controlling) mit Kennzahlensystemen. Diss., Köln, 1989

Reiß,M./Corsten,H. (Gestaltungsdomänen) des Kostenmanagements. In: Männel,W. (Hrsg.): Handbuch Kostenrechnung. Wiesbaden, 1992, S.1478-1491

Reiß,M./Corsten,H.: (Grundlagen) des betriebswirtschaftlichen Kostenmanagements. In: WiSt, 19.Jg., 1990, S.390-396

Reiß,M.: (Prognose) und Planung. In: Szyperski,N. unter Mitarbeit von Winand,U. (Hrsg.): Handwörterbuch der Planung. Stuttgart, 1989, Sp.1628-1637

Reitzle,W.: (F&E-Strategie). In: In:Henzler,H.A.: Handbuch Strategische Führung. Wiesbaden, 1988, S. 499-514

Rembser,J.: (Technologieplanung). In: Szyperski,N. unter Mitarbeit von Winand,U. (Hrsg.): Handwörterbuch der Planung. Stuttgart, 1989, Sp.1997-2002

Remmerbach,K.-U.: (Markteintrittsentscheidungen): eine Untersuchung im Rahmen der strategischen Marketingplanung unter besonderer Berücksichtigung des Zeitaspektes. Wiesbaden, 1988

Richter H.J.: Theoretische Grundlagen des (Controlling). Frankfurt am Main, 1987

Rickert,M.: Marktgerechte Gestaltung der (Produktionsorganisation). Leitfaden für zukunftssichere Fabriken. Gerlach,H.-H./Heinz,K. (Hrsg.): Schriftenreihe Technische Betriebsführung. Köln, 1990

Riebel,P.: Die (Elastizität) des Betriebes. Köln-Opladen, 1954

Riebel,P.: Die (Kuppelproduktion). Köln-Opladen, 1955

Riebel,P.: Einzelkosten- und (Deckungsbeitragsrechnung). 6.Aufl., Wiesbaden, 1990

Rieper,B.: Betriebswirtschaftliche (Entscheidungsmodelle). Grundlagen. Herne-Berlin, 1992

Rieser,J.: (Frühwarnsysteme). In: Die Unternehmung 32, S.51-68 1978

Rinne,H./Mittag,H.-J.: Statistische Methoden der (Qualitätssicherung). München-Wien, 1991

Rischmüller,G.: Die multi-attributive (Nutzentheorie) - Ein Entscheidungshilfeverfahren bei mehrfacher Zielsetzung. In: ZfbF, 32.Jg., 1980, S.498-518

Rockart,J.F.: (Chief) executives define their own data needs. In: HBR, Vol.57, 1979, S.81-93

Rodenstock,R.: (Diversifikationsplanung). In: Szyperski,N. unter Mitarbeit von Winand,U. (Hrsg.): Handwörterbuch der Planung. Stuttgart, 1989, Sp.296-304

Rogers,E.M.: Diffusions of (Innovations). 3.Aufl., New York-London, 1983

Ropella,W.: (Synergie) als strategisches Ziel der Unternehmung. Diss., Berlin-New York, 1989

Rotering,C.: Forschungs- und (Entwicklungskooperationen) zwischen Unternehmen. Eine empirische Analyse. Stuttgart, 1990

Rothwell,R./Freemann,C./Horlsey,A./Jervis,V.T.P./Robertson,A.B./Townsend,J.: (SAPPHO) updated-project SAPPHO phase II. In: Research Polocy, H.3, 1974, S.258-291

Rott,P.: Unkosten- und (Lohnverschiebung) bei wechselnder Produktion. In: Technik und Wirtschaft, 1914, S.681ff.

Roventa,P./Mauthe,K.D.: (Versionen) der Portfolio-Analyse auf dem Prüfstand. In: ZfO, 51.Jg., 1982, S.191-208

Roventa,P.: Portfolio-Analyse und (Strategisches Management). Ein Konzept zur strategischen Chancen- und Risikobehandlung. München, 1979

Rummel,K.D.: (Zielkosten-Management) - der Weg, Produktkosten zu halbieren und Wettbewerber zu überholen. In: Horváth,P. (Hrsg.): Effektives und Schlankes Controlling. Stuttgart, 1992, S.221-244

Rürup,B.: Die (Nutzwertanalyse) In: WiSt, 11.Jg., 1982, S.109-113

Russel,C.S.: (Residuals) Management in Industry: A Case Study of Petroleum Refining. 1973

Rüth,D.: (Planungssysteme) der Industrie. Einflußgrößen und Gestaltungsparameter. Diss., Wiesbaden, 1989

Saaty,T.L.: A Scaling (Method) for Priorities in Hierarchical Structues. In: JoMP, Vol.15, 1980, S.234-281

Saaty,T.L.: The Analytic Hierarchy (Process), Planning, Priority Setting, Resource Allocation. New York, 1980

Sabisch,H.: (F-/E-Controlling). In: Ebert,G. (Hrsg.): Controlling. Managementfunktion und Führungskonzeption. 4.Aufl., Landsberg am Lech, 9/1992

Sakurai,M.: (Target Costing) and How to Use It. In: Brinker,B.J. (Hrsg.): Emerging Practices in Cost Management. Bosten Massachusetts, 1990, S.249-260

Salomon,D.: Ökonomische (Kriterien) und Methoden des recyclingerechten Konstruierens. Diss., Leuna-Merseburg, 1986

Schade,D.: (Technologiefolgenabschätzung) im Staat, Produktfolgenabschätzungen in der Wirtschaft. In: VDI Report 10

Schanz,G.: Industrielle (Forschung) und Entwicklung und Diversifikation. In: ZfB, 45.Jg., 1975, S.449-462

Schätzle,G.: (Forschung) und Entwicklung als unternehmerische Aufgabe. Köln-Opladen, 1965

Scheer,A.-W.: (CIM). Computer Integrated Manufacturing. Der computergesteuerte Industriebetrieb. 4.Aufl., Berlin-Heidelberg, 1990

Scheer,A.-W.: EDV-orientierte (Betriebswirtschaftslehre). 4.Aufl., Berlin-Heidelberg-New York-Tokyo, 1990

Schelker,T.: (Methodik) der Produkt-Innovation. Bern, 1978

Schenck,F./Holzmüller,H.: (Innovation) und Produktpolitik. In: WiSt, 12.Jg., 1983, S.225-230

Scheuch,F./Holzmüller,H.: (Innovation) und Produktpolitik. Entscheidungen und Konsequenzen aus absatzwirtschaftlicher Sicht. In: WiSt, 12.Jg., 1983, S.225-230

Schewe,G.: (Imitationsmanagement). Stuttgart, 1992

Schewe,G.: Die (Innovation) im Wettbewerb. Werden bestimmte Innovationen häufiger imitiert als andere? In: ZfB, 62.Jg., 1992, S.967-988

Schiele,O.H.: Konsequenzen aus der (Technik-Entwicklung) für das strategische Denken und Handeln. In: Zeitschrift für Führung und Organisation. H. 2, 1987, S.94-102

Schierenbeck,H.: (Grundzüge) der Betriebswirtschaftslehre. 5.Aufl., München-Wien, 1980

Schimank,K.: (Prozeßkostenmanagement) in der Forschung & Entwicklung. In: Horváth,P. und Partner (Hrsg.): Prozeßkostenmanagement. München, 1991, S.101-128

Schirmer,A.: (Planung) und Einführung eines neuen Produktes am Beispiel der Automobilindustrie. In: ZfbF, 42.Jg., 1990, S.892-907

Schlicksupp,H.: Kreative (Ideenfindung) in der Unternehmung. Methoden und Modelle. Berlin-New York, 1977

Schmelzer,H.J./Buttermilch,K.-H.: (Reduzierung) der Entwicklungszeit in der Produktentwicklung als ganzheitliches Problem. In: ZfbF, Sonderheft 23, 40.Jg., 1988, S.43-73

Schmelzer,H.J.: (Aufbauorganisation). In: Platz,J./Schmelzer,H.J. (Hrsg.): Projektmanagement in der industriellen Forschung und Entwicklung. Berlin-Heidelberg-New York-London-Paris-Tokyo, 1986, S.55-88

Schmelzer,H.J.: (Organisation) und Controlling von Produktentwicklungen. Praxis des wettbewerbsorientierten Entwicklungsmanagements. Stuttgart, 1992

Schmelzer,H.J.: (Steigerung) der Effektivität und Effizienz durch Verkürzung der Entwicklungszeit. In: Reichwald,R./Schmelzer,H.J. (Hrsg.): Durchlaufzeiten in der Entwicklung. Praxis des industriellen F&E-Managements. München-Wien, 1990, S.27-63

Schmenner,R.W.: The (Merit) of Making Things Fast. In: SMR, 1988, S.11-17

Schmidt,A.: Das (Controlling) als Instrument zur Koordination der Unternehmensführung. - Eine Analyse der Koordinationsfunktion des Controlling unter entscheidungsorientierten Gesichtspunkten. Diss. Frankfurt am Main-Bern-New York, 1986

Schmidt,J.: Systematische (Zusammenhänge) und raumqualitative Einflüsse bei der Planung von Fabrikanlagen. Diss., Hannover, 1977

Schmidt,R.-B./Schirmeister,R.: (Planungsrationalität). In: Szyperski,N. unter Mitarbeit von Winand,U. (Hrsg.): Handwörterbuch der Planung. Stuttgart, 1989, Sp.1477-1487

Schmitt-Grohé,J.: (Produktinnovation). Verfahren und Organisation der Neuproduktplanung. Wiesbaden, 1972

Schmitz,H./Windhausen,M.P.: (Projektplanung) und Projektcontrolling. Planung und Überwachung von besonderen Vorhaben. Düsseldorf, 1986

Schnedlitz,P.: Die marketingorientierte Sicht von (Produktinnovationen). In: Journal für Betriebswirtschaft, 1985, S.24-33

Schneeweiß,C./Kühn,M.: Zur (Definition) und gegenseitigen Abgrenzung der Begriffe Flexibilität, Elastizität und Robustheit. In: ZfbF, 42.Jg., 1990, S.378-395

Schneeweiß,C.: (Planung). Systematische und entscheidungstheoretische Grundlagen. Berlin u.a., 1991

Schneider,D./Zieringer,C.: (Make-or-Buy)-Strategien für F&E.Transaktionskostenorientierte Überlegungen. Wiesbaden, 1991

Schneider,D.: (Controlling) im Zwiespalt zwischen Koordination und interner Mißerfolgs-Verschleierung. In: Horváth,P. (Hrsg.): Effektives und schlankes Controlling. Stuttgart, 1992, S.11-35

Schneider,D.: Allgemeine (Betriebswirtschaftslehre). 3.Aufl., München, 1989

Schoeffler,S.: The (PIMS) Program. In: Albert,K.J. (Hrsg.): The Strategic Management Handbook. New York, u.a., 1983, S.23-1 bis 23-10

Scholz,C.: Betriebskybernetische (Hierarchiemethodik). Frankfurt-Bern, 1981

Scholz,C.: Strategisches (Management). Ein integrativer Ansatz. Berlin-New York, 1987

Scholz,L.: (Definition) und Abgrenzung der Begriffe Forschung, Entwicklung, Konstruktion. In: Moll,H.H./Warnecke,H.-J. (Hrsg.) in Zusammenarbeit mit dem Rationalisierungs-Kuratorium der Deutschen Wirtschaft (RKW) e.V.: RKW-Handbuch Forschung, Entwicklung, Konstruktion (F+E). Bd. 1, Kennzahl 2020, Erg.-Lfg. XI 77, (1976)

Schönit,W.: (Produktinnovationen) als Objekte der dynamischen Systemanalysen. Diss., Pfaffenweiler, 1989

Schoppe,A.: (Behandlungsmöglichkeiten) der Unschärfe von Daten und Relationen. In: Biethahn,J./Schumann,M. (Hrsg.): Göttinger Wirtschaftsinformatik. Bd. 2, Göttingen, 1991

Schreyögg,G./Hartmann,U: Planung III: (Operative Planung). Hagen, 1990

Schreyögg,G./Steinmann,H.: Strategische (Kontrolle). In: ZfbF, 37.Jg., 1985, S.391-410

Schreyögg,G./Steinmann,H.: Zur (Praxis) strategischer Kontrolle. Ergebnisse einer explorativen Studie. In: ZfB, 56.Jg., 1986, S.40-50

Schreyögg,G.: (Elemente) und Schrittfolge der Strategischen Planung. Hagen, 1988

Schreyögg,G.: (Implementation) einer Unternehmensethik in Planungs- und Entscheidungsprozessen.In Steinmann,H./Löhr,A. (Hrsg.): Unternehmensethik. Stuttgart, 1989, S.247-258

Schreyögg,G.: (Organisation I). Einführung in die Organisationslehre. Hagen, 1990

Schreyögg,G.: (Organisation II) Die Strukturierung von Aufgaben. Hagen, 1990

Schreyögg,G.: (Strategische Planung). Elemente und Schrittfolge der strategischen Planung. Hagen, 1988

Schreyögg,G.: (Unternehmensstrategie). Grundfragen einer Theorie der strategischen Unternehmensführung. Berlin-New York, 1984

Schreyögg,G.: Strategische Planung. (Grundlagen)der strategischen Planung. Hagen, (1988)

Schreyögg,G.: Zu den Konsequenzen starker (Unternehmenskulturen). Diskussionsbeitrag Nr. 125, Hagen, (1988)

Schröder,E.F..: Modernes (Unternehmens-Controlling). Kiel, 1982

Schröder,E.F.: Operatives (Controlling). In: Mayer,E. (Hrsg.): Controlling-Konzepte. Perspektiven der 90er Jahre. Wiesbaden, 1986, S.43-84

Schröder,H.-H.: Technologische (Vorhersagen). In: Szyperski,N. unter Mitarbeit von Winand,U. (Hrsg.): Handwörterbuch der Planung. Stuttgart, 1989, Sp.2015-2026

Schulte,C.: (Personal-Controlling) mit Kennzahlen. München, 1989

Schulz,S.: (Komplexität) in Unternehmen. Eine Herausforderung an das Controlling. In: Controlling, 3/1994, S.130-139

Schumann,J.: (Grundzüge) der mikroökonomischen Theorie. 4.Aufl., Heidelberg-Berlin, 1984

Schumpeter,J.A.: (Theorie) der wirtschaftlichen Entwicklung: Eine Untersuchung über Unternehmensgewinn, Kapital, Kredit, Zins und den Konjunkturzyklus. 7.Aufl., unveränderter Nachdruck der 4.Aufl. von 1936, Berlin, 1987

Schwantag,K.: (Management). In: Gabler Wirtschaftslexikon, 11.Aufl., Sp.203 f., Wiesbaden, 1984

Schwarz,G.: (Unternehmenskultur) als Element des strategischen Managements. Diss., Berlin, 1989

Schwarze,H.: (Controlling) - Ein Konzept neuzeitlicher Unternehmensführung. München, 1972

Schwarze,J.: (Netzplantechnik). Eine Einführung in das Projektmanagement. 6.Aufl., Berlin-Herne, 1990

Schwarze,J.: Die (Planung) von Forschungs- und Entwicklungsprojekten mit Hilfe der Netzplantechnik. In: Engeleiter,H.J./Corsten,H. (Hrsg.): Innovation und Technologietransfer. Gesamtwirtschaftliche und einzelwirtschaftliche Probleme. Festschrift für H.Wilhelm. Berlin, 1982, S.153-172

Schweitzer,M./Friedl,B.: (Beitrag) zu einer umfassenden Controlling-Konzeption. In: Spremann,K./Zur,E. (Hrsg.): Controlling. Grundlagen-Informationssysteme-Anwendungen. Wiesbaden, 1992, S.141-167

Schweitzer,M./Küpper,H.-U.: (Systeme) der Kostenrechnung. 4.Aufl., Landsberg, 1986

Schweitzer,M.: (Einführung) in die Industriebetriebslehre. Berlin-New York, 1973

Schweitzer,M.: (Organisationsforschung). In: Grochla,E. (Hrsg.): Handwörterbuch der Organisation. 2.Aufl., Stuttgart, 1980, Sp.1525-1533

Schweitzer,M.: (Planung) und Kontrolle. In: Bea,F.X./Dichtl,E./Schweitzer,M. (Hrsg.): Allgemeine Betriebswirtschaftslehre, Bd.2: Führung, 5.Aufl., 1991, S.17-100

Schweitzer,M.: Industrielle (Fertigungswirtschaft). In: Schweitzer,M. (Hrsg.): (Industriebetriebslehre). München, 1990, S.561-696

Schwellnuß,A.G.: Investitions-Controlling. München, 1991

Seeberg,T./Seidenschwarz,W.: 6 (Schritte) zum marktorientierten Kostenmanagement. In: Horváth,P. (Hrsg.): Marktnähe und Kosteneffizienz schaffen. Stuttgart, 1993, S.155-172

Seeser,G.: Strategische Planung von (Technologien) zur Unterstützung des Entwicklungsprozesses. Entwicklung einer Konzeption und Anwendung am Beispiel des CAE-Verbundes im Automobilbau. Diss., München, 1990

Seghezzi,H.D.: (Qualitätssicherung) von Neuprodukten. In: Masing,W. (Hrsg.): Handbuch der Qualitätssicherung. 2.Aufl., München Wien, 1988, S.331-359

Seibt,D.: (Projektplanung). In: Szyperski,N. unter Mitarbeit von Winand,U. (Hrsg.): Handwörterbuch der Planung. Stuttgart, 1989, Sp.1665-1678

Seidel,E./Strebel,H. (Hrsg.): Umwelt und Ökonomie - Reader zur ökologieorientierten Betriebswirtschaftslehre. Wiesbaden, 1991

Seidenschwarz,W.: (Target Costing). Ein japanischer Ansatz für das Kostenmanagement. In: Controlling, 4/1991, S.198-203

Seidenschwarz,W.: (Target) Costing. Diss., München, 1993

Seidenschwarz,W.: Target (Costing). Marktorientiertes Zielkostenmanagement. Forschungsbericht Nr. 26. Stuttgart, 1991

Seitz,K.: Die japanisch-amerikanische (Herausforderung). 4.Aufl., München, 1992

Selowsky,R./Müllmann,H./Höhn,S.: Integrierte (Planungsrechnung) im Planungssystem des Volkswagen-Konzerns. In: Hahn,D. (Hrsg.): Planungs- und Kontrollrechnung - PuK. Wiesbaden, 1985, S.715-789

Serfling,K.: (Controlling). Stuttgart-Berlin-Köln-Mainz, 1983

Servatius,H.-G.: Methodik des strategischen (Technologie-Management). Berlin, 1985

Shephard,H.A.: (Innovation) - Resisting and Innovation-Production Organisations. In: JoB, Vol.40, 1967, S.470-477

Shephard,H.A.: (Innovation-Resisting) and Innovation-Producing Organizations. In: JoB, Vol.40, 1967, S.470-477

Shewart,W.A.: The (Economic)Control of Quality of Manufactured Product. D.Van Nostrand Company, New York, 1931

Sieben,G./Schildbach,T.: Betriebswirtschaftliche (Entscheidungstheorie). 3.Aufl., Düsseldorf, 1980

Siegwart,H./Menzel,I.: (Kontrolle) als Führungsaufgabe. Bern-Stuttgart, 1978

Siegwart,H.: (Controlling-Konzepte) und Controller-Funktionen in der Schweitz. In: Meyer,E.G./v. Landsberg am Lech, G./Thiede,W. (Hrsg.): Controlling-Konzepte im internationalen Vergleich. Freiburg i.Br., 1986, S.105-131

Siegwart,H.: (Produktentwicklung) in der industriellen Unternehmung. Bern-Stuttgart, 1974

Sierke,B.R.A.: (Investitions-Controlling). Diss., Korbach, 1990

Simon,H.: (Zeitgeiz) In: Manager Magazin, Nr.9, 1988, S.162-164

Simon,H.: Die (Zeit) als strategischer Faktor. In: ZfB, 59.Jg., 1989, S.70-92

Smith,A.: An (inquiry) into the nature and causes of the wealth of nations. London, 1776

Smith,M.R.: Eli Whitney and the American (System) of Manufacturing. In: Pursell,C.W.jr. (Hrsg.): Technology in America: A History of Individuals and Ideas. Washington D.C., 1979

Sommerlatte,T./Deschamps,J.-P.: Der strategische Einsatz von (Technologien) - Konzepte und Methoden zur Einbeziehung von Technologien in die Strategieentwicklung des Unternehmens. In: Arthur D. Little International (Hrsg.): Management im Zeitalter der strategischen Führung. 2.Aufl., Wiesbaden, 1986 S.37-76

Sommerlatte,T./Mollenhauer,M.: (Qualität), Kosten, Zeit - das magische Dreieck. In: Arthur D. Littler (Hrsg.): Management von Spitzenqualität. Wiesbaden, 1992, S.26-36

Sommerlatte,T.: (Qualität) - Die neue Dimension im Management. In: Arthur D. Littler (Hrsg.): Management von Spitzenqualität. Wiesbaden, 1992, S.9-26

Specht,G./Schmelzer,H.J.: (Qualitätsmanagement) in der Produktentwicklung. Stuttgart, 1991

Spur,G./ Mertins,K.: Flexible (Fertigungssysteme), Produktionsanlagen der flexiblen Automatisierung. In: Zeitschrift für wirtschaftliche Fertigung (FwF), Jg.76, 1981, S.441-448

Spur,G./Feldmann,K./Mathes,H.: (Entwicklungsstand) integrierte Fertigungssysteme. In: ZwF, 68.Jg., 1973, S.229-236

Staehle,W.H./Stoll,E. (Hrsg.): (Betriebswirtschaftslehre) und ökonomische Krise. Kontroverse Beiträge zur betriebswirtschaftlichen Krisenbewältigung. Wiesbaden, 1984

Staehle,W.H · (Management). 6.Aufl., München, 1991

Stahlknecht,P.: Einführung in die (Wirtschaftsinformatik). 4.Aufl., Berlin-Heidelberg, 1989

Starbatty,J./Vetterlein,U.: Die (Technologiepolitik) der Europäischen Gemeinschaft. Entstehung, Praxis und ordnungspolitische Konformität. Baden Baden, 1990

Statistisches Bundesamt (Hrsg.): Statistisches (Jahrbuch 1993), Stuttgart, 1993

Staudt,E.: (Innovationsbarrieren) und ihre Überwindung - Thesen aus einzelwirtschaftlicher Sicht. In: Giersch,H. (Hrsg.): Probleme und Perspektiven der weltwirtschaftlichen Entwicklung. Berlin, 1984, S.356-367

Staudt,E.: (Struktur) und Methoden technologischer Voraussagen. Göttingen, 1974

Steffen,R.: (Analyse) industrieller Elementarfaktoren in produktionstheoretischer Sicht. Berlin, 1973

Steffens,F.: (Technologie) und Produktion. In Grochla,E./Wittemann,W. (Hrsg.): Handwörterbuch der Betriebswirtschaft Sp.3853-3861

Stein,H.-G.: (Kostenführerschaft) als strategische Erfolgsposition. In: Henzler,H.A.: Handbuch Strategische Führung. Wiesbaden, 1988, S.397-426

Steinbuch,P.A./Olfert,K.: (Fertigungswirtschaft). 4.Aufl., Ludwigshafen/Rh., 1989

Steiner,G.A.: Top (Management) Planung. München, 1971

Steinmann,H./Löhr,A.: Einleitung: Grundfragen und Problembestände einer (Unternehmensethik). In Steinmann,H./Löhr,A. (Hrsg.): Unternehmensethik. Stuttgart, 1989, S.3-21

Steinmann,H./Schreyögg,G.: (Management). Grundlagen der Unternehmensführung. Konzepte, Funktionen und Praxisfälle. Wiesbaden, 1990

Steinmann,H./Schreyögg,G.: (Unternehmensführung). Die Führungsfunktionen im Managementprozeß - Überblick und historischer Abriß. Hagen, 1989

Steinmann,H./Schreyögg,G.: Unternehmensführung. (Operative) Planung und Kontrolle. Hagen, 1989

Steinmann,H./Schreyögg,G.: Unternehmensführung. Teil I: Der (Managementprozeß) in Handlungssystemen. Teil II: Strategische Planung und Kontrolle. Hagen, 1989

Steven,M.: (Umwelt) als Produktionsfaktor? In: ZfB, 61.Jg., 1991, S.509-523

Stockbauer,H.: (F&E Controlling). In: Eschenbach,R. (Hrsg.): Schriften des österreichischen Controller-Instituts. Bd. 7, Wien, 1989

Strebel,H.: (Forschungsplanung) mit Scoring-Modellen. Baden Baden, 1975

Strebel,H.: (Gründe) und Möglichkeiten betriebswirtschaftlicher Umweltpolitik. In: Staehle,W.H./Stoll,E. (Hrsg.): Betriebswirtschaftslehre und ökonomische Krise. Kontroverse Beiträge zur betriebswirtschaftlichen Krisenbewältigung. Wiesbaden, 1984, S.338-352

Strebel,H.: (Industrie) und Umwelt. In: Schweitzer,M. (Hrsg.): (Industriebetriebslehre). München, 1990, S.699-779

Strebel.H.: (Industriebetriebslehre). Stuttgart-Berlin-Köln-Mainz, 1984

Strebel,H.: (Innovation) und Ihre Organisation in der mittelständischen Industrie. In: ZfbF, 31.Jg., 1979, S.543-551

Strebel,H.: (Umweltwirkungen) der Produktion. In: ZfbF, 33.Jg., 1981; S.508-521

Strebel,H.: Die (Bedeutung) von Forschung und Entwicklung für das Wachstum industrieller Unternehmen. Berlin, 1968

Streitferdt,L.: (Entscheidungsregeln) zur Abweichungsanalyse. Würzburg-Wien, 1983

Striening,H.-D.: (Prozeßmanagement) im indirekten Bereich. Neue Herausforderungen an die Controller. In: Controlling, 6/1989, S.324-331

Strobel,W.: (Controlling) und Unternehmensführung. In: Jakob,H. (Hrsg.): Schriften zur Unternehmensführung. Controlling und Finanzplanung. Bd.26, Wiesbaden, 1979

Stumm,W./Davis,J.: Kann (Recycling) die Umweltbeeinträchtigung vermindern?. In: Brennpunkte (gdi-topics, H.2, 1974, S.29-41. Abgedruckt in: Seidel,E./Strebel,H. (Hrsg.): Umwelt und Ökonomie - Reader zur ökologieorientierten Betriebswirtschaftslehre, Wiesbaden, 1991, S.75-87

Süchting,J.: (Finanzmanagement). 5.Aufl.; 1989

Suzaki,K.: Modernes (Management) im Produktionsbetrieb: Strategien, Techniken, Fallbeispiele. München, 1989

SV-Wirtschaftsstatistik GmbH: (Forschung) und Entwicklung in der Wirtschaft. Essen, Jahrgänge 1971-1985

Switalski,M.: Hierarchische (Produktionsplanung). Heidelberg, 1989

Swoboda,P./Hartlieb,J.: (Finanzierungsplanung) In: Szyperski,N. unter Mitarbeit von Winand,U. (Hrsg.): Handwörterbuch der Planung, Stuttgart. 1989, Sp.497-506

Swoboda,P.: Betriebliche (Finanzierung). Würzburg-Wien, 1981

Szyperki,N./Winand,U.: Zur Bewertung von (Planungstechniken) im Rahmen einer betriebswirtschaftlichen Unternehmensplanung. In: Pfohl,H.-C./Rürup,B. (Hrsg.): Anwendungsprobleme moderner Planungs- und Entscheidungstechniken. Königsstein/Ts, 1979, S.195-218

Szyperski,N./ Winand,U.: (Duale Organisation)-Ein Konzept zur organisatorischen Integration der strategischen Geschäftsfeldplanung. In: ZfbF, 31.Jg., 1979, S.195-205

Szyperski,N./Müller-Böling,D.: (Gestaltungsparameter) der Planungsorganisation. Ein anwendungsorientiertes Konzept für die Gestaltung von Planungssystemen. In: DBW, 40.Jg., 1980, S.357-373

Szyperski,N./Müller-Böling,D: (Aufgabenspezialisierung) in Planungssystemen. Eine konzeptionelle und empirische Analyse. In: ZfbF, 36.Jg., 1984, S.124-147

Szyperski,N./Welters,K.: (Grenzen) und Zweckmäßigkeit der Planung. Eine Diskussion der Argumente aus betriebswirtschaftlicher Sicht. In: Die Unternehmung. 30.Jg.,1976, S.265-283

Szyperski,N./Winand,U.: (Entscheidungstheorie). Eine Einführung unter besonderer Berücksichtigung spieltheoretischer Konzepte. Stuttgart, 1974

Szyperski,N./Winand,U.: (Grundbegriffe) der Unternehmensplanung. Stuttgart, 1980

Szyperski,N./Winand,U.: Strategisches (Portfolio-Management): Konzept und Instrumentarium. In: ZfbF, 30.Jg., 1978, S.123-132

Szyperski,N.: (Informationsbedarf). In: Grochla,E. (Hrsg.): Handwörterbuch der Organisation. 2.Aufl., Stuttgart, 1980, Sp.904-913

Szyperski,N.: (Vorgehensweise) bei der Gestaltung computergestützter Entscheidungssysteme. In: Grochla,E. (Hrsg.): Computergestützte Entscheidungen in Unternehmen. Wiesbaden, 1971, S.37-64

Szyperski,N.: Anforderungen an das (Management) der 80er Jahre, Führungsprobleme heute - eine kritische Bestandsaufnahme und Thesen zu ihrer Bewältigung -.Arbeitspapier Nr.1 der wissenschaftlichen Gesellschaft für Marketing und Unternehmensführung e.V. Münster, 1981

Szyperski,N.: Forschungs- und Entwicklungsprobleme der (Unternehmungsplanung). In: Grochla,E./Szyperski,N. (Hrsg.): Modell- und computergestützte Unternehmensplanung. Wiesbaden, 1973, S.21-40

Taguchi,G./Clausing,D.: Radikale (Ideen) zur Qualitätssicherung. In: Harvard Manager, H.4, 1990, S.35-48

Taguchi,G.: (Introduction) to Off-line Quality Control. Central japan Quality Control Association, Nagoya, 1979

Taguchi,G.: (Quality) Engineering. München, 1988

Tanaka,M.: (Cost Planning) and Control System in the Design Phase of New Product. In: Monden,Y./Sakurai,M. (Hrsg.): Japanese Management Accounting. Cambride Massachusetts, 1989, S.49-71

Tanski,J.: (Kostenplanung) und Kostenkontrolle im Forschungs- und Entwicklungsbereich industrieller Unternehmungen. Bern-Stuttgart, 1984

Taylor,F.W.: The (Principles) of scientific management. New York, 1911

Tebbe,K.: Die (Organisation) von Produktinnovationsprozessen. Stuttgart, 1990

Theisen,P.: (Beschaffung) und Beschaffungslehre. In HWB, 4.Aufl., Stuttgart, 1974, Sp.494-503

Thom,N./Cantin,F.: (Controlling) und Auditing. In: Spremann,K./Zur,E. (Hrsg.): Controlling. Grundlagen-Informationssysteme-Anwendungen. Wiesbaden, 1992, S.185-203

Thom,N.: (Grundlagen) des betrieblichen Innovationsmanagements. 2.Aufl., Köln, 1980

Thom,N.: (Innovationsmanagement). Herausforderung für den Organisator. In: ZfO, 52.Jg., 1983, S.4-11

Tichy,N.M./Fombrun,C.J./Devanna,M.A.: (Strategic) human resource management. In SMR, 1982, S.47-61

Tietz,B.: Die (Werbung). 1.Halbband der Kommunikations- und Werbewirtschaft. Landsberg am Lech, 1981

Tinnesand,B.: Toward a (General Theory) of Innovation. PH.D. Thesis 258, University of Wisconsin, Madison, 1973

Töpfer,A./Afheldt,H.: (Überblick) und Einordnung der Beiträge. In: Töpfer,A./Afheldt,H. (Hrsg.): Praxis der strategischen Unternehmensplanung. 2.Aufl., Stuttgart-Landsberg am Lech, 1986, S.1-54

Töpfer,A.: (Innovationsmanagement). In: Wieselhuber,N./Töpfer,A. (Hrsg.): Handbuch für strategisches Marketing. Landsberg am Lech, 1985, S.391-407

Töpfer,A.: (Planungs- und Kontrollsysteme) industrieller Unternehmungen - Eine theoretische, technologische und empirische Analyse. Diss., Berlin, 1976

Töpfer,A.: (Planungssystemkonzeptionen). In: Szyperski,N. unter Mitarbeit von Winand,U. (Hrsg.): Handwörterbuch der Planung. Stuttgart, 1989, Sp.1515-1528

Trommsdorff,V./Reeb,M./Riedel,F.: (Produktinnovationsmanagement) In: WiSt, 20.Jg., 1991, S.566-572

Trommsdorff,V./Schneider,P.: (Grundzüge) des betrieblichen Innovationsmanagement. In: Trommsdorff,V. (Hrsg.): Innovationsmanagement. München, 1990, S.1-25

Troßmann,E.: (Aufgaben) der industriellen Fertigungsvorbereitung. In: WiSt, 15.Jg., 1986, S.245-252

Troßmann,E.: (Beschaffung) und Logistik. In: Bea,F.X./Dichtl,E./Schweitzer,M. (Hrsg.): Allgemeine Betriebswirtschaftslehre, Bd.3: Leistungsprozeß, 5 Aufl., Stuttgart, 1991, S. /-68

Trux,W./Müller,G./Kirsch,W.: Das (Management) Strategischer Programme. 1. Halbband, 2.Aufl., München, 1985

Trux,W./Müller,G./Kirsch,W.: Das Management strategischer (Programme). 2. Halbband, 2.Aufl., München, 1985

Tscheulin,D.K.: Ein empirischer Vergleich der Eignung von Conjoint-Analyse und "Analytic Hierarchy Process" (AHP) zur (Neuproduktplanung). In Zfb, 61. Jg., H.11, 1991, S.1267-1280

Türk,K.: Neuere (Entwicklungen)in der Organisationsforschung. Ein Trend Report. Stuttgart, 1989

Uebele, H.: (Verbreitungsgrad) und Entwicklungsstand des Controlling in deutschen Industrieunternehmen. Ergebnisse einer empirischen Untersuchung. Köln, 1981

Uhlmann,L.: Der (Innovationsprozeß) in westeuropäischen Industrieländern. Bd.2: Der Ablauf industrieller Innovationsprozesse. Berlin, 1978

Ulrich,E.: (Erfindungen) In: Lexikon der modernen Wirtschaftspraxis. Weinheim, 1984, S.295-309

Ulrich,H.: (Management). Bern-Stuttgart, 1978

Ulrich,H.: (Unternehmenspolitik). 3.Aufl., Bern-Stuttgart, 1990

Ulrich,H.: Die (Unternehmung) als produktives soziales System - Grundlagen der allgemeinen Unternehmungslehre. 2.Aufl., Bern-Stuttgart, 1970

Ulrich,H.: Unternehmenspolitik - Instrument und (Philosophie) ganzheitlicher Unternehmungsführung. In: Die Unternehmung. Nr.4, 39.Jg., 1985, S.389-405

Ulrich,P./Fluri,E.: (Management) - Eine konzentrierte Einführung. 3.Aufl., Bern-Stuttgart, 1984

Ulrich,P.: (Management). Dyllick,T./Probst,J.B. (Hrsg.). Bern, 1984

Ulrich,P.: (Systemsteuerung) und Kulturentwicklung. In: Die Unternehmung. H.4, 38.Jg., 1984, S.303-325

Urban,G.L./Hauser,J.R.: Design and Marketing of (New Products) London, u.a., 1980

Utterback,J.M.: The (Process) of Innovation: A Study of the Organisation and Development of Ideas for New Scientific Instruments. In: IEEE-Transaction on Engineering Management. Vol.18, 1971, S.124-131

VDI Gemeinschaftsausschuß (Produktplanung): Systematische Produktplanung - ein Mittel zur Unternehmenssicherung. Düsseldorf, 1975

Verband der Automobilindustrie e.V. (Hrsg.): (Tatsachen) und Zahlen aus der Kraftverkehrswirtschaft. 51 Folge. Frankfurt am Main, 1987

Vollmer,T.: Kritische (Analyse) und Weiterentwicklung ausgewählter Portfolio-Konzepte im Rahmen der strategischen Planung. Frankfurt am Main, 1983

Wagener,F.: Öffentliche (Planung) in Bund und Ländern. In: Szyperski,N. unter Mitarbeit von Winand,U. (Hrsg.): Handwörterbuch der Planung. Stuttgart, 1989, Sp.1277-1283

Wahrig,G. (Hrgs.): (Fremdwörterlexikon). München, 1985

Walter,F.:(Program Timing) - Product Development's New Frontier. In: Proceedings of the SAE/ESD International Computer Graphics Conference, Warrendale, 1986

Walter,G.H.: In (Patentschriften) steckt viel Information über Technologiemärkte der Zukunft. In: Handelsblatt, Nr.159/33 vom 19.08.1993, S.17

Warnecke,H.-J./Kirchhoff,M.: Betriebliche (Navigation) in der Fraktalen Fabrik. In: Horváth,P. (Hrsg.): Marktnähe und Kosteneffizienz schaffen. Stuttgart, 1993, S.91-111

Warnecke,H.-J./Melchior,K./Kring,J.: Qualitätsgerechte (Produktgestaltung). In: Qualitätssicherung - Neue Herausforderungen an den Produktingenieur. VDI, Düsseldorf, 1988

Warnecke,H.-J.: Die (Fraktale Fabrik). Revolution der Unternehmenskultur. Berlin-New York-Heidelberg,1992

Warnecke,H.-J./Dutschke,W./Kampa,H.: (Qualitätswesen) - Qualitätssicherung, Aufbauorganisation. In: Werkstattechnik, 71, 1981, S.378-382

Warnecke,H.-J.: (Automatisierung) von Fertigungs- und Montageprozessen. In: Kern,W. (Hrsg.): Handwörterbuch der Produktion. Stuttgart, 1979, Sp.267 ff.

Weber,H.K.: (Industriebetriebslehre). Berlin-Heidelberg, 1985

Weber,H.K.: (Rentabilität), Produktivität, Liquidität der Unternehmung. Stuttgart, 1983

Weber,J./Kosmider,A.: (Controlling-Entwicklung) in der Bundesrepublik Deutschland im Spiegel von Stellenanzeigen. In: ZfB, Ergänzungsheft 3/91, 61.Jg., 1991, S.17-35

Weber,J.: (Bereichscontrolling). In: HWB, 5.Aufl., Stuttgart, 1992, Sp.300-312

Weber,J.: (Einführung) in das Controlling. Stuttgart 1990

Weber,J.: (Logistik-Controlling). Stuttgart, 1990

Weber,J.: (Schnittstellenüberwindung) durch Logistik-Controlling: Chancen, Stand und Entwicklung. In: Horváth,P. (Hrsg.): Synergien durch Schnittstellen-Controlling. Stuttgart, 1991, S.73-96

Weber,J.: Controlling im internationl tätigen Unternehmen. Effizienzsteigerung durch (Transaktionskostenorientierung). München, 1991

Weber,J.: Die (Koordinationssicht) des Controlling. In: Spremann,K./Zur,E. (Hrsg.): Controlling. Grundlagen-Informationssysteme-Anwendungen. Wiesbaden, 1992, S.169-193

Weber,J.: Einführung in das Controlling. Teil 1: Konzeptionelle (Grundlagen). 3.Aufl., Stuttgart, 1991

Weber,J.: Einführung in das Controlling. Teil 2: (Instrumente). 3.Aufl., Stuttgart, 1991

Weber,J.: Welche (Anstöße) kann die Theorie dem Controlling in der Praxis geben? In: Horváth,P. (Hrsg.): Effektives und schlankes Controlling. Stuttgart, 1992, S.37-56

Weber,M.: (Entscheidungen) bei Mehrfachzielen. Verfahren zur Unterstützung von Individual- und Gruppenentscheidungen. Wiesbaden, 1983

Weber,R.: Arbeitsvorbereitung in metallverarbeitenden Betrieben. Teil 2: (Arbeitsplanung)-Arbeitssteuerung. Rationalisierungs-Kuratorium der deutschen Wirtschaft (RKW) e.V., Heidelberg, 1981

Weber,R.: Arbeitsvorbereitung in metallverarbeitenden Betrieben. Teil 1: (Grundlagen)-Randgebiete-Stufenplan zur Einführung. Rationalisierungs-Kuratorium der deutschen Wirtschaft (RKW) e.V., Heidelberg, 1981

Wedell,H.: (Grundlagen) des betrieblichen Rechnungswesens. 5.Aufl., Herne-Berlin, 1988

Weick,K.E.: The (social psychology) of organisation. Reading Massachusetts, 2.Aufl., 1979

Welge,M.K./Al-Laham,A.: (Planung). Prozesse-Strategien-Maßnahmen. Wiesbaden, 1992

Welge,M.K.: Unternehmensführung. Bd.2: (Organisation). Stuttgart 1986

Wich,P.: (Controlling) - Ein offensives Management Instrument auch für die Produktion. In: Planung+Produktion. 32.Jg., 1984, H.2, S.13-16

Wiendahl,H.-P./Enghardt,W.: Logistikgerechte (Fabrik) rechnergestützt geplant. Kongressvortrag, Berlin, 1984

Wiendahl,H.-P.: (Fertigungssteuerung) und Wirtschaftlichkeitsrechnung für flexible Fertigungssysteme (FFS). Stuttgart, 1987

Wiendahl,H.-P.: Belastungsorientierte (Fertigungssteuerung). In: Adam,D.: Fertigungssteuerung II. Systeme zur Fertigungssteuerung. Wiesbaden, 1988, S.51-87

Wiesner,J.: Ein "(Öko-Soziales) Interdependenz-Modell". Entwurf zu einer politischen Theorie der Umweltbeziehungen. In: ZfU (Zeitschrift für Umweltpolitik und Umweltrecht), H.6, 1983, S.315-348

Wild,J.: Grundlagen der (Unternehmensplanung). Reinbeck bei Hamburg, 1974

Wildemann,H.: (Entwicklungsstrategien) für Zulieferunternehmen. In: ZfB, 62.Jg., 1992, S.391-413

Wildemann,H.: (Just-In-Time) in Forschung & Entwicklung und Konstruktion. In ZfB, 63.Jg., 1993, S.1251-1270

Wildemann,H.: (Lean Management) Strategien zur Realisierung schlanker Strukturen in der Produktion. In: Arbeitsunterlage für VW-Planer-Seminar. Wolfsburg, S.1-54

Wildemann,H.: (Qualitätsentwicklung) in F&E, Produktion und Logistik. In: ZfB, 62.Jg., 1992, S.17-41

Wildemann,H.: Belastungsorientierte (Investitionsplanung). München-Wien, 1987

Wildemann,H.: Die (Fabrik) als Labor. In: ZfB, 60.Jg., 1990, S.611-630

Wildemann,H.: Die modulare (Fabrik): Kundennahme Produktion durch Fertigungssegmentierung. Passau, 1988

Wildemann,H.: Investitionsplanung und (Wirtschaftlichkeitsrechnung) für flexible Fertigungssysteme (FFS). Stuttgart, 1987

Wildemann,H.: Kosten- und Leistungsbeurteilung von (Qualitätssicherungssystemen). In: ZfB, 62.Jg., 1992, S.761-782

Wildemann,H.: Kundennahe (Produktion) und Zulieferung: Eine empirische Bestandsaufnahme. In: Arbeitsunterlage für VW-Planer-Seminar. Wolfsburg, S.55-118

Wildemann,H.: Strategische Investitionsplanung für (CAD/CAM). In: Wildemann,H./Bühner,R. (Hrsg.): Strategische Investitionsplanung für neue Technologien. Stuttgart, 1986

Wildemann,H.: Strategische Investitionsplanung für neue (Technologien) in der Produktion. In: ZfB, 56.Jg., 1986, 1.Ergänzungsheft, S.1-48

Winand,U.: (Erfolgspotentialplanung).In: Szyperski,N. unter Mitarbeit von Winand,U. (Hrsg.): Handwörterbuch der Planung. Stuttgart, 1989, Sp.440-452

Wind,Y./Saaty,T.L.: Marketing (Applications) of the Analytical Hierarchie Process. In: MS, Vol.26, 1980, S.641-658

Windsperger,J.: (Transaktionskosten) und das Organisationsdesign von Koordinationsmechanismen. In: Jahrbuch für neue politische Ökonomie. Bd.4, 1985, S.199-218

Wissenschaftlicher Rat der Dudenredaktion (Hrsg.): Duden, Bd.7: Das (Herkunftswörterbuch). Mannheim, u.a., 1963

Witt,F.-J.: (Deckungsbeitragsmanagement). München, 1991

Witte,E.: (Informationsverhalten). In: Witte,E./Hauschildt,J./Grün,O.: Innovative Entscheidungsprozesse. Die Ergebnisse des Projektes "Columbus". Tübingen, 1988, S.227-240

Witte,E.: (Phasen-Theorem) und Organisation komplexer Entscheidungsverläufe. In: ZfbF, 20.Jg., 1968, S.625-647

Witte,E.: Die (Unternehmenskrise) - Anfang von Ende oder Neubeginn?. In: Bratschitsch,R./Schnellinger,W. (Hrsg.): Unternehmenskrisen - Ursachen, Frühwarnung, Bewältigung. S.7-24 (1981)

Witte,E.: Innovationsfähige (Organisation). In: Witte,E./Hauschildt,J./Grün,O.: Innovative Entscheidungsprozesse. Die Ergebnisse des Projektes "Columbus". Tübingen, 1988, S145-161

Witte,E.: Organisation für (Innovationsentscheidungen). Göttingen, 1973

Wittmann,W.: (Information). In: Grochla,E.: Handwörterbuch der Organisation. 2.Aufl., Stuttgart, 1980, Sp.894-904

Wittmann,W.: (Produktionsprogrammplanung). In: Szyperski,N. unter Mitarbeit von Winand,U. (Hrsg.): Handwörterbuch der Planung. Stuttgart, 1989, Sp.1610-1618

Wittmann,W.: (Unternehmung) und unvollkommene Information. Köln-Opladen, 1959

Wöhe,G.: (Einführung) in die Allgemeine Betriebswirtschaftslehre. 16.Aufl., München, 1986

Wolf,H.-H.: (Konzept) der deutschen Automobilindustrie zur Altautoverwertung. In: VDI-Berichte 934, Neue Konzepte für die Autoverwertung. Düsseldorf, 1991, S.1-12

Wolf,J.: Lineare (Fuzzy-Modelle) zur Unterstützung der Investitionsentscheidung. Modellierung und Lösung von Investitionsproblemen mittels der Theorie der unscharfen Mengen. Frankfurt am Main-Bern-New York-Paris, 1988

Womack,J.P./Jones,D.T./Roos,D.: Die zweite (Revolution) in der Automobilindustie. Deutsche Übersetzung der Originalausgabe "The Machine That Chanced The World.", 8.Aufl., Frankfurt am Main, 1991

Wunderer,R./Grunwald,W.: Führungslehre: (Grundlagen) der Führung. Bd.1, Berlin-New York, 1980

Wüthrich,H.A.: (Neuland) des strategischen Denkens. Von der Strategietechnokratie zum mentalen Management. Wiesbaden, 1991

Wüthrich,H.A.: (Unternehmenskultur) - Schlüsselgröße des strategischen Managements. In: io Management Zeitschrift;H.10; 1984

Wüthrich,H.A.: Die Unternehmenskultur als (Quelle) strategischer Stoßkraft. In: io Management Zeitschrift; H.1; 1985

Zabel,H.-U.: (Ökologieverträglichkeit) in betriebswirtschaftlicher Sicht. In: ZfB, 63.Jg., 1993, S.351-372

Zadeh,L.A.: (Fuzzy) Sets. In: Information and Control. Nr.8, 1965, S.338-353

Zadeh,L.A.: Fuzzy (Sets). In: Holtzman,A.G. (ed.): Operations Research Support Methodology, New York-Basel, 1979, S.569-606

Zahn,E.: (Informationstechnologie) und Informationsmanagement. In: Bea,F.X./Dichtl,E./Schweitzer,M. (Hrsg.): Allgemeine Betriebswirtschaftslehre, Bd.2: Führung, 5.Aufl., Stuttgart, 1991, S.222-289

Zahn,E.: Innovations- und (Technologiemanagement). Eine strategische Schlüsselaufgabe der Unternehmen. In: Zahn,E. (Hrsg.): Innovations- und Technologiemanagement. Berlin, 1986, S.9-48

Zahn,E.: Strategische (Planung). In: Szyperski,N. unter Mitarbeit von Winand,U. (Hrsg.): Handwörterbuch der Planung. Stuttgart, 1989, Sp.1903-1916

Zahn,E.: Technology (Assessment). In: ZfB, 51.Jg., 1981, S.798-812

Zangemeister,C.: (Nutzwertanalyse) in der Systemtechnik. 4.Aufl., München, 1976

Zanger,C.: (Unternehmenskrise) und Produktentwicklung. In: ZfB, 61.Jg., 1991, S.981-1006

Zäpfel,G./Missbauer,H.: Neuere (Konzepte) der Produktionsplanung und -steuerung in der Fertigungsindustrie. In: WiSt, 17.Jg., 1988, S.127-131

Zäpfel,G./Missbauer,H.: Traditionelle (Systeme) der Produktionsplanung und -steuerung in der Fertigungsindustrie. In: WiSt, 17.Jg., 1988, S.73-77

Zäpfel,G.: (Strategisches) Produktions-Management. Bd. 2, Berlin-New York, 1989

Zäpfel,G.: (Taktisches) Produktions-Management. New York, 1989

Zäpfel.G.: (Produktionswirtschaft). Operatives Produktions-Management. Berlin-New York, 1982

Zäschke,J.: (Qualitätsbewertung). In: Masing,W. (Hrsg.): Handbuch der Qualitätssicherung. 2.Aufl., München-Wien, 1988, S.421-436

Ziegenbein,K.: (Controlling). 3.Aufl., Ludwigshafen (Rhein), 1989

Zielke,W.: Handbuch der Lern-, Denk- und (Arbeitstechniken). Landsberg am Lech, 1988

Zimmermann,A.: (Planung) und Kontrolle im Führungssystem des Hauses Siemens. In: Hahn,D. (Hrsg.).: PuK, Planung und Kontrolle, Planungs- und Kontrollsysteme, Planungs- und Kontrollrechnung. Controllingkonzepte. Wiesbaden, 1994, S. 957-1070

Zimmermann,H.-J./Gutsche,L.: (Multi)-Criteria-Analyse. Berlin-Heidelberg-New York-Tokio, 1991

Zimmermann,H.-J./Werners,B.: (Planungsentscheidungen). In: Szyperski,N. unter Mitarbeit von Winand,U. (Hrsg.): Handwörterbuch der Planung. Stuttgart, 1989, Sp. 2053-2060

Zimmermann,H.-J.: (Description) and Optimization of Fuzzy Systems. In: JoGS. Vol.2, 1976, S.209-215

Zimmermann,H.-J.: (Formulierung) und Lösung schlecht-strukturierter Entscheidungsprobleme. In: Gal,T. (Hrsg.): Grundlagen des Operations Research. 2.Aufl., Berlin-Heidelberg, S.340-368

Zimmermann,H.-J.: (Fuzzy Sets) in Operations Research. Eine Einführung in Theorie und Anwendung. In: Operations Research Prodeedings 1984. Berlin-Heidelberg, 1985

Zimmermann,H.-J./Werners,B.:Unscharfe (Planungsentscheidungen) In: Szyperski,N. unter Mitarbeit von Winand,U. (Hrsg.): Handwörterbuch der Planung. Stuttgart, 1989, Sp.2053-2060

Zink,K.J.: (Qualität) als Managementaufgabe - Total Quality Management. Landsberg am Lech, 1989

Zörgiebel,W.W.: (Technologie) in der Wettbewerbsstrategie. Strategische Auswirkungen technologischer Entscheidungen, untersucht am Beispiel der Werkzeugmaschinenindustrie. Berlin, 1983

Zünd,A.: (Begriffsinhalte) Controlling - Controller. In: Haberland,G./Preißler,P.R. (Hrsg.): Handbuch Revision, Controlling, Consulting. Bd.1, S.1-25, München, 1978

Zünd,A.: (Kontrolle) und Revision in multinationalen Unternehmungen. Bern-Stuttgart, 1973

Zünd,A.: Der Controller-Bereich (Controllership). In: Probst,G.J.B./Schmitz-Dräger,R. (Hrsg.): Controlling der Unternehmensführung. Bern, 1985, S.28-40

Zünd,A.: Interne (Revision). Zürich, 1982

Zünd,A.: Zum (Begriff) des Controlling - Ein umweltbezogener Erklärungsversuch. In: Goetzke,W./Sieben,G. (Hrsg.): Controlling - Integration von Planung und Kontrolle. GEBERA-Schriftenreihe, Bd. 4, Köln, 1979, S.15-26

Zündorf,L./Grunt,M.: (Innovation) in der Industrie - Organisationsstrukturen und Entscheidungsprozesse betrieblicher Forschung und Entwicklung. Frankfurt am Main-New York, 1982

Tabellarischer Lebenslauf

Daten zur Person:	Ralph Werner Sawalsky geboren am 12.06.1961 in Braunschweig verheiratet Staatsangehörigkeit: deutsch	
Schulbildung:	Gymnasium Neue Oberschule Braunschweig Abitur	08.1972 - 06.1982
Wehrdienst:	Soldat auf Zeit (Oberleutnant der Reserve)	07.1982 - 06.1986 09.1988
Studium:	Studium in Wirtschaftswissenschaft Fernuniversität Hagen Promotion	10.1984 - 09.1989 ab 01.10.1991
Berufserfahrung:	Gruppenleiter und Projektkoordinator IVM Technical Consultants Wolfsburg GmbH Volkswagen AG Wolfsburg Assistent des Markenvorstandes Finanz	02.90 - 03.91 ab 01.04.1991 seit 02.1995